国家能力
支撑下的市场孵化

MARKET INCUBATION SUPPORTED BY
STATE CAPACITY:

CHINA'S PATH AND GUANGDONG'S PRACTICE

——中国道路与广东实践

郭跃文　王　珺　主编

人民出版社

目　　录

序言一 ……………………………………………… 林毅夫 1

序言二 ……………………………………………… 文　一 6

绪　论……………………………………………………… 1

　　一、艰难探索的中国道路 …………………………… 1

　　二、中国道路的争议 ………………………………… 10

　　三、一种新解释:国家能力支撑下的市场孵化………… 21

　　四、广东:市场孵化的先行地与试验田……………… 35

第一章　国家能力与市场孵化:中国经济腾飞的新视角……… 40

　　一、寻找发展失败的症结 …………………………… 41

　　二、基于国家能力的市场孵化论 …………………… 51

　　三、市场孵化视角下的中国经济发展 ……………… 68

第二章　中国国家能力的历史嬗变 ……………………… 87

　　一、近代以来的市场探索与国家能力 ……………… 87

　　二、社会主义探索时期的国家能力及表现…………… 105

　　三、改革开放以来的国家能力建设 ………………… 121

第三章　渐进式市场化改革 ……………………………… 133

一、从计划到市场的渐进式改革逻辑：全球经验与理论思考 …… 133

二、中国渐进式市场化改革之路 ……………………………… 144

三、广东渐进式市场化改革实践 ……………………………… 179

第四章　自主有序的开放之路 ………………………………… 189

一、开放型经济与市场孵化 …………………………………… 191

二、中国独特的对外开放实践 ………………………………… 203

三、开放水平与国家能力的动态关系 ………………………… 216

四、先行一步的广东开放 ……………………………………… 231

第五章　基础设施助推市场成长 ……………………………… 250

一、快速基础设施建设是后发国家发展赶超的有力翅膀 ……… 251

二、基础设施建设的中国奇迹 ………………………………… 275

三、中国特色的基础设施建设模式 …………………………… 291

四、走在前列的广东基础设施实践 …………………………… 303

第六章　着眼于市场孵化的产业引导 ………………………… 315

一、产业引导与市场孵化 ……………………………………… 315

二、中国产业赶超的战略实践 ………………………………… 339

三、产业赶超在广东 …………………………………………… 353

第七章　中国道路的世界意义及展望 ………………………… 369

一、中国道路的世界意义 ……………………………………… 369

二、构建与后市场发育阶段相适应的国家能力 ……………… 391

后　记 …………………………………………………………… 410

序言一

林毅夫

20 世纪下半叶以来,全球经济最引人注目的事件是继"亚洲四小龙"经济腾飞之后中国经济的快速崛起。根据世界银行的数据,以 2010 年不变价美元计算,中国 GDP 总量 1978 年排在全球第 14 位,仅相当于全球的 1.1%和美国的 4.6%。到了 2017 年,中国 GDP 总量达到 12.25 万亿美元,占世界 12.7%,相当于美国的 58.7%。2018 年,中国 GDP 总量再次一举突破 90万亿元人民币大关,按现价美元计算,约合 13.4 万亿美元,位居全球经济第二位。

中国经济在长达 40 年的时间里实现了年均 9.4%的增长奇迹,不仅全球瞩目,更成为经济学讨论的热点。在一片"中国崩溃论"的叫嚣声里,中国经济一路精彩,行稳致远。诚如张五常先生在其《中国的经济制度》中所言:"这种持续 30 年的高速增长,发生在人口众多、环境复杂的中国,近乎于不可置信。尽管这个国家有种种难如人意的地方,但是中国一定是做了非常对的事才产生了我们见到的经济奇迹。"为什么国际主流经济学家对中国经济的走向缺乏信心,误判频频?客观地讲,他们并不全是想"唱衰"中国,而是因为中国改革发展的道路与他们认知的理论模式不一样。在他们眼里,政府与市场是天然对立的,计划经济由于政府干预造成大量的扭曲,政府失灵无处不在,要向市场经济转型的话,政府必须尽快从市场中退出,并一次性地把市场经济应该有的制度一步到位全部建立起来,让市场竞争来决定价格,由价格引导资源配置,并且企业要私有化,政府不给予保护补贴,才会发挥企业家精神并对价格信号做出正确反应,实现市场激发创新和有效配置资源的功能,同时,政府财政预算必须平衡,避免财政赤字货币化和通货膨胀,维持宏观稳定。这些药方也就是所谓的"华盛顿共识",并主张以"休克疗法"一次到位落实。不幸的是,所有吃了这个药方的国家,其经济转型不是夭折,就是大幅波折。

中国特色社会主义市场经济是以一种完全不同于西方主流转型理论的面目呈现于世人面前的。"渐进式改革""自主性开放""双轨制价格""积极有为的政府",这些中国改革和中国社会主义市场经济的标志性特征,在西方主流经济学家看来均属于一种不彻底的改革和不彻底的市场经济,资源错误配置,寻租腐败不可避免。所以,只要中国的经济增长稍微一放缓,"中国崩溃论"就不绝于耳。但是,中国不仅发展事实胜于雄辩,而且是过去40年中唯一没有出现系统金融经济危机的国家。个中原因在于,西方主流经济学理论的产生和发展,一直是建立在西方发达国家经验的基础之上,自觉不自觉地以发达国家的发展阶段、社会、制度安排为明的或暗的前提条件,而发展中的转型国家条件不同,这导致那些简单按照西方主流经济学家的设计来选择发展道路的国家,其政策实践不可避免陷于"淮南为橘,淮北为枳"的窘境,而且,以这样的理论为参照来看转型中的中国经济,难免看到的是到处是问题,难以理解其成功的道理。

从计划到市场的转型,潜台词是在没有市场的经济体系中催生出一个市场来。因此,市场的发育必然是一个从无到有、从小到大、从弱到强的过程。我们也知道,市场建设不仅表现为建立一套运行规则,诸如价格机制、产权机制等,也包括重塑交易主体、提供交易的基础设施、提供足够大的交易规模等。此外,从风险控制的角度看,从计划到市场的改革还需要直面诸多风险,比如,如何确保新生的市场主体以及原有的国有企业能在面对外来强大对手的激烈市场竞争中存活下来并稳健成长?如何确保新生的市场体系尤其是脆弱的资本市场体系能够应对外在市场体系以及外来掠夺性资本的毁灭性冲击?转型中如何克服旧制度的路径依赖,在打破旧制度与建立新制度之间取得动态平衡,既有效解决市场成长过程中的风险和制度性交易成本过高问题,又确保转型的顺利推进,从而防止改革夭折? 这些,远不是简单照搬一套规则就可以万事大吉了。甚至可以说,没有政府的主动引导和孵化,市场很难自然发育起来。没有政府对风险的控制,经济转轨随时会夭折。

广东省社会科学院课题组撰写的这本《国家能力支撑下的市场孵化——中国道路与广东实践》,尝试将发展中国家的追赶阶段背景引入到市场经济分析框架之中。书中提出了一个关于解释中国道路的重要观点:市场发育并不必然排斥政府介入。相反,如果发展中国家想要尽快孵化出一个有效市场的话,必须要有一个有为的政府来帮助。这个判断是符合中国改革开放实际情况的。更进一步讲,中国经验也极有可能适用于当今绝大多数的发展中国家。世界银行曾经归纳过"二战"后超过7%增长率持续增长25年以上的13个经济体,发现这些成功经济体有5个惊人的相似之处:一是有效地融入了全球化;二是维持了稳定的宏观经济环境;三是有高储蓄率和投资率;四是坚持以市场体系来配置资源;五是建立了守信、可靠、有能力的政府。在这些经济体中,也包括中国的香港。当然,中国香港是一个非常特殊的城市经济体,其经验不具有普遍性。在更多经济体的赶超阶段,我们看到的是政府积极干预经济活动,用包括税收、信贷等各种政策手段,帮助幼稚的私人经济部门进入原本他们难以进入的经济领域之中。政府集中有限资源,在局部地区优先提供基础设施。政府主动在具备比较优势的部门积极吸引外资,尽快提高技术水平,扩大国内国外市场规模。政府大力扶持具有潜在比较优势的产业,转化为竞争优势,为经济起飞积累宝贵的金融和人力资本,从而快速跨越发展中国家普遍面临的因人均收入过低、投资量小和资本形成不足所形成的"低水平均衡陷阱",等等。显然,包括中国在内的多国成功追赶实践有力地证明,政府的积极干预行动不仅没有扼杀幼嫩的市场,反而是有效解决了普遍困扰发展中国家的市场失灵难题,加速了市场的发育。这就像一台锈迹斑驳的机器,我们要想让它畅顺运转起来,就必须滴入足够的润滑剂。这个润滑剂,就是有为政府的市场干预。

如果我们认为有效市场的发育需要有为政府来孵化的话,就存在一个政府如何能够正确干预的问题。在我倡导的新结构经济学中，我提出政府干预应该遵循一国比较优势原则，实施因势利导的"顺势而为"干预策略，具体的操作可以根据和世界产业及技术前沿的差距而划分的追赶型、领先型、转进型、换道超车型和战略型五种不同类型的产业转型升级所面临的瓶颈限制来施策。但是，如何保证政府不会"逆势而为"呢？正如人们常说的，"道理都懂，但做起来很难。"在本书中，广东省社会科学院的研究人员没有涉及具体的政策路径，而是引入了政治学中的国家能力概念，试图回答政府为什么能的问题。书中提出了政府实施正确市场干预需要建构以学习能力为核心的学习能力、财政能力和法治能力这三种国家能力。事实上，从全球经验来看，任何成功的现代经济增长都是在其实现了现代化国家建构之后才出现的，政治建设失败的国家不可能取得成功的经济增长。显然，本书对中国道路给出了一个政治经济学的新分析视角，无疑是一个极具启发性的研究。

中国共产党是中国的执政党。中国共产党能长期执政，一个重要原因在于其具有强大的学习能力。中国共产党对中国国情有着非常深刻的认识和把握，其建党历史也曾有过教条主义的惨痛教训，这使得中国共产党一直对教条主义抱有深深的警惕，以实事求是而不是抽象理论为指导原则。中国共产党坚持用马克思主义解决中国问题，坚持把马克思主义基本原理同当代中国实际和时代特点紧密结合起来，不断把马克思主义中国化推向前进，并及时指导中国的现代化实践。肇始于 1978 年的中国经济改革，显然是中国这场伟大现代化革命的最重要场域之一。中国没有按照"华盛顿共识"的药方来推进改革开放，无疑与中国共产党强大的治国理政能力密不可分。从这个意义上讲，从基于国家能力的市场孵化这个视角来研究中国经济发展道路，是一个应当肯定并值得继续深化研究的问题。

广东是海上丝绸之路的发源地、近代革命的策源地，其悠久的商业文化传统以及毗邻港澳的优势，使其成为中国改革开放的先行地。先行一步的广东，创造了一个又一个发展奇迹，为中国改革开放探索了诸多经验，是观察中国市场孵化的绝佳案例。以广东为样本来解读中国道路背后的政府与市场关系演变，其事例丰富，素材鲜活，让读者更具现场感和亲切感。本书的许多撰写者既是广东改革开放的见证者，更是亲历者。也正因为如此，他们才能提出本书中的一些独到观点。

"行百里者半九十"。今天的中国依然处在通往中华民族伟大复兴的奋斗征途中。中国经济正面临着新常态下的可持续发展和发展方式转变挑战，无论是深化供给侧结构性改革，还是持续完善社会主义市场经济体系，都需要有正确的理论指引。这种理论不可能出自书本，源于书斋，只能来自于我们深入、系统地总结新中国成立70年尤其是改革开放40年的经验得失。进一步来说，我们总结中国经验不仅仅是用于指导中国自身发展，还要将其融入到现代经济学理论框架之中，丰富完善现代经济学理论，为广大发展中国家发展赶超提供理论借鉴。作为一门经世济民之学，经济学在中国的发展一方面必须坚持现代经济学逻辑严谨的研究范式，同时又必须大兴调查研究之风，从实践中来，到实践中去，在对中国经济现实有扎实掌握的前提下，从具体经济现象中抽象出更具解释力的经济理论，这是中国哲学"知行合一"的伟大传统，也只有这样才能使理论在指导实践时实现"认识世界、改造世界"两个目标统一的"知成一体"，这是发展中国特色社会主义政治经济学的必由之路，也是时代赋予这一代中国经济学人的历史使命和机遇。

广东省社会科学院作为广东省省委省政府的"思想库、智囊团"，他们这种勇于"立时代之潮头，发思想之先声"的责任担当，值得鼓励，值得喝彩，期待他们今后有更多的佳作面世。

我也真诚地希望，有更多研究机构、更多学者，投身到这一伟大事业之中。

2019年7月于

北京大学朗润园

新结构经济学研究院

序言二

文　一

　　这是一本全面阐述中国崛起的鸿篇巨著。本书牢牢抓住了任何一个企图通过市场经济崛起的国家所需要具备的两个必要条件，即国家能力（有为政府）和灵活经济结构（有效市场）。通过对国家能力的分析，作者批判了流行的西方主流经济学理论，包括新古典经济学和新制度经济学，揭示了政府在经济发展和工业化中扮演的不可或缺的关键角色。通过对有效市场的分析，作者再次揭示了"市场"本身是一个需要被国家力量孵化和培育的"公共产品"这一深刻政治经济学原理。①

　　本书通过大量史料，包括新中国成立后中华人民共和国国家能力的形成过程、土地改革和重工业发展轨迹，以及改革开放以后沿海尤其是广东地区乡镇企业、轻重工业、高科技产业和基础设施等的蓬勃发展壮大的案例，来支撑上述两个论点。在这个过程中，本书还梳理了东欧国家、俄罗斯和拉美国家的经济改革遭遇困境的原因，并指出中国道路对于其他发展中国家的参照意义。

　　我在拙著《伟大的中国工业革命》一书中企图刻画市场结构的胚胎发育原理和支撑市场的发育演化所需要的国家能力和产业政策，指出市场孵化的"胚胎发育"原理不仅体现在二百多年前爆发的英国工业革命中，而且贯穿于所有成功工业化国家的发展历程，包括中华人民共和国建国和改革

---

① 　参见文一：《伟大的中国工业革命》，清华大学出版社 2016 年版。

开放以来的快速工业化历程中。而政府在这一历程中始终扮演了关键的引领者和不可或缺的"催化剂"作用。事实上,目前还没有任何国家在完全自由放任的市场经济和私有产权制度下实现了工业化。因为工业化从来不是自由放任的小农市场经济的产物,它是国家意志的产物。它一直是一个具有强大决心和凝聚力的"重商主义"政府为了赢得国家生存(国际竞争),利用"国家"和"市场"两个力量在开放经济条件下主动不断推进产业升级的结果。

但是并非所有产业升级战略都能成功。无数国家工业化失败的历史告诉我们:但凡成功的产业升级战略都遵循了一个类似于"胚胎发育"原理的自下而上地创造市场的规律。凡遵循这个规律从事循序渐进的市场创造和产业升级的国家,其工业化道路都相对顺利;凡违背这个规律的国家,其工业化道路都常常失利。换句话说,这一"胚胎发育"机制下的工业化过程,一方面只有在"有为政府"这个"催化剂"作用下才能展开和加速;另一方面其顺序必须正确,否则会欲速则不达。这个顺序可分为几个关键发育阶段,每一个阶段都需要政府全方位地发挥主导作用,从而才能让有效市场在"鸡犬之声相闻、老死不相往来"的山沟、村庄、地区和国家间"横空出世",变得安全、有规模和有效,而非缺失、失灵和无效;才能够让市场机制富于建设性,而非破坏性;才能把社会能量集中于制造业,而不是赌博性的金融泡沫业和投机性的资源出口业;才能让每个人在追求自身最大利益(从事生产活动)的同时繁荣社会经济,而不是通过投机敛财的资本运作、廉价出卖国家资源、高利贷、金融诈骗和假冒伪劣产品来腐蚀和摧毁社会经济。这是中国与那些盲目奉行"华盛顿共识"主张的"市场化、私有化、自由化、去监管化"的东南亚、非洲、拉美、东欧国家和地区的根本区别。

换句话说,尽管国家间政治体制可能千差万别,中国在"摸着石头过河"中根据自身国情、文化、历史和政体所发现的经济增长模式,其实与当年的英国工业革命和其他成功复制英国工业革命的国家所遵循的是同样的"发展政治经济学"逻辑。这个逻辑符合被黑格尔和马克思称为"历史逻辑"的发生学原理。这个逻辑的核心是通过战争获得国家独立,再经过清匪反霸、土地改革、必要的军工建设,逐步形成政治上稳定的社会格局和潜在统一的国内大市场,然后在这个国家能力基础上和政府主导下开启市场结构的"胚胎发育"式的演进、展开和变迁,其历程由如下的一些经济发展阶段构成:(一)开启以远距离贸易为目的的农村原始工业化阶段(相当于中国的乡镇企业阶段);(二)以面向世界市场的劳动密集型生产方式来大规模生产轻工业品(包括小商品)的"第一次工业革命"阶段(即城乡大工厂体制阶段);(三)以能源、基础设施、交通工具"三位一体"的爆发式繁荣为特征的枢纽工业体系建设阶段;(四)由此推动的以规模化方式批量生产所有生产工具和生产资料(包括重工业原材料、机械装备和化工产品)的"第二次工业革命"阶段;(五)以上四个发展阶段最终指向的是高工资、高资本、高技术密集化条件下的农业生产的全面专业化、区域化、精加工化和机械化,以及金融业的规模化、现代化,和由这个经济基础支撑的福利国家阶段。每一个阶段的出现、展开和向下一个阶段的提升都得依靠强大的国家执政能力才能够实现。

一个获得国家独立和民族解放的农业国如果想要实现工业化,按以上顺序重复英国工业革命演化的这些基本阶段是必要的,虽然由于后发优势可能只需更短的时间。中国目前已经处于第四个发展阶段的鼎盛期,其特点是开始结束技术模仿期并进入重化工业和信息技术创新的井喷期(中国目前突飞猛进的专利申请就是证明),并正在慢慢开启属于第五个发展阶段的农业与金融业现代化、政府职能转换和进入探索福利国家体制的进程(中国目前推动的人民币国际化、反腐立法、监管机制建设、简化行政手续、精准扶贫和全国性医疗保险覆盖就是一个很好的指标)。换句话说,按照我在《伟大的中国工业革命》一书中揭示的工业革命的历史模式,中国已经在新中国成立后的30年中获得了强大的国家能力和潜在的统一国内大市场条件,继而在改革开放后的40年多中,以10倍于英国工业革命的威力和速度,复制了英国工业革命,即按顺序分别完成了工业革命的胚胎期、幼儿期和青少年期(第一至第三阶段),并已进入青壮年期(第四阶段)和开始展望中华民族伟大复兴的成年期（第五阶段）。①而中国不仅是在没有采纳其他大国崛起时依赖的殖民主义和帝国主义掠夺，而且是在没有放弃土地公有制和战略性产业部门的国有体制情况下实现这一系列经济升级和腾飞的。中国改革开放后坚守住了一条底线，即：国家执政核心不能被资本绑架；国家自然资源不能被私人寡头垄断。这些都是中国对于人类工业革命实践和战后东亚发展模式的进一步制度创新。

总之，近现代的资本主义市场秩序本身就是依靠国家暴力所创造和维持的。所谓"自由市场"（free market）其实是一个成本极其高昂的公共品。它既不自由也不免费，更不会天然存在和有效运作。即使抛开高昂的市场监管成本不谈，有效大市场本身的创造和开拓需要一个施行"重商主义"的强大中央政府和国家行政网络，通过循序渐进的方式和巨大付出才能成功。②这个理念不仅凸显了为什么在落后农业国家采纳不成熟的现代民主制度、现代金融制度或闭关自守式的"大推进"进口替代工业化战略会失败；也揭示了"休克疗法"与"华盛顿共识"一味强调把一切交给私人和市场但却忽视政府这个最有力的市场创造者和培育者、忽视国家执政能力建设和产业政策所带来的恶果。

本书提出了大量具有问鼎诺贝尔经济学奖级别的大问题，并在总结目

---

① 技术进步和工业化永无止境。目前，人类正在迎来第三次工业革命（也有人称其为第四次工业革命），其特征是将所有生产过程自动化、信息化、智能化，不仅是机器生产机器，而且是机器操控机器和设计机器。这是个大数据、超级计算、3D 打印和人工智能的时代。这个时代的到来会颠覆过去几百年资本主义制度下形成的所有制和收入分配秩序。但是这个新世界必须建立在第一次和第二次工业革命以及福利社会的基础之上才能有效运作。中国有望在完成第二次工业革命和进入福利社会的基础上，在这场第三次工业革命的浪潮中与美国并驾齐驱并最终引领第三次工业革命。这是由于中国拥有比美国还要巨大的统一市场和体能。但前提条件是中国不被美国击垮。第三次工业革命要求全球性的劳—资分工合作和资源与收入的跨国公平分配。率先进入第三次工业革命的国家有能力帮助落后不发达国家以极低成本迅速实现工业化，从而在人类历史上首先开启一个不以国家为国际竞争基础（单位）的工业化和福利化进程，实现人类命运共同体的理想。

② 这里定义（理解）的"重商主义"不是贸易保护主义，而是重视商业交换、市场培育和制造业升级的经济发展主义。

前文献的基础上给与了进一步的极其富有洞见的讨论和分析。这本书最值得肯定的一点,是作者企图揭示国家能力发育与市场发育两者之间的互动或动态演化关系,指出市场和工业化的不同发育阶段需要与之相匹配的不同形式的国家能力。我认为这是对当下的发展政治经济学理论的一个突出贡献,是值得学术界进一步深入探讨的重要课题。我十分欣慰地看到有这样一部作品问世,它担负起了这一重要使命并向前推进。实在可喜可贺!

2019 年 8 月于
美国圣路易斯

绪　　论

一、艰难探索的中国道路[①]

在世界历史的长河中,中国曾经在大部分时间里遥遥领先世界各国。汉、唐、宋时期的中国都是当时世界上最先进的国家,经济发展程度代表了当时世界农耕文明的最高水平。然而,随着大航海时代的来临和工业革命的爆发,西方国家开始崛起,并逐渐取代了中国的领先地位。但即便如此,到晚清时期,中国的经济总量仍然位居世界第一。[②] 1840 年鸦片战争的爆发是中国由盛转衰、由富转贫的转折点。西方列强的入侵,太平天国运动的爆发……频繁不断的国内外战争导致国土主权丧失、国家积贫积弱、人民饱受欺凌,中国从世界上最富裕的国家沦为最贫穷落后的国家之一。

从晚清时期开始,中国就开始不断探索走向国家富强、民族复兴的现代化道路。然而,无论是晚清的洋务运动、民国初期的工业化,还是南京国民政府推行的改革,无一例外都以失败告终。1949 年中华人民共和国成立,中国的现代化发展道路进入了一个新的时期。在中国共产党的领导下,中国人民开始了艰苦卓绝的社会主义现代化建设之路。借鉴苏联的发展经

---

① 这里需要特别指出的是,限于篇幅,本书是从经济学尤其是发展经济学视角对中国经济发展道路进行理论阐释,没有讨论包括政治、社会、文化等在内的更广泛意义上的中国道路或中国模式。

② 根据麦迪逊(Angus Maddison)所著《世界经济千年史》的数据,按购买力平价计算,1820 年中国 GDP 总量占全球 32.9%,位居世界第一位。

验,新中国建立了计划经济体制,并在此基础上推行重工业优先的社会主义工业化路线。然而,这种指令性的、高度集中的计划经济发展模式存在着信息成本过高、激励不相容的问题。① 特别是随着"二战"后全球经济活动和产业分工的日益复杂化,这一经济模式表现得越来越不适应,严重地制约了社会生产力的发展。"文化大革命"的爆发,更是让这个新成立的、还在探索中的国家越发举步维艰。到 1978 年,根据世界银行的数据,中国的人均 GDP 仅为 156 美元,连当时世界上最贫穷的地区——撒哈拉沙漠以南的非洲国家的 1/3 都没有达到,是世界上最贫穷的国家之一。②

1978 年召开的中共十一届三中全会,是新中国历史上具有深远意义的伟大转折。在以邓小平同志为核心的党的第二代中央领导集体的推动下,中国开启了改革开放的新纪元。通过多次海外出访和实地调研,邓小平等党和国家领导人逐渐意识到高度集中而僵化的计划经济体制在宏观资源配置和微观主体激励层面存在着巨大的缺陷,相比而言,主张市场定价、自由竞争的市场机制是更为有效的经济运行机制。在"实践是检验真理的唯一标准"等一系列重大现实判断的基础上,中国政府开始启动市场化改革之路。

然而,这条路却不是一帆风顺的,而是一条荆棘遍布、充满挑战的艰难探索之路。

第一,在由计划经济向市场经济的转型中,首当其冲的就是思想观念的解放。改革开放至今,在市场化转型过程中曾经历了三次大的思想交锋。第一次是 1978 年关于真理标准问题的大讨论。当时"文化大革命"刚刚结束不久,"两个凡是"等"左"倾错误言论仍然禁锢着人们的思想和观念。1978 年 5 月 11 日,《光明日报》发表的题为《实践是检验真理的唯一标准》一文从理论上否定了"两个凡是"的错误方针,吹响了全面解放思想的号角,并得到了邓小平同志的肯定和支持。这一次思想交锋影响深远,为改革

---

① 田国强、陈旭东:《中国改革:历史、逻辑和未来》,中信出版社 2016 年版,第 69 页。
② 根据世界银行的数据,1978 年,撒哈拉沙漠以南的非洲国家的人均 GDP 为 490 美元。

开放奠定了思想基础;第二次思想交锋发生在 1989—1992 年,由于改革过程中的一些失误,国内通货膨胀率居高不下,"双轨制"实施导致"官倒"套利和腐败问题突出,一些极"左"思想开始回潮,再次出现了"改革好还是'文革'好"、"姓资好还是姓社好"和"计划好还是市场好"等一系列历史问题的争辩,这次思想交锋以邓小平同志南方谈话而拨云见日,"发展才是硬道理"、"计划和市场都是经济手段,市场也可以为社会主义服务"等思想开始逐渐深入人心,为党的十四大把建立社会主义市场经济体制作为中国经济体制改革的目标奠定了坚实的理论基础,也为十四大以后中国社会主义市场经济的顺利发展开拓了道路;① 第三次是 1997 年的"公"与"私"之争。1992 年邓小平同志发表南方谈话以后,中国私营经济迎来了大发展,解决私有经济在现行所有制的合法地位就成为无可避免的突出问题。1995—1997 年初,思想理论界曾先后有过四份"万言书",分别从国家安全、反和平演变、坚持公有制的主体地位、反对资产阶级自由化等方面,对私有化及其价值取向进行反驳。一时间在媒体舆论上,围绕"公"与"私"之争,理论交锋非常激烈。在这种纷争不断的情形下,时任中共中央总书记江泽民旗帜鲜明地提出要高举邓小平同志建设有中国特色社会主义理论旗帜不动摇,为冲破"公"与"私"的思想疑惑指明了方向,也为日后解决私营经济的合法性问题奠定了思想基础。

第二,市场经济体制机制在建立过程中也经历了巨大考验。为了减少市场经济体制机制建立过程中产生的风险,给后续调整提供弹性,中国的市场化改革采用的是"摸着石头过河"的渐进式改革方式。由于新中国成立以来一直采用计划经济体制,市场经济基础几乎为零,对于转型过程中遇到的问题和风险也缺乏应对的经验,给执政的中国共产党带来巨大考验。比如 1985 年,中央政府正式把计划内和计划外的价格"双轨制"作为价格改革的思路,结果产生了大量的"官倒"套利和贪污腐败问题,带来市场秩序

---

① 田国强:《改革开放 30 年回顾:从拨乱反正、市场经济到和谐社会构建》,《当代财经》2008 年第 12 期。

的混乱。为了解决这一问题,1988年,中央政府开始推动"价格闯关",但由于各种复杂原因,价格闯关几度失败而被迫停止,一时间政府面临着极大的社会压力。此后,中央政府及时总结经验,提出根据各方面的承受能力推进价格改革,价格"并轨"才逐步得以实现。

第三,市场主体的培育并非一帆风顺。市场主体的培育是市场经济建设的重要内容。作为计划经济向市场经济转型的国家,中国市场主体的培育主要包括两个方面:一是民营企业的培育,二是国有企业的改革。其中,民营企业培育的关键是产权的界定与合法化。中国民营企业私有产权的界定起始于实施"家庭联产承包责任制",从界定农村集体土地承包权开始,之后通过承认个体户和私营企业的合法地位,逐步确立了民营企业私有产权的法律地位。然而,由于转型过程中政策的不确定性,这一过程并非一帆风顺,全国各地都出现了以"投机倒把""扰乱国家计划经济"等罪名抓捕早期个体户和私企经营者的现象,比如浙江温州的"八大王"事件,个体户和私营企业一度成为不准讨论的禁区。另一方面,国有企业的改革之路也相当曲折。由于改革前国有企业和集体企业主要按照计划经济体制开展生产活动,对于市场经济体制一时难以适应,加上各方利益关系难以协调,导致整个国企改革过程充满争议。比如,以"健力宝"事件为代表的集体企业改革转制问题、国企改革过程中产生的国有资产流失的问题、1998年的国企职工下岗潮、2004年前后社会上对于"国进民退"的批评,都给当时的改革进程带来巨大压力。时至今日,中国的国企改革仍然没有完成。

除此之外,在对外开放的过程中,中国还遭遇了稚嫩的国内企业面对外企直接竞争产生的倒闭潮、大量高污染行业转移到中国对环境产生了巨大污染和破坏、部分沿海城市大面积的走私活动等一系列的突出问题。以上所有这些问题,可以说都是中国推进市场化改革付出的巨大代价。然而,尽管改革开放的道路异常艰难,面对的挑战和困难层出不穷,但中国共产党不改初心,以巨大的政治勇气和智慧,敢于啃硬骨头,敢于涉险滩,始终坚持改革开放的道路不动摇,不断开拓进取,最终取得了辉煌的成就。从1978年至今,中国经济实现了连续40年保持高速增长,完成了由世界最贫穷的国家之一向全球第二大经济体的华丽转身,创造全球工业化以来的长期增长奇迹。

首先,规模扩张快。改革开放以来,中国的 GDP 总量由 1978 年的 3679 亿元增长到 2018 年的 900309 亿元,从全球第 9 位跃居到第 2 位。根据世界银行的数据,短短 40 年时间经济规模占世界经济的比重从 1978 年的 2.3% 提升至 2018 年的 15.8%,在全球范围内绝无仅有。

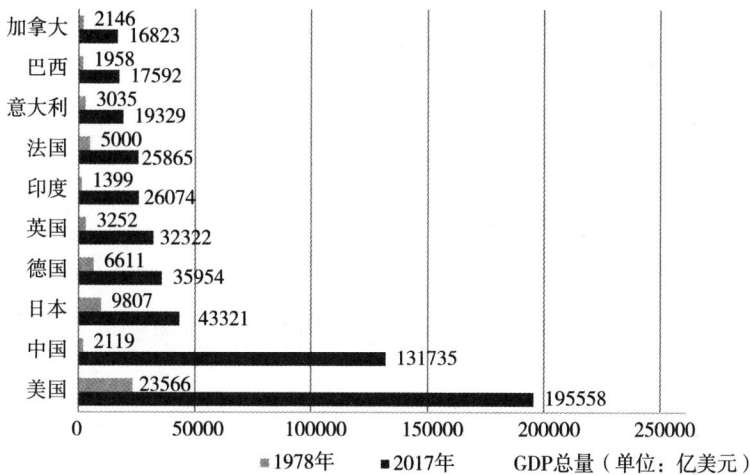

图 0-1　1978 年与 2017 年世界各国 GDP 总量情况对比

资料来源:世界银行数据库。

其次,持续时间长。40 年间,中国 GDP 以平均每年 9.5% 的高速增长。尤其在国际金融危机肆虐、全球增长普遍乏力背景下,中国在 2012 年至 2018 年,国内生产总值仍然年均增长 7.1%,对世界经济增长的平均贡献率达到 30% 以上,超过美国、欧元区和日本贡献率的总和,居世界第一位。同一时期,全球仅有赤道几内亚、马尔代夫、韩国、斯里兰卡和新加坡等几个国家保持了平均 6% 以上的增速,但这些国家的经济体量与中国不能同日而语。从战后崛起的日、韩两国高速增长时期的 GDP 增速来看,日本平均 6% 以上的 GDP 高增速仅维持了 24 年左右,韩国维持了约 39 年,中国在实现了 40 年的平均 9.5% 的 GDP 高增速后目前仍然维持着 6.6% 的增速。经济增长的"中国奇迹"持续时间之长在全球范围内实属罕见。

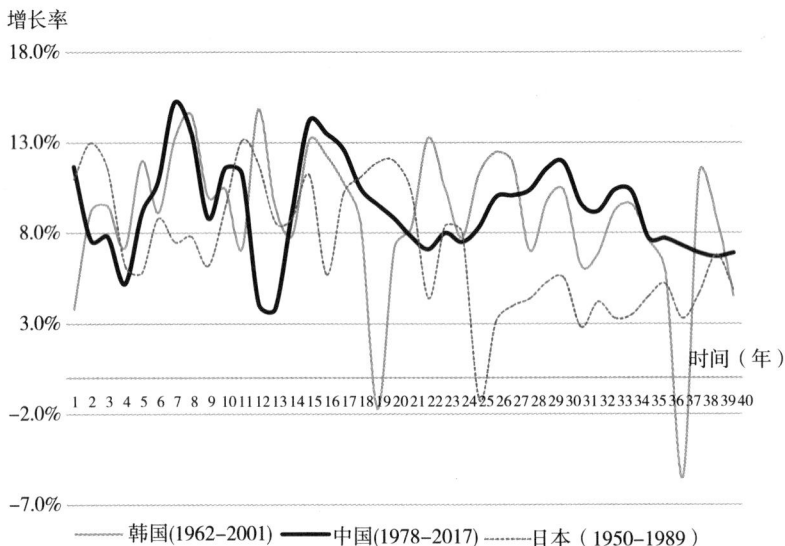

图 0-2 中日韩三国高增速时期的 GDP 增速对比

资料来源:世界银行数据库。

第三,影响范围广。在推动经济快速增长的同时,中国政府还致力于将发展的成果惠及全国人民。改革开放以来,中国已经让 7 亿多人成功地摆脱了贫困,对全球减贫贡献率达 70% 以上。特别是党的十八大以来,中国农村贫困人口从 2012 年年底的 9899 万人减少至 2018 年的 1660 万人,累计减少 8239 万人;贫困发生率从 2012 年年底的 10.2% 下降至 2017 年的 1.7%,累计下降 8.5 个百分点。这一减贫成就在全球绝无仅有,是中国对世界作出的巨大贡献。

除此之外,今天的中国还创造了多个世界第一:外汇储备全球第一、高速铁路里程世界第一、货物进出口总额世界第一、出境旅游人数和出境旅游支出世界第一……一个个不停涌现的"世界第一",让世界对中国刮目相看。

中国的经济增长奇迹在全球范围内引发了广泛关注,越来越多的学者开始探索 40 年来中国经济快速发展背后的奥秘,对"中国道路""中国模式"的讨论日益增多。2004 年 5 月，美国《时代》周刊高级编辑、高盛公司资深顾问乔舒亚·库珀(Joshua Cooper)在英国伦敦外交政策中心发表了一篇调查论文，充分肯定了中国通过自身努力和实践，摸索出一个适合本国国情的发展模式，并把这一模式称之为"北京共识"。"北京共识"主要包括三方面内容：第一，艰苦努力、主动创新和大胆试验；第二，坚决捍卫国家主权和利益；第三，循序渐进、积聚能量。其中，创新和试验是"北京共识"的灵魂，强调解决问题应因事而异，灵活应对，不求统一标准。① "北京共识"一经发表，就在全球范围内引起了广泛关注和认同。《华盛顿邮报》等部分西方媒体甚至刊出文章，认为"北京共识"将取代"华盛顿共识"成为指导发展中国家发展崛起的新模式。2013 年，习近平总书记在新进中央委员会的委员、候补委员学习贯彻党的十八大精神研讨班上的讲话中曾经指出："我们始终认为，各国的发展道路应由各国人民选择。所谓的'中国模式'是中国人民在自己的奋斗实践中创造的中国特色社会主义道路。我们坚信，随着中国特色社会主义不断发展，我们的制度必将越来越成熟，我国社会主义制度的优越性必将进一步显现，我们的道路必将越走越宽广，我国发展道路对世界的影响必将越来越大。"②

这些观点的提出，说明国内外政界和学术界开始关注到中国的经济发展道路与西方发达国家极力倡导的"华盛顿共识"之间的巨大差异。

首先，中国的市场化改革采用的是渐进式的改革方式，与西方国家推崇的激进式、一步到位的改革方式存在明显的差异。作为"休克疗法"的提出者，萨克斯等(Jeffrey Sachs)西方学者认为，以"休克疗法"为代表的激进式改革方式是计划经济体制向市场经济体制转型的最佳办法，适用于所有从社会主义体制向市场经济过渡的国家。因为只有通过"休克疗法"，全面快速推进改革，迅速确立新的游戏规则，才能减少改革阻力、避免经济混乱和

---

① 参见俞可平等：《中国模式与"北京共识"》，社会科学文献出版社 2006 年版。
② 参见《习近平关于"不忘初心、牢记使命"重要论述选编》，中央文献出版社、党建读物出版社 2019 年版，第 68 页。

体制复归。① 相反,渐进式改革是充满局限性的,虽然允许一些资源转移到私有部门和企业,但国有价格仍是扭曲的,双轨制的结果可能是显著破坏国有部门。因此,价格改革应该采取大爆炸的方式,一次放开所有价格。② 值得庆幸的是,中国没有采用这样的改革方式,而是采用了更为稳妥的渐进性改革方式。这种渐进式市场化改革策略的选择,一方面与当时中国初始经济发展条件太差有很大关系,政府和民众适应市场经济需要时间;另一方面也与改革缺乏参考对象,不得不"摸着石头过河"有关。渐进式的改革方式,能够在一个长时期内分散和均摊市场化转型成本,降低了转型过程中的各种风险和制度摩擦,同时有效地避免由于激进改革所导致的经济大幅度下滑风险和社会动荡失序。

其次,中国保留了公有制的主体地位,同时采用了更加务实的方式来实现产权界定与合法化。"华盛顿共识"认为,市场经济有效运行的前提是推行私有化,只有清晰界定和保护私有产权,市场交易才有基本的保障和激励。中国则根据自己的国情和实际情况采取了更为务实的做法,比如在集体企业产权上采取了"先赋能,后赋权"的做法,先将弱小的集体企业培育起来,使其有能力在市场竞争中生存,然后再通过改革和转制来解决产权问题。另一方面,中国始终坚持着社会主义特色的"公有制为主体",拒绝像俄罗斯那样"一刀切"将国有企业私有化,而是通过"抓大放小""整合重组"的方式来引导国有企业建立现代企业制度,增强其市场竞争力。与此同时,鼓励民营企业的发展,不断提升非公有制经济的合法性和重要性,通过民营企业的竞争和示范效应,带动国有企业改革与转型。公有制经济的保留和壮大,一方面为政府更好地进行宏观经济调控提供了手段和空间,另一方面也让国企更好地在一些关乎国计民生和民营资本不愿意进入的领域

---

① Lipton, David, Sachs, Jeffrey, "Privatization in Eastern Europe: The Case of Poland," *Brookings Papers on Economic Activities*, 1990, No.2, pp.293-341.

② Murphy Kevin M., Shleifer Andrei, Vishny Robert W., The Tradition to a Market Economy: Pitfall of Partial Reform, *Quarterly Journal of Economics*, 1992, August: 889-906.

发挥作用,比如能源、通信、基础设施建设、基础科学研究等,惠及整个国民经济。

再次,坚持国家宏观调控,重视政府在市场经济发展初期的锚定作用。"华盛顿共识"提倡完全自由的市场经济,认为在国民经济发展的过程中政府应该无为而治,减少干预,而将经济运行和资源配置交给市场这只"看不见的手"。只有这样,整个国民经济的效率才会提高。然而,对于发展中国家而言,在市场经济发展的初期,市场机制并不完善,市场失灵现象较为普遍,必须通过政府干预和调控才能有效建立和完善市场经济体制。因此,改革开放以来,中国并未尝试去构建西方经济学家鼓吹的完全自由的市场经济体制,放弃宏观调控,"一刀切"式实行价格、外贸、外汇的全面自由化。而是以国家宏观调控能力为保障,在现有计划经济体制基础上通过经济各个领域政府和民间不断地试验、改革、调整和推广,"自上而下"和"自下而上"相结合来逐步向市场经济体制转型。

最后,中国实行的是中国共产党领导的多党合作和政治协商制度,这是中国根据自身历史文化传统和基本国情做出的选择。从全球范围来看,西式民主并不是实行经济可持续发展的必要条件,印度照搬了西方的民主制度,但经济发展水平和速度却远远落后于中国。然而,由于中国未采用西方国家自以为优越性的西式民主制度,部分西方学者对中国经济前景依然悲观,并固执地认为中国的发展不可持续也不具备普遍意义。2012 年,美国著名经济学者、麻省理工学院经济学教授阿西莫格鲁(Daron Acemoglu)提出了"包容性"和"汲取性"制度的概念,认为中国虽然采取了包容性的经济制度,但政治制度上仍然是汲取性的。阿西莫格鲁认为,中国汲取性的政治制度与未来以创新为特征的经济发展模式是无法相容的,以此判断中国未来持续发展的趋势不可能长久。①

基于以上四点,我们不禁要问,这条与"华盛顿共识"存在明显分歧的

---

① D. Acemoglu, J. Robinson, *Why Nations Fail: The Origins of Power, Prosperity, and Poverty*, New York: Crown Business, 2012.

中国道路到底是什么？能不能被其他发展中国家所复制？

二、中国道路的争议

（一）中国道路：悲观派还是乐观派

中国奇迹的出现让"中国道路"在全球范围内得到了越来越多的关注。大体上，国内外政界和学术界对于"中国道路"的看法主要分为两派：一派是悲观派，以福山、戈里（James R.Gorrie）等人为代表，认为"中国道路"当前的成就不过是"昙花一现"，由于其政治、经济和社会领域存在不可调和的矛盾，"中国道路"必将走向崩溃；①另一派是乐观派，认为中国创造性地将其自身的历史文化传统、发展基础与市场化转型、遵循比较优势等经济规律结合起来，走出了一条超越历史局限和西方教条的特殊崛起之路，并将在长期内保持高速增长。②③④

自1978年中国改革开放以来，以"中国崩溃论"为代表的悲观论调先后出现的三次高潮，均与当时国际国内动荡的政治经济环境有关。第一次高潮出现在20世纪90年代初。当时苏联在一次次改革失败的困境中"解体"，东欧国家纷纷转向资本主义阵营。在国内，1989年的政治风波为当时中国的高速发展蒙上了阴影。在这种背景下，西方世界认为中国共产党在政治上必然要走向崩溃，中国会像东欧诸多社会主义国家一样必然发生"颜色革命"，走向政治溃败。其中，以日裔美籍学者弗朗西斯·福山的"历史终结论"最为典型，大胆预言中国必将是继苏联之后的下一个政治溃败国家。于是，以美国为首的西方世界借机向全世界推销资产阶级自由化和西式民主，在"西风压倒东风"的大势下，"华盛顿共

---

① 参见弗朗西斯·福山：《历史的终结》，远方出版社1998年版。
② 参见林毅夫：《中国的奇迹》，上海人民出版社1999年版。
③ 参见林毅夫：《解读中国经济》，北京大学出版社2012年版。
④ 参见马丁·雅克：《当中国统治世界：中国的崛起和西方世界的衰落》，中信出版社2010年版。

识"开始成为当时发展中国家的唯一的"救命稻草"。第二次高潮出现在
1997年的东南亚危机。受东南亚金融危机冲击,中国出口急剧下降,国
内需求不足,经济增长短期内出现较大幅度下滑。再加上国有企业经营
体制落后,效率低下,负债过高,银行呆坏账严重,中国经济遭受严峻考
验。以索罗斯为代表的国际金融大鳄伺机"围剿"香港,国家外汇承受巨
大压力。于是,一些别有用心的反华势力顺势抢占舆论高地,推波助澜,
鼓吹"中国崩溃论"。第三次高潮出现在2008年国际金融危机。2008年
国际金融危机发生后,国际市场极速萎缩,冲击了中国经济,当年四季度
GDP增长下探至6.8%,中国股市上证指数从最高点6124点下跌至最低
点1664点,出口锐减造成了部分行业产能过剩,企业库存增多,经济效益
下滑,民众社会情绪紧张。以此为背景,西方一些学者继续抛出"中国模
式已经走到尽头"、"中国经济崩盘将会造成更严重的全球衰退"的论调,
再一次唱衰中国。① 然而,中国经济持续高速增长、国民生活水平不断提
高的事实让"中国崩溃论"的鼓吹者一次又一次失望了。在这种情况下,
西方舆论对于"中国道路"的看法开始趋于缓和与务实,包括科斯(Ronald
Coase)在内的不少国外知名经济学者开始理性审视中国的发展。

(二)学术界的共识

2009年,著名华人经济学家张五常教授在其著作《中国的经济制度》中
阐述道:"这种持续三十年的高速增长,发生在人口众多、环境复杂的中国,
近乎于不可置信。尽管这个国家有种种难如人意的地方,但是中国一定是
做了非常对的事才产生了我们见到的经济奇迹。"②毫无疑问,中国40年的
经济高速增长实实在在印证了中国道路的成功。那么,中国到底做对了什
么?中国道路成功背后的原因究竟在哪里?这种成功的经验是独一无二还
是具有普遍意义?

① Gorrie.J, *The China Crisis:How China's Economic Collapse Will Lead to a Global Depression.*, Hoboken:John Wiley & Sons In.,2013.

② 参见张五常:《中国的经济制度》,中信出版社2009年版。

从已有的研究成果来看,学术界对于"中国道路"的共识大致可以归结为两个方面:一是"有效市场"的快速发育;二是"有为政府"的关键性作用。

1. "有效市场"的快速发育

"二战"结束以后,全球只有日本、韩国、新加坡、中国台湾、捷克等少数几个东亚和东欧国家和地区通过发展成功追上了西方发达国家的经济发展水平。这些国家和地区的成功有一个共同的特征:发展市场经济,促进"有效市场"的快速发育。① "有效市场"在经济学里是一个被广泛接受的概念,是指通过价格就能够充分反映信息,使得要素流动和资源配置达到帕累托有效的市场。② 通过"有效市场"的快速发育和逐渐完善,与工业化相互促进形成良性循环,共同推动经济增长。

从全球范围来看,"有效市场"的发育大致可以分为三种类型:一种是以自然经济为起点的自然市场发育,政府只是在关键时刻予以干预,比如欧美等西方老牌经济发达国家。以英国为例,由于此前没有经验可以借鉴,英国的市场发育长时间内主要以商人阶层推动,民间自然发育为主。当市场发育到一定阶段的时候,政府再介入建立相应制度并予以完善。这种市场发育带有明显的自发性和探索性特征,因而发育时间很长,一般长达几百年,但发育出来的市场相对来说比较完善和成熟。③ 二是以自然经济为起点并在政府干预下的市场发育。由于有英美国家的成功市场发育经验可以借鉴,一些国家的政府通过干预的方式加快产业成长,加快市场进程,这种类型以赶超国家为主,日本和韩国等东亚国家都是如此。三是以计划经济为起点的市场发育。无论是自然发育的市场,还是政府干预下成长的市场,其起点基本是工业经济较为薄弱的自然经济。与这两类市场发育不同的是,中国和前苏东地区的市场发育,其起点为具有一定工业基础的计划经

---

① World Bank, *The East Asia Miracle: Economic Growth and Public Policy*, New York: Oxford University Press, 1993.

② 王勇:《论有效市场与有为政府:新结构经济学视角下的产业政策》,《学习与探索》2017 年第 4 期。

③ 参见文一:《伟大的中国工业革命》,清华大学出版社 2016 年版。

济，由于市场基础薄弱，且旧制度具有较强的路径依赖性，"有效市场"的发育难度要大得多。

中国创造性地吸取了自然发育和干预成长的两种市场发育的经验。一方面，中央政府"自上而下"进行规划和引导市场。另一方面，又放权给地方和民间"自下而上"展开市场试验和探索，"以空间换时间"，极大地缩短了"有效市场"发育的时间。从中国"有效市场"的发育的经验和过程来看，主要在以下四个方面开展了卓有成效的工作：

第一，以渐进的市场化改革方式推进新旧制度的转换。市场经济制度包括产权制度、合约制度、监管制度等一系列保障市场经济运行的法律和规章的制定、完善和执行，这是"有效市场"形成的制度基础。①② 由于长期实行计划经济，改革之初中国的市场经济发展的基础薄弱，存在着较为突出的市场体系残缺不全、市场机制运转不灵的问题，因此与俄罗斯和部分东欧国家采用的"休克疗法"不同，中国采用了更为稳妥的渐进式市场化改革的方式来实现由计划经济体制向市场经济体制的转型。③ 比如，在市场经济制度的核心——产权制度方面，中国走了一种独特的路径。在西方发达国家一次又一次鼓吹"私有化"的浪潮中，中国始终没有放弃带有明显社会主义特色的公有制，而是通过渐进式的改革，在承认公有制主体地位的基础上，不断提升非公有制经济的合法性和重要性。1982 年党的十二大首次承认个体经济是社会主义公有经济的有益补充。1992 年党的十四大明确提出："在所有制结构上，以公有制包括全民所有制和集体所有制为主体，个体经济、私营经济、外资经济为补充，多种经济成分长期共同发展。"1997 年党的十五大明确提出："非公有制经济是中国社会主义市场经济的重要组成部分。对个体、私营等非公有制经济要继续鼓励、引导，使之健康发展。"到 2002 年，党的十六大提出要"毫不动摇地巩固和发展公有制经济，毫不动摇

---

① 参见罗纳德·科斯、王宁：《变革中国：市场经济的中国之路》，中信出版社 2013 年版。

② 参见周其仁：《中国做对了什么》，中国计划出版社 2017 年版。

③ 参见吴敬琏：《当代中国经济改革》，远东出版社 2004 年版。

地鼓励、支持和引导非公有制经济发展",已经把非公有制经济和公有制经济放在同等地位考虑。2013 年党的十八届三中全会在强调"两个毫不动摇"的基础上,进一步指出:"公有制经济和非公有制经济都是社会主义市场经济的重要组成部分,都是我国经济社会发展的重要基础"、"公有制经济财产权不可侵犯,非公有制经济财产权同样不可侵犯"。通过渐进式改革与调整的方式,在不破坏社会主义公有制的基础上,中国的非公有制经济的产权得到国家承认和保护。

具体到企业的产权界定上,中国同样采用了渐进式的方式。比如在集体企业产权界定上,由于市场经济发展初期市场主体不足,必须依靠政府力量集中资源和要素,并首先将企业建立并初步发展起来。如果清晰界定产权,则企业很可能由于人才和资金问题而难以获得持续发展。因此,中国采取了"先赋能,后赋权"的做法,先集中力量将弱小的集体企业培育起来,然后再通过改革和转制的方式来解决产权问题。

除此之外,在市场监管制度、宏观经济调控制度、社会保障制度等方面,中国同样采用了渐进式的改革方式。从结果来看,这一选择在当时无疑是非常正确的,相较于采取激进式改革方式导致整个国家陷入长期的经济衰退和社会动荡的俄罗斯和拉美国家,采取渐进式改革方式的中国实现了长期稳定的经济发展。①

第二,从"价格双轨制"逐渐过渡到"价格单轨制"。市场机制的形成与完善,主要包括价格机制和宏观调控机制等,是"有效市场"形成的核心因素。其中最为关键的就是价格机制的形成。市场经济的本质是交易经济,交易的核心是价格。市场机制就是要通过价格这一信号来影响供需,使其在资源配置中起决定性作用。

从中国市场化改革的历程来看,价格改革是最先启动的领域之一。为了避免体制转换过程中由于价格剧烈变化引起的震荡,减少改革的风险,同时给国有企业适应市场经济竞争的"缓冲时间",中国采取了较为稳妥的从

---

① 林毅夫、蔡昉、李周:《论中国经济改革的渐进式道路》,《经济研究》1993 年第 9 期。

"双轨制"过渡到"单轨制"的渐进式价格改革办法。① 1985 年后国家开始
推动价格改革。首先放开的是农副产品、土特产品的价格,使商品市场迅速
活跃起来。此后,又逐渐放开了工业品及相关原材料的价格。进入 21 世纪
以后,价格改革又转向了资源产品和生产要素价格市场化。水、煤炭、石油、
天然气、铁矿石、劳动力、资本、土地等价格改革逐步推开。到 2016 年,全国
97%以上的商品和服务价格已经放开。② "价格双轨制"的特点是同时存在
体制内和体制外两种价格。随着体制外价格机制的逐渐发育、壮大,最终让
体制内价格丧失其显赫地位,并逐步退出历史舞台。然而,"价格双轨制"
的弊端也是非常明显的,双轨价格的并存必然会导致计划内外的倒买倒卖
和权力寻租现象,造成腐败蔓延。为了实现价格"并轨",20 世纪 80 年代后
期中国开始推动"价格闯关",但由于各种复杂原因,"价格闯关"数度失败
和停止。此后,随着改革的深入推进,中国政府在闯关失败的基础上及时吸
取教训,采取了更为稳妥的推进措施,最终在全国范围内形成了由市场决定
的统一的价格机制。

　　"价格双轨制"是中国从计划经济向市场经济转型过程中所采取的一
种特殊制度安排,是 1979 年至 1993 年间中国所实施的渐进式增量改革(体
制外优先改革)战略的一个重要特征。一方面,靠"计划轨"稳住大局,保证
经济有序地稳定发展;另一方面,靠"市场轨"的调节作用,引导资源流向,
刺激短线生产,缓解供求矛盾。实践证明,"价格双轨制"相对于旧价格体
制来说,在一定时期的作用是积极的,并最终为中国快速形成价格机制奠定
了良好的基础。虽然在其实施过程中付出了不小的代价,但这种代价是转
型过程所必需的,因为制度的变革往往是一个痛苦的过程。

　　第三,市场主体的差异化培育策略。由于大多数发展中国家长期处于
贫困状态,在市场发育的初期,其市场主体和企业家群体是非常缺乏的,难

---

① 　参见罗纳德·科斯,王宁:《变革中国:市场经济的中国之路》,中信出版社 2013
　　年版。
② 　张卓元等:《改革开放四十年经济体制改革理论与实践》,《经济学动态》2018 年第
　　7 期。

以形成具有竞争性、有活力的市场。因此，在发展市场经济的初期，政府有目的、有意识地进行市场主体培育，快速增加市场主体的数量和整体规模，是"有效市场"发育的关键一环。日本、韩国、新加坡等东亚国家政府在市场发育初期都开展了大规模的市场主体培育行动。在中国经济转型早期，当时的市场经营主体只有国有企业和少量集体企业。因此，中国市场主体的培育需要重点解决两大问题：一是民营企业的培育；二是国有企业的改革。由于国有企业规模大，包袱重，牵涉利益关系多，改革相对较为困难。基于此，中国同样采取了"先发展增量，再以增量带动存量"的渐进性改革方式，先鼓励民营经济的发展壮大，通过民营企业的竞争和示范效应，带动国有企业的改革与转型。

在民营企业的培育方面，中国的分权制度和"县市竞争"机制发挥了重大作用。1979年4月起，中央对广东等地区开始实行"财政包干"和"逐级放权"的管理体制改革。这一决定对全国各地产生了深远影响，它使各级地方政府都享有较大的财政支配权并成为地方经济的主要推动者。GDP导向的考核机制和县市之间的竞争，激发了各地政府集中资源创办企业的热情。在全国各地出现了"珠三角模式""苏南模式"和"温州模式"等多个政府培育和扶持集体企业和民营企业发展的模式，掀起了民营企业发展的高潮。以"珠三角模式"为例，就出现了政府重点培育和扶持乡镇企业的"顺德模式"、"六个轮子一起转"的南海模式等。在国有企业改革方面，则通过放权让利、承包经营、政企分离、打破垄断等探索，最后确定建立以有限责任制和股份制为代表的现代企业制度的目标，逐步构建和完善公司治理体系，使大部分国企成为充满活力的竞争性主体。

第四，优先扶持现代产业部门。以本国的资源禀赋和发展条件为考量，选择具有高成长性、强带动性、适合本国实际情况的现代产业作为主导产业重点予以发展，并通过实施产业政策，引导资源和要素向现代产业部门转移，形成规模经济效应，这是"有效市场"能够持续发育的重要前提。然而，由于大多数发展中国家都是农业国，具备技能的劳动力群体相对缺乏、技术设备落后、缺乏金融支持等都是发展中国家发展现代产业部门所面临的难题,但同时发展中国家又拥有相对便宜的劳动力和土地价格优势。在改革开放以前,中国实施的是重工业优先的"进口替代战略",集中力量投资和发展重工业,但由于缺乏市场规模,这些集全国之力发展的重工业企业大都难以发展壮大,吸纳的劳动力有限,无法带动全国经济的发展。改革开放以后,在中央政府的大力支持下,广东等沿海省份抓住全球产业转移的契机,构建了以纺织服装、五金、材料、陶瓷等劳动密集型产业为主导的产业结构,从而带动了地方经济的快速发展。

林毅夫等学者认为,中国之所以在改革开放后能取得快速发展,是因为中国在对外开放、参与国际分工的过程中充分发挥了本国的比较优势——劳动力和土地优势,从当时具有比较优势的现代产业部门——劳动密集型产业作为起步,在全球竞争中不断改变要素禀赋结构而实现产业快速升级的结果。① 林毅夫认为,一个国家的产业和技术是内生于要素禀赋结构的,要实现经济的快速发展,必须改变要素禀赋结构。而要改变要素禀赋结构,就要按照比较优势发展,选择正确的现代产业部门,在全球范围内形成竞争力,不断积累资本、人才和技术等要素。中国正是通过这种方式,不断改变自身的要素禀赋结构,实现了产业结构和技术的快速转型升级。②

2."有为政府"的关键性作用

长期以来,以"华盛顿共识"为基础,西方发达国家一直致力于向发展中国家推销"新自由主义"和"市场原教旨主义",极力强调私有化、完全市场化、西式民主和政府无为而治的重要性,否定市场发育初期政府作用的有效性。③ 然而,事实证明,日本、韩国、台湾等东亚国家和地区创造的"东亚奇迹",无一例外都是"有为政府"在市场发育初期起到了至关重要的作用。④

所谓"有为政府",目前在学术界并没有统一的定义。林毅夫等学者认

① 参见林毅夫:《繁荣的求索》,北京大学出版社 2012 年版。
② 参见林毅夫:《解读中国经济》,北京大学出版社 2012 年版。
③ 参见文一:《伟大的中国工业革命》,清华大学出版社 2016 年版。
④ 参见斯蒂格利茨、尤素福:《东亚奇迹的反思》,中国人民大学出版社 2013 年版。

为,"有为政府"是指在各个不同的经济发展阶段能够因地制宜、因时制宜、因结构制宜地有效地培育、监督、保护、补充市场,纠正市场失灵,促进公平,增进全社会各阶层长期福利水平的政府。① 在中国,政府干预和介入"有效市场"发育的过程,主要体现在以下三个方面:

首先,政府主动有序打破了计划经济的旧体制。在计划经济的惯性轨道内,市场经济的新体制机制是不会自然而然地"立"起来的。② 然而,贸然打破旧体制存在新旧体制断档的风险。如何选择主动打破旧体制的路径,俄罗斯与中国选取了两种截然不同的路径。俄罗斯在由计划经济向市场经济转型的过程中,采用了所谓的"休克疗法",以为实施私有化和完全市场化,彻底放开价格,政府"无为而治","有效市场"就会自发形成,其结果是市场不但未能自发形成,物价完全放开而不加监管的结果是物价飞涨和通货膨胀,市场秩序混乱,直接导致了本国经济的崩溃。与之相比,中国政府则在转型过程中发挥了重要的主导和引领作用。由于无法预估转型过程中的风险,中国政府在全国各地设立多个"试点"改革区域,通过试点地区的试错、纠正和调整,然后形成经验向全国推广,有效避免了新旧体制转换的风险。

其次,政府主动承担起呵护市场和弥补市场失灵的角色。在市场发育的初期,市场机制不完善,市场信息不完全,交易成本高,市场失灵问题严重,需要政府起到呵护市场和弥补市场失灵的作用,比如建立市场秩序和规则并予以维护,为市场提供必要的公共品,为发展初期的企业提供信息和担保融资、开拓市场,等等。在这些方面,中国政府特别是地方政府发挥了巨大作用。中国很多地方政府就承担了为本地企业推销产品、担保融资、为收购合并提供信息等本来应该由市场来完成的工作,对培育市场主体,开拓和活跃市场起到了关键性的作用。除此之外,中国政府还承担提供了交通、通信基础设施建设等提供公共品的工作。在资本缺乏的20世纪80年代,以广东为代表的地方政府不得不"集中力量办大事",采用了引入社会资本,"自酬资金,自

---

① 林毅夫:《论有为政府和有限政府——答田国强教授》,《第一财经日报》2017年11月7日。

② 洪银兴:《地方政府行为和中国市场经济的发展》,《经济学家》1997年第1期。

担风险、分享利益"的政策,探索出了"以路养路、以桥养桥、以水养水"的基础设施建设模式,为早期的市场开拓和发育提供了重要的支撑和保障。

第三,政府有效防范和控制了经济社会转型的风险。这种风险主要来自三个方面:一是政治上的风险。推行市场化改革可能引起国内既得利益阶层的抵制。对外开放,进行国际市场开拓可能面临其他国家的干预等,这些都是潜在的政治风险,需要政府予以应对,为市场发育提供一个稳定的政治环境;二是经济风险。实施新的市场规则、放开价格、对外开放、进行国企改革等,均可能导致意想不到的价格失控、大面积失业、经济停顿等经济风险。这种风险是以前的计划经济时代所没有遇见的,政府也缺乏相应的应对经验;三是社会风险。市场化改革要打破原有的利益结构,触动某些社会阶层的利益,可能引起社会上的强烈反弹,比如1998年国企改革引发的"下岗潮"。在市场化改革的过程中,中国政府在防范和应对这三方面的风险上都发挥了重要的作用。比如,在国际交往和对外开放中积极改善与西方国家的关系,在"价格闯关"失败时及时进行调整,在价格放开造成物价上涨时及时提供一部分物价补贴,在国企职工"下岗潮"时承担下岗职工的医疗保险和养老费用等,有力地保障了市场化改革的平稳推进。

在中国市场化改革过程中,"有为政府"关键性作用已经在学术界形成了共识。然而,随着市场化改革的推进,在"有效市场"得到快速发育,市场体系已经基本成型的情况下,"有为政府"介入和干预市场的合理性也引发了越来越多学者的质疑。比如,林毅夫和田国强的"有为政府"和"有限政府"之争,事实上反映了政府与市场关系的动态性,"有为政府"的内涵和边界在新的市场发育阶段需要有新的认识。这也是当前乃至今后一段时间内,中国政府需要重点解决的新课题。

为什么中国政府会是"有为的政府"? 对于这个问题,目前学术界并没有一个统一的答案。有些学者聚焦于制度,认为中性政府和贤能机制是中国政府能够推动经济腾飞的重要因素。而中国政府之所以成为中性政府,是因为吸取了1949—1978年的历史教训、平等的社会基础和意识形态方面的调整的结果;①②有些学者则从中国的传统文化来找原因。比如,中国传统文化中兼容并包的实践理性和平民主义,③中国两千多年以来的帝制传统等,④都对中国"有为政府"的形成产生了积极的影响;还有学者将其归为中国共产党的领导,认为经受过战争洗礼和和平建设时期双重考验,拥有坚定意志的中国共产党,是中国经济成功的最关键因素。⑤⑥

3. 对现有研究的评述

综上所述,现有研究主要从"有效市场"和"有为政府"两个视角来解释中国道路的成功。总体来说,这两个维度均具有一定的解释力。但在理论上还存在三个方面的不足:

一是在现有中国道路的研究中,将"有为政府"和"有效市场"两个视角有机结合起来,构建具有说服力的理论框架的研究还比较缺乏。2013年党的十八届三中全会指出,经济体制改革是全面深化改革的重点,核心问题是处理好政府和市场的关系,使市场在资源配置中起决定性作用和更好发挥政府作用。2015年习近平总书记《在十八届中央政治局第二十八次集体学习时的讲话》中曾经提到:"在社会主义条件下发展市场经济,是我们党的一个伟大创举。我国经济发展获得巨大成功的一个关键因素,就是我们既发挥了市场经济的长处,又发挥了社会主义制度的优越性……我们要坚持辩证法、两点论,继续在社会主义基本制度与市场经济的结合上下功夫,把两方面优势都发挥好,既要有效的市场,也要有为的政府,努力在实践中破解这道经济学上的世界性难题。"然而,目前学术界将"有为政府"和"有效市场"有效结合起来的理论和实践研究仍在探索之中。

---

① 姚洋:《中性政府:对转型期中国经济成功的一个解释》,《经济评论》2009年第3期。
② 姚洋:《中国道路的世界意义》,《国际经济评论》2010年第1期。
③ 寒竹:《中国模式的历史逻辑》,张维为编:《国际视野下的中国道路与中国梦》,学习出版社2015年版,第10—14页。
④ 白果、阿格列塔:《中国道路:超越资本主义与帝制传统》,上海人民出版社2016年版。
⑤ 约翰·奈斯比特、多丽丝·奈斯比特:《中国大趋势》,中华工商联合出版社2009年版,第1页。
⑥ 高建:《"中国模式"的争论与思考》,《政治学研究》2011年第3期。

　　二是"有为政府"是否为"有效市场"发育的必要条件？换言之，"有效市场"是否必须靠"有为政府"才能发育和成长起来？现有的理论并没有一个令人信服的系统性解释。长期以来，西方发达国家以本国成熟的市场经济制度为样板，在发展中国家极力推崇"三化"——私有化、完全市场化和民主化。强调只要复制西方的现有模式，完全相信市场这只"看不见的手"，"有效市场"便会自发形成。然而，采取这一模式的俄罗斯、拉美国家无一例外全部失败了。相反，中国的实践经验表明，在市场发育的初期，政府有意识地引导市场发育，弥补市场失灵，防范市场风险，不仅能够保证市场健康成长，而且能够有效缩短"有效市场"的发育时间。这种市场发育的模式与西方国家市场以自然发育为主的模式是存在很大差异的。中国模式是否仅为个案而缺乏普适性和推广价值？这非常值得从经济学的视角对其进行理论总结，从中提炼出中国道路的成功奥秘。

　　三是对"有为政府"能力来源的研究仍然有待进一步深化。从现有的研究来看，对于改革开放 40 多年以来中国政府所做的"正确的事"已经有了比较深入的研究和解释，比如"渐进性改革论""制度变革论""比较优势论""胚胎发育论"等。然而，对于为什么中国政府能够"做正确的事"的理论建构和机制研究尚有待进一步的梳理和完善。在现有研究中，经济学者往往偏重中国市场经济发展规律和市场化改革经验的总结，对"有为政府"及其能力来源重视不够；政治、文化和马列等学科视角的研究则偏重于分析中国的政治、文化传统，以及中国共产党的先进性等方面的分析，却未能将这些与经济发展普遍规律联系起来。

　　总的来说，现有研究解释了中国道路成功的某些局部现象，却未能触及中国道路成功背后蕴含的更为深层次的逻辑和因素。

三、一种新解释：国家能力支撑下的市场孵化

（一）政府为什么要主动引导市场发育

　　前已述及，在计划经济向市场经济转型的过程中，中国政府主动介入并

引导了本国的市场发育过程,并在市场体制机制构建、市场主体培育、防范市场风险等方面发挥了至关重要的作用。事实上,除了中国,在战后成功实现赶超的日本、韩国、台湾等东亚国家和地区,政府都主动引导了本国"有效市场"的发育,以期缩短市场发育的时间。比如,在市场发育之初,日本和韩国政府都实施了大量的产业政策和金融政策,来扶持本国幼稚的现代产业和重要企业的发展,一方面满足其发展初期对资金、人才等要素的需求,另一方面也保护其暂时免受来自发达国家同类产业的竞争,获得一个相对稳定的发展期。19世纪60年代明治天皇主导的"明治维新"实际上就是一个政府主导下的市场发育过程。在"明治维新"过程中,日本废除了封建领主土地制,允许土地自由买卖,逐步建立了私有产权制度;引进西方先进技术、设备和管理方法,发展以纺织业为代表的资本主义工商业,并逐步构建了统一的国内市场;全盘西化,对外开放,加强与欧美各国的贸易往来,扩展了国际市场;政治上建立了君主立宪制的中央集权政体,为资本主义的发展扫清了障碍。在政府的主导下,借鉴欧美国家的发展经验,日本的市场发育时间大大缩短,仅用了几十年时间很快就走上了工业化发展道路,成为亚洲第一强国。除了日本,韩国的朴正熙政府在20世纪70年代本国快速的市场发育过程中起到的作用更为突出,政府借助国家机器的力量,在政府规划重点发展的造船、电子、机械、钢铁、汽车等产业资助了一批核心企业,实施"出口导向战略",仅仅数十年就基本实现了国际国内市场的发育成型,创造了"汉江奇迹"。有鉴于此,对于后发国家而言,在市场发育的初期,通过政府积极地主导和干预,在短期内加快市场发育是这些国家成功崛起的关键。

如果我们将眼光放得更长远一点,即使是目前市场已经发育较为成熟的欧美发达国家,其历史上的市场发育虽然以自然发育为主,但政府也多次在关键时刻介入到本国的市场发育进程之中。比如在工业革命时期,为了保护本国的毛纺织和棉纺织产业的发展,英国政府出台了《羊毛法案》,全面禁止进口来自其他国家的羊毛制品。此后,英国政府又宣布禁止进口优质的印度棉制品。直到一百多年后英国棉纺织行业的生产效率全面超过印度后,这个禁令才完全取消。英国政府通过实施贸易保护政策,有效地保护了当时本国幼稚的纺织产业,为其以后的快速发展奠定了基础。事实上,越来越多的研究发现,当今西方主要发达国家,在其市场经济发展的早期,都曾经通过产业政策、关税保护乃至直接使用军事暴力手段,参与到本国市场发育进程之中。①

在这里,我们不仅要问,为什么政府要主动介入并引导市场发育?对于这个问题的回答,首先需要明确的是我们所说的"市场"到底是什么。我们认为,现实中的"市场"并不仅仅是一组交易规则和制度,只要制定并向社会颁布实施,市场机制就能够"自动生效"。一个真正运转良好的"市场",它不仅包括了众多分布在不同产业部门的企业和公共事业部门,而且还包括了支持这些市场主体开展市场交易活动所必须的制度体系和基础设施。市场规模、产业结构、企业与公共事业的发展情况、制度体系和基础设施建设情况等共同决定了市场的成长状况。对于后发赶超国家而言,在其市场发育的初期,如果政府不积极主导和干预,仅仅依靠市场自发力量短时间形成这样一个良好的"市场"几乎是不可能的。首先,以自然经济或计划经济为起点的后发赶超国家,市场主体严重不足,尤其是缺乏提供创新活力和竞争动力的企业群体;其次,现代产业发展滞后,缺乏资本、技术和人才以及支撑现代产业部门发展的市场规模;最后,由于资本不足,支撑市场运行的公共事业和基础设施发展也严重滞后。除此之外,由于旧模式、制度和文化惯性的存在,无论是政府、企业还是个人,都存在一个适应调整和不断学习市场经济的过程。在这种情况下,如果政府不将注意力放到解决这些具体问题,而仅仅是匆忙移植发达国家的成熟市场经济制度,会使得超前的制度框架与落后的市场发育现状严重不匹配,导致制度空转。这也是苏东和拉美国家采用"休克疗法"为什么会失败的重要原因。

(二)市场孵化的概念与内涵

我们认为,一个国家的市场从萌芽到成熟,大致可以分为两个发展阶

---

① 参见张夏准:《富国陷阱:发达国家为何踢开梯子》,社会科学文献出版社 2008 年版。

段：一是前市场发育期，主要任务是建立和培育市场，发展现代产业，实现技术赶超；二是后发育市场期，主要任务是监管和维护市场，推进产业升级，实现技术领先。对于后发国家而言，在前市场发育期，市场基础是非常薄弱的：缺乏具有足够市场竞争力的企业群体；缺乏支撑规模经济发展的市场规模；支撑市场运行的公共事业部门发展严重滞后；市场规则和公共基础设施均不完善。在这样的市场环境中，市场失灵随处可见，市场机制不能有效地发挥作用。要改变这种状况，政府要做的不是简单地移植发达国家成熟的市场经济制度后就寄托市场这只"看不见的手"自动发挥作用，而是需要政府扮演市场孵化器（market incubator）的角色，对弱小的市场进行逐步精心培育，帮助市场发育成长壮大。我们将这种在前市场发育期，政府充分意识到幼稚市场尚不足以充分满足工业化和经济增长对有效配置资源的要求，恰当运用国家力量对产业、企业和公共事业等具体经济部门的发展提供政策性扶持，同时根据这些部门发展需要进行适应性的制度建设，引导和干预促进市场快速发育成型的过程称之为市场孵化（market incubation）。在市场孵化过程中，市场的建立是内生于市场发育过程之中，往往是渐进完善的，而不是按照一个理想的市场模型，进行事前设计或从外部植入的。如果将市场比喻为一株从传统经济土壤中成长出的幼苗，孵化市场的政府既提供肥料，又负责浇水，同时还防治虫害，全方位呵护市场之苗的茁壮成长。

因此，对于发展中国家来说，在市场孵化中政府需要发挥三方面的作用：第一，孵化产业以扩大市场规模。国家通过实施产业政策，加快幼稚产业部门发展，满足市场对规模经济的要求；第二，孵化企业以实现优胜劣汰。通过优化营商环境，培育具有市场竞争力的企业，满足市场对维持竞争和企业家精神供给的要求；第三，孵化公共部门以降低市场交易成本。通过大力发展公共部门，提供基础设施，降低交易成本，解决公共品不足所导致的市场失灵问题。

根据斯密·杨格定理，市场规模决定了分工水平，分工水平又反过来决定了市场规模，经济增长源自于市场规模扩张和分工深化的循环往复。工业化之所以成为现代经济增长的前提，源自于现代工业部门是一种适合高度分工、迂回生产的规模经济活动。不难理解,优先发展现代产业部门,是发展中国家启动市场、积累资本、应对国际竞争的现实需要。同时,由于先发国家在现代产业处于相对优势地位,后发国家的现代产业发展面临着来自前者的巨大竞争压力,客观上需要后发国家政府采取多种措施保护和帮助本国稚嫩的现代产业的发展壮大。例如,英国在工业革命初期,对自己当时尚处于相对落后地位的毛纺织和棉纺织行业实施了积极的贸易保护政策。到1850年左右,英国工业部门的技术水平和生产效率已经在全球全面领先,英国才开始对工业品进口大规模减税,转为推动自由贸易。①

企业是市场的主体,企业之间的相互竞争是贯穿市场发育的主旋律。在欧美等市场经济发达国家,正因为培育出了成千上万具有强大国际竞争力的企业,才使得其市场充满活力。与之相比,以苏联为代表的计划经济体制国家,往往只注重发展产业,而不重视竞争型企业的培育。苏联仅仅用了20年时间,就将一个相对落后的农业国建设成为一个可以和西方国家分庭抗礼的工业化强国。但是,在计划经济体制下,工业化是建立在按行政指令开展生产的工厂基础之上的,只有现代化工厂而没有现代化企业。这就导致整个国家资源配置效率低,产业发展缺乏效率,最终在军备竞赛中被美国拖垮。

在市场经济中,公共部门通过提供各种公共服务,对完善市场体制机制、保障和维护市场正常运行起到了至关重要的作用。从全球范围来看,越是市场经济发达的国家,公共部门的规模越大,提供的公共服务的形式越多,质量也越高。因此,顺应市场需求,孵化公共部门,提高公共服务的水平,是关系到市场孵化能否成功的关键因素。其中,交通基础设施和现代教育体系是支撑市场孵化最重要的两项公共事业。在前市场发育期,交通基础设施建设能够加强市场主体之间的联系,降低交易成本,为构建统一的国际国内大市场提供硬件支撑。现代教育体系能够为市场孵化培养合格的劳动者和具有开拓精神的企业家群体。在德国赶超英国的过程中,德国政府

---

① 参见张夏准:《富国陷阱:发达国家为何踢开梯子》,社会科学文献出版社2008年版。

在欧洲率先推动教育改革,建立起小学、中学、大学和专业性技工学校的完整教育体系,为工业化发展提供了强有力的劳动力和人才支持。除此之外,孵化公共部门提供优质的公共服务还包括建立高质量的市场监管体系。在前市场发育期,由于信息不对称和法律制度不完善,发展中国家的早期市场往往表现出野蛮生长特征,市场主体缺乏契约精神不按合同约定办事、企业利用市场规则的漏洞不当获利、劳工和消费者权益难以得到保护等问题较为普遍,必须有赖于公共部门通过构建和完善市场监管体系予以解决。

(三)市场孵化需要强大国家能力的支撑

20 世纪 50 年代起,许多发展中国家开始学习西方发达国家发展市场经济,首先是日本和拉美国家,然后是亚洲四小龙和东南亚国家。随着苏联解体、东欧剧变,波兰等原属社会主义阵营的国家也开始转向发展市场经济。除了苏东和拉美少部分国家奉行"休克疗法",其他大多数国家的政府都不同程度主动介入并实施了本国的市场孵化活动。然而,从发展结果来看,全球范围内仅有日本、亚洲四小龙和部分东欧国家获得了市场孵化的成功。为什么会出现这种差异呢?这就进入了前文提出的"有为政府"的讨论范畴,我们试图在本书中打开"有为政府"的黑箱,阐述为什么有为政府能够孵化有效市场,以及有为的中国政府是如何孵化有效市场的。

我们认为,市场孵化是国家意志的体现,与国家能力有着密切的关系。国家能力强的国家,市场孵化的成功率要高得多。

国家能力是一个被各学科广泛接受的概念,最早来源于政治学、社会学和政治经济学领域。不同的学科对国家能力的解释不尽相同,但一种具有广泛兼容性的表述是指国家将自己的意志、愿景和目标转化为现实的能力。[①] 举例来说,20 世纪 50 年代起,日本、韩国和菲律宾都进行了土地改革,通过强制购买或者没收的方式获得地主的土地,然后转卖给没有土地的农民,以实现"耕者有其田"。但同样的政策结果却完全不同。日本和韩国

---

① 参见王绍光、胡鞍钢:《中国国家能力报告》,辽宁人民出版社 1993 年版。

的土地改革比较顺利,而菲律宾却以失败告终。菲律宾土改失败的一个重要原因就是国家能力太弱,政府不敢动大地主阶层的利益,导致整个土改流于形式。同样的例子还有中国与印度在基础设施建设方面的执行能力差异。1949年新中国成立时,当时的印度铁路主要在英国政府管理下修建,营运里程达到了54754公里,远远超过中国的21800公里。印度独立以后,由于国家能力弱,政府缺乏执行力,土地私有制的实施和地主阶层的抵制导致征地异常困难,铁路建设进程开始放缓。到2009年,中印两国铁路里程分别为85518公里和63273公里。与1949年相比,中国新增了63718公里,而印度仅仅新增了8595公里,印度铁路新增里程仅为中国的13.4%。仅此一例,我们即可窥视国家能力差异对于市场孵化的影响。

那么,市场孵化需要什么样的国家能力呢? 从国家能力的分类来看,米格代尔等学者将国家能力分为国家渗透社会的能力、规范社会关系的能力和国家汲取资源的能力。① 王绍光、胡鞍钢等将现代国家的国家能力分为八种,分别是强制能力、汲取能力、濡化能力、监管能力、统领能力、再分配能力、吸纳能力和整合能力。朱安东等将国家能力定义为国家管理调控经济以使经济最大化地实现繁荣与稳定的能力,它包括议程设置能力、财政汲取能力、经济管理能力等。② 综合起来,我们认为对于市场孵化来说,有三种国家能力是至关重要的:财政能力、法治能力和学习能力。

现有的文献研究表明,财政能力和司法能力是国家为市场提供公共服务支撑的两个基础性能力。③④ 财政能力,也被称为经济汲取能力,指的是一个国家的政府,尤其是中央政府从国民经济活动中汲取收入,从而维持政府运转,为政府从事各项活动提供必需财务保障的能力。税收是国

---

① 参见米格代尔:《强社会与弱国家》,江苏人民出版社2012年版。

② 朱安东、李民骐等:《国家能力与中国经济增长的可持续性》,《政治经济学评论》2012年第4期。

③ Mauricio Cárdenas, *State Capacity in Latin America*, Economía, vol. 10, no. 2, 2010, pp. 1-45.

④ Timothy Besley and Torsten Persson, "The Origins of State Capacity: Property Rights, Taxation, and Politics", *The American Economic Review*, Vol.99, no. 4, 2009, pp.1218-1244.

家财政能力的重要来源,除此之外,国家对土地、矿产等自然资源的占有、对一些行业的垄断经营、经营国有企业,也都是国家财政能力的组成部分。显然,财政能力是国家孵化和维持市场有效运营的物质基础,特别是对于市场经济基础薄弱的后发国家而言,无论是市场主体的培育、现代产业的发展还是基础设施的建设,都需要大量的资本。如何筹集发展资本以及将有限的资源和要素集中起来发挥最大作用,这非常考验一个国家的财政能力。

法治能力是指一国政府以法治思维为基础,运用法治方式认识、处理、决策相关事务的能力。市场孵化需要国家法治能力实施产权保护和合约履行,可以视为国家强制能力的一种具体表现。法治能力规范的不仅仅是市场上的企业行为,同时也规范了政府行为,避免政府滥用手中权利。从理论上来说,法治能力和财政能力是对立出现的,财政能力赋予政府做事的能力,法治能力则规范政府做事的方式,既要使政府拥有足够的权力来管理社会和经济事务,又要限制和防止政府对权力的滥用。① 除此之外,在市场孵化的过程中,国家法治能力还必须能够有效防范市场风险保持经济平稳发展,应对市场孵化过程中各类突发事件。

除了现有文献中被广泛认同的财政和法治两类国家能力,我们认为在市场孵化的过程中,政府还需要具备一定的学习能力。所谓学习能力,是将政府看成一个特殊的学习型组织,从历史、现实和其他组织(包括国家)学习知识,不断完善对现实世界的认识,掌握驾驭现实世界,从而影响未来的能力。②③ 学习能力能够保障政府在充分借鉴别国发展经验的基础上,结合自身国情,在孵化企业、发展现代产业、制度供给和基础设施建设等领域正确地制定和实施政策。同时,如果政策实施效果不佳或者产生负面影响,

---

① 参见世界银行:《1997 年世界发展报告:变革世界中的政府》,中国财政经济出版社 1997 年版。

② 唐世平:《国家的学习能力和中国的赶超战略》,《战略与管理》2003 年第 5 期。

③ 王礼鑫:《国家学习能力的建构——以中共中央政治局集体学习制度为个案的研究》,《复旦政治学评论》2013 年第 1 期。

学习能力保障政府能够积极进行纠错、调整和优化。比如在制度供给层面，政府的职能不是简单引进发达国家成熟的市场经济制度，而是需要根据市场孵化中遇到的问题，进行适应性的制度变革，制定理论上可能不是最优，但是现实中可行的、次优的制度。前文提到了中国政府在产权界定过程中采取的"先赋能、后赋权"的策略，就是学习能力的体现。放眼全球，日韩等成功实现赶超的国家，无一不是善于从发达国家吸取成功经验，找出适合本国发展模式的国家。

　　财政能力、法治能力和学习能力这三种国家能力是后发国家开展市场孵化的重要支撑。特别是对于中国这样的市场基础薄弱、由计划经济体制向市场经济体制转型的发展中国家，由于市场基础薄弱，且旧制度具有较强的路径依赖性，市场孵化的难度要大得多。首先，前市场发育阶段的中国市场经济制度基础几乎为零。产权制度的核心——私有产权的界定和保护在当时被认为是资本主义的产物，是不允许存在的。同时，市场经济运行所必需的法律、规章和制度也几乎为零；其次，包括生产者、经营者和消费者在内的市场经济主体都非常缺乏。当时中国主要的经济主体是国有企业，在计划经济体制下开展生产活动，存在着明显的政企不分且效率低下的问题，同时也缺乏在市场经济中发展和应对市场竞争的经验。而民营企业和个体户在当时的制度环境下是不允许存在的；最后，缺乏大规模的市场作为工业化的支撑。由于当时中国人民生活水平较低，消费能力有限，加上交通基础设施发展滞后，统一的国内消费市场和要素市场远远没有形成。不仅如此，尽管当时中国同西方国家的关系有所缓和，但在经济范围的合作仍然较少，尚未融入全球化的生产网络和贸易体系，因此国际市场尚未能得到有效开拓。除此之外，中国长期受儒家和农耕文化的影响，文化惯性以及实施计划经济体制形成的制度惯性和思想障碍也大大增加了市场孵化的难度。在这种背景下，如果没有强大国家能力的支撑，很难想象中国政府能够以"摸着石头过河"的方式，开启并推动了市场孵化的进程，仅仅用了40年就初步完成了"有效市场"的发育，创造了举世瞩目的经济增长奇迹。

（四）不同发展阶段政府与市场关系的动态变化

国家能力是动态成长和变化的。从前市场发育期的市场孵化到后市场发育期国家对市场的监管维护，市场经济对国家能力的支撑需求是永远存在的。但是，随着经济增长和市场体系的逐步完善，国家能力本身也在不断成长和动态变化。国家能力动态变化含义主要包括两个方面：一是随着市场不断发育成熟，三类国家能力本身在市场孵化过程中不断得到提高；二是市场发育的不同阶段，三类国家能力的重要性不同。

首先，随着市场的发育，三类能力本身在不断提高。第一，财政能力会随着市场发育和经济增长而提高，从非规范途径逐渐过渡到规范途径。一般来说，国家财政来源通常由两部分组成：一是税收收入，是指国家依据其政治权力向纳税人强制征收的收入，它是国家最主要的、正式途径的财政收入形式；二是非税收入，如土地出让收入、行政收费等，带有临时性和不稳定特征，一般认为是非规范途径的财政收入。市场孵化的起点是一国经济从传统小农经济向工业经济转轨，或者从计划经济向市场经济转轨。在前市场发育期，国家经济规模相对较小，国民收入处于一个较低的水平。毫无疑问，这个时候的国家财政能力不仅相对薄弱，而且来源多样，非规范途径的财政收入占据相当大的比重。随着经济的发展，税基在不断扩大，政府财政收入除总量增加外，来源也逐步向以规范途径的税收收入为主转变。第二，法治能力会随着市场经济体制的完善而逐步提高。在自然经济阶段，调整人们之间关系的主要依赖手段是伦理等非正式制度和规则。发展市场经济必然会带来一些不同于自然经济和计划经济的社会问题。随着交易规模扩大、交易频率加快，各种经济联系和交往乃至经济纠纷，仅仅依靠伦理或简单的行政命令等非正式制度和规则来调整已无能为力，必须逐步依靠现代法治来为市场提供完备和正式的运行规则，确保市场能有序地运转。所以，市场发育的过程，同时也必然是法治能力提高的过程。第三，在不同的发展阶段，政府的学习能力也是有差异的。通常来说，在前市场发育阶段，一个国家会更多地参考学习外国经验，表现为"向外学"。随着市场发育逐渐成熟,国家经济发展和制度建设都进入到了无人区,可借鉴的外国经验越来越少,这个时候国家学习能力的重点就集中体现在"干中学",即从实践中获取知识、总结规律的能力。

其次,在市场发育的不同阶段,三类能力的重要性也不尽相同。对于大多数发展中国家来说,在前市场发育阶段,财政能力、法治能力是存在天然不足的,但学习能力的强弱却决定了市场孵化的成败。因为税收等规范途径的财政能力不足可以通过非规范途径的财政收入或者借外债等方式来解决,法治能力不足也可以通过行政指令和非正式规则暂时来弥补,但如果学习能力不足则可能意味着政府无法正确地制定和实施政策来推进本国的市场孵化。日韩等成功赶超的国家的发展经验告诉我们,在前市场发育阶段,如何制定适合本国产业发展的政策,如何因地制宜地引进和裁剪外来的制度和法规,如何控制市场开放的时机和节奏等,都需要具备强大的学习能力。甚至可以说,在前市场发育阶段,只要具备了强大的学习能力,也能顺利解决财政能力和法治能力的天然性不足的问题。举例来说,改革开放初期,中国同样面临着基于正式途径的财政能力不足的问题,缺乏资本开展大规模的基础设施建设。然而,由于作为执政党的中国共产党,经过战争年代的洗礼和新中国成立后 30 年的发展探索,已经具备较强的学习能力。通过全国范围内的"试点",中国的地方政府在不断学习国外经验和开展本地实践中,探索出了一条基于土地公有制优势的"土地财政"路径,有效地解决了基础设施建设资本不足的问题。从这一点上来说,虽然中国基于税收等正式途径的财政能力存在先天性不足,但是通过学习能力促进了基于土地出让收入、行政收费等非税收入的财政能力的增长,有力地支撑了市场孵化的需求。在法治能力方面,改革开放初期,由于长期实施计划经济,导致市场经济相关的制度和法律存在大面积的缺失和不完善,中国同样面临着基于正式规则的法治能力不足的问题。鉴于正式制度高度镶嵌在非正式制度之中,新建立的市场制度和法律的生效有赖于人民的市场意识和素质的提升,而这是需要时间的。在正式制度建设跟不上市场孵化需要的情况下,中国政府没有盲目从外国照搬发达国家成熟但未必适合本国的法律制度,而是充分发挥地方政府和基层民间的学习能力,允许民间和地方先行探索一些民间的、地方性的非正式制度来治理市场。这种非正式制度有可能是随着市场发育而出现的民间规则,也有可能是政府以行政命令而非立法形式出台的行政规则。这样做的好处是法治成本低,无需经过繁琐的立法程序,可以对市场发育过程中出现的问题做到及时响应,并针对制度执行过程暴露的缺陷疏漏,及时进行调整纠错。等到非正式制度经过了充分的实践检验,并为市场广为接受而且取得了良好的实施效果后,政府再通过司法程序将这些非正式制度上升为正式制度。在前市场发育期,中国政府就是这样通过自身的学习能力,以基于非正式规则的法治能力有效地弥补了基于正式规则的法治能力的不足。

随着市场的不断发育成型,在学习能力持续提升的同时,国家财政能力和法治能力特别是基于正式途径的财政能力和基于正式规则的法治能力也会相应提升,三种能力之间将会形成一种良性的互动。到了后市场发育阶段,随着现代产业规模扩大,国家税收收入不断增加,市场经济制度和法律趋于完善,基于税收收入的财政能力和基于正式规则的法治能力将会逐渐取代基于非税收入的财政能力和基于非正式规则的法治能力,在维护市场和孵化新市场过程中发挥主要作用。与此同时,学习能力重要性仍然是不言而喻的,这是因为在后市场发育阶段会浮现出新问题,需要学习能力来予以分析和解决。

(五)有为政府如何孵化有效市场:中国政府的孵化策略

"有为政府"孵化"有效市场",是我们对中国道路的一个基本认识。中国政府在孵化"有效市场"过程中的"有为",主要体现在以下四大孵化策略中:

1. 渐进式的市场化改革

与苏东和拉美国家采用"休克疗法"为代表的激进改革方式不同,中国政府采用的是渐进市场化改革方式。由于缺乏参考对象,这种孵化策略以"增量带动存量"为主要路径,以渐进推进为主要特征,以"摸着石头过河"

的"试点推广"为主要形式,并贯穿于整个改革开放的全过程。比如,在所有制改革上拒绝"一刀切"形式的私有化,采用保留公有制主体地位,逐步培育非公有制发展壮大的策略;在价格管理机制改革上,先实行"价格双轨制",再逐步实现价格并轨;在市场主体孵化方式上采取"先赋能再赋权"方式,先将企业发展壮大,再逐步解决产权问题;在市场体系建设上,先放开搞活商品市场,再逐步放开要素市场等等。

渐进市场化改革,确保了市场化改革的方向、速度、节奏和风险可控,大大地降低了市场化改革转型过程中的各种风险和制度摩擦,同时有效地避免由于激进改革所导致的经济大幅度下滑风险和社会动荡失序。

2. 自主有序的对外开放

一个经济体只有在开放状态下才能实现跨越式发展。对外开放可以从四个途径加速市场孵化:(1)扩展了市场边界。本国企业通过国际贸易或直接投资参与全球经济循环;(2)通过引进外资企业提高市场竞争水平。外资企业作为外来市场主体不仅带来了新的技术、资本和管理经验,也提高市场竞争水平;(3)为本国政府和企业提供了学习样板和标杆;[1](4)对外开放为国内改革输入外生动力。

中国的对外开放与信奉"市场原教旨主义"的国家采取"一放了之"开放策略不同,走的是一条自主有序对外开放的道路,主要表现在:一方面,对外开放是中国自主的战略选择,是在主权完整背景下的开放,是以坚持"四项基本原则"为前提条件的开放,而不是被迫开放;[2]另一方面,在开放时机和开放范围的选择上,中国是根据经济发展需要实行渐进开放。比如,中国的开放始于经济特区"试验田",通过"点、线、面"逐层推进,最后建立全方位区域开放格局。与此同时,中国的早期开放以货物贸易和引进外资为主,此后逐渐扩展到服务贸易,而对金融开放则始终持较为审慎的态度。中国政府采用自主有序对外开放的策略,充分考虑了不同发展阶段的国家需求

---

[1]　江小涓:《中国开放三十年的回顾与展望》,《中国社会科学》2008 年第 6 期。

[2]　孙力:《中国近世以来对外开放的历史轨迹及其启示》,《辽宁财专学报》2003 年第 2 期。

和过度开放可能带来的风险,周密规划,稳步推进,取得了重大成功。

3.因势利导的产业政策

从国际经验来看,通过大力发展具有比较优势的现代产业部门,为经济起飞积累宝贵的发展资本,从而快速跨越发展中国家普遍面临的因人均收入过低、投资量小和资本形成不足所形成的纳尔逊式的"低水平均衡陷阱",这是所有成功实现赶超的国家的重要策略之一。因此,对于后发国家来说,市场孵化的一个重点任务就是通过实施产业政策,引导和扶持具有比较优势、关联效应强、能迅速扩大市场规模的现代产业部门快速发展壮大。中国则因势利导,在这个基础上更进一步,从技术赶超和技术领先两条路径进行产业引导。一方面,在前市场发育期,基于要素禀赋结构,通过产业政策的倾斜,大力引导和扶持劳动密集型产业发展,既激活了市场,为经济起飞初期积累了资本,又成功完成了技术赶超;另一方面,随着要素禀赋结构的变化,中国又开始瞄准高科技产业领域,实施高科技产业政策,推动原本不具备比较优势的产业积累形成动态竞争优势,从而实现了技术领先和产业跨越式发展。在这个过程中,中国充分发挥了基于非税收入的财政能力的作用,通过土地财政和贷款担保等非税手段,有力地培育和扶持了稚嫩的民营企业的发展。反过来,随着民营企业的发展壮大,国家税收收入也不断增多,基于正式税收的财政能力得到了很大的提升,政府就拥有了更多的资本来培育和支持高科技产业发展,形成了良性循环。强大的国家能力和因势利导的产业政策,是中国的现代产业能够实现跨越式发展的重要原因。

4.基础设施先行

基础设施建设的目的在于加强市场主体之间的联系,降低交易成本,为构建统一的国际国内大市场提供硬件支撑。然而,基础设施建设需要耗费大量的资本,很多发展中国家政府虽然清楚基础设施建设的重要性,但由于资本不足,基础设施建设长时间都难有实质性的进展。改革开放之初,中国同样面临着基础设施建设资本不足的问题,在这种情况下,中国采取了灵活变通的做法,在学习西方国家"公私合营"等做法的基础上,与社会资本和外国资本合作,实施"集资办事,有偿使用"的基础设施投资模式,通过"以路养路""以桥养桥""以电养电""以水养水",顺利地解决了基础设施建设资本不足的困境。基础设施建设的快速推进,促进了要素在全国范围内的流动,在打破区域性市场分割的同时极大地改善了全国各地市场投资和营商环境,吸引了更多的国外和社会资本进入市场,极大地推动了市场孵化的进程。

四、广东:市场孵化的先行地与试验田

国家能力支撑下的市场孵化,这是本书对于"中国道路"成功的全新解释和总结。然而,在实施这场伟大战略之前,中国政府是无法预见其后果的,也不清楚具体的工作应该如何来开展。在这种情况下,广东作为改革开放的先行地和试验田,实际上也就成为中国市场孵化这一伟大战略的先行地和试验田。

(一)广东:独特的市场孵化优势

1978 年的广东,以其独特的区位优势,成为全国最早实施改革开放战略的地区。从市场孵化的角度来看,广东也是全国最适合践行这一伟大战略的地区。

首先,1978 年的广东,是全国经济发展和生活水平较低的地区之一,在全国经济格局中的地位远远不及北京、上海和东北地区。以尚处边缘地区的广东为试点推进市场孵化,可以大胆开展试验,即使失败也不至于影响全国经济发展的大局。

其次,广东毗邻港澳这两个市场经济发展较为成熟的地区,有利于学习和借鉴港澳地区市场经济的相关制度和法律。香港和澳门多年来分别在英国和葡萄牙政府的直接管理下,资本主义市场经济的制度和法律都已经比较成熟和完善。区位邻近、文化同源和紧密的社会关系,促使港澳成为市场孵化的理想学习标杆。在改革开发的大背景下,广东政府可以凭借区位、社会和文化优势,深入考察和学习港澳市场经济制度和法律,

并通过消化吸收,在本地予以试验、纠错和调整,待形成成熟经验后再向全国推广。

再次,作为沿海地区的广东,是全国最接近国际市场的地区之一,有利于市场主体培育和发展现代产业。毗邻港澳,为广东引进外资提供了巨大的便利,改革开放的"第一桶金"主要来自港澳地区的投资和产业转移。接近国际市场,有利于广东接受来自发达国家的产业转移,发展服装、塑料、五金等劳动密集型产业作为经济起飞阶段的现代产业部门,实施"出口导向战略",为开展市场孵化积累原始资金、技术和人才。

最后,广东具有悠久的商业文化历史和传统。晚清以来,广州一直是中国的对外通商口岸,商业文化有着悠久的历史和传统。民国时期,广东也是全国资本主义和现代商业发展最好的地区之一。因此,对于市场经济的观念和文化,广东人民比较容易接受,对于新建立的市场经济的体制机制也比较容易适应。

基于以上四个有利因素,广东毫无争议是全国最适合开展市场孵化的地区。而广东也充分抓住了这一机遇,先行一步,大胆试验,在中国市场孵化这一伟大进程中发挥了至关重要的作用。

(二)广东实践:"国家能力支撑下的市场孵化"的最佳注释

40年来,广东在这场中国伟大的市场孵化进程中"先行一步",敢于担当,勇于探索,充分发挥了"试验田"和"示范区"的作用,为全国其他地区开展市场孵化活动提供了样本和经验。

在前市场发育期,面对市场经济制度不健全、市场失灵现象突出、现代产业、企业群体和公共部门发展滞后的困局,广东地方政府主要从两个方面进行了试验和探索:一是通过实施开放战略为市场孵化寻找标杆和参照物,引进外资企业、技术和人才,倒逼国内经济体制机制改革;二是以改革推动市场孵化,政府主动引导和参与孵化产业、企业和公共部门。

一方面,以开放倒逼改革。在探索建立和完善市场体制机制方面,广东以经济特区为载体,率先在全国开启市场经济制度改革。作为经济特区的深圳,以香港为标杆,进行了一系列向市场经济转型的探索性体制改革,包括土地管理、用工制度、工资制度、基建管理、住房制度、干部制度等,开启了市场经济体制改革的序幕。此后,随着外资企业的大规模涌入,为了更好地对外资企业进行监管,广东又在工商、税务、劳工、外贸、金融制度上进行了一系列的改革和探索。在市场机制中最核心的价格机制形成和探索方面,广东通过对外开放,参考国际市场的商品和要素价格,在逐步放开价格方面走在全国前列。1978 年,广东率先在全国试水放开蔬菜和生鲜价格,广州市芳村区最先放开河鲜、蔬菜、塘鱼价格,在全国引起巨大反响。1992 年,广东又在全国率先完成粮价"闯关"。在价格改革的过程中,广东创造出综合性价格管理、市场化取向的价格改革思路、以法治价、建立市场价格调节基金制度等在当时具有突破意义的新思维、新举措,不仅为自身改革打开了局面,而且为全国改革提供不少可供借鉴的经验。

另一方面,以改革推动孵化。通过不断改革,广东初步建立起了市场经济体制,并以此为基础逐步推动孵化产业、企业和公共事业。在孵化产业和孵化企业方面,广东一方面在全国率先接受全球产业转移,以"三来一补"为主要形式发展现代产业部门。1978 年,中国第一家"三来一补"企业——东莞虎门镇太平手袋厂正式成立,拉开了广东利用外资的序幕。同时,广东地方政府又积极主导和参与了乡镇企业的培育。广东为全国贡献了包括"顺德模式""南海模式""东莞模式"在内的"珠三角模式",培育了包括美的在内的一大批龙头企业。随着现代产业和民营企业规模的不断扩大,产权、管理制度等新问题的出现又倒逼政府进一步推动改革,形成市场孵化过程中的改革与发展之间的良性循环。20 世纪 90 年代前期,广东率先在全国开启集体企业产权转制改革,通过改革解决了民营企业的产权问题,为日后广东民营企业的发展壮大奠定了坚实基础。

在孵化公共部门和事业方面,广东各级地方政府同样通过学习和试验,探索出了一系列新办法和举措。以基础设施建设为例,广东在全国率先引入了市场机制,利用外来和社会资本实施"集资办事,有偿使用"的基础设施投资模式,"以路养路""以桥养桥""以电养电""以水养水"等举措开始在全省推广开来。1981 年，广东与澳门签署贷款协议，首次利用外资建设了广珠公路上的四座大桥。1984 年建成通车的东莞高埗大桥是全国第一座征收过桥费的地方公路桥，首创了"集资建桥，过桥收费还贷"的模式。通过不断学习、试验和探索，广东地方政府有效地解决了前市场发育期政府财政收入有限、资本不足的问题，推动了广东基础设施建设等公共部门和事业的大发展。

21 世纪以来，随着市场经济制度的逐渐完善，劳动密集型产业和具有竞争力的企业群体规模的不断扩大，公共部门和事业的快速发展，广东的市场孵化也进入了新的阶段。

在市场经济体制机制完善方面，随着市场经济制度的不断完善，广东开始实行简政放权，改革行政审批制度，推动政府职能转变。1997 年深圳率先试点和 2012 年全省范围的先行先试，都是广东在行政审批制度改革上的探索。广东提出要最大限度地减少政府对微观事务的管理，市场机制能有效调节的经济活动一律取消审批，基层政府管理更为便利有效的审批事项一律下放。通过政府职能的有效转变，政府开始不再大包大揽，而是让市场在资源配置中起决定性作用。

在孵化产业和企业方面，广东开始从孵化劳动密集型产业转向孵化高新技术产业的发展，政府的产业政策也开始由倾斜性政策向普惠性政策转移。其中，深圳在孵化高新技术产业发展上一枝独秀，创造推动高科技产业快速发展的"深圳模式"。早在 20 世纪 90 年代，深圳市政府就开始在高科技领域谋划布局，在政府的大力培育和扶持下，华为、腾讯、中兴、大疆等一系列高科技龙头企业开始成长起来，成为在全球范围内拥有一定影响力的科技巨头。为了解决应用和源头创新能力不足的问题，深圳市政府创造性地在全国开启了引进和创办新型研发机构的先河。1996 年，深圳市政府和清华大学共建了全国第一家新型研发机构——清华大学深圳研究院，此后又陆续引进了中科院深圳先进技术研究院、香港理工大学深圳研究院等一大批新型研发机构，有效地弥补了本地应用和源头创新能力不足的问题。同时，针对创新企业和科研机构的扶持，深圳市各级政府通过不断试验和探索,构建了一套以普惠政策为主、定向扶持为辅的科技产业政策体系,有力地支持了创新企业和科研机构的发展壮大。

在孵化公共部门和事业方面,广东开始从孵化公路等交通基础设施转向高铁、5G 等新型基础设施。目前,广东是全国高铁通车里程最多的地区之一,到 2018 年年底已经实现了除河源和梅州以外 19 个地级市高铁全部通车。同时,广东也是全国最早布局 5G 网络基站的地区之一,截止到 2019 年 5 月,广东已经建成 5G 基站超过 14200 个,是全国 5G 基站数量建成最多的省份。新型基础设施在全国范围的发展领先,与广东省政府的提前规划和布局是紧密相关的。

总的来说,作为中国市场孵化的先行地和试验田,广东的经验和做法,是"国家能力支撑下的市场孵化"这一中国道路的最佳注释。

第一章 国家能力与市场孵化:中国经济腾飞的新视角

习近平总书记指出,政府和市场的关系是我国经济体制改革的核心问题。① 中国社会主义市场经济体系建设是一个漫长的改革探索过程,在努力建设有效市场的同时,中国政府始终没有忽视政府的作用,既要有为政府,也要有效市场,二者形成发展合力,是中国经济体制改革的指导思路。这个发展模式和西方理论界主流思想(有限政府理论或者放任自由主义)所认可的发展模式有着根本不同,由此使得中国经济发展一直以来伴随着外部,尤其是西方世界的质疑,对中国经济所取得的巨大成就迷惑不解,称之为"中国经济奇迹"和"中国经济之谜"。

在本章中,我们试图将西方主流经济理论无法回答的中国经济奇迹分解为两个依次递进的问题:第一,如果中国市场经济发展得益于有为政府,那么市场经济下的有为政府的任务是什么,和有限政府有何区别;第二,中国政府为何能够扮演好有为政府的角色。通过全球发展回顾,我们发现,建设有为政府孵化有效市场,不仅仅是中国,也几乎是所有发达国家都曾经走过的道路。中国经济奇迹的原因在于两点:一是中国成功抵御了有限政府和新自由主义思潮的影响,坚持走有为政府孵化有效市场的发展道路;二是中国共产党领导的中国建构了强大的国家能力,为政府之有为提供了实现

---

① 习近平:《在十八届中央政治局第十五次集体学习时的讲话(2014 年 5 月 26 日)》,《人民日报》2014 年 5 月 28 日。

可能。由此看来,罔顾发展阶段过早弱化政府职能,以及缺乏足够的国家能力,是许多发展中国家在市场经济道路上遭受挫折的关键原因。

这里需要特别指出的是,限于篇幅,本书是从经济学尤其是发展经济学视角对中国经济发展道路进行理论解释,没有讨论包括政治、社会、文化等在内的更广泛意义上的中国道路或中国模式。

一、寻找发展失败的症结

(一)从万能政府到万能市场的双重失败

当今世界,84%的人口居住在发展中国家,1/10人口处于极度贫困状态,工业革命以来人类所创造的巨大繁荣,实际上与这个星球上多数人无缘。麦迪逊对过去2000年全球经济史的统计分析表明,不同地区之间的贫富差距分化,在近300年中一直以加速度的形式扩大,导致人类进入了有史以来区域贫富分化最严重的时代。①

令人震惊的是,如此巨大的贫富分化,不是发生在交通隔绝的前工业文明时期,而是出现在商品和资本高度全球化、通信交通高度快捷、世界各地紧密联系的今天。特别是在西方殖民体系瓦解之后,为什么只有极少数发展中国家能够实现发展赶超,绝大部分发展中国家都陷入所谓贫穷陷阱和中等收入陷阱?以资本积累为中心的传统增长模型无法对这种现象作出解释。我们能够观察到的一个基本事实是,基于"政府—市场"关系的经济发展模式,而不是地缘、种族、气候等外部条件,在其中扮演了关键性作用。那些成功实现高增长的经济体,大多数都位于东亚,并无一例外都在经济起飞的相当长一段时期实行了"政府干预+市场经济"的发展模式。而相当多发展中国家,以及一批前苏东经济体,先是把政府主导视为赶超良方,失败后又180度转向,匆忙复制现代西方经济体制,结果遭遇了从万能政府到万能市场的双重发展失败。

---

① 参见安格斯·麦迪森:《世界经济千年史》,北京大学出版社2003年版。

一大批发展中国家曾在 20 世纪 50—70 年代实施了政府主导的发展模式。这种模式的核心是利用国家力量筹集资本,对钢铁、石化、汽车等现代产业部门投资,以图实现快速工业化。例如,印度首任总理贾瓦哈拉尔·尼赫鲁计划建设一个包括快速成长的"重工业产品"机械制造综合体,满足国家现代化对钢铁、化肥、水泥、电力和机械设备的需要;印尼总统苏哈托集中发展炼油、钢铁、水泥等重工业和代表先进技术前沿的航空业;埃及总统纳赛尔、加纳总统恩克鲁玛效仿苏联,实施了以重工业建设为核心的五年计划。在上述这些国家,在政府主导模式下,金融市场往往被纳入政府直接控制之下,并伴随着公营部门的大规模扩张。在印尼,政府严密控制了对外贸易和银行信贷。在埃及,纳赛尔对银行和公用事业实行了国有化。1940—1975 年间,墨西哥公共投资占社会总投资的 4 成,超过 50% 重点投向制造业和基础建设领域。[①]

政府主导下的高投入在一开始确实带来了高增长。从 1950—1974 年间,非洲除南非外其他国家在该段时间的年均经济增速达到了 5.2%,拉美地区 1945—1980 年间年均增速甚至达到 5.5%。[②] 从动力来源看,这些国家良好的经济增长表现很大一部分来自于政府致力推动的工业部门。1950—1980 年,拉美制造业的年均增长率达 6.5%(巴西和墨西哥分别在 8% 和 7% 以上),明显高于 5.7% 的全球制造业增长率。[③]

不幸的是,在这些国家,政府主导的工业化没能维持长期增长势头。由于竞争性市场缺位,企业生产效率普遍低下,经济增长后继乏力。20 世纪 60 年代后期,阿根廷、巴西和墨西哥汽车工业的生产成本比美国高出 60%—150%;1969 年,智利国产汽车的生产成本比发达国家高出 2 倍,国产电动缝纫机、自行车、家用电冰箱和空调器的国内价格分别比国际价格高出 3 倍、5 倍、6 倍和 7 倍;20 世纪 70 年代末,阿根廷和委内瑞拉国产汽车在国内市场上

---

① 杨大威、郑江淮:《后发国家政府在资源配置中的作用:经验、教训与借鉴》,《现代经济探讨》2017 年第 7 期。

② 参见林毅夫:《繁荣的求索:发展中经济如何崛起》,北京大学出版社 2012 年版。

③ 江时学:《对拉美进口替代工业化发展模式的初步总结》,《拉丁美洲研究》1995 年第 6 期。

的售价比国际市场高出 1 倍。① 为了维持低效率的工业部门,拉美多国背负上沉重的外债,最终超出了各国偿债能力。1982 年 8 月,以墨西哥宣布中止偿付主权债务为起点,拉美债务危机彻底爆发,拉美经济快速增长的时代终结了。整个 20 世纪 80 年代,拉美经济年均仅增长 1.2%,制造业仅增长 1.1%,人均收入则年均下降 1.2%。到了 1990 年,拉美的最低工资比 1980 年低了 1/3,城市失业率上升到 8%,46% 的人口生活在贫困线以下。②

拉美债务危机以及后来苏东地区从计划经济向市场经济的转型,是政府主导发展模式失败的两个重要标志性事件。针对失败教训,这些地区都开启了建立自由市场的经济改革,并大幅压缩政府介入经济领域的空间。世界银行 1997 年版《世界发展报告》对此总结道:"这些改革逻辑的最终点是建立一个最低纲领派政府。这种政府做不出什么坏事情,但也做不出什么有意义的事情来。"③当时的许多人——包括许多著名经济学家都把建立有效市场想象得很简单,认为只要政府退出对经济活动的干预,辅之以自我负责的私有产权安排,一个能够"发现正确价格,引导资源有效配置"的万能市场就会自动出现,并推动国民经济持续增长。然而,后续发展的残酷事实证明了政府的简单退出并不会必然带来有效市场,一大批发展中国家和转型经济体再次付出了发展的惨痛代价。

俄罗斯是实施简单"政府让位,市场上位"经济转型的典型案例。1992年,俄罗斯启动了激进的市场化改革,实施了 70 年的高度计划管制型经济几乎是在一夜之间全面放开,国有企业全面进行私有化改制。由于价格管制放开引发了恶性通胀,普通百姓多年储蓄近乎归零;国有企业的私有化产生了严重的内部人控制问题,并带来严重的贫富社会分化。政府也未如预期那样真正退出了市场,大量政商合谋严重破坏了市场公平性和竞争性原则。

---

① 江时学:《对拉美进口替代工业化发展模式的初步总结》,《拉丁美洲研究》1995 年第 6 期。

② 高谦:《拉美为何落入中等收入陷阱》,《学习时报》2018 年 9 月 17 日。

③ 参见世界银行:《1997 年世界发展报告:变革世界中的政府》,中国财政经济出版社 1997 年版。

畸形的市场形态严重削弱了俄罗斯的经济实力,在 1992 年俄罗斯开始改革时,俄罗斯的经济总量要略高于中国。到了今天,只有中国的 1/10 多。

拉美地区的自由市场改革则是"以喜剧开幕,以悲剧收场"。从 20 世纪 80 年代开始,拉美各国陆续开始实施国企私有化和去政府监管的自由化改革。在开放金融市场尤其是开放对外汇进出的行政管制后,拉美地区迅速成为国际投资热点。仅 1993 年墨西哥签署北美自由贸易协定的当年,就有 300 亿美元的国际投资涌入墨西哥。充裕的资金流入使得墨西哥经济一度繁荣,但好景不长。1994 年,出于对墨西哥政府能否维持比索汇率稳定能力的担忧,小批资金避险性撤离墨西哥,很快引发了全面的恐慌性资本出逃,造成墨西哥比索急速贬值和国内资本市场流动性枯竭,将成千上万企业和金融机构拖入破产境地。1995 年墨西哥实际国内总产值下降了 7%,工业产量下跌了 15%,数以十万计的工人失业,比墨西哥 1982 年主权债务危机后发生的萧条还要严重。紧接着,资本恐慌出逃在拉美多个国家迅速蔓延,冲垮了其他国家脆弱的金融市场。在危机最严重的阿根廷,整个国家的银行体系都险些崩溃。①

针对这些国家为什么会遭遇市场化改革失败,有大量技术层面的分析。例如,很多学者认为,俄罗斯国企转制步子太快,配套制度建设难以及时跟上;发展中国家资本市场过于脆弱,不能依赖资本流入弥补贸易赤字,高度贫富分化会形成发展陷阱,等等。但是,如果我们从更基础的发展模式层面来看,这些国家始终没有摆脱非此即彼的简单思维定式,先是把政府作用万能化,失败后又把市场作用万能化。如果把经济发展中的政府和市场分工视为一个跷跷板游戏,这些国家总是把重量过度压在跷跷板的某一端,始终无法处理好二者间的平衡。

(二)脱离发展阶段的有限政府论

众多发展中国家和转型国家遇到的发展挫折,凸显了增长理论和发展理论的自身缺陷。早期的增长理论专注资本积累问题,忽略了配置效率在

---

① 参见保罗·克鲁格曼:《萧条经济学的回归》,中信出版社 2012 年版。

长期增长中的重要性，政府由于其具备强制性储蓄和战略性投资的能力，很容易被视为主导经济发展的最佳选择。作为一种纠正，后来的西方主流经济学重点强调市场配置资源的效率机制，却忽略了这个结论是在一连串理想化假设下（例如完美信息、没有外部性、没有公共品）做出的，并轻率地将政府视为市场经济的麻烦制造者而予以排斥。①

但是，无论是俄罗斯的转型教训，还是拉美的金融动荡，都反复提醒人们，不理想的市场是可以多么干净利落"杀死"增长的。现实迫使人们重新回过头反思政府在市场经济中的角色。世界银行 1997 版的《世界发展报告》以"变革中的政府"为年度主题，对去政府化的改革路线进行了理论反思："经济发展需要有一个有效的而决不是最低纲领派政府，该政府通过鼓励和补充私营企业和个人的经济活动来起到'催化'和促进作用。以政府为主导的发展必然地失败了，但缺少政府的发展也必然如此，像利比亚和索马里这样，人民遭受的痛苦十分清楚地表明了这样一个信息。历史反复地表明，良好的政府不是一个奢侈品，而是非常必需的。没有一个有效的政府，经济和社会的可持续发展都是不可能的。"②

那么，什么是发展中国家所需要的有为且有效的政府呢？主流的新古典理论开出的药方是能够生产高质量制度的有限政府。在过去 30 年间，关于制度质量与经济增长的研究连篇累牍，并反复在强调一个道理——经济增长的源泉来自于政府的高质量制度供给。这种理论强调，发展中国家的发展挫折，原因不在于市场本身，而在于政府没有为市场运行提供高质量的制度支撑。③④

①　参见约瑟夫·斯蒂格利茨：《再论政府的作用》，选自《发展与发展政策》，中国金融出版社 2009 年版。

②　参见世界银行：《1997 年世界发展报告：变革世界中的政府》，中国财政经济出版社 1997 年版。

③　参见詹姆斯·A.罗宾逊、德隆·阿西莫格鲁：《国家为什么会失败》，湖南科学技术出版社 2015 年版。

④　Daron Acemoglu, Simon Johnson, James A. Robinson, "The Colonial Origins of Comparative Development: An Empirical Investigation", *The American Economic Review*, 2001, 91(5):1369-1401.

将政府视为维持市场有效运作制度供给者的思想由来已久。在《国富论》中，亚当·斯密在论证了市场作为一只"看不见的手"可以有效配置资源后，紧接着强调了让市场"看不见的手"发挥作用的前提是有赖于政府提供国家安全、法律秩序、完成大型基础设施建设。诺思在讨论西方世界兴起时，将产权保护视为英国兴起和西班牙没落的关键①。近几年的有限政府理论研究将支持市场有效运行的核心制度分为两类：一是产权制度，二是合约制度。有效的产权保护可以激励生产者为长远发展进行充分投资，不用隐匿资产或者进行挥霍性消费。有效的合约保护通过惩罚市场欺诈鼓励更多的交易，不断拓展市场经济的边界。② 为了做到上述两点，新古典理论接着认为，发展中国家应该尽可能推进产权私有化，从而让经济后果尽可能与个人选择一致，避免公有产权中的搭便车行为（free rider problem）。为约束政府可能的不作为或者乱作为，一国还需要引进西方的司法体系和西方式民主政治体系，以限制政府任意行动的能力。③④ 不难看出，有限政府理论是以西方发达国家现行经济政治制度为标准模板构建出的理想模型，并作为发展中国家经济发展的制度前提。

但是有限政府的模型同样通不过现实的检验。经过几百年的西方殖民后，全球有许多发展中国家都完整沿袭了前西方宗主国的政治法律经济制度，可是几乎所有这些国家的发展表现都不如人意。在 20 世纪 50 年代，人们普遍认为非洲将比东亚有更好的发展前景。其理由非常充分，非洲地理位置紧邻发达的西欧，作为前殖民地其政治法律制度完全承袭欧洲，自然资源丰富，当时非洲人均 GDP 也高于东亚。在东亚内部，人们基于同样理由也最看好美国前殖民地菲律宾。当时的菲律宾是区域内人均 GDP 仅次于

---

① 参见道格拉斯·C.诺斯、罗伯斯·托马斯：《西方世界的兴起》，华夏出版社 1999 年版。

② Daron Acemoglu, Simon Johnson, "Unbundling Institutions", *Journal of Political Economy*, 2005, 113(5): 949-995.

③ 参见詹姆斯·A.罗宾逊、德隆·阿西莫格鲁：《国家为什么会失败》，湖南科学技术出版社 2015 年版。

④ Daron Acemoglu, James A. Robinson, "A Theory of Political Transitions", *The American Economic Review*, 2001, 91(4): 938-963.

日本的国家,拥有良好的地理区位、丰富的自然资源,友好的国际环境,实行几乎与美国一致的行政司法制度,看起来具备了发展赶超的一切条件。但是半个多世纪后,东北亚的日韩已经远远将非洲甩在身后,菲律宾也沦为东亚区域内的相对欠发达国家。

作为新古典的捍卫者,许多西方学者坚持认为,以西方制度作为标准模板并没有错,错误在于发展中国家没有有效运行这些制度,来自西方的政治法律制度往往停留在纸面,并没有起到保障私人产权和合约履行的职能。但是,如果全盘照搬西方制度体系都不能保证制度有效运作,那只能说明,在经济欠发达的发展中国家本来就不具备建立西方制度的现实性。拿一个现实中无法实现的蓝图作为发展中国家的发展前提,除了纸上谈兵,还剩下多少实际价值呢?

实际上,即便从西方经济学说关于制度变迁的理论角度推敲,基于标准模板的有限政府药方也是行不通的。诺思指出,要想让以法律规章形式存在的正式制度有效运作,前提是社会上要形成与之相匹配的意识形态和文化观念等非正式制度。① 由于非正式制度的变迁是很缓慢的,这意味着,忽视历史文化和国情差异的制度移植必定会造成"淮南为橘,淮北为枳"的后果。东欧和苏联地区的经济转型改革,就是把目标明确设定为复制西方国家的经济制度。但是东欧和苏联地区存在着相当大的历史文化差异,致使他们在接受西方制度移植的能力上完全不同,由此导致不同国家经济转型的表现差异。波兰等东欧国家历史上就与西欧国家有着深刻社会文化宗教联系,来自西方的制度移植相对成功,其经济转轨表现相对好些。而苏联各加盟共和国,大多有完全不同于西方国家的历史文化传统,匆忙移植进来的西方制度移植短期内难以正常运作,转型的表现就要差很多。②

不难理解,对于现实中的具体某一个国家而言,权衡一个制度的好坏标

---

① 参见道格拉斯·C.诺思:《理解经济变迁的过程》,中国人民大学出版社 2008 年版。

② Rodrik,"Getting Institutions Right",*CESifo DICE Report*,2004,(2).

准或者说是否合适的标准不应该是它有多么靠近标准模板,而是它是否能在本国经济现实中有效运作。正如习近平总书记所指出的,"鞋子合不合脚,自己穿着才知道"。一个国家的发展道路合不合适,只有这个国家的人民才最有发言权。

在中国,一个被学者广泛用来解释中国奇迹的制度模型是地方政府的分权竞争理论,这个理论认为,1978 年以来,中央政府通过对下级政府逐层分权赋能,实际上形成了一个由地方政府和地方企业密切合作的区域竞争市场。分权竞争使得地方政府和本地企业激励相容,地方政府积极帮扶企业发展,在中国司法制度尚不完备的改革早期,替代了正式司法制度有效保护了产权。从表面来看,中国分权竞争的制度安排导致地方政府深度介入市场经济,与有限政府理念完全相悖。但是从实际运行的效果来看,分权竞争制度尽管也带来了市场分隔、重复建设等缺陷,但其对促进市场发育、推动经济增长的作用,比那些难以在发展中国家有效运转的西方法律体系要实际管用得多。①②

(三)重新审视赶超阶段的政府市场关系

在经历了政府万能和市场万能的失败实践后,有限政府理论将政府和市场之间的联系描绘为一种基于公共品供给的"一臂之距"关系,既满足了理论建构所要求的简洁性和逻辑自洽性,又有西方成熟市场经济理论的背书,具有很强的说服力和蛊惑力。但是为什么在发展中国家实践依然是"南橘北枳"呢?两类学术文献从不同角度给出了解释。

一类学术文献放弃了新古典分析框架,使用历史归纳法,总结了工业革命以来,成功进入高收入经济体的代表性国家发展经验。他们发现,所有西方主要发达国家,在其经济发展的早期,都曾经通过产业政策、关税保护,乃至直接使用军事暴力手段,参与到技术、市场和原材料争夺、贸易体系建构、

---

① Yingyi Qian, Barry R. Weingast, "Federalism as a Commitment to Preserving Market Incentives", *Journal of Economic Perspectiv*, 1997, Vol.11(No. 4) :83-92.

② 周黎安:《中国地方官员的晋升锦标赛模式研究》,《经济研究》2007 年第 7 期。

本土产业发展之中。今天我们看到西方国家的政府市场形态和制度形态,从自由贸易到民主选举到劳工福利,都不是西方国家经济发展的原因,而是西方国家经济发展取得成功后的结果。① 在这些学者看来,发展中国家实际是在从事一场和发达国家实力高度不对等的经济竞争。市场机制只能引导发展中国家按照比较优势按部就班参与国际分工,这将使得发展中国家和发达国家之间的产业代差、技术代差永远存在,会使得发展中国家将始终处于从属、落后的地位。因此,发展中国家唯一的选择是由政府实施赶超战略,通过大规模行政干预,优先发展处于技术前沿的产业部门,缩小与发达国家的产业代差和技术代差。②③ 在他们看来,政府主导产业政策是东亚经济体成功赶超的核心秘诀所在。④ 不可否认,这些分析的缺陷也很明显,即较少关注到政府失灵(government failure)问题。

　　另一类文献则是坚持了新古典的分析框架,但在分析框架中着重分析发展中国家面临的市场失灵约束问题。这类文献强调,由于基础设施短缺、制度建设不到位等种种原因,发展中国家存在着大面积的市场失灵乃至市场缺失(market missing),迫使发展中国家政府必须承担大量以修复市场失灵为目标的经济职能。⑤ 例如,发展中国家的金融市场往往高度信息不对称,贷款人往往缺乏充足的抵押品,如果没有政府的协助,弱小的工业部门几乎无法从金融市场获得融资,因此,在发展中国家放弃政府对资本市场干预,银行只会服务于少数资本寡头,形成实质上的穷人补贴富人效应,对国家人力资源的全面动员成为不可能。⑥ 又比如,发展中国家市场对外部冲

---

① 　参见张夏准:《富国陷阱:发达国家为何踢开梯子》,社会科学文献出版社 2008 年版。
② 　参见埃里克·S.赖纳特:《富国为什么富 穷国为什么穷》,新华出版社 2010 年版。
③ 　贾根良:《演化发展经济学与新结构经济学——哪一种产业政策的理论范式更适合中国国情》,《南方经济》2018 年第 1 期。
④ 　参见韦德:《驾驭市场:经济理论和东亚工业化中政府的作用》,企业管理出版社 1994 年版。
⑤ 　罗德里克:《相同的经济学,不同的政策处方:全球化,制度建设和经济增长》,中信出版社 2009 年版。
⑥ 　约瑟夫·斯蒂格利茨:《发展与发展政策》,中国金融出版社 2009 年版。

击的承受能力异常脆弱,简单模仿发达国家进行过早的去政府监管改革,可能会使得市场失去必要的风险防波堤。① 例如在 20 世纪 90 年代,东亚的泰国、马来西亚、菲律宾和印度尼西亚曾经表现出良好的发展势头,被称为"东亚四小龙"之后的"四小虎"。但是 1998 年亚洲金融危机之后,"东亚四小龙"很快就恢复了经济繁荣,而东南亚这四个国家则都陷入到严重且漫长的衰退之中,②一直到 2006 年国民收入才大致恢复到危机前水平,良好的赶超势头就此中止。2008 年全球金融危机源于美国金融市场过度创新绕过了监管篱笆,之后美国只用了 5—6 年时间就实现了经济复苏,而一大批受到牵连的新兴经济体却陷入长期衰退的阴影中。在危机前的 2007 年和 2008 年,巴西实现了 6.1% 和 5.1% 的良好经济增速。2009 年危机爆发后,巴西经济增速急速下滑到 -0.1%。直到 2015 和 2016 两年,巴西依然是 -3.5% 的负增长,2017 年增长率也还是在 0% 上下。因此,这一类文献认为,尽管政府干预同样会产生政府失灵,但是两害相权取其轻,启动和维持发展中国家的经济增长依然需要广泛的政府干预。

最后,即便我们接受发展赶超阶段需要政府干预的学说,有几个关键问题迄今依然含糊不清:一是我们如何保证政府具备实施干预的能力?大量文献表明,欠发达国家不仅仅存在大面积的市场失灵,其政府往往也缺乏将政策转化为有效行动的能力,政府失灵问题更加严重。二是我们如何在政府干预的同时确保市场自身能力能够逐步壮大,从而消除类似拉美那样由于政府干预埋下的效率隐患。因此,问题焦点自然就落在了政府自身又是如何具备克服政府失灵能力的问题上来了。在下一章,我们将提出一个基于国家能力的市场孵化分析框架,用以解释为什么有些国家能够成功赶超,有些国家赶超失败,试图对上述问题做出回应。

---

① 参见约瑟夫·斯蒂格利茨:《发展与发展政策》,中国金融出版社 2009 年版。
② 参见乔·史塔威尔著,蒋宗强译:《亚洲大趋势:中国和新兴经济体的未来》,中信出版社 2014 年版。

二、基于国家能力的市场孵化论

(一)有为政府孵化有效市场

启动经济增长需要进行工业化是不同学派经济学家能达成高度一致的少数见解之一。传统的小农经济由于受到自然资源报酬递减律的制约,增长存在天花板。现代工业经济则是一种规模经济,规模越大越有效率。要实现国家工业化,需要进行大量前期的公共基础设施投资和建设,包括支撑工业化运作的水电动力系统和支撑远距离贸易的运输系统,支撑复杂交易的交易规则体系和解决合约纠纷的司法体系,乃至将自由农民培训成为严守劳动纪律的产业工人,等等。让工业化变成一个需要协调全社会各个部门的系统性行动。历史实践证明,仅仅依靠商人或者企业家的力量是无法在短期内完成如此复杂的全社会协调的,迄今为止所有成功的工业化都是在政府高度协同参与下完成的,体现了积极有为的政府特质。

有为政府实行的是一种既不同于政府主导,也不同于有限政府的市场孵化模式。政府主导模式惯用大范围的产业政策来推进工业化,但其产业政策往往压制了市场和企业家的作用,经济效率低下,无法做到可持续发展。有限政府模式视市场为一组抽象化的交易规则,将政府职能限定在制度为核心的公共品领域,暗示只要引进了与发达国家一致的制度体系,发展中国家就可以立即拥有与发达国家同样的有效市场。但是,现实中的市场经济从来不仅仅是一组交易规则,它还包括了众多分布在不同产业部门的企业和公共事业部门,市场规模、产业结构、企业与公共事业的发展情况等共同决定了市场的成长状况。发展中国家的特点一是缺乏支撑现代产业部门发展的市场规模,二是缺乏提供创新活力和竞争动力的企业群体,三是支撑市场运行的公共事业发展严重滞后。如果政府不将注意力放到解决这些具体问题上,简单移植成熟市场经济制度,会使得超前的制度与市场现状严重不匹配,导致制度空转。有为政府孵化市场的模式是政府充分意识到幼稚市场尚不足以充分满足工业化和经济增长对有效配置资源的要求,需要恰当运用国家力量对产业、企业和公共事业等具体经济部门的发展提供政策性扶持,同时根据这些部门发展需要进行适应性的制度建设,避免制度不匹配和制度超前对市场产生拔苗助长的危害。因此,在市场孵化的发展模式下,市场制度的建立是内生于市场发育过程之中,往往是渐进完善的,而不是依赖一个理想的市场模型,进行事前设计或从外部植入。如果将市场比喻为一株从传统经济土壤中成长出的幼苗,孵化市场的有为政府既提供规则,也提供肥料,同时还扩大面积,全方位呵护市场之苗的茁壮成长,同时谨慎地避免拔苗助长的错误。

为加快市场发育,有为政府需要从三个方面进行市场孵化:

第一,孵化产业。国家通过实施产业政策,加快幼稚产业部门发展,满足市场对规模经济的要求。根据斯密·杨格定理,市场规模决定了分工水平,分工水平又反过来决定了市场规模,经济增长源自于市场规模扩张和分工深化的循环往复。工业化之所以成为现代经济增长的前提,源自于现代工业部门是一种适合高度分工、迂回生产的规模经济活动。① 我们看到大部分国家都是从纺织业开始它们的工业化的,这是因为纺织业是人类历史上第一个具备上述特征的现代产业部门。②

两个原因使得发展规模经济产业往往需要政府孵化。第一个原因是市场自身存在着"协调失灵"和"学习失灵"。③ 前者指幼稚的市场经济往往不能自发形成高水平的分工,有时候需要政府来协助市场启动分工进程。当小农经济体开始引进现代工业部门时,产业配套能力不足往往是他们需要面对的第一个困难。由于本国缺乏上游部门(例如原材料加工和电力),市场上就没有人对下游部门(例如制造)进行投资。同样,由于下游需求不足,市场上也没有人对上游部门进行投资。这种情况下,如果政府作为协调

---

① Young A.A., "Increasing Returns and Economic Progress", *Economic Journal*, 1928, 38 (152):527-542.

② 参见斯文·贝克特:《棉花帝国:一部资本主义全球史》,徐轶杰、杨燕译,民主与建设出版社 2019 年版。

③ 参见罗德里克:《相同的经济学,不同的政策处方:全球化,制度建设和经济增长》,中信出版社 2009 年版。

者有效协调了产业链的不同环节协同行动，就可以大大加速本国工业化进程。例如，在中国的工业化推进中，大量政策是围绕着"产业集群"展开的，政策指向就是优化产业发展的上下游协同。至于学习失灵，是指仅仅依靠专利保护制度并不能给予新产业拓荒者足够的风险回报激励。对于这些新产业的拓荒者而言，他们要应对新行业存在的各种不可知风险，需要开发出针对这个行业的特定生产、管理、经营专属知识，这些对后来者弥足珍贵的拓荒经验，本身却无法从市场得到回报，如果没有政府给"第一个吃螃蟹的人"提供足够奖励，一个国家拓展新兴行业的速度会大大放缓。[①] 因此，在新兴产业发展早期，由政府为新兴产业部门提供信贷扶持乃至财政补助、大范围政府采购，都是世界各国通用的孵化产业手段。

应对先行者的竞争挤压是需要政府孵化产业的第二个原因。一些学者认为，先发国家在相关产业上的优势地位对后来者构筑了极高的市场门槛，客观上提出了后发国家使用多种手段帮助本国相关产业度过早期的发育成长期的需求，直至其具备了国际竞争力为止。例如，英国在工业革命初期，对自己当时尚处于相对落后地位的毛纺织和棉纺织行业实施了积极的贸易保护政策。1699 年，英国制定《羊毛法案》，全面禁止进口来自殖民地的羊毛制品，挤垮了爱尔兰具有竞争力的羊毛产业。1700 年，英国宣布禁止进口优质的印度棉制品（印花衣服），一直到一百多年后英国棉纺织行业的生产效率全面超过印度后，这个禁令才完全取消。到 1873 年，英国棉纺织品有 40%—45%出口到印度，而印度的本土棉纺织业当时已经全军覆没了。到 1850 年前后，英国工业部门的技术水平和生产效率已经在全球全面领先，英国才开始对工业品进口大规模减税，转为推动自由贸易。[②] 到了当今的全球化时代，WTO 贸易规则充分考虑了自由贸易需要和发展中国家对适度产业保护的诉求，允许处于不同发展阶段的国家按照 WTO 规则和其入世承诺，实行适度但不是过度的产业保护。

---

① 参见林毅夫：《新结构经济学——重构发展经济学的框架》，《经济学（季刊）》2011 年第 1 期。

② 参见张夏准：《富国陷阱：发达国家为何踢开梯子》，社会科学文献出版社 2008 年版。

一些反对产业政策的学者认为,如果考虑到企业家精神创新冒险的本质,上述因素都不能构成政府孵化产业的必然理由。无论是协调失灵、学习失灵或者外来竞争者优势,都意味着潜在的市场套利空间,只要一个国家有足够丰沛的企业家精神,自然会有大量勇于冒险的企业进入弥补市场失灵。在我们看来,这种观点虽然把企业家精神的作用过度绝对了,但也揭示出企业家精神在市场经济中至关重要的作用。同时,企业家精神不是从天而降的,它和物质资本、人力资本一样,都存在着一个积累的过程,恰当的政府干预可以有效加快后发国家的企业家精神,以及经营管理企业的相关人力资本积累,由此引出了市场孵化的第二项内容:孵化企业。

第二,孵化企业。国家通过优化营商环境,培育具有市场竞争力企业,满足了市场对维持竞争和企业家精神供给的要求。企业是市场的主体,企业之间的相互竞争,优胜劣汰,是贯穿市场发展的主旋律。当我们谈论市场的时候,实际一直隐含着"竞争性"前缀。如果市场上企业主体过少而形成了实际意义的垄断,或者企业无需为自己的盈亏负责不会受到低效率的惩罚,优胜劣汰机制远离了市场后,这样的市场也就变成死水一潭。在发展中国家,市场环境通常对生产型企业尤其是中小型的生产型企业不友好。资本的短缺和严重信息不对称使得处于现代产业部门和创新领域的企业,尤其是中小型企业很难获得自身发展所必须的信贷资金,银行更偏好贷款给他们所熟悉,拥有抵押的传统的商贸、房地产或者金融领域,服务对象集中在少数大企业,[1][2]这使得发展中国家在许多领域要么就市场缺失,要么就呈现出垄断型的市场形态。

不恰当的工业化战略只关注产业孵化,而忽视了对竞争型企业的孵化,结果就是这些国家的工业化往往后继乏力。苏联仅仅用了20年时间,就从一个相对落后的农业国建设成一个可以和法西斯德国以及西方阵营对抗的

---

[1] 参见乔·史塔威尔:《亚洲大趋势:中国和新兴经济体的未来》,中信出版社2014年版。

[2] Joseph E.,Stiglitz, *The Role of the State in Financial Markets*, Proceedings of the World Bank Annual Conference on Development Economics,1993.

工业化强国,拉美在实行进口替代政策的 20 世纪 50 年代到 70 年代所取得的经济增长速度远远超过后来时期。可以说,在产业孵化层面,这些国家都取得了相当大的成功。但是,计划经济体制下只有工厂没有企业,工业化是建立在按行政指令开展生产的工厂基础之上的。拉美进口替代战略的企业长期依赖补贴生存,同样不具备市场竞争力。因此,只有产业孵化没有企业孵化,经济增长只能被启动却无法长期维持。

相比之下,那些成功实现赶超,或已经实现了长期持续高增长的经济体,国家在孵化产业的同时,都维持了一个良好的市场竞争格局。在谈论东亚经验的时候,许多人错误解读了韩国高度集中的财阀经济特征。他们没有注意到,韩国财阀的基本特征不是垄断而是高强度国际市场竞争,寡头市场结构不是源于政府抑制竞争,而是政府坚定维护竞争政策,通过长期的激烈市场竞争所形成的优胜劣汰结果。韩国的产业政策是一种被称为"挑选胜利者"的政策,国家一方面对承担国家工业化战略任务的企业提供大量信贷扶持和财政补贴,另一方面将企业驱赶到国际市场参与全球竞争,对那些市场竞争的失败者绝不救助,任其倒闭被收购。1965 年的韩国十大财团,到 1975 年只有三星、LG 和双龙仍停留在前十位置。到 1985 年,又有 3 家 1975 年排名前十的财团掉出了前十。到 1998 年亚洲金融危机,包括汉拿、韩宝、真露、三美、海天、高丽、大宇等一大批知名财团宣布破产被收购。现在,韩国经济起飞时期初创的一大批财团,只有少数几家经受了市场竞争的考验依然存活。①

在孵化产业的同时是否孵化了企业,是中国改革前后两轮工业化的重大差异。新中国成立前 30 年的工业化中,中国在一穷二白的平地上建立起齐全的现代工业体系,但是到 20 世纪 80 年代,这些本质上只是生产车间的国有企业普遍存在严重亏损,成为国家财政的沉重负担。到了改革开放之后,新一轮工业化是建立在三类竞争性企业孵化上的:一是对外引进的外资合资企业;二是基层政府孵化的乡镇企业和民营经济;三是进行现代企业改制后的国有企业。前两类从诞生初始就是自负盈亏、高度竞争的。政府所

---

① 参见金麟洙:《从模仿到创新:韩国技术学习的动力》,新华出版社 1998 年版。

做的,就是通过投资基础设施、改善行政服务、帮助企业获得银行信贷等手段,不断改善这些企业的营商环境。对于第三类企业,则是通过国企在竞争性领域选择性退出,以及引入现代企业制度改革,赋予和强化国有企业的市场主体属性。迄今,优化营商环境、加快民营经济发展和深化国有企业的改革,依旧是中国经济改革的重中之重。

第三,发展公共事业。国家不断扩大公共部门的规模,改组公共部门结构,满足市场对多样化高质量公共服务的需求。在市场经济中,公共部门通过提供各种公共服务,对市场正常运行起到不可替代的作用。越是市场经济发达国家,公共部门的规模越大,形式和服务功能也越是多样化。公共部门可能是政府设立,也可能是准政府形式,或者是民间组织,涵盖了从教育培训、技术支持、司法仲裁、市场中介、行业治理等方面。反观那些不发达国家往往少有发达的公共部门,政府设立的公共部门仅仅能勉强满足基本的国家行政管理职能,很少能提供高质量的市场服务,至于准政府和民间公共部门,无论在数量还是质量上通常都令人失望。在这个意义上,市场是无法抛开政府的昂贵公共品。①

交通基础设施和现代教育体系是启动工业化最重要的两项公共事业。所有关注中国经验的研究,都会浓墨重彩地介绍中国足以与发达国家所媲美的良好的基础设施,这对于资本短缺的发展中国家而言堪称奇迹。在发展中国家中,拥有巨大人口红利的不仅仅只有中国,但是拥有如此优良基础设施,可以让人口红利充分发挥作用的,在发展中国家尚找不出第二个,这部分解释了中国为什么打破卢卡斯悖论②,成为过去 40 年吸引外资最多的

---

① 参见文一:《伟大的中国工业革命:"发展政治经济学"一般原理批判纲要》,清华大学出版社 2016 年版。

② 所谓卢卡斯悖论,是指在全球化时代,国际资本主要流动的方向并没有按照经济学中的稀缺性原则流向资本稀缺的发展中国家,而是反向流入资本已经高度富足的发达国家。发展中国家生产效率低下、劳动力充足的比较优势无法发挥,是产生卢卡斯悖论的主要原因。对这个现象严谨的学术讨论最早由诺贝尔奖得主卢卡斯提出,详见 Lucas R. (1990), " Why Doesn't Capital Flow from Rich to Poor Countries? " *American Economic Review*, 80, 92−96.

发展中国家。中国之所以能做到这一点，和中国政府始终积极有为密不可分。在中国流传着一句广为人知的口号："要想富，先修路。"努力筹措资金为企业生产和物流提供尽可能好的基础设施，以此扶持企业发展吸引外来投资，可以说是过去 40 年间中国基层政府在经济领域的核心工作，这个来自于基层和民间的朴素口号，充分表明中国政府在中国工业化过程中扮演的战略性角色。另一方面，人口要转化成工业化时代的合格劳动者，需要发展大规模、高水平、普及性的公共教育，这也是处于前工业化时代国家所欠缺的。德国是现代职业教育的重要发源地。在德国赶超英国的过程中，德国政府意识到工业化对人力资本的要求，在欧洲率先推动教育改革，建立起小学、中学、大学和专业性技工学校的完整教育体系，并且把教育目标从神学转移到科学技术上来。迄今为止，德国技术工人的素质依旧享誉全球，对德国发展成工业强国起到了至关重要的作用。

公共事业所涵盖的范围非常广泛，绝对不仅仅限于修路和办教育。从全球工业化发展实践来看，完善基层政府组织，将国家的社会管理和社会服务职能向下延伸到社会基层，对孵化市场同样具有战略性意义。制度经济学家强调市场只有在得到产权保护和合约履行保障的前提下才能有效运转，但是在传统的国家，受到国家财政力量限制，国家行政服务往往难以延伸到占绝大多数人口的广大乡村地区，这实际使得占一国绝大多数的乡村人口游离在市场经济之外，无法参与到社会分工之中，导致发展中国家往往沉淀了巨大人力资源和僵化资产得不到充分利用，这几乎就是大多数发展中国家的实际写照。① Acemoglu 等人（2016）一项关于美国经济史的对比研究表明，19 世纪美国各州的专利申请量和美国各州邮局的布点规模高度相关，即便控制了经济增长水平的内生影响，该结论依旧显著成立。作者总结道，这是因为 19 世纪的美国地广人稀，邮局密度体现了政府公共服务向乡村延伸覆盖水平，邮局密度高的地方，不仅对外

---

① 参见德·索托：《资本的秘密》，江苏人民出版社 2001 年版。

信息沟通顺畅,发明者申请专利也更加便利,能有力地促进市场创新。①改革开放后,中国之所以能在那么短时间内爆发出乡村工业奇迹,与1949年后中国政府优化了传统基层治理模式,建立了覆盖乡村的完善的行政组织密不可分。这套行政组织体系在改革开放后,通过集资修路、兴办乡镇企业、联系资本和供销市场,立即成功升级为农村工业和中小企业的在地孵化器,让中国经济几乎在一瞬间拥有了数以万计的微型驱动马达。

发展公共事业,还包括建立高质量的市场监管体系。由于严重的信息不对称和法律制度滞后,发展中国家的早期市场在逐利精神推动下,往往表现出强烈的野蛮生长特征,劳工权益、消费者权益、自然环境难以得到充分保护。由于信息不对称带来的各种败德风险会形成强烈的天花板效应,限制市场的发展前景,甚至杀死市场。在美国的金融市场发展过程中,美联储的诞生标志着西方国家最终承认仅仅依靠自发秩序无法解决市场稳定和持续发展问题。回顾美国建国之初,在政治上的联邦主义和经济上的自由放任思潮主导下,建立一个中央银行的动议被屡屡否决,全美金融市场长期缺乏一个"监管人"和"最终贷款人"的角色,银行挤兑造成的市场崩溃情况屡屡出现。②仅仅从1870年到1910年的40年间,美国就爆发了5次银行大规模倒闭造成的金融危机。尤其是在1893年的危机,全美有超过500家银行倒闭,带来了严重的经济萧条。时隔仅仅14年,1907年美国金融市场再次因为过度投机导致了一场蔓延全美的银行倒闭危机。在反复的惨痛教训面前,美国金融机构和美国行政部门终于达成了共识,于1913年建立了以维持宏观经济和金融稳定为职能的美联储体系。

虽然我们对市场孵化的讨论是以前工业国家向工业化国家迈进为背景提出的,这个概念同样适用于从计划经济向市场经济转变的转型经济体。

---

① Daron Acemoglu, Jacob Moscona, James A. Robinson, "State Capacity and American Technology: Evidence from the Nineteenth Century", *American Economic Review*, 2016, 106 (5): 61-67.

② 参见约翰·S.戈登:《伟大的博弈——华尔街金融帝国的崛起》,中信出版社 2005 年版。

这些国家拥有了一定的工业基础,但在自主创新能力和新兴产业领域相对落后,同样存在着强烈的孵化幼稚创新型产业的需求。至于企业部门和公共部门,按照市场孵化的框架,无论是拉美工业化,还是俄罗斯经济转轨,都严重忽视了企业孵化和发展公共事业。对于转型经济而言,企业孵化的重点是从国家层面建立起现代企业治理制度,防治大企业内部人控制和垄断寻租,同时积极解决民间创业实际困难,绝对不是简单的"一私就灵"就可以完事的。① 发展公共部门要求对原计划经济下的公共部门体系进行系统性改革,一方面大量传统行政职能需要收缩乃至砍掉,同时又必须大幅度加强服务市场、协调市场的公共职能部门。简单化地建立一个"最小政府"等于让市场缺失了昂贵的公共品部分,这样的市场是不可能有效运作的。

最后一个问题是,由国家实施的市场孵化是否有终结。换句话说,随着市场经济的发育成熟,政府是否将完全退出市场孵化领域,扮演纯粹意义上的有限政府角色。从现实来看,即使在今天的发达国家市场中,我们依然能够不时看到国家从事"市场孵化"的痕迹,只不过这种"市场孵化"不再是普遍行为,而是针对产业升级过程中某些特定行业、特定领域进行。例如以色列在构建创新型国家中,政府建立了公共风险基金(Yozma),通过跟投民间风险基金但放弃绝大多数风险回报收益的制度设计,为民间资本分担了相当部分的创新风险,在很短时间内就孵化出世界级的风险投资市场。英国学者马祖卡托研究发现,美国政府一直深度参与创新领域的产业和企业孵化中,② 苹果公司刚成立就从美国政府融资机构——小企业投资公司(SBIC)获得了 50 万美元,康柏和英特尔最早也是从美国的公共小企业研究创新计划(SBIR)而不是从风险投资市场获得创业资助,当今美国市场

---

① 张昕:《大规模私有化的阴影:来自转型经济的证据》,《国外社会科学》2015 年第 6 期。

② 玛丽安娜·马祖卡托:《创新、政府与耐心资本》,选自迈克尔·雅各布斯、玛丽安娜·马祖卡托:《重思资本主义:实现持续性、包容性增长的经济与政策》,中信出版集团 2017 年版。

75%的最具创新性药品都从美国国家健康研究院（NIH）获得了资金支持。马祖卡托认为，市场经济发展到创新驱动阶段更加不能忽略政府的作用，原因在于市场上的资本都存在着强烈的短期偏好，不能满足创新时代对技术研发进行大规模、长周期、战略性投资的需求。美国资本市场的数据证明，即便是专门服务于创新的风险投资，也都有明显的短期偏好特征，从事基础研发和重大创新所需要的耐心资本只有公共部门能够提供。实际上，市场发育是永远没有尽头的，即便一个国家已经度过了前期的密集市场孵化，进入到市场经济可以自我有效运转的相对成熟阶段，但永不停歇的技术创新、商业创新总是会不断地创造新行业、新组织、新规则、新市场，为了应对技术革命和商业创新的挑战，我们依然需要在这些新兴行业、新兴市场领域保持适度的"孵化市场"国家行为。

由此，我们可以将政府或曰国家的市场孵化行为分为前市场发育期和后市场发育期两个阶段。前市场发育期对应着一个国家从传统小农经济向现代工业经济转型，或者从计划经济向市场经济转轨的阶段，此时绝大部分经济活动是远远达不到有效市场标准的，需要政府以构建有效市场为目标，开展广泛、密集的市场孵化。后市场发育期对应着一个国家已经建立了相对齐备的现代产业体系和公共事业体系，有效市场已经覆盖了绝大部分经济活动领域，但是在一些需要耐心资本的战略领域和前沿科技领域，我们依然需要保持一个有为政府，以协助市场孵化创新为核心，开展局部性、针对性的市场孵化。

（二）支撑市场孵化的国家能力

当国家承担起市场孵化的职能后，就提出了国家是否有能力履行相关职能的问题。一个国家将其愿景、目标转化为现实的能力，被称为国家能力。[1][2]

---

[1]　参见王绍光、胡鞍钢：《中国国家能力报告》，辽宁人民出版社1993年版。

[2]　王绍光：《国家治理与基础性国家能力》，《华中科技大学学报（社会科学版）》2014年第3期。

国家能力是基于国家—社会或国家—市场的二分法所提出的,强调政府尤其是中央政府为了维持国家运行、履行行政职责、实现政策,需要具备一系列基础性能力。例如,国家必须具备足够建立在合法暴力性上的强制能力,用以规范个体和组织的行为,维持社会秩序稳定和社会运转;国家还必须具备足够的财政能力,从国民经济活动中抽取一部分收入用以维持国家机构的正常运转,并完成在教育、医疗、社会保障、国防建设等公共品方面的投入。许多文献还指出,频繁运用暴力的成本过于高昂,作为暴力手段的日常替代,国家必须培育与巩固全体国民的国家认同和核心价值观认同的濡化能力,以凝聚社会,为国家制度提供法理和伦理支持。[1][2]

近 20 年来,人们日益认识到国家能力在经济发展中的重要性。人们发现,对于过去半个多世纪亚非拉各国形成的发展差异,国家能力具有很强解释力。一项比较研究显示,拉美地区在多项国家能力指标上,都显著低于东亚和东南亚,这使得拉美国家在有效制定和实施发展政策、优化营商环境、舒缓社会矛盾等方面都做得不如东亚和东南亚,进而导致拉美地区在吸引外资、培育本地企业上,要落后于东亚和东南亚。[3] 在东亚和东南亚内部,人们注意到历史上位于传统儒家文化圈的国家/地区普遍发展得更出色。一些学者认为,这可以归功于儒家的权威精英政府传统强化了国家能力。[4][5] 许多学者将非洲称为国家能力不足的弱国家,国家能力拖累了非洲发展几乎是所有研究者的共识。[6] 与东亚类似,非洲内部也存在着发展

---

[1] Theda Skocpol, Peter Evans, Dietrich Rueschemeyer, *Bringing the state back in*, Cambridge,1999.

[2] 参见乔尔·S.米格代尔:《社会中的国家——国家与社会如何相互改变与相互构成》,江苏人民出版社 2013 年版。

[3] Mauricio Cárdenas, *State Capacity in Latin America*, *Economía*,2010,10(2):1-45.

[4] 参见查默斯·约翰逊:《通产省与日本奇迹——产业政策的成长(1295—1975)》,吉林出版集团有限公司 2010 年版。

[5] Melissa Dell, Nathan Lane, Pablo Querubin, *State capacity, local governance, and economic development in vietnam*, NBER Working Paper,2015,1-40.

[6] 卢凌宇:《西方学者对非洲国家能力(1970—2012)的分析与解读》,《国际政治研究》2016 年第 4 期。

不均衡。人们发现在非洲内部,那些在殖民者到来之前就已经建立了中央政权的国家/地区,在独立后经济表现会更好一些,研究者认为这也可以归结于文化传统对国家能力的影响,那些有中央政府历史的地区,建立现代国家后中央政府权威性更强,协调地方行动遏制地方政府自行其是的能力也更强。①

当市场孵化成为一种国家行动后,其成功与否就取决于国家是否具备相关的国家能力。现有的文献研究表明,财政能力和法治能力是国家为市场提供公共服务支持的两个基础性能力。②③ 财政能力,在一些文献中也被称为经济汲取能力或汲取能力,指的是一个国家的政府,尤其是中央政府从国民经济活动中汲取收入,从而维持政府运转,为政府从事各项活动提供必需财务保障的能力。税收是国家财政能力的重要来源,除此之外,国家对矿产石油等自然资源的占有、对一些行业的垄断经营(例如古代中国的盐铁专卖政策)、经营国有企业,也都是国家财政能力的组成部分。显然,财政能力是国家孵化和维持市场有效运营的物质基础,无论是建设良好的路网支持远距离贸易,建立警察和司法系统维持社会治安解决商业纠纷,对产业和企业提供税收优惠和信贷支持,都是需要花钱来解决的。随着市场的发育,国家直接用于孵化产业和企业的支出可能降低,但是用于公共事业发展的开支只会越来越高。国际数据也验证了这个判断。比如,全球各国税收占 GDP 的比重,与该国的人均 GDP 水平有明显的正相关关系。④

国家法治能力是指一国政府以法治思维为基础,运用法治方式认识、处理、决策相关事务的能力,体现了依法治国的思想。市场经济需要国家法治能力实施产权保护和合约履行,可以视为国家强制能力和濡化能力的一种

---

① Nicola Gennaiolillia Rainer, *The Modern Impact of Precolonial Centralization in Africa*, Journal of Economic Growth, 2007, 12(3):185-234.

② Mauricio Cárdenas, *State Capacity in Latin America*, Economía, 2010, 10(2):1-45.

③ Timothy Besley, Torsten Persson, *The Origins of State Capacity: Property Rights, Taxation, and Politics*, The American Economic Review, 2009, Vol.99(4):1218-1244.

④ Daron Acemoglu, *Politics and economics in weak and strong states*, Journal of Monetary Economics, 2005, 52(7):1199-1226.

具体表现。法治能力规范的不仅仅是市场上的企业行为，同时也规范了政府行为，避免政府滥用手中权利。法治能力和财政能力是对立统一的，财政能力赋予政府做事的能力，法治能力规范政府做事的方式，既要使政府拥有足够的权力来管理社会和经济事务，又要限制和防止政府对权力的滥用。①对苏东转轨经济的研究表明，法治能力在相当程度上决定了一个国家的转轨成败，俄罗斯的转轨之所以不成功，根源就在于其政府实施法律与合约的能力极为衰弱，无法建立和维持良好的市场秩序。因此，一些学者将强化国家的法治能力视为决定一国经济转型成败的第一要务。②

在新古典的有限政府框架下，通过建立财政和法治两类国家能力，政府就可以扮演好维护市场的公共品供应者角色了。但是现实中的市场经济需要超越有限政府的有为政府，政府必须实施恰当的市场干预有效破解市场失灵，同时谨慎避免政府干预反过来抑制市场竞争和市场发育。这些工作高度依赖于政府政策的有效性，包括正确地制定和实施政策，并能在政策执行中及时发现问题，第一时间开展纠错纠偏。然而在现实世界中，我们能看到太多政府干预以失败告终的例子，这使得有相当学者坚定地信奉政府不应该过多介入经济活动。③④ 但另一方面，我们可以看到，所有成功赶超的国家往往在政府干预方面有优异的表现。例如，日本和韩国政府建立了专业化精英化的官僚团队，与企业间建立了紧密协商机制，保证国家的产业政策能够准确捕捉产业界的实际诉求，尽可能减少了政府决策错误。⑤⑥⑦ 这些发现

① 参见世界银行：《1997 年世界发展报告：变革世界中的政府》，中国财政经济出版社1997 年版。

② Gerard Roland, *Transition and economics：Politics，markets，and firms*，MIT press，2000.

③ 参见詹姆斯·C.斯科特：《国家的视角：那些试图改善人类状况的项目是如何失败的》，社会科学文献出版社 2004 年版。

④ 参见兰迪·T.西蒙斯：《政府为什么会失败》，新华出版社 2017 年版。

⑤ Robert Wade, *Governing the Market：Economic Theory and the Role of Government in East Asian Industrialization* ，Princetion University Press，1990.

⑥ 参见查默斯·约翰逊：《通产省与日本奇迹——产业政策的成长（1295—1975）》，吉林出版集团有限公司 2010 年版。

⑦ 参见金麟铢：《从模仿到创新：韩国技术学习的动力》，新华出版社 1998 年版。

促使 CAF-拉丁美洲开发银行将政府能否有效实施公共政策作为一种发展赶超的关键国家能力,呼吁发展中国家必须高度重视相关能力建设。[1] 这种国家能力显然超出了有限政府的国家财政能力和法治能力框架,体现的是国家正确制定政策,以及执行过程的动态纠错纠偏的能力。如果将政府看成一个特殊的学习型组织,这就要求政府必须不断从历史、现实和其他组织(包括国家)学习知识,不断完善对现实世界的认识,掌握驾驭现实世界进而影响未来的能力。[2][3] 因此,这种能力究其本质体现的是国家的学习能力。

学习能力被普遍用于分析一个组织的竞争力和环境适应力,国家学习能力体现了国家能否适应外部环境的不断变化。市场孵化行动通常发生在农业国向工业国转型,或者是计划经济向市场经济转型的时期,甚至可能发生在新一轮技术革命对已有发达国家形成颠覆性冲击的时刻,无论哪一种,都是一个内外部环境急剧变化的时期。环境变化带来了巨大的不确定性,采取正确的应对措施需要国家具备认知、决策、实施和反馈等综合能力,[4]这些都可以被归纳为国家学习能力。具体而言,国家围绕市场孵化会出台大量发展政策和改革政策,各项政策的有效性高度依赖于这些国家是否建立了一个学习反馈机制,可以广泛收集信息进行决策,从实施中获取充足信息反馈,根据反馈信息对原目标和实施手段进行纠错。在发达国家和那些高成长的国家,我们在其政治架构中可以轻易识别出这套学习反馈机制——它能帮助政府及时倾听社会呼声,制定符合公共利益的公共政策,并能有效控制行政管理系统,实施政策,履行职能,完成目标。[5][6] 例如在中

---

① 参见 CAF-拉丁美洲开发银行:《建设一个更有效率的国家:提高设计、执行和学习公共政策的能力》,中国社会科学出版社 2016 年版。

② 唐世平:《国家的学习能力和中国的赶超战略》,《战略与管理》2003 年第 5 期。

③ 王礼鑫:《国家学习能力的建构——以中共中央政治局集体学习制度为个案的研究》,《复旦政治学评论》2013 年第 1 期。

④ 刘婷婷:《从"认知"到"反思"的国家能力分析》,《经济社会体制比较》2015 年第 2 期。

⑤ 王礼鑫:《国家学习能力的建构——以中共中央政治局集体学习制度为个案的研究》,《复旦政治学评论》2013 年第 1 期。

⑥ 参见 CAF-拉丁美洲开发银行:《建设一个更有效率的国家:提高设计、执行和学习公共政策的能力》,中国社会科学出版社 2016 年版。

国,中央政府各项改革政策经常使用"先易后难""先试点,再推广""先局部,再整体"等方式,就是一套被实践证明行之有效的学习反馈机制。

国家学习能力的一个直观表现是,那些赶超成功的国家,都是勤于从发达国家吸取成功经验的国家。日本明治维新后,一个由政府高层组成的政府考察团,在西方国家整整停留了 600 天,进行全面深度的学习。日本明治维新之后的经济政策制定,乃至"二战"后的经济起飞,相当程度上源自于其向德国学习的国家赶超经验。后来韩国的经济起飞,则是相当程度学习了日本的经验。在中国改革开放后,中国政府同样是组织了大量官员和专家团队,对日本韩国发展经济的成功做法进行了反复、深入的研究。例如,积极发展外向型经济,以及使用产业政策替代旧有的计划调控,都是在考察日韩经验之后作出的。

但是,由于每个国家的国情不同,所处的历史发展阶段不同,简单模仿外国经验的"刻舟求剑"政策是不可能取得成功的,需要一个国家结合本国现实情况,对外国经验进行裁剪优化,找到适合本国的发展模式,这要求一个国家在"向外学"的基础上,提高"干中学"的能力,通过实践摸索纠错。在日韩赶超成功后,不仅仅是中国,东南亚许多国家都尝试学习日韩的产业政策经验,但是迄今为止,这个地区尚未出现显著成功的国家,其中一个可能的原因是在外国经验和本国国情结合上做得不够理想,国家层面缺乏一个反应灵敏的改造试错机制。例如,马来西亚政府在 20 世纪 80 年代曾经效仿韩国,由政府牵头建设了包括汽车、钢铁在内的龙头企业,引进国外先进技术。一段时间后,这批龙头企业纷纷出现严重财政亏损,但马来西亚政府除了进行财政救助外,迟迟没有作出重大改革性举措。[1] 相比之下,中国在 20 世纪 90 年代也曾学习韩国产业政策经验,试图通过打造一批大企业集团提高国际竞争力(当时叫打造企业航空母舰出海)。后来,中央政府发现用行政手段打造出来的企业往往大而不强,缺乏市场竞争力。中国政府

---

[1] 参见乔·史塔威尔:《亚洲大趋势:中国和新兴经济体的未来》,中信出版社 2014 年版。

一方面倾听来自民间的争议,一方面积极着手试错性探索,对产业政策进行改革。现在,中国的产业政策思路已经发生了根本性转变,从早期挑选种子企业进行重点扶植,转变为现在对国有企业和民营企业、大企业和小企业一视同仁,以促进科技创新和良性竞争为导向。同时,中国不断探索国有企业治理模式改进,从早期的国企承包制,到后来的引进现代企业治理制度、开展股份制改造,发展到现在的混合所有制改革,努力强化产业政策对微观主体活力的提升效果。从实践中学习,在挫折中改进,中国改革成功,相当程度上源于中国建立和不断发展的国家学习能力。

(三)国家能力的动态变化

国家能力显然是动态成长的。如果我们以迈上高收入经济体为坐标,西方国家经历了上百年的时间,日本和东亚赶超经济体也经历了近半个世纪。无论是市场高度发育不足的前市场发育期,还是市场相对有效的后市场发育期,市场经济对国家能力的支撑需求是永远存在的。但是,因应经济增长和市场体系的逐步完善,国家能力本身也在不断成长和动态变化。国家能力动态变化含义有二:一是三类能力本身在不断提高;二是市场发育的不同阶段三类能力的重要性不同。

首先,随着市场的发育,三类能力本身在不断提高。第一,财政能力会随着市场发育和经济增长而提高。一般来说,国家财政来源通常由三部分组成:一是正式的税收收入;二是国家掌握的各种资源性收入,例如矿产、石油等;三是其他非税收入,如土地出让收入、行政收费等。市场孵化的起点是一国经济从传统小农经济向工业经济转轨,或者从计划经济向市场经济转轨初期,此时该国的国民经济尚处于低收入或中低收入水平。毫无疑问,这个时候的国家财政能力不仅非常薄弱,而且来源多样。随着经济的发展,税基在不断扩大,政府财政收入除总量增加外,来源也逐步向以税收收入为主转变。第二,是法治能力会随着市场经济体制的完善而逐步提高。在自然经济阶段,调整人们之间关系的主要依赖手段是伦理,因此,自然经济又称伦理经济。发展市场经济必然会带来一些不同于自然经济和计划经济的社会问题。随着交易规模扩大、交易频率加快，各种经济联系和交往乃至经济纠纷，仅仅依靠伦理或简单的法制来调整已无能为力，必须逐步依靠现代法治来为市场提供完备的运行规则，确保纷繁的市场能有序地运转。所以，市场发育的过程，同时也必然是法治能力提高的过程。第三，在不同的发展阶段，政府的学习能力也是有差异的。通常来说，在市场发育早期，一个国家会更多地参考学习外国经验和本国历史经验，表现为"向外学"和"向历史学"。随着市场发育逐渐成熟，国家经济发展和制度建设都进入到了无人区，可借鉴的外国经验越来越少，这个时候，国家学习能力的重点就集中体现在"干中学"，体现为从实践中获取知识、总结规律的能力。

　　其次，在市场发育的不同阶段，三类能力的重要性不同。如果按照市场发育会自然带来三类国家能力不断提升的逻辑，那么所有的国家只需要决策者打开了市场这个开关就可以了，其他所有问题自然会迎刃而解，一切将万事大吉。然而现实是，许多国家早就打开了市场这个开关，但并没有开出期望中的市场之花。对于欠发达国家来说，在市场发育启动之初，就存在财政能力天然不足和法治能力乃至学习能力的内生性不足问题，市场随时会面临夭折。固然财政能力不足可以通过借外债等方式解决，法治能力提升也可以通过类似于拉美或前苏东地区采取"全盘式"向发达市场经济国家复制而得，然而几乎所有的案例都表明通过这种方式来提升国家能力是一厢情愿的幻想，注定是难以成功的。日本、韩国乃至德国、美国早期发展经验以及中国改革开放40多年的改革成就昭示我们，在市场发育早期，如何因地制宜地引进外来的法治框架、如何控制借用外债中的风险、如何按照市场发育的规律来有序孵化，等等，这些都需要具备强大的学习能力。甚至可以说，在市场起步之初，只要具备了强大的学习能力，就能顺利解决财政能力的先天性不足和法治能力的内生性不足问题。就财政能力而言，发展经济提出了大规模兴建基础设施的要求。因此，对于学习能力强的国家来说，既可在广开财路方面多方问计，又能在适时化解潜在财政风险上求教于人，引以为戒。例如在中国，政府通过学习和广开言路的调研，就充分发挥了土地公有制以及城乡二元土地属性的优势，依靠土地出让有效弥补了财政不足问题。又比如,政府通过总结沿海地区自发探索的"以路养路、以桥养桥、以水养水"经验,有效解决了基础设施建设的资金短缺问题。从法治能力看,鉴于正式制度高度镶嵌在非正式制度之中,一国的法治能力只能伴随着经济增长逐步完善,而不宜采取移花接木式的"全盘复制"。我们知道,从市场经济开始孵化的那一刻起,随着现代交易方式的逐步普及,就出现了对新制度、新规则的大量需求。在正式制度建设跟不上需要的情况下,与其匆忙从外国引进大量未必符合国情,最终执行可能停留于纸面的法律制度,不如发挥基层民间和地方政府的积极性,根据不断涌现的新情况,允许民间和地方先行探索一些民间的、地方性的非正式制度来治理市场。这种非正式制度有可能是随着市场发育而出现的新乡规民约这样的民间规则,也有可能是政府以行政命令而非立法出台的新行政规则。这样做的好处是法治成本低,无需经过繁琐的立法程序,可以对市场发育过程中出现的问题做到及时响应并及时纠偏。此外,对制度执行过程暴露的缺陷疏漏,也可以很方便调整纠错。等到新的非正式制度经过了充分的实践检验,并为市场广为接受而且起到了良好的实施效果后,国家可以再通过司法程序将这些制度上升为正式制度。中国"摸着石头过河"的改革路径,其实就是采用了这种思路。这种改革思路本身就是一种强大学习能力的体现。

中国有句古话:"万事开头难。"孵化市场本身也是提高学习能力的过程。市场发育起来了,财政能力和法治能力也会相应提升,三种能力之间将会形成一种良性的互动。到了市场相对成熟阶段,财政能力和法治能力的内生性问题也基本解决,其重要性也将开始逐步显现。

三、市场孵化视角下的中国经济发展

(一)始于市场孵化的社会主义市场经济

中国 40 多年改革开放是生产力快速发展的过程,也是对政府与市场关系认识不断深化的过程。在改革肇始的 20 世纪 80 年代,建立社会主义市场经济体制的目标尚未确立,中国特色社会主义市场经济建设的最初起点,是将市场调节机制作为计划经济的一种有益辅助手段在局部范围内引进，由此引发了微观层面的企业孵化，市场经济的关键主体得以诞生。

中国早期改革的头号目标是提高工农业部门的生产效率，解决农民吃粮难和国有企业大面积亏损问题。1978 年党的十一届三中全会描述了这种改革思路："现在我国经济管理体制的一个严重缺点是权利过于集中。应该有领导地大胆下放，让地方和工业农业企业在国家统一计划的指导下有更多的经营管理自主权。……才能充分发挥中央部门、地方、企业和劳动者个人四方面的主动性、积极性、创造性，使社会主义经济的各个部门各个环节普遍地蓬蓬勃勃发展起来。"为此做了三件事情：第一是针对农村地区的农村经济改革，主要举措是对农业生产推行家庭联产承包制，同时放手农村基层政府自筹资金，发展农村工业和自负盈亏的乡镇企业；第二是在城市试行对国有企业放权和承包制改革，在国有计划物质调拨和计划任务之外，允许国有企业根据市场信号组织生产，并给予一定的剩余索取权；第三是打开国门，成立特区吸引外资在中国设厂经营。这三项工作，在今天看来，具有鲜明的产业孵化和企业孵化特征。

对外开放为中国孵化出了第一批市场意义上的企业主体。和拉美国家大量吸收的是以资产投资为特征的间接投资不同，中国对外开放一开始就是基于明确的产业孵化和企业孵化目标上的。中国并不是通过开放资本账户自由进出来吸引外资，而是着眼于改善基础设施，打造工业园区，为外商在华投资设厂提供生产经营便利，以此承接全球产业资本向中国转移，并推动中国快速嵌入到全球生产网络之中。深圳蛇口工业园是中国第一个引进外资的园区，其建设过程代表性地反映了中国改革 40 多年借助开放孵化产业和孵化企业的过程。蛇口临近香港，在 20 世纪 70 年代是一个偏僻荒芜的小渔村。1978 年 10 月和 1979 年 1 月，新设立的深圳特区两次向中央申请在蛇口建立工业园区引进外资。1979 年 7 月园区正式开工，一边进行开山填海的基础设施建设，一边积极对外接洽引进外国产业资本。到 1980年，第一家中外合资企业"中宏气体"和第二家中外合资企业"中集集团"落户园区。接下来是三洋电机、凯达玩具、广东浮法玻璃等一批中外合资企业进驻。依靠集聚大量具备全球竞争力的制造型企业,今天的蛇口已经发展成为人均 GDP 超过 6 万美元的现代化滨海新城。

乡镇企业和农村工业化是那个阶段另一个重要的市场孵化成果。乡镇企业并不是改革之后从天而降的新鲜玩意,在新中国成立前 30 年期间,中国已经在农村发展了相当数量的社队企业。据估算,1978 年全国在社队企业工作的农民超过 2800 万人,占到农村劳动力总量 9.5%。① 只是在当时的计划经济体制中,社队企业由于生产技术手段落后,没有受到足够重视。改革开放后,家庭联产承包制的引入很快解决了农民吃饭问题,如何安置大量剩余劳动力,基层政府将目光放到了发展乡镇企业上。乡镇企业从其诞生伊始就是现代意义上的市场主体,它不在国家工业生产计划体系之内,必须独立解决生产的资金、原材料来源和产品销售问题。而乡镇企业由于其计划经济之外的属性,在发展之初被视为与国有企业争夺资金和原材料、扰乱正常经济秩序的附属物,受到了来自信贷、原材料供给等多方面的政策歧视。在不利的生存条件下,基层政府承担了企业孵化器和保护者的角色,提供了从土地使用、基础设施建设、贷款担保、财政支持、风险分担、意识形态保护等企业创设和运行的全方位孵化服务。② 在基层政府的全力孵化下,加之乡镇企业的市场属性使得其能敏锐捕捉到市场需求,填补了当时国内日用生活品短缺的巨大市场,带来了乡镇企业的大发展。到 1996 年,中国乡镇企业雇佣的劳动力从 1798 年的 2800 万上升到了 1.35 亿,在国民经济中的比重从 1978 年的 6% 上升到 26%。到 20 世纪 90 年代后期,在国企改制大潮中,大批乡镇企业通过转制,发展为现在的民营经济和股份制企业,是中国特色社会主义市场经济主体的重要源头。中国基层政府由于在其中所发挥的不可替代作用,被一些国外学者总结称为中国改革中的"地方国家社团主义"。③

---

① 参见武力:《中华人民共和国经济史(1949—1999)》,中国经济出版社 1999 年版。

② 参见周黎安:《转型中的地方政府:官员激励与治理》,格致出版社 2008 年版。

③ Jean C. Oi, *Rural China Takes Off: Incentives for Industrialization*, University of California, 1996.

　　个体经济是日后中国特色社会主义市场经济主体的另一个重要源头，也是在那个阶段起步孵化的。1979 年，全国城镇待业人员达 2000 多万人，促使党中央国务院作出支持城乡个体经济发展的决策。1981 年 10 月，中共中央、国务院《关于广开门路，搞活经济，解决城镇就业问题的若干决定》的文件中指出："必须同时发挥集体、个体等多种经济形式的积极作用。"最初，对是否支持民营经济的发展出现了激烈的争议，导致民营经济发展一波三折，一直到 1992 年确立社会主义市场经济建设目标后，民营经济发展才走上了快车道。党的十八大以后，中央更是高度重视民营经济的发展。习近平总书记多次指出，坚持和完善我国社会主义基本经济制度，要毫不动摇地巩固和发展公有制经济，毫不动摇地鼓励、支持、引导非公有制经济发展。① 在"两个毫不动摇"的政策指引下，民营经济发展稳步向前。目前，民营经济贡献了中国 60% 的 GDP 总量、80% 的城镇就业岗位以及超过一半的税收，成为中国特色社会主义市场经济不断发展壮大的重要力量。

　　将国有企业建设成为具有市场竞争力的现代市场主体，是中国市场孵化的另一条重要主线。国有企业不仅集中了新中国成立 30 年奋斗而来的大部分资本财富和技术积累，还承载着前 30 年辛辛苦苦建设起来的一套完整工业体系。如果简单地将国有企业私有化，不仅会动摇社会主义的公有制基础，中国也很有可能重蹈苏联覆辙，让少数人掠夺走前 30 年全民努力的财富。但是，国有企业的改革又非常复杂，在尝试了不尽如人意的承包制和租赁制尝试后，1992 年党的十四大确立建立社会主义市场经济体系改革目标，推动国有企业改革进入以抓大放小、建立现代企业制度为核心的阶段。党的十八大以来，国有企业改革进入到了混合所有制改革的新阶段。虽然改革任务依然艰巨，但总体上已经完成了与市场经济的有效融合。通过这些改革，中国形成了国有经济和民营经济共同发展，多种所有制并存的多元市场主体结构，这成为中国特色社会主义市场经济的鲜明特色。

---

① 习近平：《毫不动摇坚持我国基本经济制度，推动各种所有制经济健康发展》，《人民日报》2016 年 3 月 9 日。

要完成市场孵化,还必须同步发展服务市场、规范市场的公共事业部门。政策性金融是政府实施产业孵化和企业孵化的重要工具。1994年,中国成立了国家开发银行,利用政策性金融工具孵化长期基础设施和产业融资市场,在市场培育成熟后再退出,由其他市场参与者接管市场。实践证明,国家开发银行对于中国基础设施建设、长期战略性项目建设和长期债券市场的发育发挥了重要作用。① 市场监管也是市场孵化的重要工作。中国奶粉市场上"三鹿事件"给人们的一个重要教训是,完善的市场监管体系、有效治理道德风险、规范市场行为,是健康市场经济不可或缺的环节。本书的第三章从政府部门改革和立法的角度,详细介绍了中国如何从无到有、建立起市场监管体系的过程。

党的十八大以来,中国特色社会主义市场经济建设进入了新时代,对市场的定位从之前的"资源配置中的基础性作用"提升到"资源配置中的决定性作用"。这并不意味中国政府已经无需继续进行市场孵化,正如习近平总书记所指出的:"党的十八届三中全会将市场在资源配置中起基础性作用修改为起决定性作用,虽然只有两字之差,但对市场作用是一个全新的定位,'决定性作用'和'基础性作用'这两个定位是前后衔接、继承发展的。"② 为了转变发展方式,实现高质量发展目标,我们需要更聪明、更有为的政府,围绕着建立创新型国家和现代产业体系进行更高质量的市场孵化。

经过改革开放后的几十年发展,中国经济已经开始从低成本驱动和投资驱动向创新驱动转变。创新领域的市场失灵程度和市场缺失程度要远远高于传统经济领域,即使在科技领先、资本市场高度发达的西方国家,市场资本的短期偏好也使得科技发展离不开政府干预。③ 一项对美国上市公司

---

① 徐佳君、任晓猛、吴昕月:《全球开发性金融机构全球概览:内涵、理据和多样性》,北京大学新结构经济学研究院2019年博士论文。

② 习近平:《在十八届中央政治局第十五次集体学习时的讲话》,《人民日报》2014年5月28日。

③ 参见威廉·拉佐尼克:《创新型企业以及公司理论》,选自迈克尔·雅各布斯、玛丽安娜·马祖卡托:《重思资本主义:实现持续性、包容性增长的经济与政策》,中信出版集团2017年版。

资金使用流向的研究发现,从 2004 年到 2013 年的 10 年间,标准普尔 500 指数中的 454 家公司将 51% 的公私净收入用于维持公司股价的股票回购,35% 的公司净收入变成了股息,显示出资本市场不能自发满足创新驱动所需要的长期投资需求。① 资本短视的问题在尚处于发展阶段的中国更加严重,2008 年金融危机之后,国内资本开始大规模地从实体经济转向金融地产部门,中国经济面临着"脱实向虚"的严重威胁。作为应对,中国政府将大量资源投入到与创新相关领域的市场孵化之中,围绕着新一代信息技术、先进装备制造、新材料、新能源、航空航天、海洋工程、生物医药等诸多领域,政府一方面承担起基础知识供给者的职能,组织高校科研院所,建设国家重点实验室和国家科学中心,对相关领域的基础知识进行重点攻关。另一方面学习发达国家经验,积极推动风险投资市场和服务于科技创新的证券融资市场发展,和政府财政资金一起,构成了一个支持创新的多层次资本市场。同时,政府不断改革科研体制,大力推动产学研合作和跨国人才交流技术合作。此外,中国政府还不断优化有利于企业创新的市场环境,国家出台各种大力支持非公企业发展的措施,破除各种隐性壁垒,全面实施市场准入负面清单制度,清理废除妨碍统一市场和公平竞争的各种规定和做法,破除各种"玻璃门""旋转门""弹簧门"。从 2017 年开始,中国政府克服诸多困难,大规模地降低企业税负,为企业发展减负。2012 年,中国科技研发投入强度仅占 GDP 的 1.98%。在国家政策推动下,2017 年上升到 2.12%,R&D 经费总量位居全球第二,投入强度达到了中等发达国家水平。

深圳代表了中国孵化新科技新产业的前沿,在新一代电子信息的部分领域已经迈入了全球领先水平。相比于科技基础雄厚的北京和上海,深圳的高科技产业孵化与企业孵化结合得更加紧密,孵化了包括华为、大疆、光启、比亚迪等一大批具有国际竞争力的企业。这是深圳作为一个基础科技资源异常薄弱的城市,能够赶超全国一大批高校科研院所密集城市,成功跻

---

① William Lazonick, *Profits without prosperity*, Harvard Business Review, 2014, 92(9): 46-55.

身全球知名创新城市的重要原因。借鉴深圳的成功经验,中国其他地方政府也开始高度重视高科技领域的产业孵化与企业孵化结合推进,出台大量鼓励高新科技企业(以下简称"高企")发展的普惠性孵化政策。仅以同处广东的另外几个经济发达城市为例,广州规定提交"高企"申请并获得受理的企业,每家补贴 20 万元,通过"高企"认定的企业,由市区两级财政按照一定比例给予每家总额 100 万元的奖励。珠海规定对通过认定的"高企",市级财政给予 10 万元补助;企业每认定 1 件省高新技术产品给予 1000 元补助;获得市级创新基金立项扶持的"高企",在原有资助额度上增加 5 万元。东莞对首次通过认定的"高企"予以 30 万元奖励,对重新认定的"高企"予以 10 万元奖励,对进入省高企培育库企业予以 5 万元奖励。佛山对当年通过认定的高新技术企业给予补助 10 万元,企业每认定 1 件高新技术产品给予补助 1000 元。这些孵化政策取得了明显成效,在 2015 年,广州的国家高新技术企业仅有 1919 家,在全国一线城市中处于相对落后的位置。但是通过大力度的孵化,广州在高科技领域孵化上很快就迎头赶上,到2018 年已经超过了 1 万家,数量位居全国第三。

(二)支撑中国市场孵化的国家能力

从中国渐进式改革模式,到可维持市场的制度安排,大量文献揭示了中国政府在中国市场化改革中所扮演的关键性有为角色,然而却少有研究解释为什么中国能够成功做到政府有为且不乱为。解释中国市场经济改革所创造的高速发展奇迹,最终要回到中国五千年文明史在国家能力上的深厚积淀,以及中国共产党领导下的中国传统国家能力的现代化。作为学习型的政党,中国共产党全面提升改进了中国的国家学习能力;通过大力发展生产力和公有制安排,中国共产党强化了中国既有的国家财政能力;通过推动全面依法治国,中国共产党不断弥补中国在法治能力上的短板。这三项国家能力的建设,为有为政府孵化有效市场提供了核心能力保障。

第一,财政能力。财政能力是政府履行一切国家职能的物质基础,是最为基础的国家能力,中央政府是否建立起覆盖全社会的常规性税收体系,足以支持政府日常运作,是判断一个国家是否完成国家建构的重要标准。

在许多政治学者眼中,早在 2000 多年前秦帝国时代,中国已经完成了现代政治学意义的国家建构。[1] 为了维持国土辽阔的大一统的国家有效运作,供养公职人员和军队,履行政府管理和公共服务职责,中国很早就发展出以农业税和徭役为主体的国家税收体系,并且直接掌握在中央政府手中。隐藏在中国王朝兴衰背后的一条重要线索,就是中央政府与官僚地主集团或军事集团在赋税收入上的反复博弈。官僚地主集团总是倾向于通过收容流民、隐瞒户口和田地数量,不断侵蚀国家应有赋税,导致中央政府无法有效履行诸如治理黄河、救灾赈灾、维护边境安全等重大公共服务职能,直接动摇了王朝统治根基。如果军事集团直接掌握了赋税收入,更会直接发展出如中晚唐藩镇和民国军阀这样的内乱局面。中国历史已经反复证明,一旦中央失去了对国家财政赋税的有效掌控,就无法维持中央权威,国家也难以维持稳定统一。

中国共产党领导建立的新中国不仅重新统一了国家,而且通过公有制安排,高度集中了国家财政,建立了集中力量办大事的制度优势。在新中国建立的前 30 年的计划经济时代,全国财力几乎全部掌握在政府手中,其中绝大多数又掌握在中央政府手中。有赖于财力高度集中,中国才得以在经济发展水平相对低下的农业国基础上,独立自主完成了国防工业体系建设,完成了诸如“两弹一星”、川藏公路、“三线”建设等众多战略性建设项目,成为美苏冷战对抗格局中的独立第三极,这个成就在众多发展中国家是绝无仅有的。

但是,在经济不发达的情况下,无论政府如何集中财力,国家财政能力始终是非常有限的。1978 年,国家一般预算收入占国民经济比重大约在30.8%,从比例上来看相当高了。但是由于国民经济总量低,实际金额只有1132.26 亿元,只有 2017 年国家一般公共预算收入的 0.65%。即使考虑到通胀因素(以 1978 年为基期,2018 年 GDP 平减指数为 665%),这个金额也

---

[1]　弗朗斯·福山:《政治秩序的起源:从前人类时代到法国大革命》,广西师范大学出版社 2014 年版,第 74 页。

少得可怜。而且,计划经济体制取消了市场,加之个人储蓄非常少,政府的社会负担支出是非常重的。加之当时中国面临严峻的国防安全威胁,政府财力大量投入到国防战略建设中,使得政府真正可以用于投入经济发展的财政能力非常薄弱。1978 年,中央曾经做出一个大规模引进国外先进技术设备加快工业化建设的计划,当年就签订了 22 个大型引进项目,共 78 亿美元,但是,由于国家财政能力有限,这些计划大大超出了当时的财政支付和配套能力,很快就被迫下马了。到 1979 年,时任广东省委第一书记的习仲勋同志向中央提议在广东划出一块地方创办贸易合作区(后来的特区),邓小平同志说了一句非常著名的话:"中央没有钱,可以给些政策,你们自己去搞,杀出一条血路来!"这充分反映了那个时期国家财政能力的窘迫。

鉴于改革初期国家财政能力严重不足,对地方和基层政府"不给钱,给政策"就成为改革初期推动经济建设、实现市场孵化的重要方式。为了鼓励地方积极性,中央对多个省份实行了财政包干制,允许地方在完成财政上缴任务后,剩余收入留归地方支配。为了招商引资,地方政府也纷纷采取放水养鱼政策,放松了对企业的税收征缴。这种做法大大鼓励了地方政府发展经济积极性,但也进一步削弱了本来已经非常窘迫的国家财政能力。从1979 年到 1992 年的 13 年间,不考虑通胀因素的中国财政收入年均复合增长率约为 8.9%,要远远小于 16% 的 GDP 名义增速。到 1992 年,国家一般公共预算收入占 GDP 比重从 1978 年的 30.8% 下降到 12.8%。受到国家财政能力不足的影响,国家对基础性战略性领域的投资大幅度下降。以支撑市场孵化的交通基础建设为例,从 1978 年到 1992 年,全国新增铁路里程数每年只有 500 公里。公路由于基层政府发展出"借贷修路,收费还贷"的建设方式,情况好一些,每年新通道路 1.19 万公里。1988 年,中国开始有第一条高速公路,到 1992 年的 5 年间,全国每年高速公路新增里程平均只有100 公里。而那个时代正是市场孵化最为重要的时期,中国人口开始大举向沿海地区流动,农村人口开始大规模外出务工,造成了交通运力的巨大需求缺口,人们外出务工和归家的条件变得非常恶劣,也成为当时制约经济发展的严重瓶颈。

从 1992 年中国确立社会主义市场经济体制之后，中国经济开始进入高速增长期，经济发展进入快车道带来了国家财政能力的增强，从 1992 到 2011 年的 19 年间，中国一般公共预算收入名义增速更是高达到 19.6%，显著高于经济增长速度。此外，1994 年的分税制改革将主要税源的增值税 3/4 划归到中央级税收，重新强化了中央的财政能力。国家财政能力迅速充实使得国家有能力在战略性领域进行大手笔投资，重建并强化了社会主义集中力量办大事的制度优势。仍以交通基础设施建设为例：从 1992 年到 2011 年间，中国每年新增铁路 1850 公里，新增公路 16 万公里，其中高速公路 4400 公里。大规模的基础设施改善从根本上解决了中国交通运力不足问题，制约市场孵化的交通基础设施瓶颈得到了根本性的缓解。在 2008 年全球金融危机爆发后，我国财政能力充足让国家可以实施大规模的基础设施投资和政府购买，在短时期内稳定了国内经济形势，并实施有力的新兴产业孵化政策，加快推动产业转型升级。

但是，这个时期国家财政收入增速远远超过 GDP 增速的现象也引发了社会争议。到 2011 年，中国一般公共预算收入占 GDP 比重从 1992 年的 12.8% 快速攀升到 21.2%，加上地方政府土地所有权出让收入的快速膨胀，引发了人们对政府税负偏高，不利于企业，尤其是民营企业孵化成长的担忧。① 此外，用于产业孵化和企业孵化的大量财政投入是否得到合理利用，也引发了学界的担忧。党的十八大以后，中国经济发展进入新常态，推进供给侧结构性改革提出了进一步优化企业经营环境的要求，国家不断优化税收结构，将企业税负控制在一个合理水平，一般公共预算收入占 GDP 比重保持了稳中略降的趋势。2017 年，一般公共预算收入占 GDP 比重为 20.9%，略低于 2011 年水平。同时政府也在不断优化调整财政支出结构，将更多国家财政转用于扶持基础性科技创新，以及减贫、构建完善的社会保障体系等公共事业领域。

---

① 李炜光、臧建文：《中国企业税负高低之谜：寻找合理的企业税负衡量标准》，《南方经济》2017 年第 36 期。

除了一般性公共预算收入,中国政府财政收入还包括基金收入、国有资本收入等多个方面。另外,由于银行国有,银行信贷也是中国国家财政能力的重要组成部分。即便在20世纪80年代国家财政收入低谷期,国家依然可以通过银行信贷手段实施对企业、产业和公共事业的市场孵化。改革40多年中国金融行业的发展,从另一个方面壮大了中国的国家财政能力,进一步增强了中国特色社会主义市场经济集中力量办大事的制度优势。

第二,学习能力。国家财政能力只能为中国集中力量办大事提供物质基础,大事是否能办得好办得对,则要依靠国家学习能力的建设。不仅如此,中国改革开放和市场孵化过程中各项政策措施的制定、实施以及出现问题后的纠错纠偏,都离不开国家学习能力的建设。

"见贤思齐""三人行必有我师""君子日三省吾身",对学习的重视是烙印在中华传统文化基因之中的。如果没有学习能力的文化基因,古老的中华文明就不可能赢得五千年漫长岁月中层出不穷的诸多挑战,通过不断自我更新,成为人类四大文明古国中唯一存续至今的文明。

不可否认,数千年的文明领先地位让中国一度产生唯我独尊的错误认知,导致思想上日趋保守僵化。1840年以后,坚船利炮带来的工业化文明为中国带来了"三千年未有之变"。面对亡国灭种的危机,中华文化中的学习基因再一次被充分激发,从"师夷长技以制夷"和"中学为体,西学为用",到孙中山汲取西方资产阶级革命思想提出三民主义,再到十月革命一声炮响送来马克思主义,一批又一批先贤志士们睁大眼睛看世界,力图通过汲取学习世界各国的文明成果,为中华民族寻找到一条实现伟大复兴的正确道路,并最终由中国共产党变为现实。

中国共产党是中国的执政党,中国共产党的学习能力是现代中国学习能力的核心源泉。习近平总书记指出:"我们党依靠学习创造了历史,更要依靠学习走向未来。"①中国共产党之所以能够成为历史的选择,领导中华

① 《习近平为第五批全国干部学习培训教材作序:依靠学习创造历史 依靠学习走向未来》,《解放日报》2019年3月1日。

民族走向民族复兴，除了马克思主义的科学性，也和中国共产党高度重视学习能力建设的工作传统密不可分。早在革命战争年代，共产党人在革命斗争中曾经犯过幼稚盲动和教条主义错误，险些葬送了中国革命事业，在毛泽东同志的领导下，中国共产党开始走上了一条理论与实践相结合的马克思主义中国化的道路，在实践中不断修正完善党的各项政策和工作，推动对马克思主义基本原理的深入理解和科学发展，引领中国革命从此进入光明坦途。在新中国成立后，中国共产党的学习能力对在一穷二白基础上建设社会主义发挥了重大作用。我们没有管理工业和城市的经验，就虚心向苏联学习工程科技知识，引进计划经济管理制度，很快就建立了中国自己相对完整的国防工业体系，并在短时期内培养出一大批合格的工程技术人才和产业工人，为后来的改革开放打下了坚实的物质基础。此后，随着计划经济模式缺陷逐步暴露，党中央又果断作出改革开放的决策，从西方国家引进资本和管理技术，为社会主义建设事业服务，从此开启了改革开放的伟大征程。

为了学习世界各国的发展经验，中国政府发展出完善的向外学习制度。仅在对外开放前夕的1978年，中国副总理和副委员长以上的领导人就有两位先后20次出访，访问的国家达51个，①深入了解世界各国的发展情况。此后，组织干部和科技人员出国考察学习成为一种正式制度，确保各级领导干部和广大科技工作者始终能把握世界发展最新动向。据教育部统计，改革开放40多年来，中国各类出国留学人员累计已达519.49万人，目前有145.41万人正在国外进行不同阶段的学习和研究，是世界上最大的留学生生源国。为了提高干部的管理水平，中国各级政府与外国政府和国际知名高校合作，组织了各种形式的国际培训班，为各级官员进行系统性的学习培训。这些培训有些是国家层面的，面向中高级官员，也有许多是地方层面的，课程设置与本地经济发展社会管理实践需求结合得非常紧密。例如，江阴政府曾组织本地党政官员去美国斯坦福大学学习，其课程设置按照公共

---

① 赵玉蓉：《"以开放促改革"经济思想演进及其方法论分析》，上海社会科学院2015年博士论文，第11页。

管理和区域创新两大主题,设置了创新经济、公共管理、城市规划、金融投资、可持续发展,以及江阴政府计划重点孵化的动漫产业、文化产业等36门课程。

所有的国际成功经验都是基于各国具体国情的,真正考验一个国家学习能力高低的是这个国家能否将国际经验与本国实际合理结合,转化为真正适合本国的制度和做法。在一些国家发展转轨过程中,就犯了盲目照搬外国经验,最后由于水土不服导致失败的情况。中国共产党在新中国建立前的革命斗争中,对这一点已经有了深刻的认识。因此,中国共产党领导下的中国向外学习,从来都不是刻舟求剑式的盲目照搬,而是强调结合中国现实,在学习中创新,探索适合中国发展的中国道路、中国模式。中国特色社会主义市场经济体制就是在大胆吸收借鉴西方国家市场经济经验基础上,通过不断探索纠错,在实践中逐步总结出来的,体现出强烈的"干中学"特质。在改革之初,我们从国际发展经验中看到了市场经济在资源配置上的效率优势,但是没有人知道社会主义应该如何使用市场调节机制,先是谨慎地将改革目标定为"要继续注意发挥市场调节的作用,但绝不能忽视和放松国家计划的统一领导"。此后,随着我们对市场经济规律认识的加深,针对经济建设中不断暴露出来的问题和矛盾,中央不断修正对经济体制的改革目标,从提出发展公有制基础上的有计划商品经济,到1992年党的十四大正式提出建设社会主义市场经济体制。进入新时代以来,中央深刻总结2008年全球金融危机以来国家干预的经验教训,意识到有必要进一步调整政府和市场的职能边界,将市场定位从之前的"在资源配置中起基础性作用"调整为"使市场在资源配置中起决定性作用和更好发挥政府作用"。显然,中国的渐进式改革,就是源自于"干中学"的国家学习能力。

允许和鼓励基层政府和民间改革试错,也是中国国家学习能力建构的重要制度安排,是党中央为稳妥推进改革探索而发明的一种"干中学"制度安排。中国改革在相当长一段时间里是"摸着石头过河"的,为了避免出现全局性的方向失误,中央将大量自主权下放到基层政府,对基层各种创新试错采取了宽容的态度,在观察其得失成败后,再作出是中止还是全国推广的决策，可以最大程度避免由于错误决策而带来的全局性震荡。其实，几乎所有的基层政府和民间创新探索，都是在中央拟定的改革大方向下进行的。广东是中国改革开放的排头兵，从吸引外资、大力发展乡镇企业和民营经济，到推动乡镇企业改革，再到孵化创新型产业和高新技术企业，种种改革探索最早都是发源于广东。而广东能做到这一点，又是源于中央赋予了广东作为全国改革开放试验田的定位。

随着中国经济的快速发展和中国特色社会主义市场经济制度不断完善，可供中国学习借鉴的现成经验已经越来越少，下一步的改革开放更多要依靠中国共产党领导全国人民在"干中学"，在实践中探索，摸索出一条前无古人的伟大道路。在这个关键当口，习近平总书记向全党全国发出建设学习型政党，推动学习型大国建设的号召，为中国下一阶段国家能力建设提升，指明了方向。

第三，法治能力。国无法不治，民无法不立。全面依法治国是党领导人民治理国家的基本方略，也是建设社会主义市场经济的必然要求。

相比于学习能力和财政能力，传统中国的法治能力最为薄弱。在中国的传统观念中，德重于法，而执法最好保持一种"刑不可知，则威不可测"的神秘状态。当成文法在春秋时代刚刚出现时，引发了激烈的社会争议。公元前513年，晋国赵鞅把前任执政范宣子所编刑书正式铸于鼎上，当时的思想家叔向和孔子对此作出了激烈批评，称之为是"晋其亡乎"的亡国征兆。此后，随着国家治理的需要，不可避免地发展出成文法体系和司法系统，但是，从整体来讲，从奴隶社会到封建社会，中国数千年一直是以人治为主的。

现代意义上的中国法治建设，应该是肇始于晚清的政治改革。1901年清政府下诏变法，参考西方法律思想，先后颁布了《钦定大清商律》《钦定宪法大纲》《大清新刑律》等一系列新法。在清政府统治结束后，北洋政府和国民政府也进行了大范围的修法立法工作。但是，在中国没有完成真正意义上的国家统一和全面社会改造前，多数法律都是停留在纸面上，真正主导中国的依然是传统的封建宗法制度和人治习惯。在中华人民共和国建立前夕的1949年2月，中共中央发布了《关于废除国民党的六法全书与确定解放区的司法原则的指示》,宣布"在无产阶级领导的工农联盟为主体的人民民主专政的政权下,国民党的六法全书应该废除,人民的司法工作不能再以国民党的六法全书为依据,而应该以人民的新的法律为依据。"这个规定为新中国法治建设指明了方向,可以视为新中国法治建设的起点。1954 年 9 月,被后人称之为"五四宪法"的新中国第一部社会主义类型宪法经全国人民代表大会第一次全体会议审议通过,标志着新中国法治体系正式建立。

但是,计划经济的法律体系难以满足市场经济的生产活动需求。计划经济体制中的资源配置完全根据行政决策,对法治的需求很低。当以交换为基础的市场经济出现后,几乎所有的活动都需要通过合约来进行,合约的签订和履行又是以产权明晰为前提的,由此使得当市场刚刚开始孵化启动的时候,就立即出现了巨大的法律缺位。在 20 世纪 80 年代,国家先后制定出台了经济合同法、统计法、中外合资经营企业所得税法、外国企业所得税法、个人所得税法、商标法和专利法等一系列法律,批准了国家建设征用土地条例和广东省经济特区条例,算是建立了一个支持市场运行的初步法律体系框架,在一定程度上缓解了市场与计划经济管理体制之间的矛盾。

现实的困难在于与市场经济良好匹配的法律体系建立不可能在一夜之间完成。法律作为最重要的正式制度,要求具备足够的稳定性,不可能经常变化,天生就具有保守的倾向。这使得法律变革总是落后于社会变化,一旦社会发生了重大变革,已经制定的法律体系就会与社会变革实践形成强烈冲突。① 因此,当中国开始了从计划经济向市场经济的伟大变革后,法治能力滞后就必然地成为制约中国市场孵化的国家能力短板。例如在 20 世纪 80 年代,对于民营经济发展是否违背了社会主义基本原则,曾经引发了激烈的社会争议和法律争议,一批早期的民营企业家以"投机倒把"的罪名被定罪。即使是在民营经济得到政策和法律上的明确承认之后的相当长一段时间,由于政府和法院在处理经济纠纷案件时缺乏明确的法律指引,存在一

---

① 参见埃德加·博登海默:《法理学——法律哲学和方法》,上海人民出版社 1992 年版。

定的随意性,客观上也造成了一批侵害企业产权的冤案错案。

当法律滞后与社会变革形成强烈冲突之后,中国政府实施的市场孵化行动反过来又成为推动中国加快法治能力建设的强大动力。在中国改革开放过程中,存在一种适应特定历史阶段的"良性违法"现象。所谓"良性违法",是指当法律规则的僵硬性和社会变革的灵活性之间形成强烈冲突之后,个人或者组织顺应历史发展趋势,为维护人民群众的根本利益而采取的一些与旧有法律条文相冲突的行为。① 例如,安徽凤阳县小岗村实行包产、包干到户责任制违背了计划经济对生产组织形式的法律规定,深圳特区的成立也不完全符合当时的法律规定。但是,这些"良性违法"的变通性做法,作为一种制度创新,符合绝大多数人民群众的意志,在经过实践检验有效后,被立法机关认可纳入到立法和修法工作中,反过来成为推动中国法治能力提升的重要途径。例如,小岗村的包产包干到户实践,揭开了宪法上废除政社合一农村政权体制的序幕。深圳特区的设立,推动了后续一系列对外开放的立法工作,使得中国对外开放走上有法可依、依法开放的良性发展轨道。

历史地看,大量"良性违法"举措在没有被纳入国家正式法律之前,只能以一种非正式制度的方式运行。例如,20世纪80年代初期民营经济在中国并没有得到法律上的承认,但是温州却在那种制度环境下,孵化出一个以民营经济为主体,全国营销网络和本地专业化产业集聚和专业市场的温州模式。温州模式之所以能够在违背当时经济管理体制的情况下发展壮大,源于温州政府创造性发明了一种"挂户经营"的非正式制度。所谓"挂户经营",就是将独立经营的个体经营者进行简单组织,给以统一的厂名、银行账号,统一纳税和上缴管理费用,成为名义上的集体经济,但其内部依然是保持个体经营实质不变,等于是给个体经济戴了一定集体经济的"红帽子"。随着个体经济壮大,温州很快又出现了各种民间自发的股份合作制形式,到1986年,全温州各种形式的股份合作工业企业已经达到1万余

---

① 郝铁川:《中国依法治国的渐进性》,《法学研究》2003年第6期。

家,占到全市工业总产值的27%。但是当时国家法律规定的内资企业形式还只有国家、集体、个人三类,股份所有制的产权安排处于实质上的违法状态。为了解决法律冲突,温州市政府在1987年11月颁布了《关于农村股份合作企业若干问题的暂行规定》,把股份合作企业定位为"一种新型的合作经济组织",不属于私营合伙企业,给股份制企业也戴上了一项合法经营的"红帽子"。[1] 像温州这种给民营经济戴"红帽子"的情况,在改革开放早期,在全国都是普遍存在的。例如,中国早期存在着对民营经济的社会歧视和行业准入限制,诱发很多民营经济采用"挂靠"的方式,在名义上从属于某个国有企业,每年上缴一定管理费用,实质上独立经营、自负盈亏。各种非正式制度设计,大大缓解了政府和企业家在制度创新时遇到的合法性问题,对于市场孵化起到了不可替代的作用。

但是,无论初始动机如何,"良性违法"都在事实上挑战了法律的权威,只适合作为一种临时性的救急手段,不适合长期使用。各种非正式制度由于缺乏法律依据,在解决燃眉之急的同时埋下了未来发展隐患。例如给民营企业戴上"红帽子"后,客观上出现了产权不清晰的问题,当企业发展到一定规模之后,产权归属和利益分配就会成为影响企业发展的沉重桎梏。在20世纪90年代后期到21世纪初的乡镇企业改制过程中,就出现了大量由于产权归属不明确而出现的司法纠纷。健力宝和科龙是由乡镇企业创立的全国知名品牌,最终却由于发展早期没有清晰界定产权,各种制度安排缺乏法律依据,在后续企业改制中产生了大量司法纠纷,大大影响了企业的经营发展。要保证经济长期持续增长,最终还是要回归到以健全法律体系为核心的法治能力的建设上。

提升适应市场经济发展要求的国家法治能力需要中国共产党的领导。1997年,党的十五大把依法治国确立为党领导人民治理国家的基本方略,实现从人治到法制、从法制到法治的转变。自党的十八大以来,党中央高度重视法治建设,提出了一系列全面依法治国新理念新思想新战略,将全面依

---

[1]　周黎安:《转型中的地方政府:官员激励与治理》,格致出版社2008年版。

法治国放在"四个全面"战略布局中来谋划推进,为新时代法治中国建设指明了方向。习近平总书记指出,"改革与法治如鸟之两翼、车之两轮",要坚持在法治下推进改革,在改革中完善法治。党的十八大以来,党中央针对以往法治建设不到位产生的各种问题,不回避矛盾,通过周密全面的法治建设手段予以解决和纠正。例如,对于企业家合法权益保护实践中存在的问题,2018 年 9 月 8 日,中共中央、国务院印发《关于营造企业家健康成长环境弘扬优秀企业家精神更好发挥企业家作用的意见》(以下简称《意见》),对保护企业家的人身自由和财产权利、依法保护企业家的知识产权和自主经营权、切实纠正涉企业家产权冤错案件、努力实现企业家的胜诉权益等一系列长期困扰中国企业家经营的问题,从司法实践上作出了明确规定,例如:"严格非法经营罪、合同诈骗罪的构成要件,防止随意扩大适用范围"、"严格区分企业家个人财产和企业法人财产,在处理企业犯罪时不得牵连企业家个人合法财产和家庭成员财产"、"对有关政府违反承诺,特别是仅因政府换届、领导人员更替等原因违约、毁约的,依法支持企业的合理诉求"、"探索建立知识产权惩罚性赔偿制度,着力解决实践中存在的侵权成本低、企业家维权成本高的问题"、"严格依法采取财产保全、行为保全等强制措施,防止当事人恶意利用保全手段,侵害企业正常生产经营",等等。这对于充分调动中国企业家的积极性主动性,完善中国特色社会主义市场经济的法治建设,具有里程碑意义。

(三)有为政府源于执政党不忘初心

在上文中,我们论证了中国如何通过发展提升国家能力,建设有为政府,孵化有效市场。但是,强大的国家能力只能让政府具备有为的能力,依旧不能完全保证政府行为为的是绝大多数人民群众的利益而不是特定小集团的利益。法治能力是规范政府行为的重要手段,但就像需要正确认识市场作用一样,我们同样不能将法治的作用过度神化和绝对化。不仅在发展中国家超越国情引进西方法律体系不能真正形成有效的法治能力,即使在法治体系相对完备的西方发达国家,政府也难以抵御来自利益集团的干扰和社会僵化,很难作出有利于全体国民利益和国家长远发展的改革决策。① 奥尔森认为,由于利益分化带来的社会僵化利益固化,是导致英国逐步衰弱的重要原因。为此,奥尔森求助于代表了国家很大一部分的成员泛利型组织来领导国家,但是,很快有学者意识到,人口规模比重大并不一定意味着这个组织就能作出有利于大部分人长远利益的决策,例如阿根廷的庇隆政府的政治基础是占国家多数的工人,但为了最大限度争取工人选票,庇隆政府推行了极端民粹主义的经济政策,严重阻碍了经济增长,从长远来看也损害了工人群体的利益。② 在对奥尔森泛利性组织和东亚发展型国家理论讨论的基础上,姚洋等中国学者提出,中国共产党建立了一个代表广大人民利益的中性政府,是中国政府一直能够坚持有利于长期经济增长的改革政策的重要原因。③

　　无论政府中性的论断是否准确恰当,国内学者捕捉到中国政府始终能着眼于中华民族长远利益,而不是少数人的特定利益或眼前利益作出政策决策的重大特征,这是追求短期选票的西方政府难以做到的,充分体现了中国制度的先进性。但是毋庸讳言,过去40多年的改革开放在极大发展了生产力的同时,也带来了社会不同利益主体的日益分化,客观上造就了形成利益集团、出现严重社会对抗的土壤,这为中国保持正确的改革方向,依靠有为政府持续孵化和维持有效市场构成了重大挑战。应对挑战的唯一出路,只能是回归到作为执政党的中国共产党本身。"为中国人民谋幸福、为中华民族谋复兴"是中国共产党的初心和使命,只有通过坚持不懈的党建工作,提醒督促广大党员干部始终牢记初心和使命,始终将广大人民群众的利益放在第一位,坚持自我净化、自我完善、自我革新、自我提高,用强烈的自我革命精神永葆党的先进性和革命性,我们的执政党和政府才能有效抵御未来发展道路上来自各种利益集团的腐蚀拉拢,将政府有为始终落到最广大人民群众的根本利益上,成为社会主义市场经济的高效孵化器和长久守护神。

---

① 参见奥尔森:《国家的兴衰:经济增长,滞胀和社会僵化》,上海人民出版社 2007 年版。
② 姚洋:《中性政府:对转型期中国经济成功的一个解释》,《经济评论》2009 年第 3 期。
③ 贺大兴、姚洋:《社会平等、中性政府与中国经济增长》,《经济研究》2011 年第 46 期。

第二章 中国国家能力的历史嬗变

尽管在史学界,有学者认为今天中国之所以取得如此巨大的成功,是因为几个世纪以来中国经济演变所创造的各种有利于近代经济增长的要素,这些要素的不断累积在新的形势下得以充分发挥其积极作用,从而造成了今天的中国经济奇迹,[1]本书并不否认历史基础对改革开放以来中国经济奇迹形成的积极作用,但问题是,这些缓慢积累的有利于强化国家能力的积极要素,比如:不走极端的中国哲学思维、行政效率较高的科层式管理体系、"大禹治水"式集中力量办大事的传统、利于资本积累的东方勤俭节约文化、洋务运动以来所积累的工业化基础以及相应的市场化经验等,为什么没有在近代乃至新中国成立后孵化出市场呢?

本章将追溯中国国家能力的形成渊源,梳理其在各个历史时期的具体表现,试图从历史中找到问题的答案。

一、近代以来的市场探索与国家能力

从自然经济向市场经济转变面临着三个根本性问题:一是市场主体缺失。自给自足的小农经济主体缺乏交易意识和竞争经验;二是缺乏规模化的产业部门,导致资本积累缓慢;三是公共部门发育不足。政府设立的公共

---

[1] 李伯重:《中国的早期近代经济——1820 年代华亭—娄县地区 GDP 研究》,中华书局 2010 年版,第 2—3 页。

部门仅仅能勉强满足基本的国家行政管理职能,难以提供催生市场成长的基础设施等公共服务。因此,在自然经济的母体内,市场的自然发育是一个漫长的自我演化过程。而要加速市场发育和成长,政府的角色极为关键,因为政府具有引导交易规则变化和培育公共部门的主导权,拥有动员社会资本并集中到某些产业部门的优势。工业革命的发源地英格兰,在中世纪晚期至近代初期这段时间内,发生了从传统经济向市场经济的缓慢转型,至1500年初步形成了一个全国性市场网络。为了加速市场发育,政府开始全面介入市场,从而进入一个长达250年的重商主义时代。在此时期,无论是在日常经济、国内产业还是海外贸易,均活跃着政府的身影。直到市场成长壮大后,政府才从全面管制逐渐过渡到取消管制。① 近代以来中国的市场经济发展情况如何? 政府在市场经济发展的过程中扮演了什么样的角色? 是否具有孵化市场的学习、财政与法治能力? 以下的论述将围绕这些问题展开。

(一)明清时期的市场经济转型与国家角色

对中国传统社会晚期经济发展的认识,中西学界大致经历一个从"停滞"到"变化"的过程:传统观点认为以宋代为界限,宋以前的中国处于世界领先地位,宋以后则整个社会经济缓慢发展,趋于停滞。② 以"冲击—回应"为代表的"西方中心主义"论认为,中国社会经济的变化源自外力的作用,是19世纪中叶西方入侵中国以后才产生的。③ 而"近代中国"论与中国学界的"资本主义萌芽"论均认为明清时期的中国社会经济并非停滞而是具有相当活力,且其变化的动力在中国内部。④ 近年来,以"加州学派"为代表

---

① 参见李新宽:《国家与市场:英国重商主义时代的历史解读》,中央编译出版社2013年版。

② 参见李伯重:《有无"13、14世纪的转折"? ——宋末至明初江南农业的变化》,《多视角看江南经济史(1250—1850)》,生活·读书·新知三联书店2003年版。

③ 参见柯文著,林同奇译:《在中国发现历史——中国中心观在美国的兴起》,中华书局2002年版。

④ 参见李伯重:《中国的早期近代经济——1820年代华亭—娄县地区GDP研究》,中华书局2010年版。

的研究则进一步确认了明清时期的中国经济仍在世界经济中居于主导地位,直到18世纪末甚至是19世纪初期以后,中西方之间的"大分流"才开始出现。据麦迪逊的估计,在1700—1820年间,中国GDP年均增长速度高于西欧,1700年两者在世界GDP中所占比重相差不大,均约为23%。至1820年,中国的这一比重提高到32.4%,西欧则为26.6%。①

亚当·斯密认为,市场交换和市场范围的扩大可以促使生产资源的重新配置,引起分工的产生和生产力的提高,从而成为经济增长的源泉。近代早期,在市场整合程度较高的西欧沿海地区率先出现了工业化,②随着民族国家的形成以及资本主义的发展,一些西欧国家在跨地区贸易的促进下,众多的地方市场和区域市场逐渐被整合为一个全国市场(national market),并在此基础上取得巨大的经济成功。基于此,明清时期的中国是否拥有整合良好的全国市场③成为判断明清时期中国经济发展水平的一个标准,尤其是近年来围绕"大分流"的争论,使得这一问题更加清晰化。支持者认为,在"斯密动力"(the Smithian dynamics)④的推动下,明清时期的中国经济充满活力,与同时期的欧洲相比存在诸多相似性,在某些方面甚至优于欧洲,因为"斯密动力"只有在一个整合良好的全国市场中才能发挥最大的作用。

关于明清时期中国的市场发育程度,早在"资本主义萌芽"大讨论中即已有学者给予很高的评价,并认为鸦片战争前中国即已形成了统一的国内市场。⑤

---

① Madison, Angus, *Chinese Economic Performance in the Long Run*, Paris: OECD, 2007.

② Studer R., "*Does Trade Explain Europe's Rise? Geography, Market Size and Economic Development*", Working Paper, 2009.

③ 在史学界,national market最初被翻译为"民族市场",并对鸦片战争前的中国是否拥有民族市场展开了争论,由于对national market的定义有分歧,后有学者用"统一的国内市场"代替,"全国市场"的提法则是新近学者提出的。

④ 关于"斯密动力"的性质、特点及其对于近代经济成长的作用,参见 Feuerwerker Albert, "Presidential Address: Questions about China's Early Modern Economic History that I Wish I Could Answer," *Journal of Asian Studies*, vol. 5, no. 4;王国斌:《转变的中国:历史变迁与欧洲经验的局限》,江苏人民出版社1998年版。

⑤ 参见伍丹戈:《鸦片战争前中国社会经济的变化》,上海人民出版社1950年版;李湘:《关于"中国民族市场"的形成问题——与孔经纬先生商榷》,《学术月刊》1961年第7期。

吴承明甚至认为,宋代在打破了坊市制之后,逐渐形成了地方小市场、城市市场、区域市场、全国市场等各级市场,只是此时的全国市场除官营贸易外,主要还是珍奇宝货等奢侈品贸易和土特产贸易,所起的作用十分有限。只有到了明代后期,民生用品代替奢侈品和土特产品成为长距离贸易的主角之后,全国市场才有了真正的扩大。至鸦片战争前,中国国内商品值达 3.5亿两。① 近年的研究进一步确认,在 1500—1840 年间,中国进行贸易的政治环境、交通运输条件、地区专业化与劳动分工、商人集团与商人资本、农村商业化与工业化均有明显的发展,为全国市场的形成奠定了基础。无论从商品流动、资金流动、劳动力流动和信息流动上看,均表明一个整合良好的全国市场已经形成。② 虽然无法确切获得当时国内贸易商品值的总量,但肯定大大超过吴承明的估计,其中长途贸易占比应在 30%—40% 之间,并形成了以苏州为中心,以汉口、佛山(广州—佛山)、北京为次级中心的全国性市场空间结构。③

中国的自然地理条件复杂多样,不同区域具有不同的特色,全国市场的形成必须建立在区域经济与区域市场充分发展的基础上。施坚雅(G. William Skinner)最早按照自然地理条件把全国划为九大区域,虽然各地区经济发展水平各不相同,但亦形成了一个层级分明的全国市场(城市)体系。④ 明清时期的江南、珠江三角洲、华北平原、长江中上游等地区均因地制宜地发展,形成各具特色的区域经济,从而也形成了不同的商品流通格局:江南地区输入粮食、肥料等低值商品,输出棉布、绸缎等手工业品;珠江

---

① 吴承明:《论清代前期我国国内市场》,《历史研究》1983 年第 1 期。吴氏后修正为 5 亿两(吴承明:《论清代前期我国国内市场·附记》,《中国的现代化:市场与社会》,生活·读书·新知三联书店 2001 年版)。

② 李伯重:《中国全国市场的形成,1500—1840 年》,《清华大学学报(哲学社会科学版)》1999 年第 4 期。

③ 李伯重:《十九世纪初期中国全国市场:规模与空间结构》,《浙江学刊》2010 年第 4 期。

④ 参见施坚雅:《十九世纪中国的地区城市化》,施坚雅主编,叶光庭等译:《中华帝国晚期的城市》,中华书局 2000 年版。

三角洲输入包括粮食在内的大量经济作物以供加工输出,同时得益于清政府的独口通商政策,其转口贸易迅速发展;长江中上游地区以及东北、台湾等新开发区则主要输出粮食,输入棉布、绸缎等手工业制品。① 可以说,明清时期,一个包括流通枢纽城市、中等商业城镇和农村集市三大层级的城乡市场体系已经形成,标志着中国从传统经济向市场经济的转型。② 这种"市场经济"是一种市场机制(或者说"斯密动力")引领下的近代经济成长,是一种充满生机与活力的经济发展模式。

那么,在明清中国从传统自然经济向市场经济转型的过程中,国家的角色是什么? 或者说国家在多大程度上促进了这一转型,以及为什么没能最终成功完成孵化市场的使命呢? 一种观点认为,明清时期中国不亚于西方的市场经济发展状况,是因为中国实行了主要依赖于以适度征税并提供大量公共产品为特征的财政制度,③之所以没有导向工业化,是因为这种斯密型经济成长所依赖的是传统的、以农村为主的机制和技术,而导致西方工业革命的近代经济是库兹涅兹型经济成长,这是一种建立在急剧的结构变化、制度创新、新技术的持续发展与使用基础上的经济成长。④ 另一种观点在认同经济、技术、生态等方面具有重要作用的同时,更加强调文化与国家的作用,其认为,资本主义的兴起需要一个对资本主义友好的国家提供法律、秩序、和平以及资本主义繁荣发展所需要的其他公共服务,⑤这就需要这个国家的经济行动者成为拥有政治权力、军事手段的主要精英集团。同时,以私利为导向的工具理性应成为整个社会的正面价值观。西欧在资产阶级兴

---

① 许檀:《明清时期区域经济的发展——江南、华北等若干区域的比较》,《中国经济史研究》1999 年第 2 期。

② 许檀:《明清时期城乡市场网络体系的形成及意义》,《中国社会科学》2000 年第 3 期。

③ 王国斌、罗森塔尔:《大分流之外:中国和欧洲经济变迁的政治》,江苏人民出版社 2018 年版,第 220 页。

④ 李伯重:《中国的早期近代经济——1820 年代华亭—娄县地区 GDP 研究》,第 290 页。

⑤ 赵鼎新:《为韦伯辩护:比较的逻辑和中国历史的模式》,《中国学术》第 35 辑,商务印书馆 2015 年版。

起及宗教改革后理性思维兴起后,具备了上述这些条件。由于中国不具备这些条件,因而无法自发产生工业资本主义。① 按照本书的分析框架,以下将讨论明清中央政府在学习、财政、法治三个国家能力上的表现。

1. 学习能力

在工业资本主义出现之前,无论是英国还是明清时期的中国,均无孵化市场的经验可供学习。因此,此时的学习能力更多表现在对未知事物的探索与了解上。中西间的文化交流早在 1552 年耶稣会教士沙勿略来华后即已开启,传教士为了达到立足中国和传教的目的,向中国介绍了一批西方天文、算学、理化等科学知识,吸引一些士大夫的注意,然而却始终未得到明清王朝的重视。这些新奇的科学知识既未引起当时精英阶层的学习热潮,从而激发至宋代以后即已处于相对停滞的中国传统科学技术的活力;也未成功引起政治精英将注意力转向产生这些知识的国家,进而对这些异域国家产生了解的兴趣并付诸学习行动。康熙虽然曾利用传教士掌握的先进测绘技术测绘中国地图,耗时 10 年完成了"皇舆全览图"。然而这项工程完成以后,测绘方法与地图均被作为密件藏于内府。更加得不偿失的是,这些测绘好的地图以及测绘过程中收集到的大量资料却被传教士带回各自国家,在有利于欧洲人民更好了解中国的同时,这些资料也成为日后列强侵略中国的军事行动指南。康熙之后,清王朝对待传教士的态度开始转向禁止了。雍正时曾下令驱赶传教士,乾隆时更加严厉,并规定留居澳门的传教士只能在外国人中进行宗教活动。②

2. 财政能力

总体而言,明清时期中国的财政属于农业型财政,其以"量入为出"作为指导思想,收入以直接税(田赋③)为主,占全部财政收入的一半以上,间接税(关税等)所占比重极小,开支则以军饷、河工、皇室开支为主,国家财

---

① 赵鼎新:《加州学派与工业资本主义的兴起》,《学术月刊》2014 年第 7 期。

② 刘圣宜、宋德华:《岭南近代对外文化交流史(增订本)》,广东人民出版社 2018 年版,第 38 页。

③ 康熙时"滋生人丁,永不加赋"及雍正"摊丁入地"后,田赋就包括丁银,故又称地丁。

政基本以满足开支、保持略有盈余为目标,极少发挥财政调控经济发展的功能。① 乾隆时期是清朝前期财政岁入的高峰,②乾隆十八年(1753)包括附加税在内的赋税收入接近 7400 万两白银。③ 此外,清代还有"捐纳"与"报效"两种临时性财政收入,乾隆、嘉庆两朝的盐商报效即多达 6500 万两白银。④ 但这是否说明明清时期中国具有很强的财政能力? 按照一种极其粗略而且乐观的估计,1753 年清朝的财政收入达到 9000 万两,而后从人均税负及财政收入占国民收入的比重两方面与英国进行比较,可以发现中国的人均税负大大低于英国,财政收入占国民收入的比重也低于英国许多。⑤ 更为关键的是,鸦片战争前的整个明清时期,中国的税收结构均是以农业税为主,而英国很早就开始了从依靠农业税向依靠工商业税的结构性转变。1688 年"光荣革命"以后,英国更是实现了赋税收入的持续增长且以间接税为主。⑥ 间接税具有可转嫁的特点,隐秘性强,税率的提高对已经进入消费社会⑦的英国影响并不大,民众的消费甚至还持续提高。⑧ 因此,与英国等西欧国家

---

① 倪玉平:《从国家财政到财政国家——清朝咸同年间的财政与社会》,科学出版社 2017 年版,第 1 页。康熙时,为了恢复农业生产、鼓励人口增殖而宣布"滋生人丁,永不加赋",可以算是利用财政手段调控经济发展。

② 陈锋:《清代财政政策与货币政策研究》,武汉大学出版社 2013 年版,第 373 页。

③ 王业键:《清代田赋刍论(1750—1911)》,人民出版社 2008 年版,第 94 页。

④ 陈锋:《清代盐政与盐税》,中州古籍出版社 1988 年版,第 220 页。

⑤ 皮尔·弗里斯:《国家、经济与大分流——17 世纪 80 年代到 19 世纪 50 年代的英国和中国》,中信出版集团 2018 年版,第 66—99 页。需要说明的是,这一比较的数据均十分粗略且不确定,作者选用数据的原则是英国采用估计值的下限,中国采用估计值的上限,即英国的数据尽可能低估,而中国的数据尽可能高估。

⑥ 李新宽:《国家与市场:英国重商主义时代的历史解读》,第 175—176、184—185 页。

⑦ 值得注意的是,英国史家在探讨近代早期的英国社会时,即有"消费社会"的形成为随后英国工业革命奠定基础的观点(Neil McKendrick, John Brewer, J. H. Plumb, eds., *The Birth of a Consumer Society: The Commercialization of Eighteenth-Century England*, London: Europa Publications, 1982),中国史学界亦有学者认为明清时期中国"消费社会"也已经形成(巫仁恕:《品味奢华——晚明的消费社会与士大夫》,中华书局 2008 年版;巫仁恕:《优游坊厢——明清江南城市的休闲消费与空间变迁》,中华书局 2017 年版)。

⑧ J. V. Beckett, Michael Turner, "Taxation and economic growth in eighteenth-century England", *Economic History Review*, Vol. 43, p. 395.

相比,明清时期中国的财政能力并不强,但是在"量入为出"的原则下,长期保持收支平衡略有盈余的理想状态。

3.法治能力

传统观点认为,明清时期中国的产权界定不清且不受国家保护,在日常经济生活中所遇到的纠纷往往是通过宗族、同业团体等民间组织自行解决,所依赖的是非正式制度,国家在其间并未起到作用。非正式制度在明清中国广泛存在并发挥作用是一个客观现实,在长距离贸易中其效率甚至不亚于正式制度。① 近年来,中国各地发现的明清时期民间契约文书也表明,契约广泛应用于人们的日常经济活动,表明民间早已具有一套复杂的产权安排。必须看到,契约在民间的广泛应用与国家在其间所起的作用是密不可分的。当时国家的成文法中虽未对产权作明确界定,但却明确规定保护私人财物并免受他人侵占。② 在产权的形成与维护中,国家正式的法律制度对私人契约、民间惯例的认可实际上将这些非正式制度纳入到了官方的司法活动中,使其具有了习惯法的意义,并加强其法定强制力,提高了产权维护的效率,③而在具体司法实践中,无论是土地产权还是水域捕捞的水面权,纳税与契约均是所有权认定的关键凭证。④ 根据在全国各地发现的许多清代工商业的碑刻资料的记载,清代商业社会的各行各业都制定有许多规则和制度,与正式制度中关于商事方面的规范,共同构成了中国传统商事法的体系,其中国家正式法律制度中有关商事的规范所蕴涵的原则和精神甚至具有宪性作用。⑤ 应当指出的是,与同期英国商事法适用于全国范围

① 王国斌、罗森塔尔:《大分流之外:中国和欧洲经济变迁的政治》,第 93—100 页。
② 经君健:《清代关于民间经济的立法》,《中国经济史研究》1994 年第 1 期。
③ 彭凯翔:《清代司法实践中的产权制度:若干评议》,《经济资料译丛》2016 年第 3 期。
④ 安·奥思本:《产权、税收和国家对权利的保护》,曾小萍、欧中坦、加德拉编:《早期近代中国的契约与产权》,浙江大学出版社 2011 年版,第 110—146 页;刘诗古:《资源、产权与秩序——明清鄱阳湖区的鱼课制度与水域社会》,社会科学文献出版社 2018 年版。
⑤ 孙丽娟:《清代商业社会的规则与秩序:从碑刻资料解读清代中国商事习惯法》,中国社会科学出版社 2005 年版。

内的陌生人社会不同,其时中国绝大多数民间的财产交易中都发生在特定区域内的熟人社会之间,没有或极少出现跨地域或者远距离交易情况。这表明明清时期的契约仍然缺乏国家法律制度的足够保障,一旦离开特定的地域人群网络,契约往往就变成不具约束力的废纸。①

(二)晚清民初市场经济的发展与国家能力的不足

道光(1821—1850)初年,由于气候变化、白银外流等因素,清代经济的发展开始显现出明显的衰退迹象,1830—1840年间经济陷入低谷,直到1850年以后才开始复苏。② 尽管如此,中国的市场经济仍然处于发展之中。据估计,鸦片战争前夕,国内市场商品总量在5.25亿两白银左右,洋务运动启动中国的工业化之后,国内生产的工业化产品也进入到市场,与传统产品及洋货竞争,尽管遇到总体需求不旺、市场价格下跌的局面,国内市场商品总量仍较鸦片战争前有较大的增长,1869年为9.28亿两,1894年为12.67亿两。③ 甲午战争后直至北洋政府期间,民间力量成为中国工业化的主导力量,④市场经济得到了更进一步的发展。1908年国内市场商品总量增至21.99亿两,1920年更是达到72.54亿两。而且在工业产值中,现代化产业占比达到10.78%。⑤

---

① 刘诗古:《资源、产权与秩序——明清鄱阳湖区的鱼课制度与水域社会》,第310页。
② 史学界将这一持续整个道光朝的衰退称为"道光萧条",关于"道光萧条"及其原因的分析参见吴承明:《中国的现代化:市场与社会》,生活·读书·新知三联书店2001年版,第238—288页;李伯重:《中国的早期近代经济——1820年代华亭—娄县地区GDP研究》,第37—42、55—57页;岸本美绪:《清代的经济萧条和市场结构——以康熙年间和道光年间的比较为中心》,王玉茹等编:《经济发展与市场变迁——吴承明先生百年诞辰纪念文集》,南开大学出版社2016年版,第89—113页;万志英:《剑桥中国经济史》,中国人民大学出版社2018年版,第302—303、313—323页。
③ 吴承明:《中国的现代化:市场与社会》,第294、303页。
④ 严鹏:《简明中国工业史(1815—2015)》,电子工业出版社2018年版,第74、100—106页。
⑤ 吴承明:《中国的现代化:市场与社会》,第110、303页。

1."中体西用"思想指导下的学习能力

　　1840年,已经完成工业革命的英国,在新兴工业体系的支撑下,携坚船利炮之威发动了对华战争,毫无悬念地打败了装备落后的清军,延续数千年的天朝体系正式崩溃,工业资本主义也正式确立了其在世界上的统治地位。随着《南京条约》《五口通商章程》等一系列条约的签订,中国也被正式纳入资本主义世界体系。不过此时,清政府尚未完全认识到中英之间在军事力量上的巨大差距,更遑论支撑英国军事力量的工业资本主义,不了解"敌情"被归结为失败的一大原因。因此,最高统治者终于开始关心起"敌情"来,[①]以林则徐为代表的第一批开眼看世界的士大夫,所关注的领域亦集中于世界史地和西方军事技术。在随后镇压太平军的过程中,清军开始使用西方的武器,体会到坚船利炮的威力与甜头,在第二次鸦片战争再次惨败后,终于意识到只有学习制造坚船利炮才能继续维系清王朝的统治。在国家战略的诱发下,以"自强""求富"为目标的洋务运动终于迈出了中国工业化的第一步。然而,洋务运动的改革极其有限,正如其指导思想"中体西用"所预示的那样,所学基本为器物层面的东西,说明清政府的学习能力低下,"天朝上国"的意识形态仍影响着其全面、深入地学习工业资本主义的精髓,[②]仍未意识到国家在工业化进程中所要承担的角色。因此,清政府也就不可能像明治维新时期的日本政府那样,制定出一套具有全局性与长期性的国家发展总体战略规划,实施"振兴工业、提倡出口",以"贸易立国"的国策;[③]学习能力弱的政府也不可能制定出一个宏大的产业引导政策。所创办的企业缺乏统筹规划,各自为政,仅仅只有短期的"争利"目标;[④]即使

---

① 齐思和等整理:《筹办夷务始末》(道光朝)卷46,中华书局1964年版,第1752—1753页。
② 赵鼎新:《路径不依赖、政策不相干——什么才是中国经济成功的关键?》,《学海》2016年第2期。
③ 聂宝璋:《〈国家干预经济与中日近代化〉序一》,《国家干预经济与中日近代化——轮船招商局与三菱·日本邮船会社的比较研究》,东方出版社1994年版,第3页。
④ 朱荫贵:《国家干预经济与中日近代化——轮船招商局与三菱·日本邮船会社的比较研究》,第20页。

是鼓励、保护民间自由兴办近代企业的政策直到维新变法及"清末新政"时才有所涉及；至于实施保护本国幼稚工业的政策就更是奢望了。甲午战争后，在《马关条约》各款中，清政府于割地、赔款力争，但对于允许日本人在华设立工厂，所生产的产品豁免内地税、钞课、杂派等许多关系国家经济命脉的条款则轻轻放过。① 这充分显示出洋务派与晚清政府对经济发展知识的欠缺以及学习能力不足。直到清政府灭亡，中国的工业发展仍处于极其幼稚阶段，按照当时日本人的说法是尚在农业国阶段。②

　　甲午战争的失败实质上宣告了政府在主导中国工业化方面的无知和失败。直到南京国民政府成立以后，中国工业化的主导动力才开始转向国家力量。③ 在此期间，尤其是辛亥革命之后，中国整个政治、社会环境发生重大变化，人们的商品意识、兴办实业的观念日益浓厚，尽管总体而言整个国家处于失序的状态，但在市场自发秩序的引导下，市场经济仍然显现出勃勃生机。而且 1914 年第一次世界大战爆发，欧洲列强无暇东顾，在客观上起到了"保护"中国幼稚工业的作用。北洋政府时期，以 1916 年袁世凯帝制复辟为界，前期南北统一，国内稳定，以张謇为代表的资产阶级精英主导的北洋政府顺应市场的需求，制定出台了许多以扶植和奖励为导向的经济政策，④重点扶持了一些具有比较优势的行业，如丝、茶、瓷、纺织、煤油等。⑤后期则由于军阀割据严重，战乱频仍，政府在工业化进程中毫无建树。

2. "入不敷出"的财政能力

　　乾隆之后，随着各种突发事件的增多，军费与河工开支剧增，清政府所奉行的"原额主义"财政缺乏弹性，⑥政府只能通过增加"捐纳"与"报效"等正额外财政来弥补不足。鸦片战争后，内忧外患的中国，财政支出急剧扩

① 郭廷以：《近代中国史纲》，格致出版社 2012 年版，第 191 页。
② 李少军编：《晚清日本驻华领事报告编译》第 4 卷，社会科学文献出版社 2016 年版，第 344 页。
③ 严鹏：《简明中国工业史（1815—2015）》，第 74、100—106 页。
④ 徐建生：《论民国初年经济政策的扶植与奖励导向》，《近代史研究》1999 年第 1 期。
⑤ 工商部编：《工商会议报告录·开会式及演说》，第 2—3 页。
⑥ 参见岩井茂树：《中国近代财政史研究》，社会科学文献出版社 2011 年版。

张,对内,战乱不断,军费开支不断扩大。对外,大量的战争赔款也成为支出的大头。入不敷出是晚清直至民国时期的财政常态。

晚清时期,在田赋及常关税均大幅减少的情况下,鸦片战争与太平天国战争催生出洋关税与厘金两个新税种,成为晚清政府财政收入的主要来源,迅速改变了税收结构,成为晚清政府度过财政危机的关键。五口通商之后,清政府开始征收洋关税,随着越来越多洋关的建立,尽管在这一过程中,清政府的关税自主权一步步被削弱并最终基本丧失,税率极低,但是税额还是越来越大,1851—1874 年间,洋关税从 280 余万两增加到近 1200 万两。①厘金是一种商业税,是晚清政府在镇压太平军时,于 1853 年由江北帮办军务雷以諴在扬州创办,②首年即在江苏省征收 40 万两,随后逐步推广。同时,向坐贾(坐厘)与行商(行厘)征收,征税效果显著。至 1859 年超过 1000万两,1879 年超过 2000 万两,1903 年超过 3000 万两。③ 税收结构的转变,在一定程度上促使了国家将一部分财政收入投入到生产领域,洋务运动经费的主要来源即为洋关税与厘金。④ 然而,在总财政支出中占比并不高,且洋关税是以国家丧失了关税自主权为代价,而厘金作为一种应急之策常态化,更是弊端重生:关卡林立、名目繁多、税率不一、地方截留、官吏中饱,等等。

北洋政府时期,袁世凯主政时曾划分中央财政与地方财政,设立国税厅,直接征收中央财政,杜绝地方截留财源,一度使得财政状况有所改善。然而,随着复辟丑剧的上演,国家又陷入混乱中,中央政府名存实亡,财政更是混乱不堪,每年财政收入不过 700 万元,而支出却达 12800 万元,巨大的财政缺口只能通过外债填补。⑤ 当然,除借款外,北洋政府也曾试图开征新

① 倪玉平:《从国家财政到财政国家——清朝咸同年间的财政与社会》,第 186 页。
② 周育民:《关于清代厘金创始的考订》,《清史研究》2006 年第 3 期。
③ 周育民:《晚清厘金历年全国总收入的再估计》,《清史研究》2011 年第 3 期。
④ 据估计,同治末期,洋务支出年均约 1000 万两(参见倪玉平:《从国家财政到财政国家——清朝咸同年间的财政与社会》,第 273 页)。
⑤ 林美莉:《西洋税制在近代中国的发展》,台北"中央"研究院近代史研究所 2005 年版,第 32 页。

税种以扩大财政收入,均或收效不大,或以失败告终,如印花税在袁世凯时强力开征,最高时征收 360 余万。袁氏败亡后,每年亦能维持 300 万左右。① 其中,所得税的开征情况颇能反映北洋政府财政能力的低下:在从未调查过商人与民众经济所得从而建立税籍资料的情况下,北洋政府即以财政困难为由,颁布《所得税条例施行细则》与《所得税分别先后征收税目》,其将税额定在 400 万元,令各省认领完成数额不等的税额。同时,为安抚各地民众,在其财政极度困难早已全国皆知的情况下,宣称此税款将专门用于兴办教育与实业。此举遭到全国商民的一致抵制,最终只能对所属机构的官吏征收,仅获 10000 余元。其实对于所得税这个税种,当时的社会是普遍认可这是一种公平而进步的税种的,不但能够满足国家的财源需求,也能在一定程度消除社会的不公平。其征收需要建立在具有完备税籍的基础上,其计算标准也需经过科学检验。然而,北洋政府却以最粗疏的推定税额进行强制征收,其结果可想而知。②

3. "囫囵吞枣"的法治能力

鸦片战争以后,随着众多通商口岸的开放,"条约制度"的建立,洋货、洋商大肆进入口岸城市,由此造成的华洋纠纷日益繁多,由于中国律例与各国相去甚远,且对各国律法没有了解,③故在审理此类案件时无相关的法律规章可依。同时,随着工业化的缓慢推进,市场交易的频率、规模以及空间范围都大大扩展,传统产权认定及维护模式均已无法适应这种新情况。而"中体西用"的指导原则下的洋务运动并未关注到西方法律制度,直到 1901 年清政府下诏变法后,修律才被提上议程。1904 年率先颁布了《钦定大清商律》,1908 年颁布《钦定宪法大纲》,1911 年颁布《大清新刑律》。此外,民法、民事诉讼法等则尚处于草案阶段,大清则已灭亡。《钦定宪法大纲》将

---

① 李鸿球:《论北京政府财政部发行新印税票》,江苏省中华民国工商税收史编写组、中国第二历史档案馆编:《中华民国工商税收史料选编》第四辑,南京大学出版社 1994 年版,第 2579 页。

② 参见林美莉:《西洋税制在近代中国的发展》,第 36—39 页。

③ 郭嵩焘:《请纂成通商则例折》,《郭嵩焘奏稿》,岳麓书社 1983 年版,第 381 页。

财产权作为一项臣民的权利规定在附则之中,但是这种权利的规定范围十分有限,限制多于保障。① 同时,晚清修律还存在两个完全相反的倾向:一方面,过于注意与西方民法的求同,有很多条目就是西方法律的直接翻译,出现了削足适履的情况;另一方面,对于传统的宗法礼仪制度又过于让步,使得辛苦调查来的大量民事习俗未能被认真甄别采纳。②

《钦定宪法大纲》由于是晚清政府为挽救自己而做出的急就章,其关注点在权力而非权利。辛亥革命后,南京临时政府颁布的《中华民国临时约法》则充分确认了人民的基本权利和自由,确立了有利于资本主义发展的保护财产的原则。北洋政府时期,虽然军阀混战连连,出台多个利于自身的宪法性文件,但这一原则均得到保留。总体而言,北洋政府时期在立法上并无太大建树,唯一取得较大进展的商法立法,则层次与结构失调,门类不齐全,未形成一个完整体系,重奖励轻限制,且没有相应的法规保证正常的市场经济秩序不被干扰。③

(三)南京国民政府进行市场孵化的努力

传统观点一般认为,近代以来,处于半殖民地半封建社会的中国,经济长期处于停滞甚至是衰退的状态。近年来,以"加州学派"为代表的众多学者掀起了一股重新评估传统社会经济发展水平的研究热潮。在高度肯定明清时期经济发展水平的同时,有意无意地忽略了近代中国的经济发展状况,使得对比愈发强烈。然而正如上文所言,鸦片战争以后的晚清民初时期,在各种不利条件下,工业化一经国家启动,就成为一个不可逆的进程,国家无力主导之后,在市场自发诱导下,仍持续缓慢发展。南京国民政府成立后,国家重新成为工业化的主导力量,大力发展国家资本主义,使得战前十年成为中国经济发展的所谓"黄金十年",两次世界大战期间的 20 余年,中国的

---

① 张晋藩主编:《中国法制通史》第九卷,法律出版社 1999 年版,第 96 页。
② 贾晖:《中国近代财产权法律保护研究》,中国政法大学 2008 年博士学位论文,第 97 页。
③ 贾晖:《中国近代财产权法律保护研究》,第 167 页。

总产出增长率达到 40% 左右,人均产出增长率亦在 20% 以上,①1936 年,中国国内商品总量达到 127.71 亿两白银,现代化工业产出已占到工业总产出的 23.69%。②

1. 战争中断的学习进程

1930 年,南京国民政府名义上统一了全国,尽管实际控制范围有限,但至少结束了国家失序的状态。由于此前长时期的国家无作为,中国的纺织、食品等轻工业在市场机制的作用下快速发展,然而市场的自然发育所面临的三个根本性问题也制约着这一时期的经济发展,导致中国工业演化的路径长期锁定在一种低端化的陷阱之中。③ 由于缺乏国家的引导,民营企业家投机心理严重,希望短期即能获利,热衷于低成本竞争。④ 政府与精英阶层逐渐意识到这一点,南京国民政府成立后,一方面继续积极扶植私人企业的发展,不但对民间兴办特种工业进行奖励,亦充分重视华侨资本,在某些方面给予特许权或优先权,同时十分注重奖励技术的发明和创新;⑤另一方面,则是政府积极介入工业化之中,将钢铁、机械制造等投资周期长、资本需求大的重工业列入发展规划,以加速发展国家资本主义工业。为此,国民政府先后以工商部、实业部、全国经济委员会等掌理全国经济发展的设计、审查、监督、指导等事宜。⑥ 后因日本侵略之心表露无遗,蒋介石于 1932 年成立国防设计委员会,进行全国国防规划,积极备战。1935 年改称资源委员会,将备战与全国工业建设结合起来,成为实际上拟定和执行工业政策的机构,主要进行重工业建设。⑦ 这些均表明南京国民政府具有迫切的学习

① 托马斯·罗斯基:《战前中国经济的增长》,浙江大学出版社 2009 年版,第 334 页。
② 吴承明:《中国的现代化:市场与社会》,第 110、303 页。
③ 严鹏:《简明中国工业史(1815—2015)》,第 105 页。
④ 刘大钧:《上海工业化研究》,商务印书馆 2015 年版,第 78 页。
⑤ 张宪文、张玉法主编:《中华民国专题史》第六卷,《南京国民政府十年经济建设》,南京大学出版社 2015 年版,第 106—107 页。
⑥ 张宪文、张玉法主编:《中华民国专题史》第六卷,《南京国民政府十年经济建设》,第 108 页。
⑦ 钱昌照:《钱昌照回忆录》,东方出版社 2011 年版,第 42 页。

意愿。

1929—1933 年起源于美国金融市场,引发了美国经济大萧条,进而席卷整个资本主义世界的经济危机爆发,早已被纳入资本主义世界体系的中国亦无法幸免。1931 年,美、英、日等国为了转嫁危机,先后放弃金本位制,实行货币贬值,以刺激出口,进行商品倾销,中国所实行的是银本位制,无法采取相抗措施,只能任由银汇上涨,白银外流,造成经济紧缩,国内购买力下降。1934 年下半年,危机已经空前严重。1935 年,中国已经到了经济枯竭、几近崩溃的地步。① 中国的币制到了非改革不可的地步,然而当时的南京国民政府,对内实际控制的范围并不大,对外日本随时可能发起侵略,而且经济已经到了崩溃的边缘,实际上并无进行币制改革的条件。国民政府于1935 年 11 月 3 日晚颁布《紧急安定货币金融办法》(即法币政策),于次日起正式实施。② 法币政策是国民政府借助世界货币新制而制定出来的,并非一时的应急措施。其实施后,中国的经济迅速得到复苏,工业化进程得以继续推进,对即将发生的抗日战争也具有不可估量的作用。③ 这反映出在发展经济、孵化市场上,南京国民政府已经能够根据内外环境的变化对产业发展政策及规划做出调整,在应对经济危机时也表现出对制度建设及市场经济知识具有较强的学习吸收能力。

---

① 张宪文、张玉法主编:《中华民国专题史》第六卷,《南京国民政府十年经济建设》,第116、393—394 页。

② 关于 1929—1933 年世界经济危机对中国的影响和南京国民政府币制改革的研究可参见李宇平:《一九三〇年代世界经济大恐慌对中国经济的冲击》,《台湾师范大学历史学报》1994 年第 22 期;李宇平:《恐慌之救济与法币政策的形成——1932—1935 年货币改革说与贸易平衡说的对立与消长》,《中央研究院近代史研究所集刊》1994 年第 23 期(下);朱荫贵:《近代中国:金融与证券研究》,上海人民出版社 2012 年版,第 124—138 页;吴景平:《美国和 1935 年中国的币制改革》,《近代史研究》1991 年第 6 期;吴景平:《蒋介石与 1935 年法币政策的决策与实施》,《江海学刊》2011 年第 2 期;张宪文、张玉法主编:《中华民国专题史》第六卷,《南京国民政府十年经济建设》,第 389—419 页。

③ 张宪文、张玉法主编:《中华民国专题史》第六卷,《南京国民政府十年经济建设》,第406—409 页。

2. 现代意识萌芽的财政能力

南京国民政府成立后,进行了诸多努力以改善财政收入状况,取得显著的成效:1929—1937 年,国民政府的税收收入由 3.34 亿元增加到 8.7 亿元,①10 年间增长了 2.6 倍,其财政能力较晚清政府及北洋政府均有很大的提高。其中关税、盐税、统税为国民政府三大税收支柱。关税方面,国民政府历经曲折与各国谈判,以最惠国待遇的代价,最终于 1930 年就关税自主问题与各国达成协议。② 此后,关税收入大幅增加。至 1930 年以后,每年均超过 3 亿元。③ 统税则是裁撤厘金后新征收的税种。如上所述,厘金作为一种应急之策常态化后产生了许多弊端,裁撤的呼声早已有之,然而裁撤厘金将大大减少税收收入,且当时厘金收入中有部分被地方政府截留,若没有一个稳定的国内环境极难进行。1930 年蒋介石巩固政权后,终于具备裁厘条件,财政部遂决定于 1931 年 1 月 1 日起废除全国厘金。同时在此过程中,为弥补裁厘后留下的财政缺口,改以征收一物一税,一次性征收后即可通行全国的统税。裁厘改统后,简化了税目,税收渐趋合理,而且在实际操作过程中,或多或少采取了一些保护民族工商业的措施,有利于国内经济和贸易的发展。④ 随着征收商品范围的扩大,统税税额越来越大,至 1934 年超过 1 亿元,成为国民政府税收收入的三大支柱之一。⑤ 尽管如此,国民政府仍然入不敷出,1929—1937 年间,基本上每年均有超过 1 亿元的资金缺

---

① 阿瑟・恩・杨格著,陈泽宪、陈霞飞译:《一九二七至一九三七年中国财政经济情况》,中国社会科学出版社 1981 年版,第 38 页。

② 1928 年 7 月至 12 月,国民政府完成了与除日本外的美、英等 11 国的签约,1928 年 12 月即制定最新的进口税税则,于 1929 年 2 月 1 日施行(1929 年税则),此后还有 1931 年、1933 年、1934 年税则。与日本的《中日关税协议》则是在 1930 年 5 月才正式签订。

③ 阿瑟・恩・杨格著,陈泽宪、陈霞飞译:《一九二七至一九三七年中国财政经济情况》,第 55 页;张宪文、张玉法主编:《中华民国专题史》第六卷,《南京国民政府十年经济建设》,第 270 页。

④ 张宪文、张玉法主编:《中华民国专题史》第六卷,《南京国民政府十年经济建设》,第 224 页。

⑤ 张宪文、张玉法主编:《中华民国专题史》第六卷,《南京国民政府十年经济建设》,第 235—236 页。

口,1935 年在资源委员会主导下重点发展重工业,积极应对日本随时可能发起的侵略战争后,资金缺口连续三年超过 2 亿元。① 国民政府通过发行内债的方式弥补资金缺口,1928—1936 年,国民政府发行内债总额近 26 亿元,这些内债虽然绝大多数用于军政费,但这也是其财政能力强于以往的表现。

3. 雏形初显的法治能力

在法治能力方面,南京国民政府成立以后,在继承晚清和北洋政府时期立法及司法实践成果的基础上,先后出台《中华民国训政时期约法》(1931)、《五五宪草》(1936)、《中华民国宪法》(1947)等三个宪法性文件。同时,1929 年国民政府立法院成立后,便着手开始民商合一的民法典的起草工作,充分利用晚清以来所进行的民商习惯调查,并将北洋政府时期司法实践中经常使用的许多习惯吸收到立法中,从1929—1931 年开始,陆续颁布民法典的总则编、债编、物权编、亲属编和继承编。在形式上与实际上均发展完善了中国近代财产权法律保护的立法体系。

(四)小结

从国家能力这一视角出发,可以发现,明清时期国家的学习能力是欠缺的,在"天朝上国"思想的影响下,明清政府并没有了解异域新兴事物的兴趣;其财政能力虽然不能说弱小,其财政政策总体上是与农业社会的发展相适应的,但缺乏应对灾害、战争等突发事件的弹性;在法治能力方面,则是国家正式制度与民间非正式制度相结合的产权安排模式,总体上亦是适应农业社会商品经济的发展需要的。总体而言是市场经济的自然发育,由于农业社会导向的发展目标,国家在其中并未起到孵化的作用。应当承认的是,在工业化、现代化伴随着资本主义的发展而出现之前,不会有哪个国家非常

---

① 阿瑟·恩·杨格著,陈泽宪、陈霞飞译:《一九二七至一九三七年中国财政经济情况》,第 38 页。1935—1937 年财政赤字分别为 1.96 亿元、2.56 亿元、2.97 亿元。

明确将市场孵化作为国家的最高目标,即使是在工业革命的发源地英国,也只是围绕战争的需要以国富国强为目标。作为农业国家的明清中央王朝,则是尽一切可能发展农业经济以维持王朝的长治久安。在工业资本主义确立了其地位并叩开中国国门之后,面对西方列强以及明治维新后崛起的日本的侵略,沦为半殖民地的中国的国家目标就转变为实现中华民族的伟大复兴,成为屹立于世界民族之林的强国,这一目标与西方民族国家形成之后的国家目标何其相似。从这一意义上说,也许国家目标的不同,是工业资本主义未能出现于明清中国最基本的原因所在。

历史惯性下,晚清政府的"天朝上国"思想仍然十分严重,故学习能力欠佳;在应对新挑战时,以极大的代价获得了财政收入结构的调整,财政能力有所增强。然而,面对西方列强接连的战争赔款,至甲午海战后终于失去了主导工业化进程的财政能力;虽然此期开启了法律现代化的进程,但其法治能力并没有太大改观。继起的北洋政府,在新兴资产阶级的主导下,学习能力有了改观,然而分裂的现状阻碍了其财政能力与法治能力的进一步增强。故这一时期,市场经济的发展又回归到自然发育的状态。

承继晚清民初在工业化进程中的探索,尤其是继承法律现代化探索的成果,南京国民政府无论是在学习能力还是财政能力与法治能力上,均有极大的改观。然而,对内,国民政府最终没有实质性的统一全国并持续发动反共内战;对外,日本帝国主义始终虎视眈眈,并最终发动了全面侵华战争,打断了国民政府主导下的工业化进程,成为这一时期中国未能成功孵化市场的根本原因。

二、社会主义探索时期的国家能力及表现

要建设什么样的新中国?怎样建设这个新中国?中国共产党自诞生之日起就开始探索这一问题。在长期的斗争和实践中,中国共产党逐渐摸索出了一条既符合马克思主义普遍原理又适应当时中国国情的建国之路:坚

持中国共产党的领导,在广大的农村,发动农民群众开展土地革命,建设苏维埃政权。由于始终处于战时状态,这一政权建设模式带有浓厚的军事色彩。但在政权建设的过程中,中国共产党已经认识到国家在市场孵化中的角色。如在延安时期,就运用金融、价格、税收等经济手段管理经济,活跃和繁荣边区的贸易市场。随着解放战争的顺利推进,新中国即将成立,如何建设新中国成为中国共产党最紧迫的任务。这一时期,新民主主义革命的胜利,社会主义基本制度的建立,为当代中国一切发展进步奠定了根本政治基础,民族独立、社会稳定为在新的历史时期开创中国特色社会主义提供了宝贵经验、理论准备、物质基础,特别是以赶超为中心的国家建设方针,批判吸收中国民族资本主义工商业、苏联社会主义计划经济模式的学习能力,逐步形成以公有制为主的社会主义计划经济体系,以重工业为主、兼顾轻工业的工业体系,中央统一、地方分权的财政体系与强大的社会动员体系,为市场孵化创造了良好条件。

(一)以赶超为中心的国家建设方针

经过前期充分的调研和准备,1949 年 3 月,中国共产党在西柏坡召开七届二中全会,全面绘制新中国的建设蓝图。会议极具前瞻性地提出"使中国稳步地由农业国转为工业国,把中国建设成一个伟大的社会主义国家"的战略目标。经济建设成为新的国家建设的中心工作。中国共产党作为新中国建设的领导者,为适应这一变化,做出了"党的工作重心必须由乡村移到城市、城市工作必须以生产建设为中心"的战略决策。①

"为了尽可能迅速地和有计划地恢复与发展人民经济,借以供给目前人民革命战争的需要及改善人民生活之目的",1949 年 7 月,中共中央决定成立中央财经委员会,统一领导全国财经工作。中财委第一仗就打赢了民族资产阶级中的投机分子,先后采取统一规定秋粮征购任务,统一税率与统一划拨粮、棉等重要物资及建立中财委领导的统一发行库和全国性的重要

---

① 《毛泽东选集》第四卷,人民出版社 1991 年版,第 1427 页。

物资公司的措施,成功稳定上海的金融物价。①

　　1949 年 9 月,中国人民政治协商会议第一次全体会议通过《中国人民政治协商会议共同纲领》(以下简称《共同纲领》)。它完全吸收了党的七届二中全会的决议,是中国共产党领导团结全国人民建设新民主主义中国的大宪章。《共同纲领》在总纲中提出:"中华人民共和国必须取消帝国主义国家在中国的一切特权,没收官僚资本归人民的国家所有,有步骤地将封建半封建的土地所有制改变为农民的土地所有制,保护国家的公共财产和合作社的财产,保护工人、农民、小资产阶级和民族资产阶级的经济利益及其私有财产,发展新民主主义的人民经济,稳步地变农业国为工业国。"而且在"经济政策"一章中更具体阐述:

　　　　中华人民共和国经济建设的根本方针,是以公私兼顾、劳资两利、城乡互助、内外交流的政策,达到发展生产、繁荣经济的目的。国家应在经营范围、原料供给、销售市场、劳动条件、技术设备、财政政策、金融政策等方面,调剂国营经济、合作社经济、农民和手工业者的个体经济、私人资本主义经济和国家资本主义经济,使各种社会经济成分在国营经济领导之下,分工合作,各得其所,以促进整个社会经济的发展。②

　　1949 年中华人民共和国成立前夕,帝国主义掌握了中国的经济命脉,控制大批官僚资本。官僚资本在全国工业资本总额中占 2/3,在工矿、交通运输业固定资产中均占 80%;掌控钢产量的 90%,煤炭的 33%,电力的 67%,水泥的 45%,有色金属和石油的 100%,织布机的 60%,纱锭的 40%;

---

① 薄一波:《若干重大决策与事件的回顾》上卷,中共党史出版社 2008 年版,第 67—81 页;武力主编:《中华人民共和国经济史(1949—1999)》,中国经济出版社 1999 年版,第 29—33 页。

② 《中国人民政治协商会议共同纲领》,中国人民政治协商会议全国委员会秘书处编:《中国人民政治协商会议资料选编》第 1 集,第 6—7 页。

还垄断全国的金融机构和铁路、公路、邮电、航空运输、对外贸易等。① 取消帝国主义国家在中国的一切特权，没收官僚资本，组建国营公司，建立国营经济，为国民经济恢复和新中国经济建设提供了根本保证。

1950年初，中财委组织国营公司投放大量粮食，成功控制粮价，彻底打赢金融战。到春夏之际，全国市场出现大面积萧条，私营工商业经营困难。中财委便将经济工作重点转移到调整工商业上。经研究发现，问题一方面是私营工商业自身的投机性和依附性，另一方面则是因政策导致公私工商业关系失衡。财政经济委员会遵照《共同纲领》制定的"公私兼营"的原则，从贷款、税收、原材料供应、运输等方面扶持私营工商业的发展。私营工商业者的利益得到保护，更热情地投身到国家经济建设中来。当然，最重要的措施是以国家力量为主、运用私商力量收购农副产品，不仅盘活了城乡市场，而且扩大了人民币的流通地域。经过合理调整，1951年全国私营工业户数比1950年增加11%，生产总值增加39%；私营商业户数增加11.9%，从业人员增加11.8%，资本增加10.6%，商品销售额增加33.6%。② 新中国的国营工商业和国家力量由此深刻嵌入到城乡市场和金融流通之中。

农副产品之所以能够大量供应城市，是因为中国共产党在解放区推广行之有效的土地改革。经过党的七届三中全会、政协全国委员会第二次会议的讨论，1950年6月30日，中央人民政府颁布《中华人民共和国土地改革法》。该法废除地主阶级封建剥削的土地所有制，实行农民的土地所有制，规定没收地主的土地，征收祠堂、庙宇、寺院、教堂、学校和团体等在农村的土地。富农所有自耕和雇人耕种的土地不得侵犯。土改中团结中农，保护农民的土地及其他财产不受侵犯。所有没收和征收得来的土地和其他生产材料，除依法收归国家所有的外，应统一地、公平合理地分配给无地少地的贫苦农民。对地主同样分给一份土地，使其自食其力。经过土地改革，

---

① 武力主编：《中华人民共和国经济史（1949—1999）》，第3—4页。
② 薄一波：《若干重大决策与事件的回顾》上卷，第94—110页；武力主编：《中华人民共和国经济史（1949—1999）》，第36—42页。

1952 年全国粮食总产量达 3278 亿斤,比上年增长 10.6%,比 1949 年增长 44.8%,农村生产力得以解放,农业生产得以发展,为新中国的工业化开辟了道路。①

通过建立国营经济、打赢金融战、调整工商业和农村土地改革等举措,到 1952 年年底,新中国的经济建设取得重大进展。国家已掌握重要的工矿企业、铁路、银行等国民经济命脉,国民经济得到恢复发展,国营企业在工业总产值中的比重已达 67.3%;国家对资本主义工商业的生产经营活动已通过统购、包销、加工、订货等方式加强监管,统购、包销、加工、订货产品的产值已占私营工业总产值的 56%,5.7% 的私营工商业已实行公私合营,被纳入国家资本主义轨道;农村完成土地革命后,部分地区已发展出各种形式的合作社经济,1952 年 6 月已形成 3000 多个合作社。②

另一方面,随着国内主要矛盾转为工人阶级和资产阶级之间、社会主义道路和资本主义道路之间的矛盾,在资本主义工商业和国家的各项经济政策之间,在它们和社会主义国营经济之间,在它们和本企业职工、全国各族人民之间,利益冲突越来越明显。工业化的发展又推动个体农业向合作化方向发展。在工商业和农业上进行社会主义改造被提上议事日程。③

在认真学习苏联经验后,经过长达一年多的调研讨论,及听取各民主党派、工商界代表的意见后,1953 年 12 月中共中央批准并转发了《为动员一切力量把中国建设成为一个伟大的社会主义国家而斗争——关于共产党在过渡时期总路线的学习和宣传提纲》,最终形成社会主义过渡时期总路线的完整表述:

> 从中华人民共和国成立,到社会主义改造基本完成,这是一个过渡

---

① 薄一波:《若干重大决策与事件的回顾》上卷,第 111—135、256 页;武力主编:《中华人民共和国经济史(1949—1999)》,第 19—29 页。
② 薄一波:《若干重大决策与事件的回顾》上卷,第 216、326、411、412 页。
③ 《关于建国以来党的若干历史问题的决议》,中共党史出版社 2010 年版,第 48—49 页。

时期。党在这个过渡时期的总路线和总任务,是要在一个相当长的时期内,逐步实现国家的社会主义工业化,并逐步实现国家对农业、对手工业和对资本主义工商业的社会主义改造。①

1954年2月,中共七届四中全会通过决议,正式批准过渡时期总路线。同年9月,第一届全国人民代表大会第一次会议通过《中华人民共和国宪法》,把党在过渡时期的总路线作为国家在过渡时期的总任务写入宪法总纲。

就在过渡时期总路线论证确定之际,党和国家制定1953—1957年第一个五年计划,开展有计划的大规模经济建设。"一五"计划的基本任务是,集中力量进行以苏联帮助我国设计156个单位为中心的、由限额以上的694个建设单位组成的工业建设,建立我国社会主义工业化的初步基础,发展部分集体所有制的农业合作社,并发展手工业生产合作社,建立对农业和手工业的社会主义改造的初步基础,基本上把资本主义工商业分别纳入各种形式的国家资本主义轨道。②

工业建设是"一五"计划的中心任务,尤其是重工业。③"一五"计划5年内全国经济建设和文化建设的支出总额766.4亿元,其中基本建设投资为427.4亿元,工业占基本建设投资的58.2%,生产资料工业占工业基本建设投资的88.8%。从苏联引进的156个建设项目,基本都是大型的重工业企业。④

---

① 《为动员一切力量把中国建设成为一个伟大的社会主义国家而斗争——关于共产党在过渡时期总路线的学习和宣传提纲》,中山大学党史组编:《中共党史文献选辑·第2辑·社会主义革命和社会主义建设时期》,中山大学出版社1977年版,第55页。有关过渡时期总路线的讨论和产生过程,可参见薄一波:《若干重大决策与事件的回顾》上卷,第212—230页。

② 中央人民广播电台工业组编:《我国第一个五年计划讲话》,中国青年出版社1955年版,第1—14页。

③ 中央人民广播电台工业组编:《我国第一个五年计划讲话》,第15—20页。

④ 武力主编:《中华人民共和国经济史(1949—1999)》,第100—102页。董志凯、吴江:《新中国工业的奠基石——156项建设研究(1950—2000)》,广东经济出版社2004年版。

对农业、手工业和资本主义工商业三大经济领域的社会主义改造同时展开。根据 1956 年 6 月的统计，全国 1 亿 2 千万农户中，加入农业生产合作社的 1 亿 1 千万户，占农户总数的 91.7%。其中，有 3 千 5 百万户加入初级合作社，7 千 5 百万户加入高级合作社。全国个体手工业者加入工业生产合作社、生产小组或者供销生产合作社的，已占 90%。个体渔民、个体盐民和运输业中的个体劳动者基本实现合作化。全国资本主义工商业基本实现全行业的公私合营，个体小商业也已经基本上实现了合作化，为国营商业和合作社商业执行代销代购的业务。① 在生产资料私有制的社会主义改造不断取得胜利的形势下，中共中央开始把党和国家工作的着重点向社会主义建设方面转移。1956 年 9 月，党的八大召开。会议指出：社会主义制度在我国已经基本上建立起来；我们还必须为解放台湾、为彻底完成社会主义改造、最后消灭剥削制度和继续肃清反革命残余势力而斗争，但是国内主要矛盾已经不再是工人阶级和资产阶级的矛盾，而是人民对于经济文化迅速发展的需要同当前经济文化不能满足人民需要的状况之间的矛盾；全国人民的主要任务是集中力量发展社会生产力，实现国家工业化，逐步满足人民日益增长的物质和文化需要；虽然还有阶级斗争，还要加强人民民主专政，但其根本任务已经是在新的生产关系下保护和发展生产力。大会坚持了 1957 年 5 月党中央提出的既反保守又反冒进，即在综合平衡中稳步前进的经济建设方针。并提出第二个五年计划的基本任务："为了满足我国社会主义扩大再生产的需要，完成社会主义工业化的任务，为了加强社会主义阵营各国之间的国际协作，促进社会主义各国经济的共同高涨，根据我国人口众多、资源丰富的条件，我们应当在三个五年计划的时期内，基本上建成一个完整的工业体系。按照这个方向，第二个五年计划的基本任务，简单地说来，就是：(1)继续进行以重工业为中心的工业建设，推进国民经济的技术

---

① 中共中央文献研究室编：《建国以来重要文献选编》第 9 册，人民出版社 1985 年版，第 38 页。有关中共八大报告的起草和准备考察，参见马云飞：《中国八大政治报告的准备过程考》，汤应武主编：《中国共产党重大史实考证》，中国档案出版社 2001 年版，第 1711—1715 页。

改造,建立我国社会主义工业化的巩固基础;(2)继续完成社会主义改造,巩固和扩大集体所有制和全民所有制;(3)在发展基本建设和继续完成社会主义改造的基础上,进一步地发展工业、农业、手工业的生产,相应地发展运输业和商业;(4)努力培养建设人材,加强科学研究工作,以适应社会主义经济文化发展的需要;(5)在工业农业生产发展的基础上增强国防力量,提高人民的物质生活和文化生活的水平。"

1957年的经济工作,由于认真执行党的八大的正确方针,是新中国成立以来效果最好的年份之一。但1958年"大跃进"运动和农村人民公社化运动,使得以高指标、瞎指挥、浮夸风和"共产风"为主要标志的"左"倾错误严重地泛滥开来。1960年冬,中共中央开始纠正农村工作中的"左"倾错误,并且决定对国民经济实行"调整、巩固、充实、提高"的方针,随即在刘少奇、周恩来、陈云、邓小平等同志的主持下,制定和执行了一系列正确的政策和果断的措施。不过,由于"左"倾错误的干扰,随后"文化大革命"的爆发,阶级斗争取代经济建设成为中心任务,致使党、国家和人民遭到新中国成立以来最严重的挫折和损失。这从反面更深刻地反映了以赶超为中心的国家建设方针的正确性。1978年改革开放正是沿着这条正确方针继续前进,取得伟大成就的。

(二)批判吸收中国民族资本主义工商业、苏联社会主义计划经济的学习能力

新中国成立之初,中国共产党没有多少经营现代工业、建设工业化国家的经验。在新中国成立前夕,中共七届二中全会明确提出:

> 必须用极大的努力去学会管理城市和建设城市……我们的同志必须用极大的努力去学习生产的技术和管理生产的方法,必须去学习同生产有密切联系的商业工作、银行工作和其他工作。

当时,中国现代性的工业占国民经济10%左右。在这国民经济10%的

现代性工业中,"最大的和最主要的资本是集中在帝国主义者及其走狗中国官僚资产阶级的手里"。党的方针是,没收这部分核心资本,将其转化为社会主义性质的国营经济。第二位的是民族资产阶级的私人资本主义工业,利用、限制和改造是总方针。向民族资产阶级的民主人士学习,共同工作构成中国共产党掌握国家经济建设能力的初步源头,"我们必须把党外大多数民主人士看成和自己的干部一样,同他们诚恳地坦白地商量和解决那些必须商量和解决的问题,给他们工作做,使他们在工作岗位上有职有权,使他们在工作上做出成绩来"。①

当然,民族资产阶级也有其投机和制造经济混乱的一面。因此,在学习、利用民族资产阶级生产技术和管理方法的同时,中国共产党充分运用集中资源发展经济、管理市场的优势对民族资产阶级的投机性和软弱性进行限制和改造。正是在与民族资产阶级投资分子进行货币、棉布、粮食等一个个经济战役的斗争中,中国共产党的国家经济建设能力得到锻炼,也得到民族资产阶级的认可,确立了具有社会主义性质的国营经济对其他经济成分的领导作用。

在1956年社会主义改造的高潮中,党中央和国务院出台几项决定:中央、省市两级政府业务部门和工会,同工商联定期召开座谈会;中央和地方的各专业公司在各级业务部门的领导下,组织业务改进委员会,吸收资方人员参加;吸收一批资方人员到业务部门担任领导工作;召开公股代表和私股代表的专业会议。其目的是把资本家拉进来"唱对台戏",同时可以利用资本家的长处。② 党的八大政治报告也提出,"对于资方人员,应当进行工作上和生活上的安排,建立公私双方人员共同工作的良好关系,并且继续加强对于他们的政治教育。资方人员很多是富有管理经验和技术知识的,他们了解消费者的具体需要,熟悉市场情况,善于精打细算。因此,我们的工作人员除开向他们进行教育以外,还必须认真地向他们学习,把他们的有益的

---

① 《毛泽东选集》第四卷,人民出版社1991年版,第1443页。

② 《陈云文选》第二卷,人民出版社1995年版,第329—341页。

经验和知识当作一份社会遗产继承下来。"

而向社会主义国家过渡和建设社会主义国家,相当程度上是学习苏联社会主义计划经济的产物。早在1952年9月24日,在中央书记处讨论参照苏联编制发展国民经济五年计划、制订"一五"计划方针任务的会议上,毛泽东就已提出现在开始用10年到15年时间基本上完成到社会主义的过渡。为进一步下定判断,中共中央还专门测算苏联进行社会主义改造的时间,并征求斯大林的意见。①

实现"一化三改"是社会主义过渡时期总路线的核心任务。其中社会主义工业化道路主要是以学习苏联经验,并得到苏联政府的具体援助,编制并实施"一五"计划展开的。1952年8月,我国政府参照苏联经验,试编出《五年计划轮廓草案》,组成以周恩来为团长,陈云、李富春为副团长的政府代表团赴苏征询苏联政府的意见。李富春率代表团在苏联停留长达9个月,广泛征求有关部门和专家的意见。1953年4月4日,苏联代表米高扬专门向李富春通报苏共中央、苏联国家计划委员会和经济专家对"一五"计划的意见。苏方从自身经验出发,充分肯定"一五"计划的基础是工业化,首先肯定建设重工业的方针任务的正确性,并对工业增长速度、专家培养、地质勘探、发展手工业和小工业及农业、巩固人民币等方面都提出宝贵建议。中共中央参考这些建议,结合中国的实际,对计划草案做了较大调整。6月至8月,全国财经工作会议讨论了"一五"计划的方针任务,并对计划编制工作进行了初步总结。②

在学习苏联计划经济模式,制订和实施"一五"计划的过程中,中国共产党已经注意到不能照搬苏联过于偏重重工业的经验,而是主张从中国实际出发按步骤、按比例发展国民经济。陈云在1954年6月30日向党中央汇报"一五"计划编制情况的《关于第一个五年计划的几点说明》中特别就"按比例发展问题",就农业与工业的比例、轻重工业之间的比例、重工业各

---

① 薄一波:《若干重大决策与事件的回顾》上卷,第217—221页。
② 薄一波:《若干重大决策与事件的回顾》上卷,第286—289页。

部门之间的比例、工业发展与铁路运输之间的比例、技术力量的需要和供应是不平衡的各方面问题展开详细陈述。①

从 1953 年实行"一五"计划算起,学习苏联经验进行社会主义建设已有 3 年多的实践经验,逐渐探索一条适合中国情况的社会主义道路。4 月 25 日,毛泽东在政治局扩大会议上作了《论十大关系》的报告,对此作了总结和思考。《论十大关系》中的第一大关系就是重工业和轻工业、农业的关系。毛泽东强调:"重工业是我国建设的重点。必须优先发展生产资料的生产,这是已经定了的。但是决不可以因此忽视生活资料尤其是粮食的生产。"具体到重工业和轻工业、农业的关系,中国共产党没有像苏联和东欧国家那样片面注重重工业,更加重视三者的平衡:

> 在处理重工业和轻工业、农业的关系上,我们没有犯原则性的错误。我们比苏联和一些东欧国家作得好些。像苏联的粮食产量长期达不到革命前最高水平的问题,像一些东欧国家由于轻重工业发展太不平衡而产生的严重问题,我们这里是不存在的。他们片面地注重重工业,忽视农业和轻工业,因而市场上的货物不够,货币不稳定。我们对于农业、轻工业是比较注重的。我们一直抓了农业,发展了农业,相当地保证了发展工业所需要的粮食和原料。我们的民生日用商品比较丰富,物价和货币是稳定的。②

"适当地调整重工业和农业、轻工业的投资比例,更多地发展农业、轻工业"成为中国共产党批判学习苏联社会主义计划经济的重要经验,并成为我国逐渐建立社会主义计划经济体系、工业体系、财政体系等的重要指导。

---

① 《陈云文选》第二卷,第 236—242 页。
② 《毛泽东文集》第七卷,人民出版社 1999 年版,第 24 页。

（三）逐步形成以公有制为主的社会主义计划经济体系,以重工业为主、兼顾轻工业的工业体系,中央统一、地方分权的财政体系与强大的社会动员体系

新中国成立之初,占国民经济总产值90%的农业和手工业是分散的、落后的个体经济。要引导其向现代化和集体化方向发展,就需要在中国共产党的领导下进行土地改革,开展半社会主义性质的合作社经济。加上社会主义性质的国营经济、私人资本主义、个体经济、国家和私人合作的国家资本主义经济,这些就是中华人民共和国的几种主要的经济成分,构成新民主主义的经济形态。这五种经济成分并存,共同发展,并由国营经济起决定作用,从而实现新民主主义国家向社会主义国家的过渡。

经过三年多的经济建设,国营经济占国民经济的比重已达50%以上,合作社经济和公私合营都得到极大的发展。因此,从1953年起,提前对资本主义工商业、个体农业、个体手工业进行社会主义改造。中国共产党对资本主义工商业的改造,创造了委托加工、计划订货、统购包销、委托经销代销、公私合营、全行业公私合营等一系列从低级到高级的国家资本主义的过渡形式,最后实现了马克思和列宁曾经设想过的对资产阶级的和平赎买。对个体农业遵循自愿互利、典型示范和国家帮助的原则,创造了从临时互助组和常年互助组,发展到半社会主义性质的初级农业生产合作社,再发展到社会主义性质的高级农业生产合作社的过渡形式。对个体手工业的改造也采取类似的方法。在改造过程中,国家资本主义经济和合作经济表现出明显的优越性。社会主义经济成分在整个国民经济中占绝对优势和居于领导地位的局面逐渐形成。1955年,全国资本主义工业只占工业总产值的16.2%,且其中82%已纳入加工订货等国家资本主义形式。私营零售商只占商品零售总额的32.4%,且其中45%已纳入经销代销等国家资本主义形式。加入互助合作的农户达到总农户的63.3%。① 到1956年,全国绝大部

---

① 武力主编:《中华人民共和国经济史(1949—1999)》,第86页。

分地区基本上完成了对生产资料私有制的社会主义改造,由此在生产环节建立起以公有制为主的社会主义经济体系。

而从顶层设计上建立社会主义计划经济体系的则是1952年开始编制和实施的"一五"计划。"一五"计划贯彻过渡时期总路线的要求,不但总结新中国成立以来经济工作的经验,而且注意借鉴苏联和东欧社会主义国家的经验教训,集中专家和群众智慧,一方面建立计划组织机构,制定计划编制方法及编制程序,确定计划管理内容;另一方面则从指导思想、计划目标、基本任务、计划内容、计划指标、比例关系、综合平衡等方面对整个国民经济进行通盘计划。尤其随着"三大改造"的完成,重工业项目的开工上马,生产资料公有制的不断扩大,国家直接计划的范围不断扩大,指令性计划不断增加。1956年,国家统一管理下达计划的产品达到380种,比1953年增加265种。国家计委和中央各部统一分配的物资1957年达到532种,比1953年增加305种,基本建设投资90%左右由中央部门安排,中央各主管部门对重点项目各环节都一抓到底。①

粮食是当时中央统一管理、分配的物资中最为重要的,也最能反映中国社会主义计划经济的特点。从1953年起,党中央就开始实行粮食统购统销政策。这一政策的出发点是解决当年比较严重的粮食供求矛盾。新中国成立初期的粮食市场是自由市场,农民除缴纳的公粮由国家征收外,皆可将粮食自由卖给市场。市场上经销粮食的商人既有国营粮食公司和供销社,还有大量私营粮商。1953年,小麦受灾,农民惜售,粮食市场供应严重不足。但随着国民经济的恢复和人民生活的改善,粮食需求又快速上扬。在粮食市场供求形势吃紧的情况下,私商为赚取利益抬高粮价,导致粮价高企,物价急剧波动。为解决这一问题,中共中央和毛泽东责成主管部门中财委提出方案、办法,经集体讨论和多方征求党内外意见,最终形成统购统销粮食的新政策。10月16日,中央政治局扩大会议通过《中共中央关于粮食统购统销的决议》等文件。11月19日,政务院第194次政务会议通过《关于实

---

① 武力主编:《中华人民共和国经济史(1949—1999)》,第129页。

行粮食的计划收购和计划供应的命令》。12 月初,粮食统购统销开始在全国实行。①

粮食统购统销政策主要包括计划收购、计划供应、由国家严格控制粮食市场和中央对粮食实行统一管理四个重要环节,"上述四项政策是互相关联的,缺一不可的。只实行计划收购,不实行计划供应,就不能控制市场销量;只实行计划供应,不实行计划收购,就无法取得足够的商品粮食。而如果不由国家严格控制粮食市场,和由中央实行统一管理,就不可能对付自由市场和投机商人"。可以说,中国共产党充分认识到市场在粮食供需中的重要调节作用,为避免市场波动及其容易引起的社会动荡,采取国家严格控制和管理市场,指令性计划取代商品经济的办法。其目标并非不要市场,而是建立起以国家为主体的市场。为进一步统一完善粮食市场,1954 年中央连续三次批转华北局的三次报告,要求各地切实建立国家领导下的初级市场。5 月 27 日还专门发出指示,要求限期建立国家粮食市场。这种由国家统购统销粮食的政策确实稳定了粮食价格,并稳定了物价体系,为"一五"期间国家大规模经济建设创造了平稳条件。值得注意的是,我党在统购统销制度上也曾参考学习苏联经验,但并未照搬其主要通过价格取得粮食的义务交售制度,而是从中国的历史条件和现实情况出发,主要通过农业税征收公粮和统购余粮。这一政策不仅实现政府对农村经济的全面统制,而且征收的农业税同统购余粮的收益都流入国家财政,国家财政能力更加强大,为大规模的工业化建设提供了资金积累。② 随后食用油、棉花、棉布等重要的生活物资都实行统购统销制度,由此在农业生产和农产品流通环节建立较全面的计划经济体系。

与之相表里的是,自 1953 年之后,国家实行统一集中,分区、分级、分类管理的商品流通体制。国家大力鼓励国营商业和供销合作社商业,其业务先按商品,后按城乡实行区域分工;在国家计划指导下,按商品流转路线和

① 薄一波:《若干重大决策与事件的回顾》上卷,第 255—267 页。
② 薄一波:《若干重大决策与事件的回顾》上卷,第 279—283 页;刘洋:《统购统销——建国初期统制经济思想的体现》,《中共党史研究》2004 年第 6 期。

经济区域设置三级批发市场,实行分级管理;对一、二类商品实行计划分配,三类商品通过供货会等形式自由成交。劳动力也形成统一集中、分区、分类管理的劳动管理体制。①

　　优先发展重工业、兼顾轻工业的工业体系亦是"一五"计划构想和实施阶段开始进行的。"一五"计划实施期间,经与中方磋商,苏联政府援助大中型建设项目150个,其中147个都是重工业,且分布在各个重要行业,同时供应设备,传授技术,派出3000多名专家顾问来华,帮助中国在全国范围内建立起比较完整的基础工业体系和国防工业体系的框架。优先发展重工业符合中国工业化的国情。"一五"计划5年内,重工业主要产品的产量大幅提高,钢产量1957年达到535吨,比1952年增长近3倍;原煤达到1.31亿吨,增长98.5%;农药产量达到6.5万吨,增长31.5倍;铁路机车达到167台,增长7.4倍。它们的大幅增长直接促进农业和轻工业的快速发展。全国农业机械总动力1957年达到12.1亿瓦特,比1952年增长5.7倍;机耕面积达到263.6万公顷,增长5.6倍;粮食、棉花总产量1957年分别为3901亿斤和164万吨,各自比1952年增长19%和26%,创历史最高水平。5年内,棉纱、棉布产量增长30%左右,自行车增长9倍,电冰箱、化纤、手表、录放音机、照相机等都开始批量生产。1957年工业产值中轻工业为387亿元,比1952年增长72%,所占比重下降至55%;重工业产值为317亿元,增长幅度达1.6倍,所占比重上升至45%,工业以轻为主的局面逐步改变。全国社会总产值1957年达1606亿元,比1952年增长70.9%,其中农业产值为537亿元,增长24.8%,但所占比重下降为33.4%;工业产值为704亿元,增长1倍多,所占比重上升为43.8%。党的八大进一步提出:

　　　　为了把我国由落后的农业国变为先进的社会主义工业国,我们必须在三个五年计划或者再多一点的时间内,建成一个基本上完整的工业体系,使工业生产在社会生产中占主要地位,使重工业生产在整个工

---

① 武力主编:《中华人民共和国经济史(1949—1999)》,第127—131页。

业生产中占显著的优势,使机器制造工业和冶金工业能够保证社会主义扩大再生产的需要,使国民经济的技术改造获得必要的物质基础。

在此基础上,我国逐步建成独立的比较完整的工业体系和国民经济体系。1980年同完成经济恢复的1952年相比,全国工业固定资产按原价计算,增长26倍多,达到4100多亿元;棉纱产量增长3.5倍,达到293万吨;原煤产量增长8.4倍,达到62000万吨;发电量增长40倍,达到3000多亿度;原油产量达到1亿多万吨;钢产量达到3700多万吨;机械工业产值增长53倍,达到12700多亿元。在辽阔的内地和少数民族地区兴建了一批新的工业基地。

中央统一、地方分权的财经体系是从统一国家财政经济工作开始的。1950年3月3日,以政务院名义发布关于统一国家财政经济工作的十条决定,奠定以集中统一为基础的财政管理体制的雏形。1951年政务院又通过了《关于1951年度财政收支系统划分的决定》《国营工业生产建设的决定》和《划分中央与地方在财政经济工作上管理职权的决定》等文件,提出在继续保持国家财政经济工作统一领导、统一计划和统一管理的原则下,把一部分职权交给地方政府,建立起统一领导下的中央、大区和省市三级分级管理和分类分成征税的财政体制。集中统一的财政管理体制不仅为财政收支平衡创造了制度条件,而且为国家集中有计划有步骤地恢复和发展重工业、开展基础设施建设,创立以国营工业为主导的国家现代工业化提供了强有力的财政支持。①

中国共产党的国家政治建设和社会建设能力也在学习和实践中迅速提高。依照《共同纲领》,新成立的中华人民共和国为新民主主义即人民民主主义的国家,实行工人阶级领导的、以工农联盟为基础的、团结各民主党派和国内各民族的人民民主专政。新中国一方面通过土地改革、镇压反革命、"三反""五反"等一系列民主革命和社会政治斗争,另一方面通过抗美援朝

---

① 薄一波:《若干重大决策与事件的回顾》上卷,第81—87页。

的伟大胜利巩固了人民民主专政。中国共产党是工人阶级的先锋队,即在国家权力层面,实行中国共产党对政府的领导。国家权力属于人民,人民行使国家政权的机关为各级人民代表大会和各级人民政府;国家最高权力机关为全国人民代表大会,全国人民代表大会闭会期间,中央人民政府为行使国家政权的最高机关。下级人民政府均由上级人民政府任命并服从上级人民政府,全国各地人民政府均服从中央人民政府。为进一步加强中央政府的权力,在全国成立六大行政区,成为中央人民政府领导省(市)一级地方人民政府工作的派出机构。土地改革和"三反""五反"和社会主义三大改造消灭了官僚买办资产阶级和封建地主阶级;改造了地主、富农和民族资产阶级分子,"原来剥削农民的地主和富农,正在被改造成为自食其力的新人,民族资产阶级分子正处在由剥削者变为劳动者的转变过程中";打破了传统的农民依附地主、工人依附资本家的经济依附关系,农民和工人成为新中国政权下平等和独立的社会个体,即"广大的农民和其他个体劳动者,已经变为社会主义的集体劳动者,工人阶级已经成为国家的领导阶级"。如此,中央人民政府的政令经组织严密的各级人民政府迅速直达个体,国家动员能力得到空前加强。

三、改革开放以来的国家能力建设

改革开放以来,党和国家及时纠正"文化大革命"的错误,认真学习借鉴国内外发展经验教训,广泛动员国内外资源投入改革开放与社会主义现代化建设,国家能力显著提升,有效建立并逐步完善社会主义市场经济,促进国家经济社会发展取得辉煌成就。

(一)真理标准大讨论与改革开放的伟大觉醒

改革开放后中国能够因时而变,关键在于"坚持真理、修正错误",不断总结国内外执政党和国家发展的经验教训,并注意防范自身改革发展中的风险,稳步推进改革开放伟大事业,表现出很强的纠错和风险防控能力。可以说,改革开放是我们党历史上的一次伟大觉醒,正是这个伟大觉醒,孕育了新时期从理论到实践的伟大创造。①

1976年10月粉碎"四人帮"后,全党全国各族人民欢欣鼓舞,都希望尽快结束"文化大革命"带来的社会动乱,让国家重新走上社会主义现代化建设的正轨。但"两个凡是"(凡是毛主席作出的决策,我们都坚决维护,凡是毛主席的指示,我们都始终不渝地遵循)的提出,表明长期以来"左"的指导思想尚未从根本上改变,严重影响了党和国家工作前进的步伐。针对这种状况,邓小平多次旗帜鲜明地提出,"两个凡是"不符合马克思主义,"必须世世代代地用准确的完整的毛泽东思想来指导我们全党、全军和全国人民"②。1977年7月,党的十届三中全会恢复了邓小平在党内、政府和军队中的全部领导职务。与此同时,其他老一辈无产阶级革命家和不少老同志也从不同角度提出要恢复和发扬党的实事求是的优良作风,正确认识与把握理论和实践的关系,把实践作为检验真理的标准。

在这样的背景下,1978年5月11日,《光明日报》以特约评论员名义发表《实践是检验真理的唯一标准》的文章,由此引发了一场关于真理标准问题的大讨论。这场大讨论最直接的作用,就是冲破了"左"的禁锢和教条主义的束缚,推动了全国性的马克思主义思想解放运动,重新确立实事求是的思想路线,为党的十一届三中全会实现党的工作重心转移提供了思想理论准备。

1978年12月18日至22日,党的十一届三中全会在北京举行,全会的中心议题是讨论把全党的工作重点转移到社会主义现代化建设上来。在这次全会前,召开了历时36天的中央工作会议为随即召开的十一届三中全会作了充分准备,邓小平在会议闭幕式上作了题为《解放思想 实事求是 团结一致向前看》的重要讲话。邓小平在讲话中提出的解放思想、实现党和国家工作重点转移、进行经济管理体制改革等一系列重要思想,为十一届三中

---

① 中共中央文献研究室:《习近平关于全面深化改革论述摘编》,中央文献出版社2014年版,第2页。

② 《邓小平文选》第二卷,人民出版社1994年版,第39页。

全会定了基调,并为全会所接受,构成了公报的核心内容,因此这篇讲话实际上成了十一届三中全会的主题报告。十一届三中全会对党的思想路线、政治路线、组织路线等一些重大工作进行了全面拨乱反正,实现了新中国成立以来党的历史的伟大转折。突出表现在:彻底否定"两个凡是"的方针,重新确立解放思想、实事求是的指导思想,实现了思想路线的拨乱反正;果断停止"以阶级斗争为纲",作出把全党工作着重点和全国人民的注意力转移到社会主义现代化建设上来的战略决策,实现了政治路线的拨乱反正;形成以邓小平为核心的党中央领导集体,实现了组织路线的拨乱反正,使重新确立的正确的思想路线和政治路线有了组织上的保证;恢复了党的民主集中制的优良传统,提出了使民主制度化、法律化的重要任务;审查和解决历史上遗留的一批重大问题和一些重要领导人的功过是非问题,开始了系统清理重大历史是非的拨乱反正;①作出了实行改革开放的新决策,启动了农村改革的新进程。② 会议还提出,要正确对待毛泽东的历史地位和毛泽东思想的科学体系,为纠正毛泽东晚年的错误,同时坚持和发展毛泽东思想指明了方向。

总之,从"以阶级斗争为纲"到以经济建设为中心,从封闭僵化到改革开放,标志着党和国家果断纠正错误,开启了中国特色社会主义道路新探索。③ 此后,无论历史如何变化,中国始终坚持以经济建设为中心,坚定不移走改革开放之路。正如习近平总书记所指出的那样,"改革不停顿、开放

---

① 1981 年 6 月,党的十一届六中全会通过了《关于建国以来党的若干历史问题的决议》,对新中国成立 32 年来党的重大历史事件特别是"文化大革命"作出了实事求是的评价,在肯定党领导全国各族人民进行社会主义革命和社会主义建设取得巨大成就的前提下,对党建国以后所犯的错误进行了全面客观地总结。
② 黄怡文:《加强中国共产党自我纠错能力建设——从思想建党和制度治党相结合的视角》,《求实》2017 年第 3 期。
③ "文化大革命"结束时,摆在面前的有三条路:一条是封闭僵化的老路,一条是改旗易帜的邪路,一条是有待人们去开辟的新路。邓小平以马克思主义的理论勇气,批判"两个凡是",不走老路;以无产阶级革命家敏锐的观察力和智慧,坚持四项基本原则,不走邪路;以一个政治家巨大的政治勇气和理论勇气,解放思想,带领中国开辟出了一条建设中国特色社会主义的新路。

不止步。"①

（二）学习借鉴人类文明的一切有益成果

改革开放后,中国作为一个现代化建设的后来者,能够积极学习总结先行者的发展经验和教训,并结合本国实际进行创造性转化和创新性发展,从而使国家经济社会发展赢得后发优势,实现后来居上。

粉碎"四人帮"后,中国开始打开国门搞建设。② 为寻找如何搞好改革开放的答案,中国积极向发达国家学习,主要的学习方式有三种:一是派出考察团前往西方国家学习考察;二是介绍和翻译西方的理论著作和改革实践成果;三是邀请国际组织和国外专家来华传授经验。③ 其中,对决策影响最大的就是出国考察特别是党和国家高层的出国考察,突出表现在:第一,全国上下认识到自己与其他国家的发展差距,强化了加快改革发展的意识和共识。如 1978 年邓小平从朝鲜访问回国后说,中国"有好多体制问题要重新考虑""要来一个革命"。"要在技术上、管理上来一个革命""现在我们的上层建筑非改不行"。④ 第二,积极寻找利用外部资源(包括资金、技术、设备、管理经验)来提升自己的发展水平的可能性和途径。1978 年 10 月,邓小平访问日本期间,参观了日本的钢铁、汽车和电器工厂,他在考察日

---

① 《习近平关于全面深化改革论述摘编》,中央文献出版社 2014 年版,第 30—31 页。
② 改革开放以后打开国门,与近代中国被迫打开国门和计划经济时期封闭半封闭状态不同,中国开始以独立的主权国家身份主动采取"拿来主义"态度,学习借鉴西方经验。
③ 如从 1981 年至 1989 年世界银行共发布 24 份关于中国的研究报告,研究内容包括社会主义市场经济、农村金融、交通运输、电力、价格、乡镇企业、对外贸易等。1980 年 4 月,邓小平会见世界银行行长麦克纳马拉,向其解释中国的改革开放政策,欢迎世界银行开展同中国的合作。同年 5 月 12 日,中国正式恢复在世界银行的合法席位。1981 年,世界银行组织的专家团考察中国之后,发布了第一份关于中国的研究报告《中国:社会主义经济的发展》。参见李慧敏:《世界银行与中国经济改革 30 年合作溯源》,http://finance.qq.com/a/20130805/018972.htm。
④ 《邓小平年谱(1975—1997)》,中央文献出版社 1998 年版,第 77—83 页。

产汽车公司时感慨地说:"我懂得了什么是现代化。"①其他考察团回国后,也都向中共中央政治局作了汇报并向中共中央、国务院写出考察报告。这些报告不仅提供了对外开放、引进外资的可能性,而且提供了这些国家经济发展和管理经济的经验。② 第三,考察期间直接从发达国家购买新的技术和设备。如考察期间中国与发达国家签订了许多进口农产品、设备和技术的大额合同,中央计划委员会计划在8年的时间里借贷180—200亿美元去资助这些进口。③ 总之,改革开放初期国际交往的扩大,拓展了人们的视野,为反思中国体制弊端、探寻改革开放之道提供了丰富的思想资源和可资镜鉴的参照。此后1992年邓小平在南方谈话中指出:"社会主义要赢得与资本主义相比较的优势,就必须大胆吸收和借鉴人类社会创造的一切文明成果,吸收和借鉴当今世界各国包括资本主义发达国家的一切反映现代社会化生产规律的先进经营方式、管理方法。"④2001年,中国加入世界贸易组织(WTO),经济运行规则逐渐与世界接轨。党的十八大以来,中国全面深化改革,开放的大门越开越大,通过对照国际最高标准、最好水平,进一步学习借鉴国际先进经验和做法,⑤正加快建立开放型经济新体制、营造一流国际营商环境。

中国不仅善于向西方发达国家学习,也擅长向其他社会主义转型国家学习。改革开放初期,中国在向西方资本主义国家学习的同时,也积极学习东欧国家的改革经验和来自东欧的社会主义改革理论,并在学习过程中认识到社会主义的多样性,发现社会主义经济体制不仅有苏联的集权模式,还

---

①　曲青山:《改革开放是我们党的历史上一次伟大觉醒》,《求是》2018年第10期。

②　萧冬连:《1978 — 1984年中国经济体制改革思路的演进——决策与实施》《当代中国史研究》2004年第5期。

③　白果、米歇尔·阿列格塔:《中国道路:超越资本主义与帝制传统》,格致出版社、上海人民出版社2016年版,第95—96页。

④　《邓小平文选》第三卷,人民出版社1993年版,第373页。

⑤　如2018年3月27日,由财政部与世界银行共同主办、上海市承办的"优化营商环境的国际经验及对中国的启示"高级别研讨会27日在沪召开。《新闻晨报》2018年3月28日。

有南斯拉夫的分权模式①以及介乎二者之间的匈牙利模式。虽然当时中国理论界对匈牙利模式表现出更大的兴趣,但从未考虑过照搬哪一种模式。②特别是 20 世纪 80 年代末 90 年代初,东欧剧变和苏联解体极大地刺激了中国。中国共产党在深刻反省苏联亡党亡国教训的基础上,在思想和组织上采取了一系列改革措施,以适应不断变化的社会现实,发展了自己的执政能力。③ 党的十八大以来,以习近平同志为核心的党中央将全面从严治党纳入"四个全面"的战略布局,从关系党和国家生死存亡的高度,作出"打铁还需自身硬"的庄严承诺,以壮士断腕的勇气积极推进自我革新,以猛药去疴、重典治乱的决心勇气,推动全面从严治党向纵深发展,确保党始终成为改革开放和中国特色社会主义事业的坚强领导核心。

提升党的学习能力不仅是因为打开国门后发现与西方发达国家的差距以及苏联共产党失去政权的刺激,而且是因为党自身内在的学习动力。注重学习是我们党的优良传统。为了防止和克服本能恐慌,我们党总是把学习作为加强队伍建设的有效途径,不断推进党的事业蓬勃发展。从 1980 年开始中共领导高层就开始邀请各个领域的专家到中南海讲课。2001 年,江泽民同志提出了创建学习型社会的主张。2002 年,党的十六大提出要"形成全民学习、终身学习的学习型社会促进人的全面发展"。十六届中央政治局将学习作为一种制度确立下来,实现了中央政治局集体学习的制度化,并一直延续至今。党的十七大再次强调"建设全民学习、终身学习的学习型社会"。党的十八大提出了建设学习型、服务型、创新型马克思主义执政

---

① 1978 年,在以李一氓为团长,于光远、乔石为副团长的中共中央代表团实地考察南斯拉夫后,中共中央决定承认南斯拉夫是社会主义国家,恢复和南共联盟的关系。这意味着,在社会主义模式的多样性问题上,中共中央的观点有了变化,有利于摆脱苏联模式的束缚。参见陈敬:《经济理论 20 年——著名经济学家访谈录》,湖南人民出版社 1999 年版,第 9—10 页。

② 萧冬连:《1978 — 1984 年中国经济体制改革思路的演进——决策与实施》,《当代中国史研究》2004 年第 5 期。

③ 参见沈大伟:《中国共产党:收缩与调试》,吕增奎、王新颖译,中央编译出版社 2011 年版。

党的重大任务。党的十九大提出要增强学习本领,在全党营造善于学习、勇于实践的浓厚氛围,建设马克思主义学习型政党,推动建设学习大国。正如习近平总书记指出的,好学才能上进。中国共产党人依靠学习走到今天,也必然要依靠学习走向未来。

(三)激发各方面活力增强财政能力

改革开放后,国家主动变革市场导向的生产组织方式,通过放松计划管制和经济物质激励激发了人民群众参与经济建设和物质财富创造的积极性,最广泛地动员全体人民的参与,不仅有效提高了城乡居民收入和改善了人民生活,也不断增强了政府财政能力,形成了"大河有水小河满,小河有水大河满"的良好局面,为基础设施建设和产业升级等市场孵化提供了有力支撑。

一是激发民间活力。改革开放之初,国家通过放权尤其是放松对农村、非国有经济部门等计划经济体制边缘的管制,来获得经济的发展。当时主要的做法主要有:第一,在土地仍归集体所有的条件下,以"包产到户"的形式恢复农民的家庭经营;第二,在生产资料的流通和定价上实行"双轨制",即在物资的计划调拨和行政定价的"计划轨"之外,开辟出物资买卖和协商定价的"市场轨";第三,在国内市场的"大气候"尚未形成的情况下,构建对外开放"经济特区"的"小气候"来与国际市场对接。这种增量改革的措施在此后一直得到延续和发扬,极大地刺激了乡镇企业、个体私营经济、外商直接投资的蓬勃发展。如1988年年底私营企业才9万户;到2016年年底私营企业达到1050万户。与此同时,从1984年开始,我国加快了以城市为重点的整个经济体制改革的步伐,不断增强国有企业活力。20世纪80年代的国有企业改革以调整利润分配为主线,相继实行了生产经营责任制、利改税和承包制等改革措施,既扩大了国有企业的自主权,也硬化了企业的预算约束。1993年11月中共十四届三中全会通过《关于建立社会主义市场经济若干问题的决定》后,国有企业真正走向市场。从此,国企改革从以增强企业活力导向的政策调整阶段进入了成为自主经营、自负盈亏、自我发展、自我约束的法人实体和市场竞争主体的制度创新阶段。中国以公有制为主体,多种所有制经济共同发展的基本经济制度,呈现出多个轮子一起转的蓬勃生机和活力。

二是激发地方活力。从20世纪80年代初开始,中央开始把更多的经济管理的权力下放到地方,使地方政府拥有相对自主的经济决策权,特别是先后实行了"分灶吃饭""财政包干"和"分税制"等体制改革,使得地方可以与中央分享财政收入。地方经济增长越快,源自地方的财政收入就越高,地方自己留存的总额就越多,地方政府可支配的财力也就越大。统计数据显示,1978年,全国一般公共预算收入1132.26亿元,其中中央175.77亿元,地方956.49亿元;2017年,全国一般公共预算收入172592.77亿元,其中中央81123.36亿元,地方91469.41亿元;分别增长151.43倍、460.53倍、94.63倍。①

除了直接的财政收入,中国政府强大的财政能力还来源于社会主义公有制的独特优势和创新的投融资方式。例如,改革开放之初,地方政府并没有足够的资金来修桥修路,但地方政府在实践中探索出"以路养路、以桥养桥"的经验,即借钱修路(桥)、收费还钱,有效解决了基础设施建设中的资金短缺问题。此外,虽然"分税制"改革后,地方政府的税收收入在财政收入中的比重有所下降,但地方政府通过土地出让找到了新的收入来源,有效支撑了城市开发和园区建设等市场孵化所需资金。

(四)从健全法制到全面依法治国

市场经济本质上是法治经济。改革开放以来,在党的领导下,我们走出了中国特色社会主义法治道路,国家法治能力不断提升,依法治国逐步成为党领导人民治理国家的基本方式。

随着党的十一届三中全会把党和国家的工作重心从"以阶级斗争为纲"转移到社会主义现代化建设上来,我国治国理政的方式也开始转变,从

① 当然,"分税制"改革后,地方财政收入占财政总收入的比重有所下降。

轻视法制、否定法治、长期以政治运动治国转变为重视法制,通过逐步完善民主法制,以政策和法制共同治理国家。一方面,改革开放实践亟需打破旧的行为规则,但国家的法制建设在短期内还难以适应改革开放的需求,法律很不完备,很多法律还没有制定出来,因此,国家制定了大量的政策文件,来满足新旧规则交替期规范经济社会行为的需要,形成了鲜明中国特色的"红头文件治国"模式;另一方面,国家也努力加强法制建设,1978 年,中共十一届三中全会提出"有法可依,有法必依,执法必严,违法必究"的法制建设方针;从 1979 年开始,全国人民代表大会加紧全面立法工作。仅仅在十一届三中全会后半年,1979 年 7 月,第五届全国人民代表大会第二次会议一次性通过《刑法》《刑事诉讼法》《选举法》《地方组织法》《法院组织法》《检察院组织法》等 7 部法律。1982 年 12 月,第五届全国人民代表大会第五次会议更是通过了反映现代民主和法治精神的现行宪法,确立了现代法治的基本原则:"国家维护社会主义法制的统一和尊严。一切法律、行政法规和地方性法规都不得同宪法相抵触。一切国家机关和武装力量、各政党和各社会团体、各企业事业组织都必须遵守宪法和法律。一切违反宪法和法律的行为,必须予以追究。任何组织或者个人都不得有超越宪法和法律的特权。"从 20 世纪 70 年代末到 90 年代初,邓小平反复强调制度建设的重要性,他说:"我们过去发生的各种错误,固然与某些领导人的思想、作风有关,但是组织制度、工作制度方面的问题更重要。""制度好可以使坏人无法任意横行,制度不好可以使好人无法充分做好事,甚至会走向反面。"①他还提出了三条衡量制度好与不好的标准:第一,在经济上赶上发达资本主义国家;第二,在政治上创造出比资本主义国家的民主更高更切实的民主;第三,造就出比这些国家更多更优秀的人才。邓小平认为,"民主和法制,这两个方面都应该加强……民主要坚持下去,法制要坚持下去。这好像两只手,任何一只手削弱都不行。""政治体制改革包括民主和法制,我们的民主同法制是相关联的。"政治体制改革的目的,"总的来

---

① 《邓小平文选》第二卷,人民出版社 1994 年版,第 333 页。

讲是要消除官僚主义,发展社会主义民主,调动人民和基层单位的积极性。要通过改革,处理好人治与法治的关系,处理好党和政府的关系"①。总之,"文化大革命"结束后党和国家充分认识到,人治靠不住的,没有稳定性和连续性,国家管理和政策可能因领导人的改变而改变,因领导人的看法和注意力的改变而改变;只有法制才是具有稳定性和长期性的治国理政方式。

在 20 世纪 80 年代到 90 年代前期,一系列规范国家治理和行政管理的法律、法规陆续出台。例如,新中国第一次确立"民告官"制度的《行政诉讼法》、第一次确立国家赔偿责任的《国家赔偿法》、第一次确立国家行政权运作基本规则和正当法律程序的《行政处罚法》《行政许可法》《行政强制法》等体现依法治国要求的一大批法律都是在这个时期制定和实施的。② 1997年,党的十五大报告明确提出了"依法治国,建设社会主义法治国家"的治国方略,"依法治国,就是广大人民群众在党的领导下,依照宪法和法律的规定,通过各种途径和形式管理国家事务,管理经济文化事业,管理社会事务,保证国家各项工作都依法进行,逐步实现社会主义民主的制度化、法律化,使这种制度和法律不因领导人的改变而改变,不因领导人的看法和注意力的改变而改变。依法治国,是党领导人民治理国家的基本方略,是发展社会主义市场经济的客观需要,是社会文明进步的重要标志,是国家长治久安的重要保障。党领导人民制定宪法和法律,并在宪法和法律范围内活动。依法治国把坚持党的领导、发扬人民民主和严格依法办事统一起来,从制度和法律上保证党的基本路线和基本方针的贯彻实施,保证党始终发挥总揽全局、协调各方的领导核心作用"。1999 年 3 月 15 日,第九届全国人大第二次会议通过宪法修正案,将"法治"正式入宪。宪法第五条增加一款,作为该条第一款,规定:"中华人民共和国实行依法治国,建设社会主义法治国家。"这标志着中华人民共和国治国方略的重大转变,依法治国成为党领

---

① 《邓小平文选》第二卷,人民出版社 1994 年版,第 177 页。
② 姜明安:《三次跨越:改革开放 40 年来中国法治发展的进程》,《法制日报》2018 年 9月 13 日。

导人民治理国家的基本方略,法治成为治国理政的基本方式。2011年3月10日,时任全国人民代表大会常务委员会委员长吴邦国向十一届全国人民代表大会四次会议作全国人大常委会工作报告时庄严宣布,一个立足中国国情和实际、适应改革开放和社会主义现代化建设需要、集中体现党和人民意志的,以宪法为统帅,以宪法相关法、民商法、行政法、经济法等多个法律部门的法律为主干,由法律、行政法规、地方性法规与自治条例、单行条例等三个层次的法律规范构成的中国特色社会主义法律体系已经形成。这标明中国已在根本上实现从无法可依到有法可依的历史性转变,各项事业发展步入法制化轨道。

　　党的十八大以来,以习近平同志为核心的党中央高度重视法治在治国理政中的重要地位和作用,将全面依法治国纳入"四个全面"战略布局的重要组成部分。中共十八大报告正式提出"法治是治国理政的基本方式"。习近平同志在十八大闭幕后不久举行的首都各届纪念现行宪法公布施行30周年大会上指出:"依法治国是党领导人民治理国家的基本方略,法治是治国理政的基本方式,要更加注重发挥法治在国家治理和社会管理中的重要作用,全面推进依法治国,加快建设社会主义法治国家。"①2014年,党的十八届四中全会专题研究依法治国问题,会议通过的《中共中央关于全面推进依法治国若干重大问题的决定》提出:"全面推进依法治国,总目标是建设中国特色社会主义法治体系,建设社会主义法治国家。即:在中国共产党领导下,坚持中国特色社会主义制度,贯彻中国特色社会主义法治理论,形成完备的法律规范体系、高效的法治实施体系、严密的法治监督体系、有力的法治保障体系,形成完善的党内法规体系,坚持依法治国、依法执政、依法行政共同推进,坚持法治国家、法治政府、法治社会一体建设,实现科学立法、严格执法、公正司法、全民守法,促进国家治理体系和治理能力现代化。"党的十九大报告指出,"全面依法治国是中国特色社会主义的本质要

---

① 习近平:《在首都各界纪念现行宪法公布施行30周年大会上的讲话》,新华网2012年12月4日。

求和重要保障"①,这将全面依法治国与中国特色社会主义的本质联系起来,即坚持中国特色社会主义就必须坚持全面依法治国。否定全面依法治国就是否定中国特色社会主义;党的十九大报告还在"深化依法治国实践"一节中提出,"全面依法治国是国家治理的一场深刻革命"②,这个论断将全面依法治国与推进国家治理现代化联系起来,即全面依法治国是实现国家治理体系和治理能力现代化的必然要求,没有全面依法治国就没有国家治理现代化。

① 习近平:《决胜全面建成小康社会,夺取新时代中国特色社会主义伟大胜利——在中国共产党第十九次全国代表大会上的报告》,人民出版社 2017 年版,第 22 页。
② 习近平:《决胜全面建成小康社会,夺取新时代中国特色社会主义伟大胜利——在中国共产党第十九次全国代表大会上的报告》,人民出版社 2017 年版,第 38 页。

第三章　渐进式市场化改革

　　20 世纪 70 年代末,中国在实施了近 30 年计划经济体制的基础上开启了市场化改革之路。从计划经济转向市场经济,是人类历史上的首次大胆探索,没有成功的经验可资借鉴,存在着巨大的不确定性。毋容置疑,在这场史诗般的巨大经济社会变革中,中国强大的国家能力发挥了关键性作用,所采取的渐进式改革策略,确保了市场化改革的方向、速度、节奏和风险可控,市场之舟在中国一路行稳致远。与之形成鲜明对比的是,苏联及东欧国家采取一步到位的"休克式"市场化改革,遭遇了前所未有的失败,在计划经济体制中锻造的强大国家能力在转型中几乎没有发挥应有作用。广东作为中国改革开放的先行地和试验田,积极贯彻落实国家关于改革开放的重大决策部署,解放思想、实事求是,先行一步、大胆探索,率先进行了市场化改革,为中国的渐进式改革积累了宝贵经验。

一、从计划到市场的渐进式改革逻辑:
全球经验与理论思考

　　从控制风险的角度来看,从计划到市场的改革需要解决三大核心问题:一是如何确保新生的市场主体以及原有的国有企业能在面对外来强大对手的激烈市场竞争中存活下来,并稳健成长? 二是如何确保新生的市场体系尤其是脆弱的资本市场体系能够应对外部市场以及外来掠夺性资本的毁灭性冲击？三是如何克服旧制度的路径依赖,在打破旧制度与建立新制度之间取得动态平衡,既有效解决市场成长过程中的风险和制度性交易成本过高问题,又确保转型的顺利推进,从而防止改革夭折？

"二战"以来,一大批发展中国家为实现快速追赶,实行了计划经济和政府主导下的进口替代战略。然而,在这些国家,政府主导下的工业化却没有维持长期发展的势头。由于竞争性市场缺位,价格信号严重扭曲,企业生产效率普遍低下,经济增长后继乏力。到了20世纪七八十年代,有关发展和改革的观点和政策实践日益趋同,基于提高效率的市场化改革成为这些国家的现实选择。不幸的是,在"华盛顿共识"一揽子措施的影响或指导下,拉美各国陆续开始实施国企私有化和去政府监管的自由化市场改革。前苏东国家则纷纷实施激进的"休克疗法",以期快速推进市场化。但是,这些激进的市场化改革大多以失败而告终。相反,在强大国家能力的支撑下,中国遵循市场发育规律,采取了渐进式的市场化改革策略,成功孵化出一个生机勃勃的复杂市场体系。

(一)市场主体的培育

市场经济要有效运行,需要有大量能够独立自主决策、自负盈亏、具有自生能力的市场主体。后发国家一般处于前市场发育期,缺乏市场或者市场处于不完善状态,普遍缺乏合格的市场主体。对于那些曾经实行计划经济的国家来说,计划体制的建构过程本身就是市场主体消失的过程,即便转向市场经济体制,市场主体也有一个从无到有的缓慢成长过程。英国、美国等原生型市场经济国家在崛起过程中花费了数百年时间才自发演化①出现代公司制度,形成了具有强大国际竞争力的企业群。

---

① 此处说的"自发演化"主要是指缺乏外力压迫下的市场经济先行者的市场进化之路,显然这些先行国家均曾有意运用特许权、开拓殖民地等手段直接协助企业发展壮大,而后发国家在外力压迫下的市场经济建设之路就显得艰难、曲折得多,面临来自先行者施加的更多约束和壁垒。

从历史上来看,"二战"以来后发国家在培育市场主体方面主要走了三条截然不同的路径:第一,日本、韩国的发展型国家道路。在其发展初期,工业基础薄弱,小农经济成分居多,具有强烈赶超意志的政府主动介入经济活动,通过积极的产业、技术和贸易等政策,扶植民营企业发展,推动企业家阶层成长壮大,助推其成功切入全球产业链和价值链体系。第二,在计划经济体制基础上开启市场主体培育之路。苏联和东欧国家、中国、越南、印度等国走的就是这条道路。与日本、韩国不同的是,这些国家曾实行过计划经济体制,具备一定的工业化基础。苏联和东欧国家实施了一步到位的"休克疗法",通过大规模、快速彻底的私有化将大量国有企业及国有股份变卖给公民个人,由于缺乏经营管理能力和投资经验,最后这些国有企业及其股份被贱卖给国内私人企业家和外商,形成了控制国家命脉的寡头垄断企业。相反,持渐进式市场化改革策略的中国、越南、印度等少数国家则不同程度地取得了成功,经济没有大起大落,转型较为平稳。通过渐进式赋予市场主体权能,逐步改革国有企业产权制度,有序开放引进外资企业,逐步形成了国有企业和民营企业、外资企业等多元市场主体鼎立的格局。第三,拉美国家的"结构调整"之路。20世纪80年代后期以来,拉美国家为摆脱债务危机和经济危机,在新自由主义思想影响下实施了以产权私有化、放松外资限制和放松金融管制为标志的全方位经济改革,导致私人和外国资本短时间大规模集中,对竞争力本就不强的本土企业产生了极大的冲击,特别是在开放度较高的墨西哥和阿根廷等国表现得更为明显。[①] 可见,后发国家在培育市场主体时面临着巨大的风险,采取渐进式改革措施相对来说更容易取得成功。在这方面,中国的渐进式改革做法可圈可点,中国采取"摸着石头过河""干中学"的方式规避思想和意识形态方面的干扰以及错误政策的误导,逐步摸索出适合本国国情的市场主体发育方式,有效避免了转型过程中的波折和动荡。

---

① 江时学:《新自由主义、"华盛顿共识"与拉美国家的改革》,《当代世界与社会主义》2003年第6期。

知识链接:韩国培育发展财团企业

"二战"后,韩国能在比较低的起点上,用一代人的时间完成"压缩式"赶超进程,离不开财团企业所发挥的"火车头"作用。战后初期,韩国的市场制度很不发达,现有的小规模企业活动仅涉及制糖、面粉和纺织等轻工业,原材料基本上依靠外援和进口。韩国国内市场狭小,要实现经济独立,寄希望于私人企业自行发展和实施进口替代战略,几乎没有任何可能。1961年朴正熙通过军事政变上台以后,调整了国家的经济政策,重点扶植出口型大企业,通过产业保护、限制外商直接投资、信用担保、补贴、研发支持等政策培育发展本国财团企业,"三星""现代""大宇"等数十家规模庞大的世界级企业集团快速成长起来。到20世纪70年代,其他国家和地区的制造业陆续兴起,韩国国内劳动力成本优势不再,单纯的轻工业出口导向型经济已难以为继。1973年朴正熙政府发表《重化学工业宣言》,提出利用进口原料、燃料,集中人力、物力、财力重点发展重化工业。但重工业建设与发展需要大量的资金、原料和技术,而且投资周期长、风险大,小企业没有能力参与,大企业也不敢轻易涉足。政府为引导资源配置,对银行体系进行重组,通过指导性信贷、优惠贷款、信用担保等方式支持财团企业发展重化工业,三星、SK、LG、韩华、乐天等财团相继成立重化工厂或军工工厂。1975年韩国推行综合商社制度,政府在进出口贷款方面给予综合商社高度优惠,直接导致大量陷入生存危机的中小企业被少数综合商社并购,韩国大型企业由此演变为跨界财阀。到1980年,韩国前十大财阀营收的GDP占比已达48.1%。尽管韩国财团企业存在高负债经营、家族式统治、裙带资本主义等弊端,而且这些因素被认为是导致韩国在1997年东亚金融危机中遭受巨大冲击的罪魁祸首,然而,不可否认的是,韩国确实在财团企业的帮助下创造了"汉江奇迹"。在韩国起飞和赶超的阶段,韩国的执政利益、财团企业利益以及普通国民利益是紧密捆绑在一起的,韩国GDP从1962年的全球第101位跃升至1979年的第49位,人均GDP从87美元增加至1640美元。韩国在本土企业竞争力弱小的情况下,通过隔离来自国际市场的信号

(限制 FDI、有限制的开放、扭曲资源配置等)和强制实施出口绩效管理的方式渐进扶持壮大财团企业,取得了显著成效。

(二)市场体系的培育

实行市场经济的国家大都具备比较完善的市场体系,市场主体能够从要素市场上获取资本、劳动力和土地等,并能够自主定价、出售产品,这就要求市场机制比较健全、灵敏。一般认为,市场配置资源主要通过供求机制、价格机制和竞争机制来实现。市场主体在市场价格引导下自主调节生产以满足社会需求,市场竞争扮演着类似生物学中的选择机制,激励先进,鞭策落后,实现优胜劣汰。总之,与其他协调机制相比,市场机制能够更有效地协调生产和消费的分散决策、激励微观主体开展生产和创新、在经济体系中快速传递信息,更有利于促进资源的合理流动和优化配置,因而更能提高整个社会的经济运行效率。[1] 这也是为何"二战"以来几乎所有实现赶超的国家在经历较高强度的国家干预、培植市场阶段之后,均转向市场主导资源配置阶段的根本原因所在。"二战"后,日本和韩国在赶超阶段均实行的是政府主导的市场经济体制,但政府在代替市场行使一部分资源配置职能的同时,采取多种措施(如日本进行价格体制改革)为形成完善的市场体系创造良好条件;在实现赶超后,逐步放开对要素市场的管制,通过私有化、自由化等举措逐步完善要素市场体系(如韩国和日本的渐进利率市场化改革[2]),均取得明显的成功。而在"华盛顿共识"的影响下,前苏联和东欧国家以"大爆炸"的方式大规模推进私有化和自由化,市场体系被垄断寡头所把持,缺乏效率和公平性,市场机制几乎完全失灵;拉美国家

---

[1]　林兆木:《使市场在资源配置中起决定性作用》,《理论参考》2013 年第 12 期;洪银兴:《关于市场决定资源配置和更好发挥政府作用的理论说明》,《经济理论与经济管理》2014 年第 10 期。

[2]　日本在 20 世纪 70 年代资本积累达到较高水平、基本完成工业化之后,才开始松动此前高度受到管制的利率体系。与此相反,拉美国家在国内产能不足、信贷市场分割较为严重的背景下,早在 20 世纪 70 年代中期就急于解除"金融抑制",推行一步到位的利率市场化改革,导致利率持续高企,严重拖累资本积累进程。

则通过贸易自由化、国有企业私有化、金融自由化、经济体制市场化等举措拆除了各种保护主义的"壁垒"和"扭曲",导致发育不良的市场体系过早暴露在国际竞争中。因此,一步到位式的市场体系开放与改革往往欲速则不达。

相反,中国市场化改革进程中的市场体系培育则要稳健得多。在一个拥有十几亿人口、二元经济结构特征突出、区域发展情况差异巨大的发展中大国培育市场体系,不仅要平衡好新生市场体系与旧有计划体系之间的关系,防止其过快发展导致旧有计划体系崩溃,从而瓦解经济社会的治理基础,还要确保新生市场体系不被开放所引入的外部力量(如一些具有高度投机性、垄断性的外来资本等)所摧毁,循序渐进、"摸着石头过河"、"干中学"就成为必然选择。在1992年之前的改革探索阶段,虽然中国并未完全明确市场体系建设的目标,但一直坚持改革的市场化取向,创造了"政府指导价""双轨制"等独具特色的过渡形式和权宜办法,为商品市场体系的建设、商品价格的完全市场化创造了良好条件;由于土地、劳动力、资本等要素要么具有高度的社会保障功能(农村土地),要么兼具社会属性(劳动力无法完全商品化),要么是社会生产关系的重要载体,其市场化形成机制要复杂得多,中国采取的是渐进改革策略培育、发展要素市场体系。在土地市场体系培育上,中国在不触动集体和国有土地所有权的前提下,发展出独特而复杂的城乡二元分割的多层次土地使用权交易市场体系;在劳动力市场培育上,中国先后渐进赋予农民自主生产、就近到乡镇企业就业、从事农产品长途贩运和自销、自带口粮到临近城镇就业等权利,逐步松动城乡互不流动的体制格局,同时通过扩大体制外增量劳动力市场化配置推动体制内存量调整的办法,逐步扩大劳动力市场化配置范围;在资本市场体系培育上,充分吸收借鉴世界各国特别是日韩和拉美国家金融自由化以及东南亚金融危机的经验教训,有序推进证券、利率、汇率等资本市场体系建设,有效管控金融风险。中国通过采取稳妥举措分阶段、逐步建立完善市场体系,至今未对生产要素市场实行大规模的私有化和自由化,有效避免了市场体系建立过程中的风险、冲突和混乱。

知识链接：日本战后的价格体制改革和韩国的资本市场建设

1. 日本战后的价格体制改革

价格体制改革是理顺价格机制、推进市场体系建设的重要内容。"二战"后，日本从 1946 年 3 月开始实行价格统制，对生产资料、生活用品、生鲜食品都制订了统制价格，截至 1949 年 3 月，实行统制价格的商品，按大类计算有 2128 种、按中类计算有 10716 种、按小类计算有 64506 种。政府还确立了价格差额补助金制度，对企业销售价格超过政府规定的统制价格，超过部分由政府以价格差额补助金名义进行补贴。但随着经济的加快恢复，物价上涨加速，企业靠补贴进行生产，缺乏生产积极性和竞争能力，客观上要求向市场价格过渡。1949—1952 年，日本政府先后发布《物价政策方针》《暴利取缔纲要》《物价统制令》等，废除《临时物资供需调整法》，依法引导价格平稳过渡。从供应情况趋于缓和、黑市价格低于或接近统制价格、对生产和生活费用影响较小的商品等入手，逐步废除物价管制，1949 年 4 月至 1950 年 4 月，实行价格统制的商品由 2128 种减少到 531 种。同时，陆续削减价格补贴，在 1949—1950 年度的国家预算中，全部价格补助金削减达 55.5%。到 1954 年日本基本完成了向市场价格的过渡，确立了现代价格体系，此后进一步对该价格体系进行了改革。这一价格体系包括纵向和横向两个方面，纵向体系是按国民经济各部门形成的价格体系，包括工业品、农产品、建筑产品、运输价格以及公共费用等；横向体系是按商品流通形成的价格体系，包括生产资料的批发价格和生活资料的消费价格以及二者之间的差价关系。日本的价格体系改革有几个重要特征：首先从农产品调价入手，从 1949 年向市场价格过渡时就已经开始，其中 1954—1955 年、1960—1968 年大米收购价格分别提高 58%、98.4%，带动了其他农产品价格的提升；控制批发物价涨幅，政府推行有利于垄断企业的价格政策，公共事业单位以远低于私人企业的价格为垄断企业提供运输设备等便利，通过降低垄断企业工业制成品价格控制批发物价，从而确保物价总水平稳定；公共费用（国家和地方政府直接参与决定的物资和劳务价格，如公营房租、电费、煤气费、自来水费等)实行"双重费用制",即在基本限额内收取基本费用,超过一定限额则加收费用。公共费用的价格分级决定,国会、政府、地方公共团体和企业决定不同类型公共费用的价格;逐步实现国内价格与实际市场价格的挂钩。战后初期,日本政府实行以内补外的"双重价格",以较高的价格在国内市场上销售商品,以远低于国内市场甚至低于生产成本的价格向国际市场销售商品,差价部分由政府补足。进入1955—1973年高速增长时期,才逐步取消补贴、促使国内外价格趋同。

2. 韩国的资本市场建设

资本市场建设是市场体系建设的重要内容。1956年大韩股票交易所成立,1963年改组为政府所有的非盈利公司韩国证券交易所。其间,政府颁布并修订《证券交易法》,相继出台一系列政策措施支持资本市场发展。该时期交易所主要交易品种是政府债券。1967年韩国实施第二个"五年计划",先后颁布《资本市场促进法》《证券投资信托业法》《企业公开促进法》《短期融资法》等,加快完善证券交易相关立法和制度,并建立了证券投资者保护机制,免征股息所得税。1979年韩国证券交易所加入证券交易所国际联盟,开始加强与世界各地证券交易所之间的合作。20世纪80年代韩国资本市场加快国际化发展步伐,1981年发布《资本市场国际化计划》,资本市场改革开放分四步推进:一是1981—1984年的间接参与阶段,允许外国投资者通过韩国证券公司管理的信托基金和由外国证券公司管理的封闭式基金对韩国进行间接证券投资,允许双方证券公司互设代表处。此阶段开放度较低,通过设立投资基金的方式筹集境外中小投资者的资金,虽然筹资额有限,但减少了证券市场开放风险,为进一步开放创造了条件;二是1985—1987年的有限度直接参与阶段,允许外国投资者对国内证券进行直接有限投资,并允许韩国公司在国外证券市场上发行可转换债券。开放度有所加大,境外投资者可在一定条件限制下直接购买本国证券,既吸引国际金融资本,又能防范国际游资对本地证券市场的过度冲击;三是1988—1989年的进一步开放阶段,允许外国投资者自由进行证券投资,允许国内公司经政府同意后在国外证券市场上发行股票;四是完全放开阶段,进入20世纪90年代后,允许国外公司在韩国证券市场上市及韩国公司在国外上市,韩国证券市场真正走向自由化、国际化。开放本质上也是改革,韩国渐进推进证券市场建设、改革和发展,用了近40年时间才建成了统一、开放、自由的证券市场体系(以证券公司设立为例,从1981年开始允许外国证券公司设立代表处,到1998年允许外国人在韩国设立证券公司,共经历18年时间)。

(三)在破旧立新中维护市场秩序

市场保持有效、安全运行需要必要的、相当复杂的国家监管机制,防止市场参与者出现欺诈、不当竞争或垄断等市场失灵行为以及管理具有天生不稳定性①的市场,市场的建设性力量只有在严厉的监管机制下才能够发挥出来。② 实际上,每一个成功的市场经济都包含着各种各样的监管制度,用以规范商品、劳务、劳动力、资产以及金融市场的行为③。美国、英国等先发国家经过长期实践,已建立起一套成熟完善的市场监管体系,应对市场失灵和市场风险的能力较强。对于后发国家来说,要在市场孵化阶段建立有效的市场监管体系不仅成本高昂,而且风险巨大,特别是在走向国际市场的过程中充满了未知风险和挑战,采取渐进改革策略能够有效避开各种陷阱,避免犯颠覆性错误。苏联和东欧国家在一步到位迈向理想自由市场经济的过程中,把削弱政府监管机构的能力作为改革的前提,在打破旧秩序、实行政府全面放权、推进自由市场化和私有化的同时,未能建立新的市场秩序,不仅导致了经济迅速衰退,对财富分配、社会发展也产生了严重的负面影响,俄罗斯的贪污腐败、犯罪达到创历史纪录的地步,财富迅速集中到寡头手中。根据陈平教授的研究,保加利亚、俄罗斯、乌克兰、格鲁吉亚、塔吉克斯坦五国的转型萧条持续了16年以上,从整体上看,转型萧条的破坏程度

① 参见迈克尔·佩罗曼:《市场的天生不稳定性》,中信出版社2003年版。
② 文一、乔治·佛梯尔:《看得见的手:政府在命运多舛的中国工业革命中所扮演的角色》,《经济资料译丛》2017年第2期。
③ 丹尼·罗德里克:《一种经济学,多种药方:全球化、制度建设和经济增长》,中信出版社2016年版,第143页。

要远远大于大萧条。① 拉美国家实施的"结构调整"和经济改革,大幅削减了政府对经济的干预,增强了市场机制,使政府从生产者、经营者和管理者的多重身份中解脱出来,专注于制定实施相关法律法规、规范市场秩序,取得了一定的积极成效,但在金融自由化过程中却出现了较大失误,对利率市场化、国有银行私有化、资本市场过早过快开放的负面效应估计不足,在改革顺序的安排上把金融自由化放在监管立法之前,金融监管体系建设滞后,导致 20 世纪 90 年代中期以来金融动荡和危机频繁爆发。与此相反,"二战"后,日本和韩国等东亚国家采取渐进改革策略,逐步建立起了符合国内实际的市场监管体系,并在各项条件成熟(市场主体适应国际竞争的能力显著增强、市场体系具备与国际市场接轨的条件、资本积累达到一定水平并基本完成工业化等)后,才开始推进市场监管体系的自由化进程。如日本 20 世纪 80 年代以来就形成了独特的"战略性加强"型规制改革模式,政府并没有为自由化而自由化,而是在某些特殊市场选择性地引入竞争,同时保证国内企业得以生存和繁荣,尽可能防止其崩溃。② 类似地,1978 年以来中国通过渐进改革方式逐步推动政企分开、放开非国有资本进入、建立相对独立的监管机构、推进金融有序开放,不断规范各类市场秩序,建立起了一个日益完善的市场监管体系,也取得了巨大成功。

知识链接:日本战后的市场规制体系建设③

"二战"后日本确立了政府导向的市场经济体制,形成了独具特色的市场规制体系。战后初期,日本一方面破旧立新,取消了统制经济时期一些阻碍经济发展的规制,颁布实施《禁止垄断法》《排除经济力量集中法》等一些新的规制,另一方面保留了《粮食管理法》《租地、租房法》《日本银行法》等有利于稳定国内经济的规制,初步形成新的规制体系框架。进入高速增长阶段后,

---

① 陈平:《新古典经济学在中国转型实验中的作用有限》,《经济研究》2006 年第 10 期。
② 肖兴志:《日本规制改革模式的形成逻辑》,《外国经济与管理》2000 年第 9 期。
③ 徐梅:《日本的规制改革》,中国经济出版社 2003 年版,第 35—59 页。

政府的规制体系建设重点发生了变化。一是政府从不同时期的经济发展战略目标和客观需要出发,有效对经济领域进行规制,特别是运用产业政策加强对产业经济活动的规制和引导。20 世纪 50 年代初期,日本推行"产业合理化"政策,先后制定实施《产业合理化促进法》《外资法》《外汇及外贸管理法》《使用外国重要技术课税特例措施》《工业标准化法》《计量法》等。50 年代中期以后,政策重点转向发展重化工业,先后颁布实施《机械工业振兴临时措施法》《电子工业振兴临时措施法》《石油化学工业扶持政策》《关于合成橡胶股份公司临时措施法》等,从税收、资金等方面给予优惠,保障资源供给,限制同类产品进口。1963 年制定《中小企业基本法》,加速中小企业生产经营合理化。由于这一阶段日本政府的规制重点在于保护和扶植国内产业发展,《禁止垄断法》作用有所削弱。进入 70 年代,日本产业政策重点转向发展知识密集型产业,70 年代末和 80 年代初期,相继制定《节能法》《特定电子工业临时措施法》《特定机械信息产业临时措施法》等,推动知识密集型产业发展壮大,这一阶段,《禁止垄断法》作用有所加强,产业政策的优势地位逐渐遭到削弱。二是贸易规制作为产业规制的重要组成部分,始终贯穿日本市场规制体系建设全过程。20 世纪 50 年代初期,日本产品缺乏国际竞争力,政府采取严格保护措施推动出口,制定《出口保险法》,实行"奖出限入"。到 60 年代,随着出口企业实力的壮大,日本开始调整贸易规制,1960 年颁布《贸易与外汇自由化计划大纲》,逐步开放国内商品市场,先后放宽原材料、传统工业品、高技术商品的进口限制。70 年代中期以后,日本进一步放宽贸易规制,特别是鼓励扩大进口,1987 年 4 月放宽了从发展中国家进口某些工业品的限制。实际上进入 20 世纪 70 年代中期以后,规制的负面效应越来越明显,同时美国和欧洲对日本全面保护本国市场的做法日益不满并纷纷施加压力,日本开始渐进性的放宽管制改革。1977 — 1988 年间,日本先后 6 次放宽规制,特别是在 1985 年对电电公社、专卖公社实行了民营化,1987 年对国铁进行分割、民营化。1990 年,日本经济泡沫破灭,陷入长期的经济萧条,日本政府将放宽规制作为经济对策的重要组成部分予以实施。1994 年 7 月,出台《关于今后推进放宽规制的报告》的决议,提出对住宅土地、信息通信、进口流通、金融证券保险4个重点领域的279项规制实行"缓和",此后又多次进行规制缓和。战后日本的规制体系建设,既有重点地保护和扶植民族工业发展,又根据承受能力和现实条件,逐步对外开放市场,例如逐步放松贸易规制,成熟一个开放一个;在改革过程中,注重保障政策的稳定性和实效性,对既有的政策和规制体系既有保留、继承,又有创新发展,高度重视运用法制手段健全规制体系;在基本完成工业化之后,才开始大规模放宽规制,但日本选择的是"战略性加强"型的规制改革模式。可以说,日本战后的规制体系建设和发展完全遵循了渐进改革的逻辑。

二、中国渐进式市场化改革之路

(一)改革的起点:高度集中的计划经济体制

1978年之前,中国实施了近30年的计划经济体制,这种体制与市场经济不相兼容,指令性计划主导着资源的配置过程,整个国家都被组织成庞大的"辛迪加",国营企业、社队企业以及其他工商业单位均不是独立的经济实体,市场在其中无用武之地。

1.计划经济体制下的微观经营单位

(1)国营企业

中国的计划经济体制是伴随着第一个五年计划的实施和对资本主义工商业、农业、手工业和小商小贩的改造而建立起来的。随着社会主义改造的完成,社会主义公有制经济在国民经济中逐步占据绝对优势地位,个体私营经济逐渐式微。1952—1956年,私营经济和个体经济占国民收入比重由78.7%下降到7.1%。国营和合作社营商业和交通业在流通中也占据了绝对优势。到1978年,国有企业和集体企业户数达200万家,国有工业企业资产总额占全部工业企业的92%。[①] 在计划经济体制下,国家直接对国营

---

① 李荣融:《宏大的工程,宝贵的经验——记国有企业改革发展30年》,《现代企业》2008年第10期。

企业下达指令性指标,企业在人、财、物等各个方面均缺乏自主权,生产资料由国家计划供应,产品由国家包销和调拨,财务上实行统收统支,企业利润上交纳入国家预算,用工和工资分配也由国家统一计划。[1] 企业实际上是行政机关的附属物、进行成本核算的基层生产单位,承担着社会、行政和政治等多重职能,所有权被横向和纵向行政性分割,预算约束严重软化,多数依赖财政拨款和补贴生存,[2]缺乏内在动力和积极性去从事生产和创新活动。

(2)农业经营的人民公社化

从 1953 年起,根据过渡时期的总路线,中国对农业进行了大规模的社会主义改造,主要做法是引导农业生产互助合作组织发展。农业生产合作社发展经历了初级和高级两个阶段,初级社的主要特点是土地入股、统一经营,土地、牲畜和大农具仍然是农民的私有财产,但归合作社集中统一使用。从 1956 年开始,农业合作化运动大规模转向发展以生产资料集体所有制为基础的高级社。到当年年底,入社农户户数已达 11780 万户,占全国农户总数的 96.3%。其中,参加高级社的农户户数占全国农户总数的 87.8%。1958 年 8 月北戴河会议后,公社化运动迅速展开,到当年 11 月,参加人民公社的农户就占全国农户总数的 99.1%,在全国范围内基本上实现了人民公社化。但人民公社以"一大二公"[3]、政社合一[4]、实行"一平二调"和分配

---

① "一五"时期,国家对企业下达的指令性生产指标有 12 项(包括总产值、主要产品产量、新种类产品试制、重要的技术经济定额、成本降低率、成本降低额、职工总数、年底工人到达数、工资总额、平均工资、劳动生产率和利润)。1961 年对企业管理体制进行了改革,国家对企业实行"五定"(定产品方向和生产规模,定人员和机构,定主要原材料、燃料动力消耗和供应来源,定固定资产和流动资金,定协作关系),企业对国家实行"五保"(保证产品的品种、质量、数量,保证不超过工资总额,保证完成成本计划,保证完成上缴利润,保证主要设备的使用期限)。

② 罗仲伟:《中国国有企业改革:方法论和策略》,《中国工业经济》2009 年第 1 期。

③ 每社平均农户达 4600 户左右,比之前的合作社大很多;公有化程度高,废除一切私有制,社员自留地、自养家畜家禽、家庭副业等全部收归公社所有。

④ 农村中原有国营商店、银行和其他企业,都下放给公社管理,公社成为工农兵学商一体、农林牧副渔俱全的基层组织,既是生产单位,又是农村基层政权组织。

上的平均主义①为主要特征,严重挫伤了社员的积极性。1961年,中央加快调整农村生产关系,根据"三级所有、队为基础"的精神,以生产队为基本核算单位,平均每队约二三十户;允许实行灵活多样的经营管理方式,建立了严格的生产责任制,某些地区出现了包产到户的形式;不同程度恢复了自留地、家庭副业和集市贸易。社队企业是人民公社制度的产物,在20世纪六七十年代进入快速发展时期,特别是20世纪70年代初期农业机械化的推广成为发展农村企业的重要契机,江苏、浙江、广东等省率先行动起来,创办了农具、粮油加工、建材、编织、服装等社队企业。到1978年,社队企业恢复发展到152万个,企业总产值达493亿元,占农村社会总产值的24.3%。②

2.资源配置方式的高度计划化

在计划经济体制下,政府指令性计划成为资源配置的方式。1952年11月成立了国家计划委员会,地方政府也陆续建立了计划管理机构,计划管理的方式主要是下达指令性计划。国家对农产品实行统购统销,对生产资料实行统购统配,对工业消费品实行统购包销。1952年设立对外贸易部,下设15个进出口专业公司,专营全国进出口业务,实现了外贸的集中统一经营管理和统负盈亏。财政实行统收统支,金融附属于财政,实行由中国人民银行集中统一的管理体制,信贷和利率管理体制高度集中。土地管理方面,1956年对城市私有房产进行了社会主义改造,使用城市土地由当地政府无偿划拨使用,且不必再缴纳租金;在农村,则通过合作化运动逐步将农民土地所有制改造为集体土地所有制。对劳动工资也进行计划管理,特别是1956年社会主义改造基本完成之后,自行就业和自谋职业基本上被政府统一安排分配就业所取代,同时实行工资等级制度。因此,在计划经济体制下,为服务于重工业优先的发展战略,加快资本积累进程,在物资、外贸、财

---

① 将经济条件、贫富水平不同的社队合并,实行统一生产、指挥、核算和分配,分配上也采取平均主义做法,大办公共食堂、幼儿园、托儿所、幸福院等公共事业。

② 韩俊:《中国经济改革三十年·农村经济卷》,重庆大学出版社2008年版,第145页。

政、金融、流通等领域全面实行高度集中的计划管理,就具有了内在的必然性和一致性。由于市场规律在其中没有发挥作用的空间,一旦市场性因素介入,就必然会导致资源配置的分散,难以聚焦于重工业发展的战略目标。因此 1958 年和 1970 年开展的两次权力下放改革均以权力的再次集中而告终,未能走出"一放就乱、一收就死"的怪圈。

(二)渐进式市场化改革实践

从以计划配置资源为核心转向以市场配置资源为核心,意味着需要从一个国家化的"辛迪加"体制中培育发展出独立的市场主体、市场体系以及相应的市场秩序,这本质上就是一场"大转型"。中国的改革并没有遵循"华盛顿共识"以及市场原教旨主义的教导,而是选择了一条适应本国国情的渐进式市场化改革之路。

1. 独特的市场主体孵化方式:先赋能再赋权

产权改革是塑造培育市场主体的核心。在中国,产权制度建设和市场主体培育沿着两条线路展开。首先,在农村推行家庭联产承包责任制,培育多元化农村经济主体;在城市,实施国有企业产权制度改革,建立现代企业制度,同时培育发展非公有制经济,形成了多种所有制、多市场主体共同发展的格局。值得注意的是,家庭联产承包责任制和乡镇企业发展并没有改变农村土地集体所有制的性质,乡镇企业和国有企业的产权并不归属于个人,按照新自由主义理论和主流新古典经济学的观点,其产权是虚置的,但实际上中国更为注重激励制度的功能建设,而非形式建设,通过实施一套复杂的混合产权制度①,中国对农民和企业家等市场主体实现了有效的赋能式激励。

(1)从边缘开始改革:农村市场主体的培育

改革开放初期,生活在农村的人口占 80%左右,60%以上的农民没有解

---

① 早期的制度学派过于强调私有产权保护等正式制度在经济起飞中的作用,这里所强调的产权制度是指一组权利束,包括财产所有权、占有权、支配权、使用权、收益权和控制权,并非指主流经济学家所强调的所有权私人占有制度。

决温饱问题,农村改革意愿强烈。同时,农村也是计划经济体制中最为薄弱的一个领域,与城市相比,农村的计划性和集权程度相对较低。相应地,改革阻力也小得多。1978 年 11 月,安徽省凤阳县小岗村 18 户农民冒险签订包产到户合同,这一做法很快在安徽其他地方、全国其他省份的一些局部地区铺开。1980 年 5 月,邓小平对包产到户给予明确肯定,有力地推动了以家庭联产承包责任制为主要内容的农村改革。1982—1984 年,中央连续三年以"一号文件"形式,对包产到户和包干到户的生产责任制给予充分肯定,并在政策上积极引导,从而使包产到户和包干到户的责任制迅速在全国广泛推行。历史地看,农村改革实际上是从否定"一大二公"的公社体制开始的,通过废除低效率的集体公有、统一经营、统一生产、统购统销体制,实施以家庭为单位的联产承包责任制,培育了家庭经营、集体经营、合作经营、企业经营等市场经营主体,从根本上解决了农业生产中的激励与监督问题。进入 20 世纪 80 年代中期以来,集体土地所有权与农村土地承包经营权的"两权分离"改革不断深化。1984 年中央"一号文件"首次提出,土地承包期限一般应在 15 年以上,允许土地转包,但不允许买卖、出租。1986 年中央"一号文件"首次提出"统一经营与分散经营相结合的双层经营体制"。1993 年中发 11 号文件提出,在原定耕地承包期到期之后,再延长 30 年不变;在坚持土地集体所有和不改变土地用途前提下,经发包方同意,允许土地的使用权依法有偿转让。同年,国家宪法修正案首次从根本上确立了家庭联产承包责任制的法律地位。进入新世纪以来,随着土地产权制度改革的进一步深入,中央政府先后制定和实施了《农村土地承包法》(2002 年)和《物权法》(2007 年),把土地承包经营权上升为受国家法律保护的财产权利,集体所有的土地实际上转化为农民永久承包,农户享有经营权、收益权乃至部分支配权,家庭经营成为法律规定的农业基本经营制度。党的十八大以来,在坚持农村土地集体所有制属性不变的前提下,政府开始加快推进农村土地所有权、承包权和经营权的"三权分置"改革,积极培育发展专业大户、家庭农场、农民合作社、农业产业化龙头企业等新型农业经营主体。农村集体产权制度、农产品市场化的改革过程,也是各类市场主体不断发展壮大的过程,农村经济主体从较为单一的集体经济组织转变为集体经济、农户家庭经济、农民合作经济、各种私人和股份制经济以及国有经济共同发展的新格局。不难看出,中国培育农村市场主体和推进产权制度改革的一条重要经验是,坚持土地集体所有权不变,逐步稳定和扩大土地承包权,完善和放活土地经营权,但并没有采取激进措施推进土地的私有化,这一做法充分证明在所有权不变的基础上建立长期且稳定的土地产权制度是可行的。

家庭联产承包责任制的普遍推行,释放了过去被固化在农村的巨量潜在剩余劳动力。在无法进城的情况下,为解决就业等问题,各地一些能人型乡村干部和村民洗脚上田,利用公社、大队的公积金以及社员积累、劳务积累等,迅速开办起了社队企业。与国有企业、二轻企业不同的是,社队企业是靠农民自发集资创办和发展起来的,最初没有国家投资、银行贷款、设备和原材料等国家计划支持,是纯粹的民办企业。起初,政府对社队企业的约束和限制较大,主要表现在对社队企业生产的产品在流通、价格等方面做出很多限制,企业缺乏经营决策、招工用人和利润分配等方面的自主权,一些地方甚至随意关停社队企业。1984 年,中央四号文件将社队企业正式改称为乡镇企业。1985 年 1 月,《关于进一步活跃农村经济十项政策》文件发布,支持大力发展乡镇企业,对乡镇企业实行信贷、税收优惠,鼓励和支持农民发展农产品加工业。同时,企业在组织生产、产品销售等方面获得了较大的自主权。由此,乡镇企业进入了发展的快车道。1985 — 1990 年,乡镇企业就业人数由 5208 万人增加到 9546 万人,总产值由 170989 亿元增长到 649566 亿元。① 进入 20 世纪 90 年代中后期,由于产权不明晰、经营管理水平低下等问题逐渐凸显,乡镇企业竞争力开始下降,全国各地开始采取股份制和股份合作制改造、租赁、承包、兼并、拍卖、转让等方式,将大部分乡镇企业转变为民营企业或股份制企业。改制后的乡镇企业向城镇集中发展,同时向农村进一步延伸。乡镇企业是在国有体制之外发育和成长起来的非国

---

① 陈宗胜、高连水、周云波:《基本建成中国特色市场经济体制——中国经济体制改革三十年回顾与展望》,《天津社会科学》2009 年第 2 期。

有企业,存在着集体所有制、个人所有制和合伙制、股份制和股份合作制等多种形式,大大提升了市场主体的多元化程度。

通过观察中国农村市场主体的培育过程,我们可以清晰地梳理出其中的渐进式改革逻辑:第一,家庭联产承包责任制的改革和乡镇企业的发展①源自农民的自发试验,而后才逐步上升为国家的决策行为,试点成熟后才逐步在全国范围内推开;第二,农村市场主体的培育遵循着"先赋能,再赋权"的渐进逻辑。如家庭联产承包责任制改革着眼于改进农业生产的经营管理体制,通过体制的变革激发农民的积极性,让农民逐步适应市场化的生存环境,逐步赋予农民对土地的承包经营权、有偿转让权等财产权利,避免发生权利"过载",但自始至终并未动摇土地集体所有制。乡镇企业理论上的所有权属于集体,但实际上通常由地方乡政府或镇政府代表所有,乡镇基层政府在增加地方收入、追求政绩等的激励下给予乡镇企业发展以各种支持,在整个 20 世纪 80 年代乡镇企业的产权虽然是模糊的,但却对企业家实行了有效的激励。农业部门已成为组织化实验的试验场地,在全国范围内广泛开展的乡镇工业化运动和发展竞争中,企业家精神得到了充分展现。② 到了 20 世纪 90 年代初中期,随着模糊化产权日益成为乡镇企业发展的桎梏,中国才开始顺势推进集体企业的产权明晰化改革。

(2)农村包围城市:多元主体、多种所有制经济的共同发展

改革开放前,在中国公有制经济基本上一统天下,仅有个体经营 14 万户,从业人员 15 万人,私营和外资经济几乎消失殆尽。中国的市场化改革首先从体制外非国有经济的恢复和发展开始,进而推动国企改革的逐步深入,最终确立了"公有制为主体、多种所有制经济共同发展"的社

---

① 如同邓小平同志所指出的,"农村改革中,我们完全没有预料到的最大的收获,就是乡镇企业发展起来了,突然冒出搞多种行业,搞商品经济,搞各种小型企业,异军突起。这不是我们中央的功绩。"参见《邓小平文选》第三卷,人民出版社 1993 年版,第 238 页。

② 巴里·诺顿:《中国经济:转型与增长》,上海人民出版社 2010 年版,第 250 页。

会主义初级阶段的基本经济制度,多元化所有制结构的形成重塑了市场经济所必须的独立市场主体及产权制度。在公有制经济之外,培育发展非公有制经济,以增量改革带动存量改革是中国渐进式市场化改革的重要特征之一。

1978 年以来,个体经济、私营经济和外资经济等非公有制经济开始逐渐得到恢复和发展。首先是个体经济得到恢复性发展。改革开放之初在农村推行家庭联产承包责任制,提倡让一部分人先富起来,对个体经济采取宽容政策。1981 年发布的《关于积极发展农村多种经济的报告》,允许农民离乡,鼓励农民从事个体工商业,刺激了个体经济的发展。在城市,颁布《城镇非农业个体经济若干政策性规定》,允许雇工,打开了发展个体经济的大门。随着个体私营经济得到国家承认,政府也开始在资金、货源、场地、价格、税收和市场管理等方面给予支持,但直到 1982 年党的十二大才正式提出把劳动者个体经济作为公有制经济的"必要的有益的补充"。1984 年党的十二届三中全会通过的《中共中央关于经济体制改革的决定》首次系统阐述了党对发展个体经济的基本指导方针,指出"坚持多种经济形式和经营方式的共同发展,是我们长期的方针,是社会主义前进的需要"。随着个体经济的发展,已经产生了资本主义性质的私营经济。但此时私营经济并未得到完全承认,很多私营企业带着集体企业的"红帽子"经营。1987 年11 月,党的十三大明确提出鼓励发展个体经济、私营经济的方针。1988 年4 月,七届人大一次会议通过的宪法修正案规定:"国家允许私营经济在法律规定的范围内存在和发展。国家保护私营经济的合法的权利和利益,对私营经济实行引导、监督和管理。"至此,中国私营经济的法律地位和经济地位开始正式得以确认。

外资对中国的改革开放和经济发展作出了重要贡献,为国内市场主体学习先进的市场经营理念、管理经验、技术等提供了重要的机会。改革开放以来,特别是在 20 世纪 80—90 年代初期,中国通过完善外商投资的法律法规、逐步放宽外商投资领域、对外资渐进开放国内市场、扩大税收减免、下放外资审批权限和简化审批手续等方式,改善外商投资环境,"三资"企业得到快速发展。1992年,党的十四大明确提出建立社会主义市场经济体制的改革目标,强调"在所有制结构上,以公有制包括全民所有制和集体所有制为主体,个体经济、私营经济、外资经济为补充,多种经济成分长期共同发展"。非公有制经济已经成为支撑中国经济的"半壁江山",实际上不再是作为"必要补充"或"补充"的身份存在。实践的变化必然带来理论上的创新突破。1997年,党的十五大明确提出:"非公有制经济是中国社会主义市场经济的重要组成部分。对个体、私营等非公有制经济要继续鼓励、引导,使之健康发展。"随着非公有制经济的快速发展,出现了众多知名企业和企业集团,并且开始与公有制经济相互融合发展。2002年,党的十六大提出,要"毫不动摇地巩固和发展公有制经济,毫不动摇地鼓励、支持和引导非公有制经济发展",已经把非公有制经济和公有制经济放在同等地位考虑。2013年,党的十八届三中全会在强调"两个毫不动摇"的基础上,进一步指出:"公有制经济和非公有制经济都是社会主义市场经济的重要组成部分,都是我国经济社会发展的重要基础"、"公有制经济财产权不可侵犯,非公有制经济财产权同样不可侵犯"。非公有制经济不再作为社会主义市场经济体制的异己力量存在。目前,中国非公有制经济对税收贡献超过50%,固定资产投资占比超过60%,新产品开发超过70%,提供就业岗位超过80%。

　　国有企业改革是市场化改革的中心环节,把计划经济体制下行政化的国有企业锻造成为合格的市场经济主体是一个巨大的挑战。国有企业的改革也是分步骤、循序渐进推进的,总体上遵循了渐进改革的逻辑。1978年10月,在四川选择了重庆钢铁公司等6家地方国营工业企业,率先开展扩大企业自主权试点。此后,在总结四川试点经验的基础上,在全国范围内结合企业整顿逐步扩大企业自主权试点,1981年开始全面实行以不同利润包干形式为特点的国有企业经济责任制,1983年和1984年先后在国有企业实施两步"利改税"改革,进一步扩大企业自主权。经过这一轮改革,企业先后获得工资和奖金发放权、产品销售权和定价权、生产要素选择权、自有资金使用权、联合经营权、技术进步方向选择权等权利,并被允许从事多种经营,这些放权让利举措调动了企业的积极性。① 这一阶段放权让利的企业改革实际上是局限在旧的计划经济体制框架内,对政府和企业的关系做局部性的权利调整,虽然调动了企业和职工的积极性,但国有企业作为政府部门附属物的地位没有根本改变。② 1984 年 10 月,党的十二届三中全会通过《中共中央关于经济体制改革的决定》,明确提出增强企业活力"是以城市为重点的整个经济体制改革的中心环节"。国有企业改革从单一的放权让利转到面向整个企业实行承包经营责任制。1986 年开始推行承包经营责任制,截至 1988 年年底,实行多种形式承包经营责任制的国有企业达90%以上。承包经营责任制使企业所有权与经营权实现了一定程度的分离,与此前的放权让利改革相比,承包经营责任制使国有企业的多项自主权得到有效落实,国家的财政收入有了保障,企业也获得了较高的利润留成率,较好地调动了经营者的积极性。但是,承包经营责任制并不能从根本上解决国有企业政企不分、软预算约束的问题,还因信息不对称导致政府无法对企业形成有效监督,造成内部人控制、国有资产流失、企业行为短期化和负盈不负亏等严重问题。1989 年以后,承包经营责任制的弊端日益凸显,1991 年"八五"规划提出了转换企业经营机制的改革目标,开始积极探索租赁制、股份制等各种形式的经营机制转变模式。但这些改革一直难以理顺政企关系。与此同时,随着非公有制经济的迅速发展,国有企业在竞争日益加剧的环境中开始陷入困境。此时,政府才意识到,仅从运转方式和运行机制层面实施改革,难以解决国有企业财产关系上的基本制度性缺陷。1993年,党的十四届三中全会通过了《关于建立社会主义市场经济体制若干问题的决定》,明确提出国有企业改革的方向是"建设产权清晰、权责明确、政企分开、管理科学的现代企业制度"。1994 年 11 月,国务院批准了 100 家企业开展现代企业制度试点,各地方政府也确定了 2343 家地方企业开展了试点。但绝大多数试点企业只是变成了形式上类似现代公司的"国有独资

---

① 蔡昉:《四十不惑:中国改革开放发展经验分享》,中国社会科学出版社 2018 年版,第95—96 页。
② 罗仲伟:《中国国有企业改革:方法论和策略》,《中国工业经济》2009 年第 1 期。

公司"。1994—1997 年,除了积极推进公司股份制改造、建立现代企业制度外,国家还启动了城市优化资本结构试点、积极推进试点城市国有企业兼并破产、企业集团试点、"抓大放小"搞活国有小型企业等改革。面对日益严重的国有企业亏损问题,自 1997 年开始启动实施国有企业三年脱困的改革攻坚战。一方面,对纺织、煤炭、冶金、建材等行业进行结构调整;另一方面,在 1999 年下半年全面推进"债转股"。同时,深化养老、失业、医疗等社会保障制度改革,并推进下岗职工再就业。到 2000 年,国有大中型企业 3 年改革脱困目标基本实现,初步建立了现代企业制度,通过主辅分离、辅业改制、减员增效、分离企业办社会职能等改革举措,减轻了国有大中型企业的历史负担,对铁路、电力、电信、石化、民航等领域的国有大中型企业相继进行了集团化重组。[①] 2003—2012 年,中国进入调整国有资产管理体制的改革阶段,改革的主要任务是由国资委负责监督管理国有企业,实现国有资产保值增值目标,解决过去国有经济管理部门林立、机构臃肿、监管效率低下的问题。同时,加强国有经济布局和结构调整,国有企业进一步集中,一批特大型国有企业资产重组后在国外资本市场上市,中央企业的数量从 2003年的 196 家减少至 2012 年的 112 家;对垄断性行业的国有企业进行了深化改革,几大垄断性行业形成了多家竞争的市场格局;进一步推进国有企业股份制改造,混合所有制经济得到长足发展。截至 2012 年年底,中央企业及其子企业引入非公资本形成混合所有制企业,已占总企业数的 52%。2013年以来,国企改革开始进入"分类改革"的新阶段。明确公益类、商业类国企的类别划分方式,分类推进改革;进一步完善现代企业制度,深入推进公司制股份制改革;完善国资管理体制,由"管企业"向"管资本"转变,改革授权经营体制,组建国有资本投资、运营公司;积极稳妥推进混合所有制改革,允许符合条件的混合所有制企业实行员工持股;深入推进国有企业"去僵尸",通过兼并重组等调整优化国有经济战略布局。

与农村改革类似,城市市场主体的培育过程,同样也遵循着渐进式改革

---

① 罗仲伟:《中国国有企业改革:方法论和策略》,《中国工业经济》2009 年第 1 期。

的逻辑:首先,通过逐步"松绑"和放开管制,在改革中加强规范,促进非公有制经济主体的发育成长。国有经济主体的改革发展则从试点开始,在试点中总结经验、调整方向、完善改革方案,而后再逐步推广开来;其次,先推进较容易的体制外改革,再推进难度较大的体制内改革。允许并鼓励个体私营经济和外资经济等体制外经济发展,构造出一大批产权关系明晰、适应市场经济要求的新型市场主体,对国有企业改革形成倒逼机制,非国有经济还参与到国有企业的产权改革中,在改组国有企业、接收国有企业下岗职工等方面发挥了积极作用;再次,从赋能到赋权,没有一步到位直接通过私有化"报废企业"①,而是在开展扩大企业自主权、承包经营等改革后,才转向更为核心的产权制度改革,先给予国有企业适应市场经济环境的成长空间,再赋予其比较明晰的财产权利;最后,先进行增量改革,再进行存量改革。如国有企业可在完成计划的前提下,自行增产市场需要的产品,增量部分由企业按市场规则自行组织生产、自行决定价格、自行选择销售方式和进行收益分配等。到了20世纪90年代实施国有企业股份制改革时,对新建部分实行股份制,对原有存量部分保持国有制性质,增量改革带来的利益溢出效应明显,存量部分也纷纷要求改革。抓大放小、对国有经济布局的战略调整和对国有资产的重组即属于存量改革。

2. 建设市场体系:从无到有、从商品市场到要素市场

在市场体系建设方面,改革初期为了打破"铁板一块"、管得过死的计划经济体制,中央提出了"放开搞活"的基本方针,鼓励城乡集贸市场、有形市场建设,推动各种形式的市场发育。20世纪80年代,价格体制改革对市场体系建设起到了核心作用,中央采取"调、放、管"相结合的措施,理顺比价关系,改革商品和服务价格形成机制,陆续放开了大部分工业消费品价格,对部分工业生产资料实行计划内和计划外"双轨制"价格,即通过逐步放开国有企业的一部分计划内产品,使其进入市场,逐步缩小生产资料的计划统配的物资部分,扩大市场自由调节的部分,用加大计划外比重的办法降

---

① 参见胡鞍钢、王绍光编:《政府与市场》,中国计划出版社2000年版。

低原来比较高的市场价格水平,同时用逐步调整的办法使计划内价格升高,让两种价格接近起来,最后趋于统一。价格双轨制不仅为非国有经济发展开辟了道路,还为国有企业学习、适应市场化环境提供了空间,正是在这个意义上,诺顿认为"计划外增长的承诺决定性地改变了企业个体层面的激励方式"①。到 20 世纪 90 年代末期,价格决定资源配置的商品市场体系已基本形成。与拉美国家以及苏联不同,中国的要素市场化改革滞后于商品市场改革,特别是土地、劳动力和资本的价格形成机制至今尚未充分市场化,但要素市场领域的制度改革一直伴随着经济体制改革全过程。

土地作为一种重要的基础性资源,在中国工业化和城镇化进程中扮演着极其重要的角色。中国在不改变土地公有制的前提下,采取渐进方式审慎有序地推进土地资源配置的市场化。在农村,土地市场化改革与土地产权制度改革紧密相关。在改革开放初期,由于家庭联产承包责任制的推行,农民获得了土地承包经营权,但并不拥有土地交易权,直到 1988 年 4 月第七届全国人大常委会才在《中华人民共和国宪法》第 10 条第 4 款明确规定"土地的使用权可以依照法律的规定转让",从法律层面明确了土地交易的合法地位。此后,农村土地制度改革基本沿着强化农村基本经营制度、赋予农民更具体用益物权的方向展开,②土地承包经营权流转的几个形式,如转包、出租、转让、股份合作、互换等均得到承认,也纳入了法律调整范围,这些变化促进了土地市场的快速发育,特别是 1998 年第二轮承包开始后农村土地市场加速发展壮大,农村存在着广泛的、规模日益扩大的土地承包经营权的流转。截至 2015 年年底,全国家庭承包经营耕地流转面积 4.43 亿亩,占比达 33.3%。③ 党的十八大以来,在坚持农村土地集体所有制属性不变的前提下,中央加快推进农村土地所有权、承包权和经营权"三权分置"改革,

---

① 巴里·诺顿:《中国经济:转型与增长》,上海人民出版社 2010 年版,第 82 页。

② 蔡昉:《四十不惑:中国改革开放发展经验分享》,中国社会科学出版社 2018 年版,第 108 页。

③ 韩长赋:《土地"三权分置"是中国农村改革的又一次重大创新》,《光明日报》2016 年 1 月 26 日。

2015 年启动农村土地征收、集体经营性建设用地入市、宅基地制度改革试点工作,探索建设城乡统一的建设用地市场。农地非农化也沿着市场化改革的方向不断推进,征地制度不断得到完善,同时有条件地逐步开放农地非农化市场。在 20 世纪 90 年代以前,农民土地被征收后,不仅可以得到一定的经济补偿,还可以通过招工等方式获得城市居民身份,征地矛盾并不突出。但随着城市的发展和对建设用地需求规模的不断扩张,土地非农化增值收益迅速增加,征地补偿标准调整滞后,失地农民的利益受到极大损害,征地矛盾日益突出,从而倒逼政府不断提高征地补偿标准,但即便如此仍不足以弥补农民土地权益的损失,农民仍存在强烈的农地非农化冲动,如小产权房的兴起,以及由集体经济组织集中土地进行统一规划和开发,将土地或自建厂房出租给企业等,从而导致国家禁止农村集体建设用地流转的政策限制不断被突破。[1] 2004 年 10 月,国务院发布《关于深化改革严格土地管理的决定》,提出"在符合规划的前提下,村庄、集镇、建制镇中的农民集体所有建设用地使用权可以依法流转"。2008 年,进一步允许农民依法通过多种方式参与开发经营占用农民集体土地建设的非公益性项目。党的十八届三中全会提出"建立城乡统一的建设用地市场"的改革目标。在城市,土地使用制度改革的突破是从局部地区的试点开始的。1982 年深圳特区试行按城市土地等级收取土地使用费,4 年后上海试行对"三资"企业收取土地使用费,但 1982 年和 1986 年的《土地管理法》均规定,任何组织或个人不得侵占、买卖、出租或者以其他形式非法转让土地。从 1987 年开始,深圳、上海开始以协议、招标、拍卖等方式出让土地使用权。1988 年修订的《宪法》和《土地管理法》分别规定"土地使用权可以依照法律的规定转让""国家依法实行国有土地有偿使用制度"。1990 年 5 月《中华人民共和国城镇国有土地使用权出让和转让暂行条例》规定:"依法取得的城镇国有土地使用权在使用年限内可以转让、出租、抵押或者用于其他经济活动。"2000 年

---

[1] 钱忠好、牟燕:《中国土地市场化改革:制度变迁及其特征分析》,《农业经济问题》2013 年第 5 期。

后,城市土地市场化改革进程加快,国有土地使用权"招拍挂"的范围不断扩大,从商业、旅游、娱乐和商品住宅等各类经营性用地,扩大到经营性基础设施用地和工业用地。可见,城市土地市场化水平远高于农村,"招拍挂"取代无偿划拨和协议出让成为土地出让的主流方式,"招拍挂"占出让总面积和总价款的比率由 2004 年的 29.2%、55.2%上升至 2015 年的 92.3%和 96.0%。值得注意的是,无论是农村还是城市土地市场化的改革,中国都没有改变土地的所有制性质,而是沿着土地使用权市场化的大方向,稳健、有序推进土地各项制度改革。中国选择了一条有别于其他国家的独特土地市场建设路径,虽然在局部地区土地出让中低价补偿损害了原农村居民的利益,但从总体来看是极为成功的。

劳动力市场化改革也遵循了渐进式改革逻辑。在计划经济体制下,劳动力资源配置是通过计划手段完成的,不存在劳动力市场。城市实行排他性的全面稳定就业制度,城乡分割问题严重,户籍制度以及城市劳动就业和社会福利等制度抑制了劳动力在城乡之间的流动。从劳动力资源的计划配置转向市场配置,建设一个充满弹性的劳动力市场绝非简单放开管制就能完成的。20 世纪 70 年代末期,全国城镇就业压力巨大,下乡知青陆续回城,还存在大量待业人员和新成长起来的劳动力,1978—1980 年城镇每年需安排就业人员均超 1000 万人,对"统分统配"的劳动就业制度产生了巨大冲击。1980 年中央提出"三结合"①的新就业方针,实际上突破了传统的就业制度,为市场配置劳动力资源开辟了道路。"三结合"就业方针实施效果显著,1979—1984 年全国城镇共安置 4500 多万人就业,占全国城镇劳动力总数的 36.8%。在农村,家庭联产承包责任制的推行赋予农户自主配置资源的权利,大量农村隐性剩余劳动力转化为显性剩余劳动力,但中国并未一步到位放开对农村剩余劳动力流动的限制,而是逐步放开了农民到城市就业的权利。人民公社制度被废除以后,农民首先从"以粮为纲"转向种植

---

① 即在国家统筹规划和指导下,实行劳动部门介绍就业、自愿组织起来就业和自谋职业相结合。

业乃至农林牧副渔的全面发展,乡镇企业发展起来之后,农民"离土不离乡",进入乡镇企业就业。此后,随着生产和流通体制改革的加速推进,农民获得从事农产品长途贩运和自销的权利,突破了就业的地域限制。随后,又允许农民自带口粮到临近城镇就业,突破了就业的城乡限制。① 1985 年后,国有企事业单位加快改革,企业获得用人自主权,"铁饭碗"和终身雇佣制度受到威胁。与此同时,非公有制经济迅速发展起来,成为吸纳农村剩余劳动力和从体制内游离出来的"下海"人员就业的主渠道。但此阶段,由于面临较为严重的就业问题,劳动力资源的市场化配置居于次要地位。1993 年,党的十四届三中全会首次提出要"改革劳动制度,逐步形成劳动力市场"。此后,劳动合同制开始在各类企业全面推广,企业与职工的关系发生了根本性变化。但在 1996 年以前,劳动力市场的改革主要在增量上进行,表现为体制外市场配置劳动力份额的扩大。1996 年以后,劳动力市场的改革开始触及存量,特别是 1997 年以来实行了"抓大放小""减员增效"的国有企业改革。1998—2002 年,城镇部门大约有 6000 万人下岗失业,以国有企业职工下岗再就业为核心的劳动力市场化改革遽然加速,在短短几年时间内中国迅速构建起包括劳动力市场中介机构、法律法规、协调机制和配套制度等在内的一整套劳动力市场制度体系。至此,虽然存在较为严重的城乡分割,但城市和农村均各自形成了竞争性的劳动力市场。此后,中国又致力于改革户籍制度,解决劳动力市场的城乡分割问题和城市劳动力市场的不公平问题,但至今尚未建立起一个全国统一的劳动力市场。显然,中国劳动力市场的发育和建设遵循了渐进式改革逻辑,逐步赋予农民就业、自由流动的权益和企业用人自主权,以体制外的非公有制经济发展增量消化国有企业存量改革带来的就业阵痛,在推进国有企业"减员增效"改革的同时,通过建立"再就业服务中心"和推行积极的就业政策,妥善处理大批国有企业职工下岗对劳动力市场的冲击。

在吸取一些国家经验和教训的基础上,中国对资本市场的培育一直持审

---

① 蔡昉:《中国劳动力市场发育与就业变化》,《经济研究》2007 年第 7 期。

慎态度。资本市场的发育是从银行体制改革开始的。在计划经济体制下,只有中国人民银行一家银行,既是央行又是商业银行,金融活动从属于财政活动,服从于经济计划。1979 年,国家决定在固定资产投资领域进行将财政拨款改为银行贷款的"拨改贷"试点,这要求银行改变其国家计划执行者和国家财政出纳员的角色。此后,中国农业银行、中国银行、中国建设银行、中国工商银行等金融机构先后建立或恢复建立。1983 年国务院发布《关于中国人民银行专门行使中央银行职能的决定》,将中央银行与商业银行的职能分离开来。但直到 20 世纪 90 年代初期,中、农、工、建四大银行均属国有专业银行,相互之间缺乏充分竞争,还承担着各自领域的一些政策性银行业务。1993 年后,把作为商业性机构的银行转变为市场竞争主体的需求变得越来越迫切。当年 12 月,国务院发布《关于金融体制改革的决定》,决定成立国家开发银行、中国进出口银行、中国农业发展银行三家政策性银行,专门承担政策性金融业务,同时提出专业银行要逐步改革转变为国有独资商业银行,相互之间可以交叉、竞争。2003 年以后,主要国有银行陆续进行了股份制改造并成功上市。与此同时,股份制银行、地方性商业银行、民营银行和外资银行等一批自主经营、自负盈亏并且有着现代公司治理架构的商业银行逐渐成长并活跃起来,银行业市场主体日益多元化。2016 年年底,商业银行业资本充足率13.3%、拨备覆盖率176.4%,资产规模和盈利水平均位居全球前列。证券市场的建立、利率市场化和汇率市场化是资本市场改革发展的重要方面。证券市场的建立,源于地方政府的政策创新和改革探索。1990 年经中央批准,建立了深圳和上海两个证券交易所,建立股票市场的初衷是为国有经济部门脱困融资,这与成熟市场经济国家的证券市场存在巨大差异,但中国的证券市场还是在学习和试错中不断发展壮大起来,金融市场开始突破区域范围,向全国统一、规范的大市场迈进。在间接融资为主的条件下,利率决定的市场化程度是反映金融市场发育水平的重要基准。① 中国的利率市场

① 蔡昉:《四十不惑:中国改革开放发展经验分享》,中国社会科学出版社 2018 年版,第106 页。

化经历了一个长期过程,利率市场化改革的要点是体现金融机构在竞争性市场中的自主定价权,中国高度重视利率定价和传导机制的建设。1993 年12 月,国务院提出利率市场化改革的基本设想。1996 年 6 月,人民银行取消同业拆借利率上限管理,由拆借双方根据市场资金供求自主确定,迈出了利率市场化的第一步。2000 年后,人民银行按照"先贷款后存款、先大额后小额,先外币后本币"的总体思路,继续稳步推进利率市场化,着力完善市场化的利率调控传导机制,给予金融机构更大利率定价自主权。2006 年,在人民银行组织推动下构建了上海银行间同业拆放利率,指导货币市场产品定价。同时,分步有序扩大存贷款利率浮动范围,2013 年 7 月放开了贷款利率下限管制;由于放开存款利率管制是利率市场化进程中最为关键、风险最大的阶段,①存款利率浮动上限经过多次调整,直到 2015 年 10 月才放开了存款利率上限管制。改革开放以来,中国外汇市场从无到有逐步发展起来,人民币汇率形成机制也由官方定价过渡到官方定价和市场定价并存,进而发展为以市场供求为基础、参考一篮子货币进行调节、有管理的浮动汇率制度。1978 年以前,中国实行统收统支的外汇管理体制,不存在真正意义上的外汇市场,人民币汇率由国家计划决定,仅仅是内部核算的工具。1979 年中国实行外汇留成制度,创汇单位可自行使用留成外汇,产生了调剂外汇余缺的需求。1980 年 10 月,中国银行开办外汇调剂业务,中国外汇市场开始萌芽。1985 年 11 月,深圳经济特区成立全国首家外汇调剂中心,集中办理当地外汇调剂业务,此后各地先后成立外汇调剂中心,外汇调剂市场初步形成,但各个调剂市场并未实现联动,汇价也不相同,形成了官方汇率主导、多个调剂汇率并存的局面。1988 年 9 月,上海创办全国首个公开的外汇调剂市场,实行竞价成交、集中清算。到 1993 年年底,全国已有 18个城市开办公开外汇调剂市场,国际收支贸易项下 80% 左右的外汇收支由市场进行调剂,但各个调剂市场是分割的,未形成统一、规范的市场汇价机制。1993 年后,中国外汇市场改革取得突破性进展。1994 年,中国对此前

---

① 任正言:《金融改革发展的逻辑与经验》,《中国金融》2018 年第 1 期。

实行的汇率"双轨制"进行并轨,实行有管理的浮动汇率制度,实施银行结售汇制,并建立银行间外汇市场,在改革开放 16 年后,中国才初步构建起一个以单一汇率和市场配置制度为基础的外汇市场体系。1994—2005 年,中国采用事实上盯住美元的单一汇率制。2005 年 7 月 21 日,中国重启汇率市场化改革,开始实行以市场供求为基础、参考一篮子货币进行调节、有管理的浮动汇率制度,企业和个人保留和使用外汇资金的自由度不断扩大。2008 年 4 月,取消了强制结售汇制度。银行间外汇市场快速发展,即期、远期、掉期、货币掉期和期权等衍生产品相继出现。人民币汇率双向浮动弹性明显增强,市场在汇率决定中起到了决定性的作用。

尽管中国在从计划经济转向市场经济过程中,并未采取一步到位的"大爆炸"式改革,至今尚未建立起全国统一的劳动力、土地和资金等要素市场,仍存在着不同形式的分割和多元结构,还造成了利益分配不均衡、配置效率不高等诸多弊端,但这种以"双轨制"、稳中有进、风险可控、试错为特征的渐进式改革对中国经济保持长期高速增长至关重要。

3. 维护市场秩序:逐步走向全面规范

在高度集中的计划经济体制下,全能型政府包办一切,基本上不存在自由市场交易和市场失灵问题,没有建设市场监管体系的必要。1978 年以来,随着市场主体的加快成长、市场体系的建立,对加强市场监管体系建设提出了内在需求。在改革开放早期,工商管理部门在市场监督与管理方面发挥了重大作用。1978 年开展了"四管一打"①,1982 年机构改革时又新增了个体工商业管理和广告管理等职能("六管一打"②),工商管理部门的职能逐步转向加强对市场主体及其行为的监管、建立和维护市场秩序上。1979 年以来相继出台《中外合资经营企业法》《经济合同法》《商标法》《专利法》《涉外经济合同法》《外资企业法》《技术合同法》《中外合作经营企业法》《全民所有制工业企业法》等一批基础性法律,使商事等行为逐渐实现

---

① 即:管理集市贸易、管理工商企业、管理经济合同、管理商标和打击投机倒把。
② 即:广告管理、个体经济管理、管理集市贸易、管理工商企业登记、管理经济合同、管理商标和打击投机倒把。

"有法可依"。同时，为加强计量监督管理、规范会计行为和加强标准化工作，还制定了《计量法》《会计法》《标准化法》。20世纪80年代末以来，为适应国内市场体系建设的需求，先后组建了一系列经济性或社会性市场监管机构，如1988年设立技术监督局、1992年设立证监会等。1992年中国明确提出建立社会主义经济体制的改革目标，此后市场监管体系建设进入新阶段。1993年11月，党的十四届三中全会提出必须"加强和改善对市场的管理和监督"、"建立有权威的市场执法和监督机构"。工商行政管理部门最早提出市场监管的设想，此后逐步扩展到证券、保险、国债、期货等金融领域。1998年3月九届人大一次会议通过的国务院机构改革方案，决定撤销电力工业部、煤炭工业部、冶金工业部、机械工业部、电子工业部等一大批计划经济色彩浓厚的行业主管部门，同时组建了证券监管委员会①、保险监管委员会、国家药品监管局等一批新的监管机构。与此同时，工商系统开始实施省以下垂直管理改革，此后质量技术监督、国土、药品监督管理等部门也陆续推行省以下垂直管理改革，改革的初衷是破除地方保护主义，提高监管权威和效率。1992—2001年，在各监管部门的推动下，《反不正当竞争法》《产品质量法》《消费者权益保护法》《公司法》《广告法》《商业银行法》《保险法》《价格法》《证券法》等相继出台，在规范市场主体及其行为、维护竞争秩序等方面发挥了重要作用。2001年随着中国正式加入世界贸易组织，中国在计划经济体制基础上演化而来的市场监管体系如何与国际接轨成为重大课题。中国开展了密集的监管体制改革，2001年将原国家工商行政管理局升格为国家工商行政管理总局，将国家出入境检验检疫局（由原中国商品检验局、卫生检疫局、动植物检疫局三个机构合并而成）与国家质量技术监督局合并为国家质量监督与检验检疫总局，增强其行政独立性。此外，还先后组建了国家电力监管委员会（2002年），对电力业务的准入实行监管，并对电价、供电安全和电能服务进行监管。2003年3月，根据新一届国务

---

① 国务院证券委与中国证监会合并组成国务院直属正部级事业单位，中国证监会职能明显加强，集中统一的全国证券监管体制基本形成。

院机构改革方案,决定设立银行业监管委员会(2003 年)、国家食品药品监督管理局(2003 年)、国家安全生产监督管理总局(2003 年)等一批新的监管机构。2007 年 8 月《反垄断法》出台。2007 年党的十七大明确提出:深化垄断行业改革,加强政府监管和社会监督;推进公平准入,破除体制障碍;加快形成统一开放竞争有序的现代市场体系;规范行政行为,加强行政执法部门建设,减少和规范行政审批,减少政府对微观经济运行的干预;探索实行职能有机统一的大部门体制。市场监管体系建设的重点开始转到垄断行业监管、准入监管及大部制改革上。2008 年食品药品监督管理局改由卫生部管理,省以下垂直管理的食品药品监管体制改为分级管理,进一步加强基层执法能力与问责体系建设。同时,为了加强反垄断与反不正当竞争执法,成立国家反垄断委员会。2013 年以来,市场监管体系改革以简政放权、优化营商环境为基本方向。在监管体制改革方面,组建国家铁路局、国家食品药品监督管理总局、国家新闻出版广电总局,重新组建国家能源局,整合此前国家能源局、国家电力监管委员会的职责;着力推进行政综合执法体制改革,2015 年在 138 个试点城市开展了试点,许多地方开始推行工商、质监、食药监、物价、知识产权保护等多项合一的综合市场监管模式;推进市场监管部门的去垂直化管理,改由地方政府分级管理,强化地方政府的监管责任;深入推进行政审批制度改革,减少政府对微观事务的管理,开展证照合一、多证合一、一照一码的商事制度改革,全面推开"双随机、一公开"监管改革,加强社会信用体系建设,实施市场准入负面清单制度。强调在放松事前审批式监管的同时,加强事中事后监管和服务,防止出现监管真空。

改革开放 40 余年来,中国的市场监管体系实际上是在实践理性的主导下,渐进性地从无到有建立起来的:市场监管体系从最初对集市贸易和个体经济的驻场式管理发展到对所有市场主体及其行为的全面大一统监管;从适应经济转轨需求自主构建市场监管体系到逐步与国际接轨、建立高标准的市场监管体系;中国的市场监管体系建设走的并不是一条线性的去监管之路,始终强调管好的前提是放活、放到位,放的前提是能管好、管活而不是管死,始终坚持发挥市场在资源配置中的基础性、决定性作用;渐进式推进法治建设。实践证明行之有效的,及时推动上升为法律;实践条件还不成熟、需要先行先试的,按照法定程序作出授权。对不适应改革要求的法律法规,及时修改和废止。如 2014 年为确保商事制度改革顺利推进,先行对上位法《公司法》进行了制修订,明确将公司注册资本实缴登记制改为认缴登记制,取消公司注册资本最低限额制度,国务院修改了《公司登记管理条例》《企业法人登记管理条例》等 8 部行政法规,废止了 2 部行政法规,为改革依法推进提供了重要保障。[①]

(三)国家能力与渐进式市场化改革

中国的市场化改革可谓是前无古人之举,如何在高度集中的计划经济体制下孵化出合格的市场主体、市场体系并保持市场稳定,缺乏现成的经验可供借鉴。但中国注重从苏联和东欧国家的改革、东亚国家的现代化、东南亚金融危机、拉美的结构性改革以及西方的市场经济建设历程中获取经验、吸取教训,同时充分借鉴一切人类文明的优秀成果,通过试点、试验和边干边学,加以改造以适应本国国情。

中国的渐进式市场化改革离不开强大国家能力的支撑。善于借鉴国际市场经济建设经验,保持高强度的适应性学习,一直是中国市场化改革的突出特征。中国的国家财政能力在渐进市场化改革过程中不断得到加强:创造性地将公有制的土地资本化、信用化,转化为政府财政资源,将国有企业作为政府财政手段的重要补充,部分保留计划经济时代遗留的行政性收费制度以替代税收功能,等等,这些都是中国在市场发育初期维持强大财政能力的重要体现。在渐进式市场化改革过程中,依据国情和市场发育现实,中国创造性地运用“行政+法治”手段有效维护了市场秩序。同时,依据市场发育的动态需求,不断强化法治建设以便规范市场主体行为和市场秩序、开展市场监管。

[①] 刘红亮:《市场监管法治建设 40 年回顾与展望》,《中国市场监管研究》2018 年第 12 期。

1. 适应性学习:借鉴国际市场经济建设经验

由于与西方世界长期保持隔绝和对立状态,中国对西方世界的变化特别是市场经济的建设情况缺乏了解。"文化大革命"结束后,中国开始眼睛"向外"看,1977 年 3 月和 11 月的全国计划会议均提出,要摆脱闭关自守状态,向国外学习。1977 年年底,袁宝华、李强率领的国家经委代表团赴英国和法国考察企业管理。1978 年,全国掀起了一股声势浩大的出国考察热潮,12 位副总理、副委员长以上领导人先后 20 次访问了 51 个国家,其中包括华国锋出访两次 4 个国家,邓小平出访 4 次 7 个国家。高频次的出访考察开阔了国家领导层的视野,资本主义和社会主义经济运行绩效的尖锐对比更是深深刺痛了出访者,坚定了中国向西方学习、推进改革开放的决心。党的十一届三中全会召开后,全党的工作重心转移到经济建设上来,推进改革开放成为国策。此后中国从试办经济特区开始,推出了一系列改革开放举措,开展学习西方资本主义的试验,但中国并没有放弃社会主义,学习试验的最终目的是"为社会主义服务"。适应性学习贯穿中国市场化改革全过程,如果没有强大的学习能力作为支撑,中国的市场化改革不可能取得成功。中国的学习能力主要体现在如下方面:

一是能够有效排除教条主义和意识形态的干扰。整个 20 世纪 80 年代,中国一直深受传统社会主义意识形态的困扰,如社会主义制度只能建立在公有制基础之上、发展私营和外资经济就是在走资本主义道路、社会主义制度与市场经济不相兼容等,"姓资还是姓社"的问题一直未能得到解决,但尽管存在这些意识形态的惯性思维限制,在中国领导层中实践理性还是占了主导地位,并用生动的改革试验实践对传统的思维范式提出了挑战。1978 年 5 月,《光明日报》发表特约评论员文章《实践是检验真理的唯一标准》,引发了一场关于真理标准问题的大讨论。在 1978 年 11 月 10 日到 12 月 15 日召开的中央工作会议上,邓小平作了《解放思想,实事求是,团结一致向前看》的重要讲话,强调:"一个党,一个国家,一个民族,如果一切从本本出发,思想僵化,迷信盛行,那它就不能前进,它的生机就停止了,就要亡党亡国。""大跃进""文化大革命"所导致的灾难性后果以及一系列思想解放运动的展开,使领导层充分认识到了教条主义的危害。对改革开放有重要影响的两个领导人邓小平和陈云①在推崇实践理性方面有着高度的一致性。经济特区的试验以及家庭联产承包责任制改革后乡镇企业、个体和私营经济的快速发展,也逐渐促使党内反对意见消散并逐步形成改革共识。正因为中国深受教条主义之害,在长期的革命和建设实践中又有着正反两个方面的经验教训,才能独立自主地推进改革开放,有选择地学习、吸收国际先进经验以及来自国际组织及专家的意见建议,走出了一条具有中国特色的市场化改革道路。

二是与时俱进促进知识更新。中国存在强烈的追赶动机,客观上要求中国加快学习速度,不断更新知识系统。在 1978—1992 年,在对外开放方面,中国学习的重点放在引进外国的先进技术和管理经验、引进外资、创办经济特区、制订各种缺失的法律等方面,学习的对象主要是"东亚四小龙"。同时,东亚四小龙所取得的经济成就也坚定了中国加入世界经济体系的决心。与此同时,南斯拉夫、匈牙利等东欧国家主张引入市场机制,建立指导性计划调节体系,启发中国杜绝了完善计划经济的想法。对东欧国家改革经验的借鉴,突出反映在中国经济体制改革目标的反复上,中国对经济体制改革的目标认识经历了从 20 世纪 70 年代末期的"在计划经济条件下,重视价值规律的作用"到 1979—1984 年的"计划经济为主,市场调节为辅"、1984—1987 年的"公有制基础上的有计划的商品经济"、1987—1989 年的"国家调节市场,市场引导企业"、1989—1991 年的"计划经济与市场调节相结合"等各个阶段。1992 年后,随着社会主义市场经济体制改革目标的确立,中国学习的重点转向如何发展现代企业制度,建立完善市场体系和市场监管体系,把国际经验应用于中国的经济转轨实践。苏东国家改革失败的惨痛教训让中国更加坚定了渐进市场化改革的决心和信心。中国深刻认识到市场主体的培育、市场体系以及市场秩序的建立完善需要一

① 陈云在掌握毛泽东思想实事求是原则的基础上,总结中国革命道路的经验教训,提出"不唯上、不唯书、只唯实"的思想方法原则,并在长期的社会主义建设过程中进行了实践。

个长期的历史过程。在开放条件下的大国实施市场化改革,需要高度重视防范过早开放国内市场的风险,特别是 1997 年东南亚金融危机的爆发,使中国认识到只能根据资本市场的发育程度来渐进推进金融自由化。随着 2001 年中国加入世界贸易组织,中国开始学习国际经济一般通行规则,推进经济体制的全面改革,培育发展出大量具有竞争力、按照现代企业制度运行的市场主体,市场体系不断完备,市场监管体系与国际惯例加快接轨。

三是渐进式改革策略的形成本质上体现了国家构建学习机制的能力。中国幅员辽阔,各地情况千差万别,为了尽可能降低改革的学习成本,避免市场化改革所带来的利益格局调整酿成重大的社会稳定危机,避免局部性的改革失误演变成为全局性、系统性、颠覆性的重大错误,中国采取渐进式策略推进市场化改革。如在局部领域、部分地区先进行改革试点,在取得成功经验后再向全局推开。试点,作为一种行之有效的方法论和工具手段,被自觉运用于改革过程;采取先易后难、循序渐进的步骤推进改革。率先在计划经济体制根植性较弱的农村开展家庭联产承包经营责任制的改革,农民"交够国家的、留足集体的、剩下都是自己的",随着剩余农产品的增多,促进了集市贸易的繁荣发展,顺势改革统购统销的农产品流通体制,并实施"调放结合"的价格体制改革。国有企业改革首先从扩大国有企业自主权、实施企业经营承包制开始,再逐步过渡到产权制度的改革。先推进商品市场改革,再逐步推进土地、资本、劳动力和技术等要素市场改革;在不触动既有利益格局的情况下,通过做大体制外"蛋糕",以增量改革来带动存量改革。"双轨制"广泛运用于价格改革、所有制改革等领域。在改革中遇到尖锐的利益冲突时,中国并没有彻底推翻旧制度,而是实行"新人新办法、老人老办法",既充分照顾了刚性的既得利益,又满足了迫切渴望改革的阶层的需求,降低了改革成本,减少了社会震荡。从本质上说,渐进式改革策略的形成体现了国家构建学习机制的能力,渐进式改革为市场主体学习和适应新的市场规则、新的做事方法提供了空间,为政府建立市场体系和市场监管体系提供了容错的可能性,从这个意义上讲,渐进改革是一种"发现"和路径创造的机制。① 苏联的"休克疗法"试图一步到位地培育出市场主体、市场体系和市场监管体系,没有为市场主体、政府学习和适应新的规则提供空间和可能性。

2. 法治能力:为渐进改革保驾护航

中国法治能力的形成经历了从法制和关系型合约治理到法治的转变过程,渐进式市场化改革离不开法治能力的保障。法治能力通过以下方式支撑渐进市场化改革:

首先,法制和法治建设使市场化改革有法可依。第一阶段是 1978—1997 年"发展社会主义民主、健全社会主义法制"阶段,相继出台《中外合资经营企业法》《民法通则》《经济合同法》《涉外经济合同法》《技术合同法》等一批重要的基础性法律,对规范市场主体行为起到了重要作用。1993 年以来,一批法律密集出台,如《产品质量法》《反不正当竞争法》《消费者权益保护法》《公司法》等,成为规范市场主体、调整市场行为的重要法律制度。第二阶段进入依法治国阶段,以 1997 年党的十五大召开为开端,到 2011 年基本形成中国特色社会主义法律体系。市场监管法治建设加快向纵深推进,相继出台《价格法》《合同法》《个人独资企业法》《安全生产法》《反垄断法》《食品安全法》等法律及配套制度,进一步完善了关于市场主体、市场秩序、安全底线等方面的法律制度。2012 年进入全面依法治国阶段后,《电子商务法》《中医药法》《特种设备安全法》等法律相继出台,市场监管法治建设更加趋于成熟和完备。经过 40 余年的市场监管法治建设(主要出台的法律,参见表 3-1),中国在市场准入、交易、竞争、质量、食品药品安全、知识产权保护、消费者权益保护等各个领域基本建立起健全的法治体系,实现了从法制和人治向法治的转变,确保了渐进市场化改革的顺利推进。

---

① 罗德里克认为,渐进式改革实际上是一个"摸着石头过河"式的"探索与发现"的过程,参见:丹尼·罗德里克:《一种经济学,多种药方:全球化、制度建设和经济增长》,中信出版社 2016 年版,第 30 页。

表 3-1 1979 年以来出台的与市场监管相关的主要法律

时间	主要立法	立法目的	修制订情况
1979	《中外合资经营企业法》	扩大国际经济技术与交流,规范中外合资经营企业管理	1990 年、2001 年、2016 年进行了三次修正,2019 年决定该法律自 2020 年 1 月 1 日废止
1981	《经济合同法》	保护经济合同当事人的合法权益	1993 年修正,1999 年废止,代之以《合同法》
1982	《商标法》	加强商标管理,保护商标专用权	1993 年、2001 年和 2013 年进行了三次修正
1982	《食品卫生法》	保证食品卫生	1995 年修订,2009 年废止,代之以《食品安全法》
1984	《药品管理法》	加强药品监督管理,保证药品质量	2001 年修订,2013 年和 2015 年进行了两次修正
1984	《专利法》	保护专利权人的合法权益,鼓励发明创造	1992 年、2000 年、2008 年进行了三次修正
1985	《计量法》	加强计量监督管理	2009 年、2013 年、2015 年、2017 年、2018 年进行了五次修正
1985	《会计法》	规范会计行为	1993 年第一次修正,1999 年修订,2017 年第二次修正
1985	《涉外经济合同法》	保障涉外经济合同当事人的合法权益	1999 年废止,代之以《合同法》
1986	《民法通则》	保障公民、法人的合法的民事权益	2009 年修正
1986	《外资企业法》	保护外资企业的合法权益	2000 年、2016 年进行了两次修正,2019 年决定该法律自 2020 年 1 月 1 日废止
1987	《技术合同法》	保障技术合同当事人的合法权益	1999 年废止,代之以《合同法》
1988	《标准化法》	加强标准化工作,提升产品和服务质量	2017 年修订
1988	《中外合作经营企业法》	扩大国际经济技术与交流,规范中外合作经营企业管理	2000 年、2016 年、2016 年、2017 年进行了四次修正,2019 年决定该法自 2020 年 1 月 1 日废止
1988	《全民所有制工业企业法》	保障全民所有制经济的巩固和发展	2009 年修改
1993	《反不正当竞争法》	鼓励和保护公平竞争,制止不正当竞争行为	2017 年修订

续表

时间	主要立法	立法目的	修制订情况
1993	《产品质量法》	加强对产品质量的监督管理	2000 年、2009 年和 2018 年进行了三次修正
1993	《消费者权益保护法》	保护消费者的合法权益	2009 年和 2013 年进行了两次修正
1993	《公司法》	规范公司的组织和行为	1999 年、2004 年、2013 年、2018 年进行了四次修正(其中,2005 年还进行了修订)
1994	《广告法》	规范广告活动,保护消费者的合法权益	2015 年修订,2018 年修正
1994	《审计法》	加强国家的审计监督	2006 年修正
1994	《仲裁法》	保证公正、及时地仲裁经济纠纷	2009 年和 2017 年进行了两次修正
1994	《劳动法》	保护劳动者的合法权益	2009 年、2018 年进行了两次修正
1995	《商业银行法》	保护商业银行、存款人和其他客户的合法权益	2003 年、2015 年进行了两次修正
1995	《保险法》	规范保险活动,保护保险活动当事人的合法权益	2002 年第一次修正,2009 年修订,2014 年第二次修正,2015 年第三次修正
1996	《乡镇企业法》	扶持和引导乡镇企业持续健康发展	尚未修订过
1997	《合伙企业法》	规范合伙企业行为	2006 年修订
1997	《价格法》	规范价格行为	尚未修订过
1998	《证券法》	规范证券发行和交易行为,保护投资者的合法权益	2004 年第一次修正,2005 年修订,2013 年第二次修正,2014 年第三次修正
1999	《合同法》	保护合同当事人的合法权益	自 1999 年 10 月 1 日起施行,同时废止《经济合同法》《涉外经济合同法》《技术合同法》
1999	《个人独资企业法》	规范个人独资企业的行为	尚未修订过
2002	《安全生产法》	加强安全生产工作	2009 年和 2014 年进行了两次修正
2007	《反垄断法》	预防和制止垄断行为,保护市场公平竞争	正在修订

续表

时间	主要立法	立法目的	修制订情况
2009	《食品安全法》	保证食品安全	2015 年修订,2018 年修正
2013	《特种设备安全法》	加强特种设备安全工作,预防特种设备事故	自 2014 年 1 月 1 日起施行
2016	《中医药法》	保障和促进中医药事业发展	自 2017 年 7 月 1 日起施行
2018	《电子商务法》	规范电子商务行为,维护市场秩序	自 2019 年 1 月 1 日起施行
2019	《外商投资法》	加强对外商投资合法权益的保护	自 2020 年 1 月 1 日起施行。同时废止《中外合资经营企业法》《外资企业法》《中外合作经营企业法》

其次,法治能力还体现在中国实现了从关系型合约治理向法治的转变。改革开放初期,在市场体系还在发育阶段、市场还不完备的情形下,"矫正价格"(getting the price right)远不如"矫正激励"(getting incentives right)重要。在渐进市场化过程中,中国对乡镇企业的治理就是"矫正激励"的一个重要范例。乡镇企业大多由乡、镇政府创办,产权是虚置的,但由于地方政府官员追求经济增长以突出政绩,与企业家追求利润的目标具有高度的一致性,二者之间形成基于重复博弈的自我实施的关系型合约,大大缓解了市场缺失和正规法律体系不完善的问题。① 从早期产权模糊不清的乡镇企业到后来的各种政企纽带,都是这种关系型合约的表现,这种关系型合约在赶超经济体中较为常见,如日本和韩国财团企业与政府之间存在密切的联系和合作。基于关系型合约的治理,成本比正式的法律规则要低得多,特别适合市场缺失或市场不完备的情形,中国基于熟人社会的社会网络关系为这种非正式制度的存在提供了天然土壤。但随着市场范围的不断扩大、市场规则日益取得主导地位以及政企关系的"脱钩",关系型合约治理日益让位

---

① 参见张军、王永钦:《大转型:中国经济改革的过去、现在与未来》,格致出版社 2019年版,"序言"。

于正式的规则和制度治理。培育市场和维持市场需要不同的治理机制,中国的市场化改革实践表明,在市场发育早期阶段正式的、明晰的产权制度及法律规则远不如主流经济学理论所宣称的那么重要。

最后,政府将基层创新经验渐进纳入法治化轨道也体现了政府的法治能力。中国市场化改革的发动方式总体上以自上而下为主,改革理论的形成和发展、改革目标的提出和调整、改革方案的设计和选择等,都是党和政府自上而下指导推动的结果,但这种自上而下的改革与苏联有本质区别,苏联的改革缺乏基层民众的参与,在社会主义制度和国家能力被削弱的情况下急剧转向不受控制的古典自由市场体制,最终演变成为领导层和精英阶层放弃社会主义制度的"革命"。[1] 而中国经济体制改革的发动虽然主要是自上而下统一开展的,但并没有排斥基层民众参与改革进程。从制度经济学的视角来看,中国的渐进性改革具有诱致性变迁与强制性变迁相融合的特征,特别是自下而上的诱致性变迁在改革中发挥了重要的作用,处于神经末梢和一线的农民、工人等基层主体和农村、城镇基层单位不单纯是改革方案的被动接受者,而是在"违规""违法"或得到默认的情况下进行了自发的改革探索,而后将成功的改革经验和制度创新经验向上传递,被上层接受后转化为推进改革的意志,并以国家法律等形式予以确认和合法化。这种符合人民根本利益、但不符合宪法或法律的"良性违法"[2],本质上反映了国家动态法治化的能力。值得注意的是,近年来,中国日益注重维护宪法和法律权威,并通过"暂停法律条款实施,允许地方依法试点来推动改革"的方式把改革纳入法治化轨道。[3]

---

[1]　大卫·科兹、弗雷德·威尔:《来自上层的革命——苏联体制的终结》,中国人民大学出版社 2002 年版。

[2]　郝铁川:《论良性违宪》,《法学研究》1996 年第 4 期。

[3]　2015 年 3 月,新修改后的《立法法》第十三条规定:"全国人民代表大会及其常务委员会可以根据改革发展的需要,决定就行政管理等领域的特定事项授权在一定期限内在部分地方暂时调整或者暂时停止适用法律的部分规定",将这种新的解决方案制度化。

3.财政能力:创造性动员社会资源

推进渐进式市场化改革,需要国家具备强大的支配社会资源的能力(即财政能力)来应对改革过程中的复杂、困难问题,比如在培育市场主体过程中,要把之前由国营企业包办的福利转变为社会福利体制,需要强大的国家财政能力作为支撑;在国有企业改革中,国有企业本身始终是保障国家财政能力的一个重要的、不可替代的基础;①在建立劳动力市场过程中要做好劳动力的转移安置问题、应对失业问题等,均需要强大的财政能力作为支撑。在渐进式市场化改革过程中,中国强大的财政能力得到充分运用和进一步发展。

首先,通过财政体制改革强化和发展财政能力。计划经济时期建立的财政制度以"统收统支"为基本特征,国有企业利润上缴财政,地方财政缺乏机动性。改革开放初期,为解决国家对企业、中央对地方"管得过多、统得过死"的问题,主要以"放权让利"为突破口推进财税体制改革。1979 年中国对工商税制进行了一次"利改税"的改革,从 1980 年开始全国大部分地区实行"划分收支,分级包干"的财政体制,按照经济体制规定的隶属关系,划分中央和地方财政的收支范围,核定调剂收入分成比例、地方上缴比例、中央定额补助等收支指标。随着 1984 年第二步"利改税"完成,国家与企业、中央与地方间的分配关系发生了很大变化,国营企业以相对独立的生产经营者身份向国家缴税,中国首次按照税种划分收支,从 1985 年开始中国实行"划分税种、核定收支、分级包干"的财政体制,但改革的结果是中央财政收入占全国财政收入的比重持续下降。1988 年国务院出台《关于地方实行财政包干办法的决定》,除广州、西安的财政关系仍分别与广东、陕西两省联系外,对其余 37 个省、自治区、直辖市和计划单列市分别实行收入递增包干、总额分成、总额分成加增长分成、上解额递增包干、定额上解、定额补助等不同形式的包干办法。但财

---

① 胡鞍钢、张新、高宇宁:《国有企业:保障国家财政能力的重要基础》,《国家行政学院学报》2016 年第 2 期。

政管理体制的繁杂、地方面对中央的讨价还价以及中央无法遏制地方的机会主义行为，暴露了"分灶吃饭"财政体制的缺陷，最严重的问题是导致国家财政收入占国内生产总值比重、中央财政收入占全国财政收入比重的持续下降，从而削弱了中央的宏观调控能力。为此，1994年中国推行了分税制改革，按照中央和地方政府的"基本事权"，划分各级财政的支出范围，根据财权事权相统一的原则，合理划分中央和地方收入，初步理顺了中央与地方、国家与企业之间的分配关系。此后，多次在税种、税收分成、转移支付等方面进行了改革调整，分税制作为一项基本财政制度已经定型。党的十八大以来，中央明确提出建立现代财政制度，把新一轮财政体制改革与国家治理体系和治理能力现代化联系起来。中国基本是在渐进式改革逻辑下建立起符合市场经济发展的财政管理制度的，1994年以前的"分灶吃饭"体制具有明显的过渡性质，1994年的分税制作为一项重大的财政制度创新，在实施过程中并没有突破原有的既得利益格局，而是在增量利益格局中做出有利于逐步提高中央财政收入比重的调整，对分税制的完善也遵循了渐进原则，保持了中央与地方政府间财政关系的基本稳定，未造成财政收支大起大落问题。通过渐进式市场化改革，财政能力得到发展和提升，中央财政收入占财政收入比重从1978年的15.5%上升至1994年的55.7%，到2017年达47%，中央财政的调控能力有了大幅提升和加强；财政收入占GDP比重从1978年的30.8%下降至1994年的10.7%，到2017年达20.9%，政府的财政汲取能力与市场经济体制的需求形成了良性的动态匹配关系。

其次，创造性地将土地资本化、信用化，转化为政府的财政资源。改革开放后，依靠从农业部门提取积累的传统模式已经难以为继，深圳、厦门等经济特区率先尝试通过出让城市土地使用权为基础设施融资，开创了以土地为信用基础的独特城市化道路。1994年的分税制改革为"土地财政"奠定了制度基础，地方政府由依赖企业税转向依赖营业税（主要对建筑业和第三产业征收），1998年住房制度改革、1999年土地储备制度的广泛推行、2003年土地招、拍、挂制度的出台等迅速推动地方政府走向"土地财政"之路。土地出让、银行贷款、城市建设、土地征收等之间形成了一个不断滚动增长的循环。① 2000—2009 年,全国土地出让金收入从 595 亿元上升到 17180 亿元,上涨约 28 倍;土地财政收入②从 1432 亿元增长到 24646 亿元,上涨了 17 倍。③ "土地财政"虽然带来了房价畸高、地方政府债务规模过度扩张、土地市场资源配置扭曲等突出问题,但成功解决了工业化和城市化过程中的资本形成约束问题,为城市迅速崛起、工业化的快速发展和经济的高速增长作出了重大贡献。

最后,国有企业在巩固和保障国家财政能力方面发挥了重要作用。在新自由主义者眼中,国有企业是计划经济的堡垒,不但效率低下,而且扭曲资源配置,必须完全私有化。但用这种有偏误的视角审视中国的国有企业及其改革进程,必然难以客观评价国有企业在中国市场化改革过程中的作用。1978—1993 年,全民所有制企业上缴利税占财政收入比重基本维持在70% 以上(仅 1991 年为 67%)。20 世纪 80 年代后期与放权让利的改革伴随而来的是财政收入增长乏力,但背后是国有企业的经营困难,从反面凸显出国有企业在保障国家财政能力上的重要性。1994 年分税制改革后,对国有企业进行了"战略性增强"式改革,1997 年按照党的十五大"抓大放小"、发展公有制经济的精神,对国有大中型企业进行战略性改组,2003 年进一步改革国有资产管理体制,这些举措使国有企业摆脱亏损、盈利面逐步扩大,带动财政收入稳步提升,为保障中国经济增长、确立中国在世界经济格局中的重要地位奠定了坚实的财政基础。④ 随着国企改革的深入推进,国有企业财税贡献仍居于主导地位。2008—2013 年,国有企业缴纳税金占税收收入比重基本维持在 32% 以上,2013 年 15.5 万户独立核算国有法人企

---

① 孙秀林、周飞舟:《土地财政与分税制:一个实证解释》,《中国社会科学》2013 年第 4 期。

② 此处土地财政收入的口径为:土地增值税、城镇土地使用税、耕地占用税、契税、房产税、所得税(建筑业)、土地出让金收入之和。

③ 田传浩:《土地制度兴衰探源》,浙江大学出版社 2018 年版,第 291—321 页。

④ 胡鞍钢、张新、高宇宁:《国有企业:保障国家财政能力的重要基础》,《国家行政学院学报》2016 年第 2 期。

业上缴税费 3.8 万亿元,占税收总额的 34.4%,占全国财政收入的 29.4%。① 国有企业在中国经济进入新常态以及中国特色社会主义新时代,仍将在保障国家财政能力方面继续发挥重大作用。

(四)总结性评论

中国在市场发育阶段的渐进式改革虽然也有自身特有的局限性,但与苏东国家相比,却取得了巨大成功。20 世纪 90 年代初期,俄罗斯等苏东国家急于扭转因为高度集中的斯大林体制造成的困境,试图通过以"大爆炸"和"休克疗法"为特征的激进式改革,迅速建立起西方式的市场经济体制和民主政治体制。苏东国家激进式改革从根本上否定了原有的体制特别是基本的政治和经济制度,试图在短时间内彻底推翻原有的宪政秩序,移植西方的民主政治制度和市场经济体制,因此在旧制度与新制度之间必然出现断裂,不可避免地会导致政治和经济秩序的混乱。苏东国家的激进式改革事实上削弱甚至瓦解了国家能力,也没有给政府官员、经济管理者、企业等留下学习的空间,在苏东国家转型初期,国家和官僚体系被认为是经济发展和市场改革的阻碍者,必须尽快被摧毁和取代,但对改革策略的设计、改革进程的掌控都取决于是否具有最低限度的国家能力。

采取渐进式改革战略,无疑是中国改革取得成功的最重要经验。但还需要从更一般意义上,提炼中国渐进改革的经验及一般规律。

一是改革必须从实际出发,"不唯上、不唯书、只唯实",摈弃教条主义和空想主义。中国的改革开放所要解决的一个重大问题是,如何把计划经济体制转变为市场经济体制,不仅要消解旧的制度,还要构建新的市场经济制度,这种转变非一朝一夕可以完成,而且无现成经验可供借鉴。中国采取了搁置姓"资"还是姓"社"意识形态争论的做法,一切从实际出发,在坚持四项基本原则、不改变社会主义性质的前提下,把"三个有利于"作为检验

---

①　张新:《国有经济发展:国家财政能力的最大保障——一种逻辑在两个时代的演进》,《知与行》2015 年第 1 期。

改革甚至判断各方面工作是非得失的标准,通过渐进式改革方式逐步确立了社会主义市场经济体制。中国正是因为没有遵循新自由主义和"华盛顿共识"的教导,才涉过无数的险滩,成功实现转型发展。例如,中国所实施的"双轨制"改革、混合所有制等就不符合主流经济理论的预设。中国之所以能够摒弃各种东方和西方的教条,很大程度上与中国共产党在革命和建设时期的经历有关,教条主义曾屡次重创中国的革命和建设事业,"解放思想、实事求是"作为中国共产党的思想路线,必须毫不动摇、长期坚持。

二是改革与国家能力的保持与建设必须同步进行。保持国家能力有效性不仅是一般的经济体健康运行的条件,更是体制转轨国家稳定有序发展的重要前提。同成熟市场经济体相比,转型国家对国家能力的需求更强,无论是新的市场体系构建,还是防止社会失序,抑或弱化转轨不确定性,都需要强有力的国家能力来支撑。① 渐进改革并非一帆风顺,面临极大的不确定性,需要凝聚改革共识、排除既得利益的干扰,需要制定正确的改革战略和策略,并坚定不移地执行,需要及时调整有偏向的改革方案,这需要国家具备较强的学习能力、动员能力和改革工程实施能力。中国在坚持基本政治和经济制度不动摇的前提下,采取"摸着石头过河"的方式,渐进寻求社会主义制度与市场经济结合的具体方式,在此过程中,虽然经历多轮简政放权、政企分开的改革,但国家能力并未被弱化,甚至还通过政治、行政、财税、金融等体制改革得到了强化。中国共产党在革命战争、社会主义建设时期积累的合法性资源和组织动员能力以及勇于改正错误的精神,在改革开放期间延续下来,保障了改革开放所必需的政治稳定、社会秩序以及自主性。② 中国共产党肩负实现中华民族伟大复兴的历史使命,一直存在紧迫的学习和追赶动力,面对 20 世纪 70 年代世界范围内的改革浪潮,中国共产党进一步意识到不改革或改革不到位,就有"亡党亡国"的危险,在意识到

---

① 张凤林:《国家能力有效性与体制转轨:中国经验解读》,《光明日报》2015 年 7 月 30 日。

② 马德普:《渐进性、自主性与强政府——分析中国改革模式的政治视角》,《当代世界社会主义》2005 年第 5 期。

中国的发展现状与发达国家存在巨大差距后,学习动力进一步被激发,采取拿来主义的态度广泛学习借鉴世界各国的改革经验和成果,同时又对革命和建设时期正反两个方面的经验进行了深刻总结,摆脱了传统计划经济教条主义和西方新自由主义新教条的束缚,走出了一条具有中国特色的渐进式改革和制度转型之路。在改革的战略设计与实施上,中国从体制外、农村等边缘地带、沿海等局部地区开始,以增量改革带动、倒逼存量调整,在具体推进改革时,通过试点和分散试验①进行充分学习、探索,一旦形成可复制的成功经验,则迅速在更大范围内进行推广,一些基层的制度创新和改革经验正是借此获取更高的合法性,一些有偏向的改革方案通过试点可以充分暴露其局限性,从而有机会得到纠正或完善。正是在国家能力的支持、保障下,中国的渐进改革取得了巨大成功,渐进式改革为政府官员和社会主体提供了适应性和创造性学习的可能性,避免了苏东国家那种急于摧毁旧制度和国家能力,试图一步跨入市场经济新制度的激进式做法。

三是必须正确处理好改革、发展与稳定之间的关系。改革是手段,服务于发展这个根本目的,只有经济不断发展,才能解决渐进式改革中所出现的问题,才能保障社会的稳定,才能让更多的人拥护改革、自觉推进改革。改革必须兼顾稳定,改革的烈度、范围不能超过社会可承受的程度,稳定为改革提供了基础保障,社会不稳定,改革将难以深入,最终会影响到发展大局。

三、广东渐进式市场化改革实践

广东是改革开放的前沿阵地,为中国的渐进式市场化改革作出了重大贡献。本节结合广东省情及经济社会发展特征,选取具有典型示范意义的若干重大改革案例②,展现广东推进渐进式改革的逻辑及路径。

---

① Chen P., 1993, "China's Challenge to Economic Orthodoxy: Asian Reform as an Evolutionary, Self-Organizing Process", *China Economic Review*, Vol.4: 137–142.

② 本节选取的典型改革案例并没有包括开放,主要是因为后文有专节讨论广东的开放实践,此处不再赘述。

40 多年来,广东坚决贯彻中央意志,坚持解放思想,勇于创新探索,率先在实践中突破所有制理论的桎梏,大力发展城乡集体所有制经济,积极鼓励"三来一补"、中外合作、中外合资、个体民营等多种经济形态发展,勇于探索社会主义公有制的实现形式,率先重构市场经济运行的产权和微观制度基础,为中国推进市场化改革提供了众多先行示范经验。

(一)开创乡镇企业发展的"珠江模式"

珠江三角洲历来是中国商贸活动最活跃的地区之一,重商文化浓郁,且毗邻港澳,当地人民与港澳同胞、海外华侨关系密切。改革开放前,由于实行了高度集中的计划经济体制,经济发展活力受限,主要以稻谷、甘蔗、水果、塘鱼等传统农业为主。改革开放以后,随着农村家庭联产承包责任制的推行以及大力推进对外开放,珠三角大胆改革创新,支持各地放手发展乡镇企业,在全国首创加工贸易方式,引进大批"三来一补"企业,与香港形成"前店后厂"的地域分工格局,乡镇企业异军突起,珠江两岸呈现"村村点火,镇镇冒烟"的繁华景象,逐步形成以"三来一补""三资"企业和乡镇企业为主的珠江发展模式。

1. 东莞模式①

东莞主要发展"三来一补"和"三资"企业,形成了外向型发展的"东莞模式"。1978 年 7 月,国务院发布《开展对外加工装配业务试行办法》,广东省委率先作出发展来料加工的决定,东莞、南海、顺德、番禺、中山作为先行试点县。东莞率先行动起来,把来料加工作为重要工作来抓。1978 年 8 月,东莞县二轻局太平服装厂与香港信孚手袋制品有限公司共同创办全国首家"三来一补"企业太平手袋厂,拉开利用外资发展工业的序幕。同年,成立东莞县对外加工装配领导小组,实行"一个窗口对外"、行政审批"一条龙"管理和服务。在无资金、无技术、缺人才、无市场的形势下,"借船出

---

① 参见东莞市地方志编纂委员会:《东莞市志(1979—2000)》上册,广东省出版集团、广东人民出版社 2013 年版。

海",充分利用当地的土地资源、劳动力资源和"三堂"(祠堂、会堂、饭堂)、仓库等设施,积极引进"三来一补"项目。"三来一补"业务率先在邻近深圳特区及沿广九铁路、广深公路、莞樟公路的地区发展,进而扩到全县各地,形成"遍地开花"局面。1984年以前,东莞开办的"三来一补"企业主要是香港中小商人(其中有40%是东莞籍香港同胞)投资,合作的主要形式是来料加工装配,从中收取加工费、土地转让费以及厂房租金,工厂几乎全是利用闲置的集体食堂、会堂、祠堂、仓库改造而成,引进的项目主要是毛织、服装、手袋、玩具、小五金等劳动密集型的行业。1985年,东莞撤县设市,列入沿海经济开放区。东莞及时颁布《鼓励外商投资的优惠办法》,积极实施外向带动战略,扩大招商引资的领域和规模,工业化进入修建标准厂房、完善基础设施、优化外商投资环境、"三来一补"和"三资"项目并重的"筑巢引凤"阶段,技术水平和产品档次得到较大提高,各种形式的外资企业遍布各个镇区。1988年,东莞升格为地级市后,开始引进香港上市公司、国际性大企业,外来劳动力开始大量涌入。1992年邓小平南方谈话发表后,东莞迅速掀起招商引资热潮,外向型经济开始跨入创建高档次工业园区、设园引资、高标准选资阶段。工业集聚发展水平不断提升,形成了一批颇具规模的电子城、纺织城、食品城、服装城、鞋业城以及医药、钟表基地。1990年,东莞6000多家企业中,"三来一补"企业达4500多家。

2. 顺德模式

"顺德模式"的核心是"产业结构以工业为主,所有制结构以集体为主,企业结构以规模企业为主"。1978年8月,顺德县容奇镇与香港"牛仔大王"签订来料加工补偿贸易合同,建立大进制衣厂,首创"三来一补"先河,工厂资金、设备、技术、管理人员、原材料、订单全部来自香港厂家,容奇镇只负责提供厂房和劳动力。1979年秋,佛山地委肯定"三来一补"的创举,并鼓励社队企业走农、工、副相结合的发展道路,充分利用毗邻港澳的有利条件,引进先进技术和外资,大力发展"三来一补"工业。顺德的乡镇企业几乎全部依赖镇、村的集体经济力量兴起:一部分由原来的社队企业发展而来,如北滘镇裕华实业公司、陈村镇的华英风扇厂、桂洲镇的顺德电缆厂等,前身就是木器厂、农机厂、竹器厂;另外一部分是依靠农业资金积累,由乡镇政府直接投资设立。如珠江电冰箱厂,由容奇镇政府在 1983 年底投资 9 万元兴办。政府深度参与乡镇企业的扩大再生产过程,不仅为企业向银行借款提供担保,还参股乡镇企业直接为企业提供资金。政府官员围绕企业转,"上京下香"("京"泛指京、穗、沪等大中城市,"香"不专指香港,泛指海外),拉项目、筹资金、销产品、谈合同、聘人才。经济起飞期的顺德各级政府实际上是企业家型政府的典范。顺德镇、村办企业虽然占比不是很高(1984 年约为 22%),但企业规模大,到 1988 年镇、村办企业总产值占乡镇企业总产值的 99%,到 1992 年超亿元企业已有 38 家,涌现出美的、科龙、容声、格兰仕、万家乐等一批知名家电企业。

3. 南海模式

中小型非公有制经济成为南海发展的主要载体和动力,这是"南海模式"与"顺德模式"的根本差别。在改革开放初期,南海的发展基础较差,工业产值主要来自县及公社的国营集体企业,人均收入不足百元。南海只能依靠土地、劳动力等生产要素的低成本与毗邻港澳的区位优势,大力发展外向型劳动密集型制造业,一批农民"洗脚上田"开工厂、办企业。1980 年 1 月,佛山地委常委、地区行政公署副专员何武,南海县委书记梁广大带领南海县委负责同志分别到 1979 年度人均分配超 400 元的南沙、东联、下滘、罗南、泌冲 5 个大队"贺富",突破"穷光荣、富可耻""以粮为纲"等束缚发展的思想桎梏,激发了各社队和个人的创业热情。1980 年,在时任县委书记梁广大等人的精心策划下,在西樵山天湖举办中断了 40 多年的传统民间活动——"半山扒龙船"(即"锦龙盛会"),港澳、海外乡亲闻讯而至,盛会聚集 10 余万人,开启了港澳同胞回乡投资办厂的热潮。1984 年,在农村家庭联产承包责任制全面建立后,南海大胆提出了"三大产业齐发展,六个层次一起转"的战略和"一手抓粮,一手抓钱,要放开手脚,大力发展社队企业"的方针,让县属、公社、村办、队办、联合体企业和个体工商户能够"六个轮子一起转",在全国首开将个体经济与其他所有制经济同等对待的先河。伴随着"星期六工程师"这一产学研合作的初期尝试与开放条件下的技术仿制与改进,南海乡镇企业开始走上进口替代的发展道路,外向型发展模式逐渐向内生型增长模式转变。从"三来一补"到乡镇企业、再到民营经济的发展过程中,南海以行政乡镇为边界自发形成产业集聚,从"一村一品、一镇一业"开始逐渐形成"一镇一品"专业镇经济,如狮山镇的装备制造、家电制造、玩具业,桂城街道的鞋业、机械装备,大沥镇的有色金属制造、内衣业,丹灶镇的五金业,里水镇的制袜业,九江镇的金属材料加工等。

4.中山模式①

"中山模式"是以地方国有企业为龙头,逐步向乡镇企业转变,形成农村工业化的体制基础;以企业集团为载体,开发拳头产品,创立名商标,发展"五高"工业(高科技、高档次、高附加值、高市场、高创汇),实现规模经济效益。1979年,中山落实《国务院关于发展社队企业若干问题的规定》(试行草案),因地制宜,大力发展产、供、销对路的社队企业。与此同时,利用邻近港澳的有利条件,吸引外商办起胶花、毛织、服装等"三来一补"企业。1981—1985年,全县以发展轻纺工业为重点,主要从轻工、支农和出口三个方面对工业结构、组织结构和产品结构进行调整。1985年,中山市委提出发展外向型经济方针。1986年起,加快发展沿海经济,坚持国营、集体、私营、个体、混合型等多种所有制经济协调发展,逐步调整优化一、二、三产业结构,努力形成以农业为基础、以工业为主体、以外向型经济为导向的经济格局。从1987年开始,中山推进企业体制改革,发展完善企业集团。1988年,组建由12家企业集团形成的"中山舰队",聚集规模大、基础好、技术力量雄厚、人员素质高的国营企业,带动各类所有制企业协调发展。1989年,中山地区生产总值45.21亿元,12家企业集团占50%以上。

乡镇企业发展的珠江奇迹,对广东农村工业化、经济加速起飞起了巨大的推动作用,最初是农村基层自发探索的产物,但之所以能够形成特色模式,与以近海开放、内引外接、创新务实、兼容并蓄为特征的岭南文化高度相关,珠三角地区涌现出一批敢为天下先的改革者,充分运用中央赋予广东的

---

① 参见中山市志编纂委员会:《中山市志(1979—2005)》,广东人民出版社2012年版。

特殊政策和灵活措施,创造性地开展实践探索,破除了各种理论迷障,充分利用与港澳联系便利的区位和地缘优势,率先引进港澳资本、技术及"三来一补"项目,在培育有竞争力的微观市场主体方面大胆探索,取得了显著的成功,为全国推进改革开放作出了先行示范。

(二)创造国有企业改革的"清远经验"

在计划经济体制下,国营企业缺乏经营自主权,职工缺乏积极性,普遍存在吃"大锅饭"现象,县级国营工业企业连年亏损。1977年,清远县有地方国营工业17家,其中轻工企业7家、化工企业2家、建筑材料工业2家、机电工企业5家、冶金工业1家。当年,清远县属国营工业企业不仅没有完成国家下达的利润计划,盈亏相抵后还亏损了34.27万元。1978年,全国开展关于真理标准问题大讨论后,处于困境中的清远氮肥厂也召开了讨论大会,决定拿出5万元实行"记分计奖",把产量、工艺指标、安全生产等指标与奖金挂钩,分1.2元、1元、0.8元三个标准等级进行核算,并最终发放给个人。员工生产的积极性得到极大激发,连续9年亏损的企业开始扭亏为盈。1978年10月,清远在总结氮肥厂"记分计奖"经验的基础上,结合当时影响全国的"农业大包干"的做法,推出"超计划利润提成奖",并从10月14日开始在氮肥厂、磷肥厂、水泥厂、农机厂4个企业试行。1979年开始在全县17家国营企业全面推行"超计划利润提成奖",当年国营企业利润达359.87万元,比1978年增长2.1倍。但与此同时,企业在资产处置、招工等方面均缺乏自主权,工业管理体制成为束缚企业发展的"牢笼"。1978年冬至1979年4月,清远县对县级机构重叠、多头领导的工业管理体制进行改革,撤销各工业局,由县经委直接管理国营工业企业,并相应扩大企业的经营管理权限。在实施"超计划利润提成奖"过程中,企业职工普遍担心上级对下一年度的利润计划提高指标,会妨碍企业最大潜力的挖掘和生产积极性的发挥。针对这种情况,清远县委、县政府在1980年试行利润包干、超额分成的经济责任制,由县经委一个户头向县财政包干,经委再下达包干任务,分别确定各工业企业不同的留成比例,企业按月向县财政缴纳,年终由县经委向县财政统一结算,超额部分全部留给承包单位,开创国营工业企业承包的先河。为避免包干基数年年加码,出现"高指标"现象,从 1981 年起,清远实行"利润包干、逐年递增、超额分成、一定三年"的"递增包干"制度。

但改革从来都不是一帆风顺的,发放奖金在当时被看作是资本主义"物质刺激""奖金挂帅","超计划利润提成奖"和试行"利润包干"的"清远经验"触动了沿袭多年的计划、财政、商业、外贸等体制,引起了巨大震动。尽管习仲勋等省领导认为清远经验值得推广,但并没有平息关于"清远经验"的争论。1979 年 5 月,广东省财政和劳动部门联合发文,以缺乏文件依据、提成比例大、上缴国家财政相对减少等为由,要求清远县停止实行"超计划利润提成奖"。1979 年 8 月,广东省委、省革委会在广州召开全省工业交通增产节约工作会议,在分组讨论会上,韶关代表和省财政、劳动、银行等部门的代表,围绕肯定还是否定"清远经验"展开了激烈的讨论。时任广东省委第一书记习仲勋全程参与了讨论,在听取了各方意见后,习仲勋在讲话中认为"清远经验"是冲破旧体制的一种尝试,值得肯定。在习仲勋的大力支持下,截至 1980 年 3 月,全省 2010 户地方国营企业中有近 1000 户企业推广了"清远经验",但经验推广过程中风波又起。在 1980 年 6 月召开的全省工业交通增产节约、增收节支工作会议上,与会人员又掀起了对"清远经验"的争论,习仲勋再次对"清远经验"表示支持,认为"清远经验"是一个很好的新生事物。1980 年 7 月 5 日,习仲勋专程赴清远、韶关开展了为期11 天的调研,充分肯定"清远经验",对"清远经验"的推广起到了关键的作用。1980 年 7 月 29 日,广东省委、省政府正式印发了习仲勋在粤北考察调研期间主持起草并亲自签发的《批转清远县国营工业企业实行超计划利润提成奖和改革工业企业管理体制的报告》,指出"清远经验"是一种大胆的、可贵的尝试,决定在全省范围内加以推广。来自广东的"清远经验"很快引起中央的注意,1981 年国务院发文,要求全国各地推广"清远经验",搞好县(市)工业管理体制改革。据《清远经验史录》记载,到 1981 年年底,全国有363 个县和 17 个小城市学习"清远经验"。

清远"提着脑袋"在工业领域开启了国有企业的改革,通过扩大企业自主权,初步理顺了国家、企业和职工三者的关系,调动了县、企业和职工的积极性,"清远经验"是县级工业管理体制改革迈出的第一步,对全国冲破旧框框的桎梏以及对国营工业管理体制的改革,起到了良好的示范作用。

(三)敢为天下先:顺德的公有产权制度改革

20世纪80年代顺德工业化的加速起飞,很大程度上是由县、镇两级政府推动的,公有制企业占90%以上。部分企业由政府参与创办,同时政府还为乡镇企业贷款提供信用担保,通过税收减免等优惠措施扶持企业发展。1991年,农业部评出的全国十大乡镇企业中,广东省占5家,全部在顺德,顺德成为名副其实的白色家电之都。但耀眼的光环之下,潜藏着深刻的危机。政企关系边界不清晰,承包经营产权模糊,权责利不对等,出现了企业行为短期化和负盈不负亏等严重问题,"厂长负盈、企业负亏、银行负债、政府负责",是不少企业的真实写照。1993年3月,顺德农行和信用社提交了一份调查报告《辉煌的成就,惊心的包袱》,报告显示:全市有259家企业濒临破产边缘(当时顺德市属企业和乡、镇办企业共978家),所欠银行21亿元贷款成为不良资产;农行和信用社的镇办企业呆滞贷款从1990年底的2.1663亿元上升至1993年3月底的9.695亿元,占贷款总量的比重从17.2%跃升至35%。改革已势在必行。

顺德市委、广东省政府认为造成上述现象的根本原因是产权不清晰、责任不明确,决定从产权制度入手推进改革。为顺利推进产权制度改革,在试点基础上,制定了关于资产评估、产权界定、财务处理、社会保障、监督保证和社会服务等一系列配套政策。还在市、镇两级建立转制工作领导小组,组建市投资控股总公司(下设工、商、建、农四个分公司)和各镇的投资控股公司,作为公有资产的代理主体,具体组织实施产权改革和公有资产产权的经营管理。此外,还筹备了应急资金,为职工退休、遣散、医疗等提供资金保障。1993年6月,顺德市委、市政府印发《关于转换企业机制,发展混合型经济的试行办法》,决定通过政府独资、控股、参股经营等方式,对全市公有、集体所有制企业进行产权改革。按照"产权明晰、责任明确、贴身经营、利益共享、风险共担"的目标,全面推动企业整体转制。通过产权转让、引资扩股、公开拍卖,建立股份制、股份合作制和混合型经济,实现产权主体多样化。顺德产权制度改革的原则是抓住一批、转换一批、放掉一批。抓住的是高科技产业、规模企业和垄断性行业,实行政府独资或控投,优化公有资产配置;转换的是民间、社会都能办的一般性企业,实行股份合作经营、公私合营、公有民营、租赁经营;放掉的是扭亏无望、资不抵债的企业,实行拍卖、破产。但这种惊世骇俗的"趟雷区"举动,换来的是此起彼伏的质疑声。"顺德模式"还如日中天,没有人敢否定公有制,敢于在产权和根本性的体制层面尝试改革,宝华集团的改制失败即是明证。改革也意味着对自我的革命和对过去的否定。为减少改革阻力,广东省要求顺德"多做少说","不宣传,不推广,成功了再说"。顺德再次展现了"敢为人先"的勇气和担当精神,冒着巨大的风险,义无反顾地走上了"二次创业"之路。到 1996 年年底,顺德市、镇两级 1001 家企业中,经过改革已经有 622 家转制,其中由政府独资经营的有 94 家,控股经营的有 21 家,股份合作经营的有 235 家,合伙经营的有 249 家,上市股份公司有 2 家,停产的有 21 家。两级企业总资产中,公有资产的比重由 90% 降至 62.4%,外商及民间投资者资产比重占 37.6%。至 2002 年,尚未转制的 141 家企业也通过关闭、转让、兼并等方式完成转制工作。通过公有企业产权制度改革,顺德初步建立了现代企业制度和新的政企关系。大批企业完成转制后,实现了产权主体多元化,企业走上了自主经营、自负盈亏的道路,极大地激发了企业的生机和活力,由此催生出美的、碧桂园、格兰仕等一大批优秀企业。顺德在全国率先建立起社会主义市场经济框架,成为中国企业产权制度改革的先行者。顺德的先行探索,到 1997 年党的十五大召开时最终得到肯定。1997 年 11 月 5—7 日,《人民日报》连续对顺德改革经验进行了报道,顺德经验开始走向全国。

相关链接:"靓女先嫁"与华宝改制

顺德在推进公有企业产权制度改革过程中,创造了全国著名的"靓女先嫁"模式,即先拿出最好的企业进行转制,起到示范作用,消除人们对产权风险的担忧。顺德市政府瞄准了当时空调第一品牌的广东华宝(集团)股份有限公司。广东华宝集团旗下拥有12家企业,靠顺德县经济发展总公司借款5万元起步,发展成为资产达数十亿的企业集团。1989年华宝旗下工厂制造出国内第一台分体式空调,1993年华宝产值达20亿元,成为当时中国著名的空调品牌。1993年6月,华宝集团完成了股份制改造,顺德市政府间接占股74.96%。同时,也发行了内部职工股。但产权改革,需要庞大的资金来解决国有企业、集体企业职工社会保障以及银行债务等问题,股权不变现就难以筹集到资金。顺德经过多方物色、谈判,与香港蚬壳电器达成意向。1993年11月22日,双方正式签约,顺德市政府将6.44亿股权作价12.88亿元转让给香港蚬壳电器。但随后即发生强烈反弹,有人认为"华宝转制"造成了国有资产流失,是戴资本主义帽子。1994年11月10日,迫于压力,香港蚬壳电器宣布与华宝解约。经过这一次风波,华宝元气大伤,成为"剩女"。经此一役,顺德人清楚了一个道理:"靓女"一定要嫁给"本村人",这样转起来阻力会小一些。后来美的、格兰仕等企业通过管理层收购均顺利实现转制。

第四章 自主有序的开放之路

近代以来,全球经贸联系日益密切,一个经济体通过参与全球分工和进入国际市场,不仅可以直接扩展境外市场边界,还能间接促进境内市场发育,从这个意义上讲,开放是市场孵化的推进器。然而,并不是所有的开放都能成功。以"二战"后为例,既有日本、"亚洲四小龙"等为数不多的成功经验,也有东南亚、拉美等众多不太成功的教训。经验和教训都指向三个与开放策略有关的基本问题:(1)开放顺序先后;(2)开放速度快慢;(3)对外开放与对内改革配套与否。成功的开放通常遵循一定的顺序、以适中的速度并且与内部改革相配套,不成功的开放往往在一个或几个方面违背了上述原则。

我们认为,开放策略差异的根源在于国家能力。信奉市场原教旨主义的经济体采取"一放了之"开放策略,无序、过快开放引发本国市场被外国资本占据,同时缺少配套改革致使本国企业缺乏竞争力和无法进入国际市场,结果是开放不仅没有加速本国市场发育、促进经济增长,反而沦为全球化的附庸。地理大发现以来,国家和政府一直都是对外开放的重要参与者,从西班牙、葡萄牙王室对于航海探险的资助,到英国政府对于纺织市场和纺织技术的保护,再到德国采取的李斯特阶段性贸易保护策略,乃至东亚经济体的"进口替代"和"出口导向"组合策略,无一不表明政府参与开放进程的必要性,以及适当的开放策略对于推进市场孵化的重要性。

一个经济体只有在开放状态下才能实现跨越式发展,已经毋庸置疑。

热力学第二定律认为,在一个封闭系统中衡量无序度的熵会持续增加,保持或增加系统有序度只能通过与外部环境进行能量或信息交换。[①] 人类文明进化史显示,任何文明只有与外界保持交流并吸收其他文明合理之处,才能拥有应对优胜劣汰文明竞争的适应能力。近现代经济发展史同样表明,没有一个国家或地区能够在封闭状态下实现长期繁荣;相反,成功实现跨越式发展的经济体都是开放的典范,典型例子包括明治维新时期后的日本、"一战"后的苏联、"二战"后的"亚洲四小龙"。

理论上对外开放具有三种潜在收益:一是基于比较优势进行国际贸易,实现商品和服务的内外交换和种类增加,提高了国民福利水平;二是通过技术或思想交流,提高技术水平;三是参与全球分工,提高生产效率。第一种开放收益长期占据主导地位,早期以区域内小规模互通有无贸易为主要特征,政府参与能力和参与意愿都较低。工业革命后,由于新的运输工具和通信技术涌现,思想和技术传播加快,开始出现跨国分工。正如《共产党宣言》所论述:"资产阶级,由于开拓了世界市场,使一切国家的生产和消费都成为世界性的了。……过去那种地方的和民族的自给自足和闭关自守状态,被各民族的各方面的互相往来和各方面的互相依赖所代替了。物质的生产是如此,精神的生产也是如此。"[②]工业化国家以获取原材料和工业品销售市场为主要目的,对外开放程度和水平成为国力的重要组成部分,政府开始积极参与对外开放,成为开放的重要推动力量。"二战"后全球经济迈入一体化新阶段,分工越来越细,产业部门持续增多,产业链条不断延伸,全球日益成为一个大的经济循环体。在此背景下,开放对于发展的作用从可选项变成必选项,经济体开放的内容空前复杂化和多样化,不仅涉及如何融入全球市场,而且关系到在全球分工中的位置,能否制定正确的开放策略成为考验政府执政水平和国家能力的试金石。

---

① 张鸿骊:《马克思的跨越设想与邓小平的开放理论——为我国改革开放 20 周年而作》,《西北大学学报(哲学社会科学版)》1998 年第 3 期。
② 《马克思恩格斯选集》第 1 卷,人民出版社 1995 年版,第 254—255 页。

一、开放型经济与市场孵化

我们通过归纳现有研究,发现对外开放促进市场孵化有四个途径:
(1)扩展了市场边界,本国企业通过国际贸易或直接投资参与全球经济
循环;(2)外资进入丰富了市场主体,外资企业作为外来市场主体不仅带
来了新的技术、资本和管理经验,也提高市场竞争水平;(3)外资企业和
出口企业通过示范、竞争、合作等多种途径,向国内企业传播国外先进的
经营理念、技术、管理和营销模式;①(4)对外开放为国内改革输入外生动
力,发展中国家为适应国际经贸规则所做的努力客观上也是推动内部改革
的动力,有助于促进思想观念转变、加快生产要素流动和推动体制机制
改革。

(一)扩展市场边界

关于开放能否促进市场孵化,曾经存在两种截然不同的观点,争议的焦
点是国际市场和国内市场的关系。第一种观点认为,发展中国家在国际经
贸体系中处于弱势地位,发展中国家出口品以附加值较低的自然资源、农产
品和初级加工品为主,进口品则是高附加值的工业品,处于"被剥削"地位,
引进境外投资不仅危及本国经济安全,还可能挤压国内投资。因此,开放非
但不能扩大市场规模,而且导致国内市场被外资侵蚀。因此,发展中国家应
该设置开放门槛限制国际经贸往来,主要通过自身力量实现工业赶超和经
济增长,实践中表现为所谓的"进口替代"战略。第二种观点认为,发展中
国家应该消除一切贸易投资障碍,无条件彻底对外开放,通过实现国内和国
际两个市场的快速融合从而加速市场发育。持有这种观点的既包括"华盛
顿共识"旗帜下的西方主流经济学家,也包括世界银行、国际货币基金组
织等国际金融机构。例如,世行的跨国经验研究显示,参与全球化的发展

---

① 江小涓:《中国开放三十年的回顾与展望》,《中国社会科学》2008 年第 6 期。

中国家比没有参与的国家增长更快。① 现在来看,上述两种观点都有失偏颇。

日本和"亚洲四小龙"通常被认为"出口导向战略"的成功典型,即通过放松贸易管制、鼓励出口等措施实现经济腾飞,罗德里克认为这种观点高估了"出口导向"的作用。"出口导向"至少无法解释东亚国家尤其是日韩的两个基本事实。② 一是简单的出口导向不会自然导致物质资本的迅速积累。出口增长不等于国内投资的增加,而物质资本积累被认为东亚成功的关键。以韩国为例,20 世纪 60 年代—90 年代韩国工人人均产出年均增长5.7%,③其中 3.3%来自于物质资本。④ 二是忽略了东亚政府在开放过程中发挥的重要作用,⑤这些作用包括但不限于产业选择、出口纪律、信贷配给、税收优惠等。概括来说,东亚开放之所以成功可以归结到三个方面。一是通过严格的出口纪律打开国际市场,把出口绩效和产业政策结合起来,出口绩效好,具备全球竞争力的制造企业可以得到更多的政策扶持,既解决了产业政策的效率问题,又能够孵化出有全球竞争力的出口企业;二是通过选择性开放推动国内市场孵化,对于产业政策重点发展的行业,通过贸易保护减少国外产品对国内市场的冲击,实际上是一种进口替代策略;三是金融业等重点服务业开放相对迟缓,在金融市场发育不完善的阶段实施严格金融管制,一方面可以把资金向产业政策重点行业和企业倾斜,另一方面也可以避免外部金融风险的传染和冲击。

---

① 参见世界银行:《全球化增长与贫困》,中国财政经济出版社 2003 年版。
② 罗德里克:《新全球经济与发展中国家:让开放起作用》,王勇译,世界知识出版社 2004 年版,第 39 页。
③ Collins S. M., Bosworth B. P., Rodrik D., Economic Growth in East Asia: Accumulation versus Assimilation, *Brookings Papers on Economic Activity*, 1996(2): 136-138.
④ 这也是克鲁格曼等主流经济学家对东亚模式最为诟病的地方,刘遵义等认为东亚地区的技术进步主要通过模仿技术前沿而非直接创新,显然更有解释力。
⑤ 罗德里克:《新全球经济与发展中国家:让开放起作用》,王勇译,世界知识出版社 2004 年版,第 38 页。

相关链接:日本开放三部曲

日本对外开放远不是简单的"出口替代"。从"二战"后算起存在一个完整的演化变迁过程,分别是保护、扶持和开放三部曲。首先是保护阶段,政府通过贸易限制和投资限制保护国内市场。例如,20世纪50年代欧洲汽车大量进入日本市场,危及日本国内汽车产业的生存,日本政府在高关税保护措施失效后,建立起外汇预算等非关税壁垒,坚决把国外汽车挡在日本市场之外。其次是扶持阶段,在保护国内市场的基础上推行产业政策,孵化企业和产业。仅20世纪50年代,日本政府就颁布《合成纤维产业育成对策》(1952)、《石油化学工业育成对策》(1955)、《机械工业振兴临时措施法》(1956)、《电子工业振兴临时措施法》(1957)等多部立法形式的产业政策,通过信贷倾斜、税收优惠、重点技术引进、支持投资并购等方式扶持电机、汽车、电子、石油化学、合成纤维等产业部门。最后才是开放阶段,随着产业发育成熟和国际竞争能力增强,日本逐步推进贸易自由化和投资自由化,并最终开放金融市场。先后顺序的选择标准是产业政策需要,例如,较快实现贸易自由化的是生铁、普通钢、船舶等,机械、汽车等则相对较慢;较早实现投资自由化的是日本具有竞争力的钢铁、造船等行业,电子、机械等竞争力不强且重点发展的产业多年后才实现投资自由化。

最能体现日本谨慎开放的是金融业,从1964年日元经常项目下可兑换到1984年修改《外汇管理法》名义上实现资本项目下可兑换,经历了20年时间,但1984年之后仍然在证券交易市场准入、金融商品开发方面保留了许多排外性规制。直到20世纪90年代初它仍然是发达国家开放程度最低的国家之一,尤其是金融业以本土化经营为主,少有外资染指。1995年日本在美国的压力下签署金融服务协议,目的是推动资本市场开放,根据协议美国要求日本每年提交《年度改革要望书》,对照检查日本对美国的开放状况。金融服务协议没有带来日本金融体系的革新,美国资本也没能顺利进入日本市场,银行、证券、保险等金融企业在日本的兼并收购多在失望中结束。客观地说,日本渐进式金融开放带来的效果具有两面性:一方面,渐进的开放模式对于日元向资本项目下自由兑换体制的平稳过渡发挥了积极作用。另一方面,日本金融市场的相对封闭也是导致"失去的二十年"重要原因。概括来说,渐进有序是日本开放模式的最大特征,其背后是具有东方特色的政府组织性和计划性,因此导致它与西方发达国家的不同并曾经遭受诟病。

中国开放策略充分汲取了东亚模式的精髓。改革开放初期,中国经济基础薄弱,外汇资金匮乏,借鉴日本和"四小龙"经验采用出口导向与进口替代相结合的发展模式,即在具备成本比较优势的劳动密集型行业实施出口导向战略,在不具备比较优势但关系工业化目标的资本技术密集型行业实施进口替代战略。劳动密集型产业参与全球分工,在储备大量技术工人的同时,也为国家创造大量外汇,从而能够进口稀缺资源和先进技术设备,支持工业化和产业升级;同时,通过发展资本技术密集型行业进行技术储备,为后来的产业升级奠定基础。

与东亚模式相比,拉美、东南亚则没能通过开放成功实现市场孵化。在东亚奇迹之前,拉美、东南亚地区许多发展中国家在一段时间内实现耀眼增长,甚至风头盖过东亚经济体,但因为没有处理好上述三个问题,未能完成市场孵化。

拉美地区以巴西最具代表性,巴西在20世纪80年代之前连续25年实现7%以上的增长率,但1982年债务危机爆发后经济崩溃,并且一蹶不振,长期深陷通货膨胀和增长停滞的泥潭。巴西经济崩溃始于对进口替代战略的过度依赖,长期的内向发展导致一系列结构性失衡现象,制造业企业在高度保护政策下只关心有限的国内市场,无心亦无力开拓国际市场,不仅难以发挥规模效益,更重要的是错失产业升级机遇。[①] 而后在石油危机冲击下选择的"负债增长"之路,则是"饮鸩止渴"式的权宜之策,最终酿成严重债务危机。为了摆脱债务危机,20世纪80年代末开始,在国际机构和新自由

---

① 苏振兴、张勇:《从"进口替代"到"出口导向":拉美国家工业化模式的转型》,《拉丁美洲研究》2011年第4期。

主义的建议下,巴西的开放策略走向了另一个极端,在较短的时间里迅速推行贸易自由化、投资自由化和金融市场化,结果不仅没能开拓国际市场,而且丧失了国内市场。对照东亚模式,拉美的开放有三点教训值得注意。一是没有执行出口纪律,没有通过培育国内市场主体拓展国际市场,不能享受国际市场规模效应。二是开放速度太快,没有正确处理对外开放与国内市场保护的关系。成功的开放需要长时间酝酿,渐进开放才能把外来冲击控制在较小范围。拉美的开放太过突然,在没有充分准备的前提下一步到位,国内企业仓促应对激烈的外部竞争,破坏了本来就不坚实的国内工业基础。三是政府存在职能缺位问题。许多拉美政府信奉"华盛顿共识"为代表的新自由主义思想,把私有化看成改革的灵丹妙药,大幅度减少政府干预,客观来说,这些改革有利于市场机制发挥作用,但政府在一些政策方面走到极端,甚至大幅消减教育等公共事务支出、无视金融风险监管责任。

与拉美相比,东南亚国家的对外开放更早、更彻底,其中以马来西亚、印度尼西亚、泰国三国尤其突出。在相当长时间内,这些国家不仅取得与东亚"四小龙"相仿的增长绩效,甚至因为更彻底的开放被世界银行誉为"表现卓越的亚洲经济体",对其推崇程度超过同期的韩国和中国台湾。1997年亚洲金融危机成为东亚模式和东南亚模式的分水岭。金融危机中,许多过早地开放金融市场的新兴经济体都遭受重创,其中既有泰国、印尼、马来西亚等东南亚国家,也有韩国、中国台湾等东亚经济体。不同的是,韩国等东亚经济体依托制造业基础表现出了更强的危机应对能力,在外界帮助下迅速走出危机,但东南亚国家则普遍陷入了长期的低增长陷阱。① 相比东亚经济体,东南亚的问题是在关键节点政府职能缺位,导致无序开放和过快开放,具体表现在两个方面:一是开放没有与国际市场开拓相结合,尽管能够实现一段时间的繁荣,但由于没能培育出具有全球竞争力的企业与产业,其繁荣注定不可持续。相对而言,韩国、中国台湾等东亚经济体的开放与发展

---

① 乔·史塔威尔:《亚洲大趋势:中国和新兴经济体的未来》,蒋宗强译,中信出版社2014年版,第5页。

战略结合更密切,开放目的也更明确,是为了开拓国际市场和孵化有国际竞争力的企业和产业。二是开放没有与国内产业培育、国内市场发育结合。为了开放而开放,没能通过开放促进国内产业尤其是制造业发展;同时不根据本国市场发育情况有序开放,突出地表现在过早地开放金融业,不仅引起风险敞口超过应对能力,国际金融风险无遮挡地传导到国内,[①]而且由于没有把有限的资金向制造业倾斜,导致实体产业空心化。

(二)引进外资企业

外商直接投资(FDI)企业进入发展中国家成为新的市场主体,在较短时间内实现市场主体从无到有、从少到多的飞跃,能够大大加速市场孵化。FDI 是资本、技术和管理经验的综合体,可以在三个方面促进市场孵化[②]:一是依据传统"双缺口"理论,FDI 可以填补国内储蓄不足和外汇储备不足两个缺口,不仅可以增加投资,而且能够提供参与国际经贸的外汇资源,从而促进东道国的资本形成;二是 FDI 可以把先进技术、管理经验带到东道国,通过内资企业模仿学习渠道提升东道国的生产效率和全要素生产率;三是通过前向、后向产业一体化促进东道国市场主体发育和市场孵化。更深入的研究表明,FDI 促进东道国市场孵化需要一定的前置条件,只有东道国具备最低的承接能力 FDI 才能起作用,影响承接能力的因素通常包括人力资本存量、教育水平、FDI 与国内投资的比例关系、国内企业的技术吸收能力等。这显示单纯引进 FDI 不会促进市场孵化,东道国需要同时拥有初具规模的公共品投资、国内产业发展等基础条件,这些基础条件的形成需要国家能力及对开放过程的积极干预。

FDI 进入东道国的直接影响主要体现在投资和就业两个方面。首先,FDI 能否起到填补"两个缺口"功能,取决于它与国内已有投资的关系。归纳起来,FDI 对国内投资的影响分为三种情形:FDI 进入东道国后,如果不

---

① 乔·史塔威尔:《亚洲大趋势:中国和新兴经济体的未来》,蒋宗强译,中信出版社 2014 年版,第 8 页。

② 魏后凯:《外商直接投资对中国区域经济增长的影响》,《经济研究》2002 年第 4 期。

影响国内投资,那么进入的 FDI 将全部表现为国内投资的增加;如果产生挤入效应,国内投资的增量将超过 FDI 数量;如果产生挤出效应,则国内投资的增量将少于 FDI 数量。[1] 如果进入东道国的 FDI 企业具备生产本国企业不能生产的商品、开拓新国际市场等方面的新能力,那么 FDI 企业不但不会挤出国内投资,而且可能通过前向和后向一体化挤入国内投资;如果进入东道国的 FDI 不具备能力优势,生产与本国企业雷同的产品,那么 FDI 企业将与本国企业直接竞争,就会挤出国内投资。[2] 跨国经验研究表明,FDI 在不同地区的表现存在差异,例如在亚洲、拉美和非洲就有不同的发现,FDI 在亚洲挤入国内投资,在拉美挤出国内投资,在非洲对国内投资没有影响;[3] 关于中国的研究普遍得到较为积极的结论,[4]发现 FDI 没有挤出国内投资,在大部分地区和大部分时间内都促进了国内投资。[5]

在就业方面,联合国贸易和发展会议(UNCTAD)有过较为深入的研究,普遍规律是外资企业每增加 1 个员工,会额外创造 1 至 2 个就业机会。具体来说,FDI 企业的就业效应包括直接效应和间接效应,直接效应指 FDI 企业雇佣的就业人数,间接效应指 FDI 企业通过作用于国内企业投资和上下游企业间接影响的就业机会。UNCTAD 的世界投资报告指出,FDI 企业的就业影响与投资方式有关,以"绿地投资"方式进入会增加东道国的资本存量和就业需求,以并购方式进入则会对东道国就业总量产生不明确的影响。就中国来说,进入国内的 FDI 以"绿地投资"为主,加上政府对于 FDI 投向行业和投资形式有较为明确的政策限制,综合考虑直接增加的就业,以及通

---

[1] Agosin M.R., Mayer R., "Foreign Investment In Developing Countries: Does it Crowd in Domestic Investment?" *UNCTAD Discussion Paper*, 2000.

[2] 钱金保、才国伟:《FDI 促进国内投资的最优规模——理论模型与中国实证》,《国际贸易问题》2009 年第 11 期。

[3] Agosin M.R., Mayer R., "Foreign Investment in Developing Countries: Does it Crowd in Domestic Investment?", *UNCTAD Discussion Paper*, 2000.

[4] 钱金保、才国伟:《FDI 促进国内投资的最优规模——理论模型与中国实证》,《国际贸易问题》2009 年第 11 期。

[5] 王志鹏、李子奈:《外商直接投资对国内投资挤入挤出效应的重新检验》,《统计研究》2004 年第 7 期。

过国内投资、技术外溢、前后向产业联系等渠道间接影响的就业，FDI 对于就业有较为明显的促进作用。①

知识链接：毛里求斯的 FDI 故事

20 世纪 70 年代毛里求斯成功实施渐进开放战略，被认为是贫穷小国对外开放的一个典范。毛里求斯是一个缺乏自然资源、地理位置不佳的岛国，长期进口替代战略保护下的工业发展缓慢，经济高度依赖蔗糖出口。为了寻找经济增长突破口，1970 年毛里求斯以服装产业为发展重点创建出口加工区，区内企业享有免税进口机器、利润自由汇出等特权。为了吸引外资，给予外国投资者 10 年减税优惠，这一举措吸引了大批香港纺织投资，给加工区带来先进的纺织企业和服装业经营管理人员。值得一提的是，毛里求斯当时的开放仅限于加工区，与处于既得利益位置的进口品替代工业企业不存在利益冲突，从而有效地避开既得利益阶层的反对。20 世纪 70 年代初世界糖价大幅升高，作为支柱工业的蔗糖业获利颇丰，毛里求斯政府为确保出口利润留在国内用于制造业投资，实施严格的外汇管制政策。诸多因素的综合作用造就出口加工区的繁荣，并成为发展中国家通过开放实现发展的学习典范。

毛里求斯外资战略之所以能成功，归功于政府的几个关键选择。一是渐进式开放，部分区域和行业优先开放，有效地减少了开放的政治阻力；二是选择正确的行业实施开放，毛里求斯抓住纺织服装业国际产业转移的机遇，不仅能够大量利用外来资本，还能够学习伴随外资的技术方法和管理经验，进而顺利进入国际市场，解决市场孵化的难点；三是实施外汇管制政策，确保制糖业的利润用于制造业投资，解决原始资本积累问题。

（三）间接溢出效应

后发优势理论认为，落后国家有可能通过开放，学习模仿发达国家的先

---

① 王美今、钱金保：《外商直接投资对我国就业的影响——基于误差成分联立方程模型的估计》，《中山大学学报（社会科学版）》2008 年第 6 期。

进技术、成功的制度和成熟的管理经验而不必重复发达国家的摸索试错过程。邓小平同志提出:"中国要谋求发展,摆脱贫穷和落后,就必须改革开放。开放不仅是发展国际间的交往,而且要吸收国际的经验。"①间接溢出效应对于加快市场孵化具有重要意义,研究表明溢出效应主要有几个渠道②:(1)标杆示范渠道,即东道国企业学习外资主体的技术、管理经验和制度;(2)竞争压力渠道,外资企业带来的竞争压力促进东道国企业创新和改变;(3)制度环境渠道,"外来和尚好念经",外资主体通过打破东道国垄断格局和行业壁垒提高行业资源配置效率;(4)人员流动渠道,就业人员从外资主体向东道国企业流动,加速技术和管理经验的传播。③

首先,在对外经贸交往中,发展中国家的企业能够近距离观察到外资主体的技术、制度和管理经验,并以之作为标杆进行模仿和学习。在开放环境下发展中国家企业才有充分的观察和模仿机会,在学习和模仿的基础上将之用于自身的生产经营,本质上是一种"干中学"。因为是对成熟对象的模仿和学习,可以规避大量的摸索和试错环节,降低创新风险和学习成本,有利于后发国家在起步阶段加快市场孵化。

其次,对外开放导致国内企业和外资主体的直接竞争,竞争压力转化为国内企业进步的动力。竞争体现在国内和国际两个市场,在国内市场 FDI企业进入东道国时凭借技术、管理等方面的优势加剧国内市场的竞争,甚至对国内企业产生替代效应,东道国企业在竞争压力下不得不提升生产效率;在国际市场,出口导向型国内企业面临全球范围的竞争,为了在国际市场占据一席之地,需要全方位提升自己的技术和管理水平。在对外经贸往来中竞争渠道和示范渠道往往交叉发挥作用,随着国内企业进步,其对外资主体的学习能力增加,感受到竞争压力的外资主体为了保持自己的比较优势必

①　《邓小平文选》第三卷,人民出版社 1993 年版,第 266 页。

②　Caves R.,"Multinational Firms,Competition and Productivity in Host-Country Markets",*Economica*,1974(41):176-193.

③　蒋殿春、夏良科:《外商直接投资对中国高技术产业技术创新作用的经验分析》,《世界经济》2005 年第 8 期。

然进一步加强创新,从而在竞争渠道和学习渠道之间形成循环反馈。

再次,发展中国家普遍制度环境发展滞后,对外开放尤其是外资竞争客观上加快制度完善和市场发育。一方面经济体需要完善整体制度才能同其他经济体竞争外资;另一方面地方政府为了本地区利益和政绩考核,有动力提高行政效率和公共服务水平以吸引和留住外资。为了在各个层面外资竞争中胜出,中央和地方政府都必须满足外资企业对制度环境的要求,制度建设作为公共品最终惠及包括国内企业在内的所有市场参与主体。对中国来说外资的作用更加重要,改革开放前中国实行计划经济体制,市场经济及其制度安排是完全陌生的领域,因此私营经济在起步阶段面临着恶劣的制度环境。随着外资进入,各级政府对于私营经济的定位逐渐发生改变,逐步承认私有产权及市场贡献,并且政府为了吸引 FDI 进行的基础设施完善、行政效率提升客观上促进了私营经济发展。[①]

最后,伴随劳动力在外资企业和内资主体正常流动,具有外资企业工作经历的劳动者进入内资经济主体能够提升内资主体的技术和管理水平。外资企业为了降低投资成本,除了核心管理成员外大多数员工会尽可能在东道国招募,这些东道国员工可以从正式培训和"干中学"两个途径积累技能和知识,随着他们加入内资企业,他们拥有的技能、知识也相应转移。尽管由于数据限制文献对人员流动渠道研究不够充分,但微观层面这种机制的存在毋庸置疑。以中国大陆为例,改革开放初期外资主体的工资水平普遍高于内资主体,人员流动较低,随着内外工资差异趋小和对外开放程度扩大,人员流动逐渐频繁,不少外籍专业技术和管理人员来中国工作,能够从技术水平、管理经营、营销能力等多个方面促进内资主体全方位提升。

(四)开放促进改革

对外开放为国内改革输入外生动力,[②]加快打破原有体制机制模式和

---

① 才国伟、钱金保、鲁晓东:《外资竞争、行政效率与民营经济发展》,《世界经济》2012 年第 7 期。

② 桑百川:《30 年对外开放促进经济改革的路径》,《国际贸易》2008 年第 8 期。

既得利益格式,通过模仿借鉴成功经验和成熟做法,加快市场化进程。至少体现在四个方面:(1)促进思想观念转变,对国内改革形成倒逼压力;(2)通过模仿学习,发挥市场在资源配置中的基础性作用,引导商品和要素合理流动,顺利对接国际和国内市场;(3)借鉴国际经验推动体制机制创新,在微观层面加快企业所有制改革和经营管理方式创新,减少因产权、治理结构等问题引发的市场扭曲行为,①在宏观层面促进政府进行"放、管、服"等商事制度改革,提高政府行政效率,为推进改革营造良好的营商环境;(4)外资经营主体的进入丰富市场主体结构,有利于完善所有制结构和公司治理,规范企业行为,增强微观经济的活力和动力。②

一个经济体的全方位开放不仅影响企业等市场参与主体,也会触及体制机制改革和营商环境完善。对于企业来说,开放增强了国内各类型企业的活力。外资企业的批量进入有助于打破原有行业垄断局面,为新型经济主体成长创造条件,同时带来现代企业经营理念和经营方法;同时,外资企业产生的竞争压力,促进国内企业进行微观改革,提高经营管理绩效。对于政府来说,开放能够推动政府转变职能,倒逼体制机制配套改革。地方政府为了吸引资本和劳动力致力于改善投资环境,简化审批手续,提高公共服务水平和效率,受益对象从外资企业向所有企业逐步扩展。③ 开放推动了体制机制优化,逐步深入的开放要求更加市场化的体制机制,对价格体制、投融资体制、行政审批制度、外汇管理体制等一系列领域提出更高要求。

在东亚渐进式改革模式下,更能显示开放对改革的促进作用。以中国为例,设立经济特区是中国对外开放的起点,特区设立后为了引进外资需要满足其对市场经济的诸多需求,引发一系列顺理成章的后续改革,如商品市场、要素市场、劳动力市场、所有制结构、法律法规体系,这些改革成果后来成为市场经济体制的重要组成部分。随着对外开放的深化,这些改革措施

---

① 赵玉蓉:《"以开放促改革"经济思想演进及其方法论分析》,上海社会科学院 2015 年博士论文,第 22 页。

② 江小涓:《中国开放三十年的回顾与展望》,《中国社会科学》2008 年第 6 期。

③ 江小涓:《中国开放三十年的回顾与展望》,《中国社会科学》2008 年第 6 期。

随着开放政策一起向全国推广。扩大开放后,外商投资企业作为新利益群体产生的外部压力促进了改革,内部动力表现在为了促进出口增长和"鼓励换汇,进口急需物资和先进设备",贸易体制率先进行了较为彻底的市场化改革,由于开放背景下各方对改革的迫切性和必要性达成共识,几乎没有碰到非经济因素的明显干扰,外贸行业率先建立现代企业制度。"入世"前为了适应 WTO 多边体制,中国加速改革,依法行政、公开透明、减少审批、企业改革等多年来进展困难的深层次改革都加快推进。随着加入 WTO,中国积极兑现"入世"承诺,外部硬约束大大加速了市场化改革。近年来,为应对跨太平洋贸易伙伴关系协定(TPP)等新贸易规则的挑战,中国主动构建开放型经济新体制,通过自由贸易区、"一带一路"等载体进行全方位深化体制改革试点,"负面清单"原则不仅能够释放企业自主创新潜能,也能推动政府转变职能,对标全球一流水平营商环境和投资体制。

相关链接:韩国:开放促改革的典型

朝鲜战争结束后,韩国首先尝试进口替代战略,一度成效不俗,但是由于资源匮乏和市场狭小,进口替代产业很快遭遇国内市场饱和与国际竞争力低下双重困境。1961 年朴正熙总统上台后大力发展出口导向型产业,相继提出了"出口第一"和"输出立国"口号,客观上契合了韩国国内市场狭小、资源短缺、劳动力相对丰富的比较优势。恰逢日本等发达国家劳动密集型产业向外转移,韩国抓住机遇大力发展纺织、塑胶、服装、玩具等产业,顺利实现原始工业化;20 世纪 70 年代发达国家进行新一轮产业转移,韩国通过承接钢铁、机械、电子、金属、化学、水泥等资本密集型产业,顺利完成产业升级;20 世纪 80 年代,随着中国改革开放和进入国际市场,韩国的劳动力优势逐渐丧失,转而发展精密电子、精细化工等技术密集型产业。产业升级推动贸易升级,韩国先后经历了由低级农产品和原料进出口为主的贸易方式到以工业加工品和技术为主的贸易方式,贸易边际不断扩展。

与贸易开放相比,韩国金融开放之路更加曲折。韩国建国后长期奉行"官制金融",朴正熙政府期间把金融资源作为执行宏观调控和产业政策的工具,其中最重要的是银行信贷。客观地说,以政府意志为导向的金融管制,对于促进国内投资发挥至关重要的作用,表现在韩国资本形成率从20世纪60年代上升至30%后长期稳定在这一水平,满足了国内产业尤其是制造业发展的资金需要,高资本形成率成为韩国经济长期高速增长的重要支撑,也是"出口替代"起作用的一个重要条件。20世纪80年代末开始,美国等发达国家和国际机构施加压力,要求韩国进行金融市场化改革,加上韩国谋求 OECD 成员国地位,韩国政府开始开放金融市场,除了少数领域外基本放松资本管制,在一定程度上埋下了金融危机的种子。放开管制后,已经习惯管制的韩国企业和金融机构没有风险意识和风控能力,处于监管真空中的金融机构大量从国外借入短期贷款并发放贷款,短期外债急剧增加。1997 年东南亚金融危机点燃了韩国金融系统的导火索,企业破产接二连三,资本大量外流。为了守住固定汇率,1997 年 11 月韩国政府耗尽外汇储备,仍然未能阻止韩元暴跌。直到此时韩国的危机与东南亚国家并无区别,区别体现在事后应对能力。危机后韩国政府治标与治本结合,治标方面,政府宣布为所有银行存款提供担保,为解决银行不良贷款问题将破产银行收归国有;治本方面,韩国顺势推进金融市场化改革,利用难得的机遇进行大刀阔斧的金融改革,改革的领域覆盖金融体制和金融监管体制。由于国内产业基础较好,加上应对措施得力,韩国成为最快走出亚洲金融危机的国家之一。

韩国的开放经验表明,发展中国家的对外开放一定要与国内发展战略紧密结合,通过开放促进市场发育和产业升级,而不是依靠开放治百病。同时,发展中国家应谨慎对待金融开放,金融开放程度取决于国内金融市场发育程度和政府监管能力,政府根据国内金融市场和国际金融环境因时因势而动,政府的参与和引导对于顺利实现金融开放至关重要。

二、中国独特的对外开放实践

1978 年以来的开放不是中国第一次打开国门,与过往历次开放相比,本次开放有两点明显不同。一是持久和全方位的开放。中国政府把对外开放定为基本国策，不是权宜之计，并且打破了"官办""官督商办"等历史禁锢，实现空间上全方位开放；与此同时，通过对外开放促进国内改革，对外开放和对内改革相互促进，超越了"师夷长技""中学为体，西学为用"等传统开放理念。二是自主经略开放。首先表现在开放是中国的主动战略选择，是在主权完整背景下的开放，不是被迫开放；[①]其次中国对外开放是以坚持"四项基本原则"为前提条件；最后体现在开放时机和开放范围的自主选择，中国根据经济发展需要渐进开放，不因外部压力而迟疑和改变。

中国的开放始于经济特区"试验田"，"点、线、面"逐层推进，最后建立全方位区域开放格局。国际贸易和跨境投资是对外开放的两种主要形式，早期开放以货物贸易和引进外资为主，后期服务贸易和对外投资加快发展。相对而言，中国充分借鉴发展中国家的经验和教训，对于金融开放持较为审慎的态度，充分考虑发展阶段特征和风险处理能力大小，周密规划，稳步推进，极具中国特色。

（一）开放起点：设立经济特区

在十年"文革"后中国经济处于崩溃边缘，为寻求发展之策，邓小平同志提议中国再次"睁眼看世界"。1978 年仅副国级以上领导人有先后 20 次出访。[②] 比较才知道落后，"睁眼看世界"很大程度上改变了许多政府官员的封闭思维，邓小平同志概括为"看得越多，就知道自己多么落后"。眼界决定行动，在 1978 年 7 月 6 日至 9 月 9 日国务院召开的加速现代化建设的务虚会上，决策层基本就引进技术、扩大出口、利用外资达成共识，1978 年 12 月党的十一届三中全会正式确立以经济建设为中心、实行改革开放的方

---

① 孙力：《中国近世以来对外开放的历史轨迹及其启示》，《辽宁财专学报》2003 年第 2 期。

② 李妍：《对外开放的酝酿与起步（1976—1978）》，社会科学文献出版社 2008 年版，第 57 页。

向,接下来的问题是"怎么搞对外开放"。①

设立经济特区是地方大胆探索与中央运筹帷幄共同作用的结果。从地方的情况来看,广东、福建两省毗邻香港、台湾,当时大陆与港台存在较为明显的发展落差,粤、闽两地基层政府和群众强烈呼吁开放,广东甚至出现长时间"逃港"现象。站在中央的角度,一步到位开放的难度与风险都不可预料,在较小范围内"摸着石头过河"进行试验,不仅更容易冲破意识形态束缚和体制羁绊,也有助于控制风险②,客观上也有助于集中优势力量进行突破。在此背景下,中央政府支持在广东和福建两省设立经济特区作为改革开放的突破口和试验田。在社会主义国家举办经济特区是一项历史性创举,也是中国现代对外开放的第一步,既是把国外成功经验与中国特殊国情有机结合的结果,也是中央政府与地方地府良性联动的典范。

1979 年 6 月广东和福建先后向中央递交报告,提出在深圳、珠海、汕头和厦门试办出口特区,7 月中央正式明确批复:"出口特区,可先行在深圳、珠海两市试办,待取得经验后,再考虑在汕头、厦门设置。"为了从法律上给经济特区③提供依据,《广东省经济特区条例》先后于 1980 年 4 月和 1980 年 8 月由广东省人大常委会和全国人大常委会通过。1988 年海南经济特区建立,五大经济特区全部成立。

特区之"特"体现在特殊的经济管理体制和优惠的经济政策。在"吸收

---

① 谷牧:《小平同志领导我们抓对外开放》,《回忆邓小平》(上),中央文献出版社 1998 年版,第 156 页。

② 隆国强:《构建开放型经济新体制——中国对外开放 40 年》,广东经济出版社 2017 年版,第 246 页。

③ 中国举办经济特区一定程度上是借鉴国际经验的结果,"经济特区"的名称则是邓小平同志亲自拟定。1979 年 4 月 17 日在中央政治局召集的工作会议上,习仲勋同志代表广东发言,"希望中央给点权",广东打算仿效国外加工区形式,在毗邻港澳的深圳、珠海和汕头各划出一块地方进行单独管理,提法得到包括邓小平在内的许多中央领导赞同,但具体叫什么名称有"贸易合作区"、"出口工业区"等不同意见。详见《经济特区的由来》,《广东文史资料》第 85 辑,广东人民出版社 2002 年版,第 192 页。最后是邓小平同志拍板"就叫特区嘛,陕甘宁就是特区",见《邓小平文选》第三卷,人民出版社 1993 年版,第 51 页。

外资为主、市场调节为主、扩大出口为主"指导思想下,中央政府大量下放经济管理权限,给予经济特区企业在税收、外汇等方面优惠政策,并减少国际贸易、市场准入、劳动雇佣等领域的管制。特区的意义主要体现在两个方面,一是开放的突破口,正是经济特区的成功才掀起后续波澜壮阔的开放局面;二是改革的试验田,很多在经济特区行之有效的市场化改革办法,逐渐推广为全国性政策。

(二)区域开放:由点到线再及面

中国从区域经济发展不平衡的实际出发,实行梯度开放策略即"经济特区—沿海开放城市—沿海经济开放区—内陆腹地"逐层推进,由南到北,由东到西,由外向内,由沿海向内地,最后形成沿海、沿边、沿江、内陆省会、内陆普通城市相衔接的多层次、多渠道、全方位的对外开放新格局。

经济特区取得初步成功后,中央政府决定扩大开放范围。如果说经济特区的设立具有较强的试验性质,随后的逐层开放则更大程度上是顶层设计的结果。1984年3月中央召开沿海部分城市座谈会,讨论扩大开放问题,会后形成《沿海部分城市座谈会纪要》,决定进一步开放天津等14个沿海港口城市。中共中央在批转《沿海部分城市座谈会纪要》的通知中指出,中国在新的历史时期实行对外开放政策,有一个逐步发展的过程,沿海港口城市由于其地理位置、经济基础、经营管理和技术水平等条件较好,势必要先行一步;强调中央从两个方面支持扩大开放,一是外资可以享受税收、市场等优惠待遇,二是扩大沿海港口城市的自主权,实际上是启动了市场经济管理体制。随后为了进一步扩大开放范围,1985年中国把长江三角洲、珠江三角洲和闽东南地区开辟为沿海开放区。1988年又把辽东半岛、山东半岛、济南等地列入沿海开放区。至此,中国率先在沿海地区建立起空间层次分明的经济开放带,囊括了沿海8个省市、40个地市和215个县市,从南到北连成一线。沿海开放区在体制上拥有更大的经济管理权限,区内企业享有税收等方面优惠。

1990年中央决定开发开放上海浦东地区,"以浦东开发开放为龙头,进一步开发开放长江沿岸城市",标志着中国的区域开放由沿海扩展至沿江。从 1992 年开始,开放区域从沿海向沿江、沿边和内陆腹地延伸,具体包括:开放长江沿线 6 个港口城市和长江三峡经济开放区,进而延伸至长江经济带开放开发;开放 14 个陆地边境城市,举办边境经济合作区;开放 18 个内陆省会和自治区首府。在此基础上,从 1999 年开始先后实施西部开放、东北振兴、中部崛起等三大区域发展战略,通过扩大外资准入、税收优惠、发展对外经贸等措施促进这些地区提升开放水平和发展动能。至此,中国基本完成从局部试点到全面铺开的开放布局。在新的起点上,中国当前开放的主要任务是通过"一带一路"、"自由贸易改革试验区"战略,实现从政策优惠到营造良好营商环境、从强调基础设施到催生制度建设、从"引进来"为主到主动参与全球市场等三个转变。

(三)贸易开放:从货物贸易到服务贸易

"二战"后和平与发展成为世界的主题,伴随运输通信技术不断进步和运输成本持续下降,美国主导的贸易自由化大行其道,货物贸易和服务贸易都获得前所未有的发展。改革开放前中国长期游离于国际市场之外,1978 年出口额仅为 206.4 亿美元,占世界出口总额的 0.75%,全球排名第 32 位,比 1953 年下降 15 位。[①] 造成这一现象的直接原因是对开放的认识不足及在此基础上制定的计划贸易体制,新中国成立后很长一段时间内中国对国际贸易的定位是"互通有无,调节余缺",出口目的是换取外汇,进口目的是引进国内缺乏的生活资料和生产资料。在这一认识下,1958 年出台《关于对外贸易必须统一对外的决定》,"办理统一""价格统一""外汇管理统一""业务组织统一""机构统一"五个统一[②]将国际贸易活动严格纳入国家计划范畴,严重限制国际贸易发展,更重要的是国内企业无从接触国际市场。

---

① 宋元明:《对外贸易迅速发展 外贸体制改革步步深入——纪念改革开放 20 周年》,《国际贸易问题》1999 年第 1 期。

② 隆国强:《构建开放型经济新体制——中国对外开放 40 年》,广东经济出版社 2017 年版,第 35 页。

计划经济条件下的国有垄断外贸体制无法适应国际市场规则,为了扩大对外开放,必须进行外贸体制市场化改革,在这个意义上对外开放与对内改革互为犄角、相互促进。在国际贸易领域,对外开放要求外贸体制进行某些改革,改革促进国际贸易发展,又呼唤进一步的市场化改革,最终实现二者"螺旋上升式"良性互动。

在外贸体制改革中,最为重要的是外贸经营权改革。① 改革开始于经济特区,首先给予广东、福建两省一定的外贸自主权,试点成功后逐步扩展至四川、上海和其他省市;1983 年开始,试点给予部分国有大中型企业自营进出口权,1985 年进一步将外贸经营许可审批权限下放给地方政府,改革的效果立竿见影,1987 年出口总额达到 681 亿美元。随后为了解决企业积极性不高、国家财政补贴负担较重等问题,以"自负盈亏、放开经营、工贸结合、推行代理制"为目标建立和完善外贸承包经营责任制,1992—1993 年国务院先后出台赋予各类企业进出口权的四个文件,1993 年出口总额接近2000 亿美元。

1993 年 11 月中共十四大明确提出建立社会主义市场经济体制,外贸体制进入更加全面市场化改革阶段,通过改革汇率形成机制、取消外贸指令性计划、统一出口退税、降低总体关税、加强外贸立法等一系列扩大开放措施。其中影响最大的是外汇体制改革,结束汇率双轨制度,实行以市场为基础的、有管理的浮动汇率制度。

2001 年年底中国正式加入世界贸易组织,开启对外开放新征程。根据《中国入世议定书》中国积极兑现"入世"承诺,涉及降低关税税率、减少贸易非关税壁垒、规范贸易扶持政策、加强知识产权保护等多个领域。在加入WTO 后 3 年过渡期内,中国逐步取消贸易权的审批制。通过兑现"入世"承诺,有力地推动了中国市场化经济改革,中国更加融入全球经济,2007 年中国货物进出口总额突破 2 万亿美元,成为全球首屈一指的贸易大国,国际贸

---

① 李计广、张汉林、桑百川:《改革开放三十年中国对外贸易发展战略回顾与展望》,《世界经济研究》2008 年第 6 期。

易与消费、投资并列成为拉动经济增长的"三驾马车"。2008 年全球金融危机爆发后,全球贸易增长放慢,放大了中国对外贸易成本上升、附加值低等问题,广东等地方政府率先启动产业转型升级,中央政府采取一系列新的贸易政策推动出口升级。具体包括:优化进出口结构,鼓励高新技术产品出口,取消部分"两高一资"出口退税,加强机电等行业进口力度;加快外贸领域简政放权,通过自贸区建设对标发达经济体的一流营商环境;加快双边自由贸易谈判。除了外贸体制改革,中央政府还在不同阶段采取了出口退税、出口补贴等一系列出口鼓励政策,并通过外汇留成、出口退税激励地方政府增加出口。①

　　相对于货物贸易的先行一步,服务贸易的开放相对滞后。根据 1978 年版的《指导吸收外商投资方向暂行规定》,大部分服务行业禁止或限制外资,服务贸易在全球贸易中占比无足轻重。进入 20 世纪 90 年代,国内服务业在国民经济中扮演的角色日益重要,同时为了满足《服务贸易总协定》要求,为加入 WTO 消除障碍,服务业开放领域逐渐扩展,截至 2001 年服务贸易总额达到 719.33 亿元。加入 WTO 后,服务业进入扩大开放阶段,根据最新修订的《外商投资产业目录》,大部分服务行业实现开放。当前服务业取代制造业成为外商直接投资的重点,2016 年中国服务业实际利用外资5715.8 亿元,占全部外商直接投资的 70.3%。

　　开放的目标是为了发展,对外贸易开放始终为了服务于整个国民经济发展战略。例如,改革开放初期为了配合"翻两番,三步走"的战略规划,对外贸易领域有自己的"翻两番"目标,即进出口总额由 1980 年的不足 400亿美元增长到 2000 年的 1600 亿美元。② 国际贸易包括货物贸易和服务贸易,开放顺序存在差别:开放初期中国主要任务是实现由农业国向工业国转变,服务业比重较低,因此率先开放和发展货物贸易;随着服务业发展和产

---

① 李计广、张汉林、桑百川:《改革开放三十年中国对外贸易发展战略回顾与展望》,
　《世界经济研究》2008 年第 6 期。
② 李计广、张汉林、桑百川:《改革开放三十年中国对外贸易发展战略回顾与展望》,
　《世界经济研究》2008 年第 6 期。

业升级,逐步开放服务贸易。

(四)投资开放:从引进投资到对外投资

投资开放的重点方向与政策取向随着中国经济发展不断演进。开放早期由于外汇与资金匮乏,引进外商直接投资(FDI)是主要任务,基本没有能力对外投资(OFDI);随着国内资金充裕,逐渐开始走出去,引进来和走出去并行不悖。在引进 FDI 方面,投资领域和资金来源不断变化,早期投资区域集中在珠三角,资金主要来源于港澳台和东南亚的劳动密集型行业;进入 20 世纪 90 年代后,随着开发浦东,外商投资开始向长三角集中,日、韩、欧美等发达国家投资显著增长,投资行业开始向电子通信、机械制造等资本密集型行业升级;加入 WTO 后,投资区域从沿海向内地扩展,资金来源更加多样,投资行业从制造业向服务业延伸。

1979 年 9 月,第一家外商投资公司"中港合资北京航空食品有限公司"成立,拉开中国投资开放的帷幕。最早仅广东、福建两省可以给予外商投资企业一定的优惠待遇。随着开放区域扩展,中央政府通过一系列措施改善外商投资环境、引导外商投资方向,例如,先后颁布《中外合资经营企业法》(1979)、《涉外经济合同法》(1985)、《外资企业法》(1986)、《中外合作经营企业法》(1988)等涉外投资法律提供制度保障外,国务院还发布《关于加强利用外资工作的指标》(1983)、《鼓励外商投资的规定》(1986),通过国内市场开放、税收减免、信贷支持等方面直接鼓励投资,首次颁布《指导吸收外商投资方向暂行规定及其目录》(1987)引导投资方向。

进入 20 世纪 90 年代,随着中国对外加快开放和投资环境完善,外资流入步伐加快,实际使用 FDI 占固定资产投资总额的比重在 1994 年达到 17.1%的峰值。[①] 与此同时,中国对外资利用从注重数量向注重质量转变,通过外资政策进行产业和区域引导。例如,先后颁布《关于商业零售领域

---

① 江小涓:《中国对外开放进入新阶段:更均衡合理地融入全球经济》,《经济研究》2006 年第 3 期。

利用外资问题的批复》(1992)、《外资金融机构管理条例》(1994),修订《指导吸收外商投资方向暂行规定》(1995),修订《外商投资产业指导目录》(1995和1997),不断扩大投资允许行业,对商业零售、金融等敏感行业进行试点开放,鼓励先进技术、高新技术行业开放;2000年6月发布《中西部地区外商投资优势产业目录》,通过降低税收、进入门槛等措施引导外资流向西部地区。

进入21世纪,中国投资开放在两个方面发生转变:一是引进外资更加注重质量,流入行业从制造业向服务业升级;二是引进来和走出去并重。伴随中国经济实力不断增强和市场化建设迅速推进,外资流入数量不再成为关键因素,实际使用FDI占固定资产投资总额到2004年已降到6.7%,2005年进一步降为5.6%,[①]这其中既有资本需求自然下降的原因,也是政策主动选择的结果。政策选择效应体现在三个方面:一是关于产业方向,2002年、2004年和2007年先后三次修订《外商投资产业指导目录》,不仅扩大开放的产业范围,开放重点从制造业向服务业转变,同时也更加突出重点,引导外资从产业链中低端劳动密集型行业向产业链中高端的资本密集型和技术密集型行业倾斜;二是适当外资的区域流向,响应"西部大开发""振兴东北""中部崛起"等国家战略,出台相关政策鼓励外资向这些地区流动;三是综合考虑外资进入状况和发展阶段,2007年修订《企业所得税法》结束长期以来外资企业的所得税优惠,实现内资企业与外资企业"两税合并"。同期FDI进入产业发生结构性变化,2002年服务业吸收外资121亿美元,占总量22%,制造业吸收368亿美元,占比为67%;到2010年制造业和服务业两个产业部门吸收的外商投资较为接近,分别为47%和46%;从2011年开始,两个产业部门吸收外商投资的比重发生逆转,服务业比重超过制造业。[②]

这一阶段更重要的变化体现在对外投资蓬勃兴起。伴随中国经济实力增强,不断积累的资本需要寻求新的投资机会,过剩产能需要寻找市场。加

---

① 江小涓:《中国对外开放进入新阶段:更均衡合理地融入全球经济》,《经济研究》2006年第3期。

② 裴长洪:《经济新常态下中国扩大开放的绩效评价》,《经济研究》2015年第4期。

入世界贸易组织前,投资开放以引进为主,主动对外投资规模较小,以 1999 年为例,中国对外投资只有 19 亿美元;加入世界贸易组织后,投资开放进入全新阶段,表现为引进来和走出去"进出两旺"。对此首先做出反应的是政策方向,"走出去"第一次被提到对外开放战略高度,与对外贸易、引进外资并重作为对外开放的三个重点领域。中央政府以实际政策支持和引导"走出去":一是"松绑",对外投资管理体制从审批制向核准制和备案制过渡;二是搭建政策支撑体系和商务服务体系。政策支撑体系包括以国家开发银行、中国进出口银行等国有金融机构为基础建立的金融支持政策、税务与商务等部门制定的财税支持政策、人民银行等部门制定的外汇支持政策;商务服务体系包括政府定时组织发布《中国对外合作指南》《国别贸易投资环境报告》等系列研究报告和政府牵头的对外投资企业联合组织。1999 年对外投资额仅为 6.2 亿美元,2007 年已经达到 265 亿美元,投资存量超过 1000 亿美元。

2008 年金融危机后,经贸关系发生深刻调整,全球经济一体化趋势放缓,多边贸易体制面临重大挑战;同时国内产能过剩更加严重,贸易顺差导致外部失衡,处于产业链中低端产业和企业急需升级。在此背景下中国需要进一步调整投资开放战略,推动对内开放与对外开放相互促进。对内进一步优化投资环境,优化投资方向,一是以自贸区为载体,大力推行"国民待遇+负面清单"先进管理模式,对标发达国家营商环境;二是修订《外商投资产业目录》,鼓励外资进入服务业、研发、环保等新行业。对外把"走出去"摆到更加显要的战略位置,建立促进"走出去"战略新体制,提高对外投资的质量与效率,①特别是 2013 年首倡的"一带一路"赋予"走出去"新的内容,并通过放松管理和加强服务提供更加有力的政策支持。一是继续"松绑"对外投资管理,建立"备案为主,核准为辅"的管理模式,未来方向是负面清单模式;二是进一步优化政策支撑体系和商务服务体系,加快双边投

---

① 《中共中央国务院关于构建开放型经济新体制的若干意见》,新华社,2015 年 9 月 17 日。

资协定谈判,广泛开启双边投资协定谈判,与韩国、澳大利亚等多国达成协议。2015 年中国 OFDI 首次超过 FDI,2016 年 OFDI 达到 1830 亿美元,成为全球第二大对外投资国。

从中国投资开放进程可以看出,开放促进了改革,而改革有利于进一步深化开放,从而形成良性循环。外资是由资金、技术、管理等因素组成的综合体,外资的进入不仅解决了资本不足问题,更从宏观和微观两个层面推进了中国的市场化改革。① 改革开放之前,中国实行高度计划经济体制,几乎游离于全球经济之外,如果纯粹依靠内部改革,无论是时间成本还是"试错"成本都高不可攀,引进外资大大加快了中国的市场化改革进程。一方面,外资的进入直接倒逼外汇体制、外贸体制、投资体制、价格体制、税收体制等朝着市场化方向改革,间接改善营商环境和民营经济等非公经济的市场地位,并通过外溢效应和竞争效应促进内资企业发展;另一方面,不断完善的市场环境既是进一步开放的先决条件,又是推动开放深化的动力。

值得其他发展中国家借鉴的是政府对于投资开放的引导和干预,政府在对外开放过程中没有完全退出,更加注重干预的方式和手段,在减少直接管制的同时增强方向性调控。在不断融入全球经济过程中,中国政府宏观调控的能力和信心都在增强,通过主动、积极的外资政策,开拓国际市场,孵化国内市场,推动产业升级。

(五)金融开放:严控风险下的稳妥推进

金融是现代经济的核心,金融创新与金融监管的矛盾与生俱来,因此金融业开放是对外开放的重点与难点。中国充分借鉴发展中国家金融开放的经验教训,妥善处理金融开放效率与安全的关系。整体来说,中国对金融业开放采取较为审慎的态度,其进程明显慢于其他领域,一方面是因为金融业特有的复杂性,另一方面也是由于"金融必须服务实体经济"的基本定位。

---

① 隆国强:《构建开放型经济新体制——中国对外开放 40 年》,广东经济出版社 2017 年版,第 141 页。

从开放内容来看,金融开放包括人民币国际化和金融市场开放两个部分。

改革开放前中国实行固定汇率和计划用汇制度,汇率由人民银行确定,外汇使用由中央统一计划分配,资本流动严格管制。改革开放后随着对外贸易工作的发展,弊端逐渐显露,成为扩大开放的制约因素。人民币国际化从汇率形成机制入手,先从固定汇率过渡到"双轨制",逐步建立起有管理的浮动汇率市场。与此同时,为防范资本流动风险,资本开放遵循"先直接,后间接""先流入,后流出""先长期,后短期"的三个先后原则,逐步拓宽资金流动渠道。具体来说,1988年开始建立外汇调剂市场,逐步形成官方汇率与市场汇率并存的"双轨制";1994年实现汇率并轨,建立有管理的浮动汇率制度,并实现经常项目人民币可兑换,但对资本项目流动严格管制;"入世"后中国进一步完善有管理的浮动汇率制度,从2005年起实行"参考一篮子货币进行调节的、有管理的汇率制度",不断扩大汇率浮动区间。近年来,人民币国际化步伐有所加快,表现在经常项目外汇管理更加完善,通过在香港建立人民币离岸金融中心、双边货币互换等方式加快人民币国际化,资本项目可兑换稳步推进。

事实证明,具有中国特色的金融开放原则即"先直接,后间接""先流入,后流出""先长期,后短期"行之有效。在开放的早期,可以充分利用国外直接投资资本,用于支持制造业等急需资本的实体产业发展,同时又把风险较高的短期流动资本拒之门外,并通过限制流出确保国内资金供给;等到金融市场发育相对完善的阶段,再逐步实现资本项目可兑换。当然,有管制的金融开放需要以一定的金融市场效率为代价,但这种代价目前来看物有所值,无论是面对亚洲金融危机还是全球金融危机,经济与金融的稳定表现足以说明它的成功。相比较而言,市场原教旨主义所推崇的金融自由化政策,无论是在拉美和东南亚的发展中国家,还是在发达的欧盟地区都遭遇不同程度的问题。

中国金融市场开放同样遵循安全优先原则。即使在开放较为充分的银行业,步伐也相对较慢。1993年之前外资只能在中国设立营业性机构,业务范围限定为给外资企业和外国居民提供外汇服务;从1994开始进行开放试点,颁布《中华人民共和国外资金融机构管理条例》明确准入条件、业务范围和监管标准,允许外资金融机构在上海浦东、深圳等地试点部分人民币业务;"入世"后,中国部分兑现"入世"金融开放承诺,消除外资银行外币和人民币业务范围限制,允许设立营业网点,并开放金融租赁服务。截至2015年年底,共有15个国家(地区)在华设立37家外商独资银行、2家合资银行和1家外商独资财务公司,在华外资银行资产总额2.68万亿元,占中国银行业总资产1.38%。

相比银行业,证券业和保险业的开放更加谨慎。"入世"前,保险行业仅有29家外资或合资保险公司在华开展业务,证券业仅有2家合资证券公司和7家合资资金管理公司。"入世"后开放有所加快,在保险行业,通过颁布《外资保险公司管理条例》、修订《保险法》等措施逐步开放国内保险市场,但外资整体份额不高。在证券行业,《证券公司管理办法》允许外资参与中外合营证券公司,《外资参股证券公司设立规则》和《外资参股合资资金管理公司设立规则》允许持股比例不超过1/3,三年内累计不超过49%。

近年来中国金融市场的开放步伐加快,以证券市场为例,在三个方面进展迅速。一是依据《内地与香港关于建立更紧密经贸关系安排》(CEPA)及其系列补充协议,率先对香港、澳门地区开放,例如,允许港资、澳资金融机构成立合资全牌照证券公司,持股比例最高可达到51%,通过"沪港通""深港通""债券通"等办法加强内地与香港证券市场的互联互通;二是通过境外合格机构投资者(QFII)、境内合格机构投资者(QDII)等渠道扩大证券市场的双向开放,在贸易试验区内加快对外开放,对于外资金融机构在试验区成立合资证券公司和基金管理公司,允许外资持股比例有所突破;三是2018年以来进一步放宽对港澳以外的其他外资机构持股比例限制。

金融业开放步伐整体较慢,一方面出于对风险的担忧,另一方面也是服务经济发展大局,在国内金融市场不完善、风险防御能力不强的情况下,缓慢开放是一种必要的战略选择。当前随着中国综合国力进一步增强,在全面深化对外开放的背景下,金融业在风险可控前提下开放步伐将逐步加快。

三、开放水平与国家能力的动态关系

当代中国的对外开放晚于日本和"四小龙",因此中国能够充分汲取东亚模式的成功经验,结合国情走出一条中国特色的开放之路。与东南亚和拉美相比,东亚开放模式的典型特征是在政府调控下有计划、分阶段开放:前市场发育期的开放侧重于学习境外成功经验,政府以行政手段深度介入开放;后市场发育期的开放更多地需要"干中学",开放水平与国家能力互为因果、动态提升。需要指出的是,中国作为"双转型"大国开放的复杂程度和困难程度都超过其他经济体,开放过程中面临许多新情况和新问题没有现成经验可以学习,需要"干中学",在"试错"中创造性地发现和解决问题。

(一)学习成功经验启动开放:前市场发育期

"二战"后经济发展的主流是以美国为首西方发达国家主导的全球化,由于中美长期没有正式建交,中国相当长一段时间内游离于全球一体化之外,错失一段宝贵的经济发展机遇,导致和世界上发达国家在经济、技术上差距愈来愈大。[①] 1972 年尼克松总统访华和《中美联合公报》签署,标志着自新中国成立后中美没有外交关系的局面正式结束,从而拥有对外开放的基本国际环境;与此同时,国际产业转移提供了绝好的改革开放机遇,20 世纪 70 年代末随着东亚地区人均收入水平的提高,劳动密集型出口产业急需向更低成本地区转移,是中国实施对外开放战略的重要机遇。

当时国内刚刚结束"文革"动荡,百废待兴。中国在"睁眼看世界"中知道自己的不足,产生了"穷则思变"的坚定决心。党的十一届三中全会正式启动改革开放,并在十二届三中全会通过《中共中央关于经济体制改革的决定》,把对外开放确定为"长期的基本国策",从此咬定青山不放松,无论

---

① 季崇威:《我国对外开放政策的理论和实践》,《经济研究》1984 年第 11 期。

国内外时局如何变幻,都坚持对外开放不动摇,走出一条"开放促进改革,改革深化开放"具有中国特色的开放道路。

中国的开放充分借鉴其他经济体的成功经验,结合国际时局和中国国情,走出一条符合基本经济规律的特色开放之路,支撑中国开放成功重要因素是国家学习能力。中国充分吸收东亚经济体的成功开放经验,并结合中国国情不断推陈出新,形成一套具有中国特色的开放逻辑:政府在市场发育不完善阶段发挥更大的方向引领作用和市场孵化功能,广泛凝聚共识,通过战略掌舵牢牢把握开放的大方向,勤于学习、勇于纠错,有机耦合"自下而上"局部创新和"自上而下"顶层设计。

"摸着石头过河"突出体现了中国的学习态度和学习策略。"实行对外开放之初,我们缺乏思想理论和具体方针政策的充分准备,缺乏同国际资本打交道的经验,缺乏干练的外经外贸人才。"[①]如何推进开放和促进改革?中国的基本思路是以点带面、大胆试错。实际上在开放后相当长时间里,决策层没有明确的进度计划,大胆采取"摸着石头过河"办法,一步一步推出局部的、尝试性的开放措施,允许失败,成功的经验及时推广。"试错"式开放模式对中国这样一个大国来说尤为必要,一方面可以将开放失败的成本控制在较小范围,另一方面以实践为准则有利于最大限度寻求共识。中国的国家学习能力在改革开放实践中也在不断发展,20 世纪 90 年代初期面对"姓资姓社"争论,邓小平同志一锤定音,提出"三个有利于"的标准来判断对外开放的得失,[②]体现了中国共产党人的学习创新能力,从理论上解决了开放的依据问题,此后坚持对外开放的大方向从未动摇。

通过睁眼看世界,中国在学习基础上充分汲取其他国家的经验教训,形成自己的开放逻辑,并在开放实践中不断完善。

首先,开放是发展的必由之路。工业革命以来,没有一个国家或地区是在闭关锁国状态下实现穷国向富国的转变,后发优势理论表明落后国家有

---

① 傅高义:《邓小平时代》,生活·读书·新知三联书店 2013 年版,第 220 页。

② 张幼文:《开放的理论依据和现代化道路的选择》,《上海社会科学院学术季刊》2000 年第 2 期。

可能通过开放学习模仿发达国家的管理与技术、引进利用发达国家的资本实现跨越式发展,而不必重复发达国家的摸索试错过程。中国在 1978 年之前的发展历史同样揭示,固步自封只会让内外差距越来越大。开放之前中国已经认识到"中国长期停滞和落后状态的一个重要原因是闭关自守。经验证明,关起门来搞建设是不能成功的,中国的发展离不开世界。"①并且,"任何一个国家要发展,孤立起来,闭关自守是不可能的,不加强国际交往,不引进发达国家先进经验、先进科学技术和资金是不可能的。"正是基于上述认识,邓小平同志提出:"中国要谋求发展,摆脱贫穷和落后,就必须改革开放。开放不仅是发展国际间的交往,而且要吸收国际的经验。"②

其次,开放和改革相辅相成,相互促进。对于市场发育不充分的发展中国家来说,需要一个有为政府保证开放顺利发挥作用,统筹对外开放与对内改革,把产业政策和出口纪律结合起来,在拓展国外市场的同时孵化国内市场,激励投资达到社会最优水平,引导私人投资向制造业倾斜,推动技术进步和产业升级。比较优势理论揭示开放能够优化资源配置效率,但如果进口的都是消费品,出口的都是原材料,则只能保证消费部门获益,不能保证提高生产能力。开放能否长期促进经济发展、提升国民福利,取决于能否通过利用境外资本、先进技术和国际市场推动本国产业升级,而这需要一系列促进投资的国内配套改革,才能发挥对外开放和对内改革的联动效应。

再次,坚持自主开放。之所以要坚持自主原则,一方面是由于中国开放战略的定位,中国始终把对外开放作为中国经济发展战略的一个组成部分。对外开放是手段,实现本国经济发展是目的,引进先进技术和管理手段是为了吸收和创新,最终形成自己的优势;引进外资是为了弥补国内资本不足,最终目的是为了推动国内投资实现可持续增长。另一方面,独立自主也是中国作为一个大国的内在要求。"中国这样的社会主义大国,不可能走'捷径',我们要利用外国的资金和技术,也要大力发展对外贸易,但是必须要

---

① 《邓小平文选》第三卷,人民出版社 1993 年版,第 78 页。
② 《邓小平文选》第三卷,人民出版社 1993 年版,第 266 页。

以自力更生为主。"①因此,"中国的对外开放是坚持社会主义的开放、是坚持主权独立基础上的开放。"②正如邓小平同志所指出的:"实现四个现代化必须有一个正确的开放的对外政策。我们实现四个现代化主要依靠自己的努力,自己的资源,自己的基础,但是离开了国际的合作是不可能的。应该充分利用世界的先进的成果,包括利用世界上可能提供的资金,来加速四个现代化的建设。"③中国的自主开放理论在实践中不断发展,"讲独立自主、自力更生,绝不是要闭关锁国、关起门来搞建设,而是要把对外开放提高到一个新的更高水平。"④党的十八大以来,中国更加强调在开放中追求自主创新,"中国的经济体量到了现在这个块头,科技创新完全依赖国外是不可持续的。我们毫不动摇坚持开放战略,但必须在开放中推进自主创新。"⑤

最后,开放需要遵循一定的先后顺序。发达国家有效率的市场机制是几百年缓慢发展的结果,发展中国家即使可以效仿发达国家的经验,体制机制完善也需要相当长的时间,因此对外开放的程度需要适应国内体制改革进程,过快和过早地对外开放都可能引发超出应对能力的风险。拉美长期陷入国际债务泥潭和亚洲金融危机后东南亚的衰退都表明,对外开放和国内体制改革之间必须保持"一致性",脱离国内体制改革进程的对外开放会引发"体制混乱"甚至经济危机。⑥ 虽然渐进式开放存在这样或那样的问题,但最重要的好处是能够降低开放阻力和减少开放风险,把开放带来的混乱控制在可控程度。⑦ 成功的渐进式开放有两个基本要点,一是遵循"放开

---

① 《邓小平文选》第二卷,人民出版社 1994 年版,第 257 页。

② Thomas Kane, *China's Foundations:Guiding Principles of Chinese Foreign Policy*,in Guoli Liu,ed.,*Chinese Foreign Policy in Transition*,NewYork:Walter De Gruyter,2004,p. 105.

③ 《邓小平文选》第二卷,人民出版社 1994 年版,第 233—234 页。

④ 江泽民:《正确处理社会主义现代化建设中的若干重大关系——在党的十四届五中全会闭幕时的讲话》(第二部分),《人民日报》1995 年 10 月 9 日。

⑤ 习近平:《在中国科技大学座谈会上的发言》(2016 年 4 月 26 日)。

⑥ 樊纲:《改革与开放的"一致性"——过渡经济学的一个一般理论问题及其特例》,《经济研究》1998 年第 11 期。

⑦ 热若尔·罗兰:《转型与经济学》,张帆等译,北京大学出版社 2002 年版,第 315 页。

增量促进增长,保护存量既得利益"的方式;[1]二是金融业开放相对缓慢,为的是可以通过金融政策扶持重点产业发展,同时也切断国际金融风险的传播途径。

(二)扩大开放与提升能力相互促进:后市场发育期

中国坚持开放服务于发展的初衷,在发展全局中谋划开放,在不同开放阶段有所侧重地发挥有为政府和有效市场的互补作用,创造性地解决开放过程中不断出现的新问题,因时因势动态调整政府与市场关系,完善对外开放法律法规制度,不断增强学习能力、财政能力和法治能力,这些能力反过来促进开放向纵深发展。中国的开放进程就是有为政府与开放市场的良性互动过程。一方面,在开放实践中社会整体表现出较强的学习能力,通过开放,国家学习能力、财政能力和法治能力不断得到提升;另一方面,伴随国家能力提升,中央政府能够对外部环境和内部情况的变化做更有针对性的即时反应,适时调整与完善对外开放政策内容,扩大对外开放的广度与深度。

1. 增强了国家学习能力

中国在丰富的开放实践中,遇到一个又一个新问题和新挑战,妥善处理这些问题的过程中国家学习能力不断增强。

20世纪90年代的主要任务是拓展对外开放的空间布局,建立适应社会主义市场经济发展、符合国际贸易规范的新型外贸体制,重点发展货物出口贸易和吸引境外资金创办"三资企业"。作为对时代需要的响应,中共十四大提出:"进一步扩大对外开放,更多更好地利用国外资金、资源、技术和管理经验。"当时主要从三个维度扩大开放,一是扩大开放空间,形成多层次、多渠道、全方位的开放格局;二是拓宽利用外资领域,更大范围、更多行业对外资开放;三是开拓国际市场,促进对外贸易多元化,发展外向型经济。党的十四届三中全会提出"开放型经济"概念,扩大开放有了新的内涵,"充

---

① 赵玉蓉:《"以开放促改革"经济思想演进及其方法论分析》,上海社会科学院 2015 年博士论文,第 11 页。

分利用国际国内两个市场、两种资源……发展开放型经济"。首先是更大区域的开放，开放的区域推进到沿边、沿江和内陆中心城市的开放，其次是深化外贸体制改革，最后是积极引进外来资金、技术、人才和管理经验。①

到 20 世纪 90 年代中期，中国面临两个新的形势，一是服务贸易发展相对滞后，二是为了加入世界贸易组织，需要参与全球多边贸易磋商。为此，党的十五大报告中提出"完善全方位、多层次、宽领域的对外开放格局"，开放的主要任务变成扩大服务贸易、有步骤推进服务业对外开放、增加对外投资等。2001 年底中国加入 WTO 标志"对外开放进入新阶段"，不仅要"引进来"还要"走出去"，为了适应新要求重点任务调整为"深化涉外经济体制改革"和"完善对外开放的制度保障"，后来完善为"建立开放型经济体系"和"提高开放型经济水平"。

2008 年全球金融危机后，国际和国内环境发生深刻变化，以跨国公司为主要载体、以资本逐利为主要动力、以资本的优化配置带动其他生产要素的优化配置的全球化，在提升全球生产能力同时也带来收入分配、产业结构、贸易结构失衡、金融泡沫化等问题，国际上出现一股"逆全球化"潮流，中国"两头在外"开放模式难以为继。与此同时，国内经济增长进入"换挡"阶段，旧的比较优势逐渐丧失，"加快转变对外经济发展方式"势在必行，更多地需要实施更主动的"以我为主"新型开放战略，"中国的经济体量到了现在这个块头，科技创新完全依赖国外是不可持续的。我们毫不动摇坚持开放战略，但必须在开放中推进自主创新。"党的十八大适时提出新的任务即"全面提高开放型经济水平"，到党的十八届三中全会，"构建开放型经济新体制"有了更明确的任务，即继续扩大服务业开放和外资准入以及推出自由贸易区建设和"一带一路"建设。党的十九大延续以我为主、主动向外的开放方向，提出"推动形成全面开放新格局"，重点任务包括加快"一带一路"建设、推进贸易强国建设、实行高水平的贸易和投资自由化便利化政策、赋予自由贸易试验区更大改革自主权等。

---

① 裴长洪：《中国特色开放型经济理论研究纲要》，《经济研究》2016 年第 4 期。

2.发展了国家财政能力

成功的开放大大地发展了中国的国家财政能力,既表现在"量"的增加,也表现在"质"的提升。

随着中国成功开放进程的深入,同海外市场联系益发密切,跨境贸易成为驱动中国经济增长的"三驾马车"之一,中国因此赢得"世界工厂"美誉。伴随而来的是国家财政能力稳定发展,1979 年中国进出口总额不足 300 亿美元,2018 年进出口总额超过 4.6 万亿美元,增长了 150 余倍,连续多年保持世界最大商品贸易国地位,见表 4-1。在贸易平衡方面,1979 年中国商品贸易逆差 20 亿美元,实际上整个 20 世纪 80 年代都以逆差为主,以至于出口创汇成为当时的重要经济目标,这种状况从 20 世纪 90 年代开始逐渐改观。随着中国加入 WTO 顺差扩大的步伐加快,中国迅速成为世界最主要的贸易顺差国之一。尽管贸易顺差并非像重商主义者所追求的那样多多益善,但巨大的贸易顺差对于保障国际金融稳定和国家财政能力的作用毋庸置疑。

表 4-1　历年中国国际贸易和跨境投资情况　　单位:亿美元

年份	商品出口总额	商品进口总额	净出口	外商直接投资(FDI)	对外直接投资(OFDI)	净流入投资(FDI-OFDI)
1979	136	156	−20	—	—	—
1980	181	199	−18	—	—	—
1981	220	220	0	—	—	—
1982	223	193	30	—	—	—
1983	222	214	8	9	—	—
1984	261	274	−13	14	—	—
1985	274	423	−149	20	—	—
1986	309	429	−120	22	—	—
1987	394	432	−38	23	—	—
1988	475	553	−78	32	—	—
1989	525	591	−66	34	—	—
1990	621	533	87	35	—	—

年份	商品出口总额	商品进口总额	净出口	外商直接投资（FDI）	对外直接投资（OFDI）	净流入投资（FDI-OFDI）
1991	718	638	81	44	—	—
1992	849	806	44	110	—	—
1993	917	1040	−122	275	—	—
1994	1210	1156	54	338	—	—
1995	1488	1321	167	375	—	—
1996	1511	1388	122	417	—	—
1997	1828	1424	404	453	—	—
1998	1837	1402	435	455	—	—
1999	1949	1657	292	403	—	—
2000	2492	2251	241	407	—	—
2001	2661	2436	226	469	—	—
2002	3246	2952	294	527	27	500
2003	4382	4128	255	535	29	507
2004	5933	5612	321	606	55	551
2005	7620	6500	1120	724	123	602
2006	9690	7915	1775	727	176	551
2007	12201	9561	2639	835	265	570
2008	14307	11326	2981	1083	559	524
2009	12016	10069	1947	941	565	375
2010	15778	13962	1815	1147	688	459
2011	18984	17435	1549	1240	747	493
2012	20487	18184	2303	1211	878	333
2013	22090	19500	2590	1239	1078	161
2014	23428	19604	3824	1197	1231	−34
2015	22766	16821	5945	1263	1457	−194
2016	20974	15875	5100	1260	1962	−701
2017	22635	18410	4225	1310	1583	−273
2018	24874	21356	3518	1350	1298	51

数据来源：国家统计局、中华人民共和国商务部、海关总署、历年《中国对外直接投资统计公报》。

　　国家财政能力的提升还体现在活跃的双向资本流动。改革开放后的相当长时间里中国只有资本流入(FDI),没有对外投资(OFDI)能力(见表4-1)。外商直接投资不仅仅表现为弥补国内储蓄不足的资本流入,同时还能带来其他国家先进技术和管理经验,因此外资进入对国家财政能力的贡献表现在两个方面:一是直接贡献,外资企业缴纳的税收是政府财政收入组成部分;二是间接贡献,外资通过促进市场孵化提升国家整体财政能力。中国在外资使用方面堪称发展中国家的典范,在起步阶段通过税收、土地等一系列优惠政策吸引外来投资,具备一定规模后这些优惠政策逐步退出,同时控制和引导外资流向特定行业和领域(见表4-2),用其所长、避其所短,外资成为大国市场孵化的重要组成部分和经济快速发展的重要推动力量。财政能力提升的一个显著标志是中国对外投资逐渐兴起(见表4-1)。加入WTO中国迈开对外投资的步伐,2014年对外投资(OFDI)首次超过流入投资(FDI),资本流出和流入的规模相当。从资本净输入国到净输出国,背后的支撑是不断增加的国家财政能力。

　　值得强调的是,对外开放深化和国家财政能力发展之间存在动态相互作用,一方面对外开放固然增加了国家财政能力,另一方面增强的国家财政能力反过来又推动开放。中国具备一定的国家财政能力之后,因时因势利用财政能力促进对外开放,例如,中央政府按照国际惯例实行了相当数量的出口退税、出口补贴等鼓励出口政策,有力地提升了中国产品在全球市场的竞争力;地方政府通过财政奖补措施吸引高质量的外商直接投资;国家开发银行等政策性金融机构通过金融手段促进中国企业"走出去"。

3. 完善了国家法治能力

　　对外开放为法治建设提供强劲动力和持续需求。随着中国对外开放的不断扩大,涉外法律法规体系不断完善,推动国家法治能力不断增强。早在改革开放之初,为了适应对外开放的需要,1978年12月邓小平同志就提出制定外国人投资法的设想,1979年7月改革开放后第一批出台的7部法律中,《中华人民共和国中外合资经营企业法》赫然在列,成为中国涉外法治建设的开端(见表4-2);1980年为了适应经济特区设立的需要,全国人大常委会特别批准《广东省经济特区条例》，为经济特区设立和发展提供法理依据。对外开放进程的深入推动涉外法治建设不断进步，据不完全统计，截至 2018 年仅全国人大和国务院颁布的重要涉外法律法规就有 20 多部，其中许多历经多次修订（见表 4-2）。加上有关部门和地方陆续制定的涉外法规和规章，中国逐步形成以《中华人民共和国中外合资经营企业法》《中华人民共和国外资企业法》《中华人民共和国中外合作经营企业法》即所谓"外资三法"为主的涉外法律制度体系。

涉外法治建设是国家法治体系的重要组成部分。在对外开放过程中不断完善涉外法律体系，实际上也是国家法治能力的提升过程；同时，法治建设也为开放提供了制度保障。尤其是党的十八届三中全会提出全面深化改革、扩大开放的顶层设计以来，以法治推动开放的布局愈加明显。为营造与国际接轨的法治化、国际化、便利化营商环境，原以"外资三法"为主体的涉外法律体系已经不适应新时代全球竞争的需要，2019 年 3 月中国颁布《中华人民共和国外商投资法》（见表 4-2）。与"外资三法"相比，《中华人民共和国外商投资法》的最大特点是持内外资一致原则，明确对外商投资实行准入前国民待遇加负面清单的管理制度，强化对产权、知识产权等各种权利的保护。《中华人民共和国外商投资法》的出台，一方面是适应开放需要的产物，另一方面也必将推进中国的开放。

表 4-2　1979 年以来中国外资外贸有关法律法规概览

年份	名称	主要内容和修订情况
1979	《中华人民共和国中外合资经营企业法》	扩大国际经济合作与技术交流；1990 年、2001 年和 2016 年进行了三次修订，主要是减少对合营企业的限制
1980	《广东省经济特区条例》	为发展对外经济合作和技术交流，促进社会主义现代化建设，特区鼓励外国公民、华侨、港澳同胞及其公司、企业，投资设厂或者与我方合资设厂，兴办企业和其他事业，并依法保护其资产、应得利润和其他合法权益
1983	《国务院关于加强利用外资工作的指示》	更有效地开创利用外资

续表

年份	名称	主要内容和修订情况
1985	《涉外经济合同法》	调整涉外经济合同关系,保障涉外经济合同当事人的合法权益,促进我国对外经济关系的发展
1986	《中华人民共和国外资企业法》	扩大对外经济合作和技术交流,促进中国国民经济的发展,保护外资企业的合法权益;2000年、2016年进行了两次修订,2019年决定该法律自2020年1月1日废止
1986	《鼓励外商投资的规定》	改善投资环境,更好地吸收外商投资,引进先进技术,提高产品质量,扩大出口创汇,发展国民经济
1988	《中华人民共和国中外合作经营企业法》	扩大国际经济合作与技术交流;2000年、2006年、2016年、2017年进行了四次修订;2019年决定该法律自2020年1月1日废止
1992	《国务院关于商业零售领域利用外资问题的批复》	提高外商投资商业零售企业的积极性,促进我国日用百货向大规模工业化生产迈进,提高我国日用百货产品的质量,促进商品的更新换代
1994	《中华人民共和国对外贸易法》	扩大对外开放,发展对外贸易,维护对外贸易秩序,保护对外贸易经营者的合法权益;2004年进行了一次修订
1995	《指导吸收外商投资方向暂行规定》	指导外商投资方向,使外商投资方向与我国国民经济和社会发展规划相适应,并有利于保护投资者的合法权益
1995	《外商投资产业目录》	2015年、2017年进行了两次修订,主要是放宽服务业、制造业的市场准入门槛,让外资在华有了更大的施展空间
1995	《保险法》	规范保险活动,保护保险活动当事人的合法权益,加强对保险业的监督管理,维护社会经济秩序和社会公共利益,促进保险事业的健康发展;2002年、2014年、2015年进行了三次修订
2001	《中华人民共和国外资金融机构管理条例》	加强和完善对外资金融机构的管理,促进银行业的稳健运行
2001	《中华人民共和国外资保险公司管理条例》	加强和完善对外资保险公司的监督管理,促进保险业的健康发展;2013年进行了一次修订,降低合资保险公司、独资保险公司的准入条件
2001	《证券公司管理办法》	加强对证券公司的监督管理,规范证券公司行为,根据证券法和公司法的有关规定,允许外资参与中外合营证券公司
2002	《外资参股证券公司设立规则》	适应证券市场对外开放的需要,加强和完善对外资参股证券公司的监督管理;2002年进行了一次修订
2002	《外资参股基金管理公司设立规则》	适应证券市场对外开放的需要,加强对外资参股基金管理公司的监督管理

续表

年份	名称	主要内容和修订情况
2004	《中西部地区外商投资优势产业目录》	列示中西部省市外商投资优势产业
2006	《中华人民共和国外资银行管理条例》	适应对外开放和经济发展的需要,加强和完善对外资银行的监督管理,促进银行业的稳健运行
2007	《中华人民共和国企业所得税法》	2017 年进行了一次修订,结束长期以来外资企业的所得税优惠
2019	《中华人民共和国外商投资法》	加强对外商投资合法权益的保护;2020 年 1 月 1 日施行,同时废止《中华人民共和国外资企业法》

负面清单制度的推出过程清楚地显示开放和法治相互促进和相互作用。以负面清单改革为例,许多发达国家均实行负面清单管理模式,实践证明实行负面清单管理模式能够促进转变政府职能和发挥企业创新动能。中国首先在几个自由贸易试验区进行试点,上海自贸区最早进行负面清单改革试点,2015 年试点扩大至上海、广东、天津、福建四个自贸区。在总结自贸区经验的基础上,中国推出外商投资准入负面清单,最新版 2018 年外商投资准入负面清单共有 48 条管理措施(见表 4-3),"非禁即准"的负面清单制度表明法治能力达到一个新高度。概括来说,扩大开放的需要催生出负面清单制度,而负面清单制度的制定和实施过程必然推动国家法治力的提升,提升后的法治能力又会进一步扩大开放。

表 4-3　外商投资准入特别管理措施(负面清单)(2018 年版)

序号	领域	特别管理措施
一、农、林、牧、渔业		
(一)	种业	1. 小麦、玉米新品种选育和种子生产须由中方控股。
		2. 禁止投资中国稀有和特有的珍贵优良品种的研发、养殖、种植以及相关繁殖材料的生产(包括种植业、畜牧业、水产业的优良基因)。
		3. 禁止投资农作物、种畜禽、水产苗种转基因品种选育及其转基因种子(苗)生产。
(二)	渔业	4. 禁止投资中国管辖海域及内陆水域水产品捕捞。

序号	领域	特别管理措施
二、采矿业		
（三）	石油和天然气开采业	5.石油、天然气（含煤层气，油页岩、油砂、页岩气等除外）的勘探、开发限于合资、合作。
（四）	有色金属矿和非金属矿采选及开采辅助活动	6.禁止投资钨、钼、锡、锑、萤石勘查、开采。
		7.禁止投资稀土勘查、开采及选矿。
		8.禁止投资放射性矿产勘查、开采及选矿。
三、制造业		
（五）	印刷业	9.出版物印刷须由中方控股。
（六）	核燃料及核辐射加工业	10.禁止投资放射性矿产冶炼、加工，核燃料生产。
（七）	中药饮片加工及中成药生产	11.禁止投资中药饮片的蒸、炒、炙、煅等炮制技术的应用及中成药保密处方产品的生产。
（八）	汽车制造业	12.除专用车、新能源汽车外，汽车整车制造的中方股比不低于50%，同一家外商可在国内建立两家及两家以下生产同类整车产品的合资企业（2020年取消商用车制造外资股比限制。2022年取消乘用车制造外资股比限制以及同一家外商可在国内建立两家及两家以下生产同类整车产品的合资企业的限制）。
（九）	通信设备制造	13.卫星电视广播地面接收设施及关键件生产。
（十）	其他制造业	14.禁止投资宣纸、墨锭生产。
四、电力、热力、燃气及水生产和供应业		
（十一）	核力发电	15.核电站的建设、经营须由中方控股。
（十二）	管网设施	16.城市人口50万以上的城市燃气、热力和供排水管网的建设、经营须由中方控股。
五、批发和零售业		
（十三）	烟草制品	17.禁止投资烟叶、卷烟、复烤烟叶及其他烟草制品的批发、零售。
六、交通运输、仓储和邮政业		

续表

序号	领域	特别管理措施
（十四）	水上运输业	18. 国内水上运输公司须由中方控股。
		19. 国内船舶代理公司须由中方控股。
（十五）	航空客货运输	20. 公共航空运输公司须由中方控股,且一家外商及其关联企业投资比例不得超过25%,法定代表人须由中国籍公民担任。
（十六）	通用航空服务	21. 通用航空公司的法定代表人须由中国籍公民担任,其中农、林、渔业通用航空公司限于合资,其他通用航空公司限于中方控股。
（十七）	机场和空中交通管理	22. 民用机场的建设、经营须由中方相对控股。
		23. 禁止投资空中交通管制。
（十八）	邮政业	24. 禁止投资邮政公司、信件的国内快递业务。
七、信息传输、软件和信息技术服务业		
（十九）	电信	25. 电信公司:限于中国"入世"承诺开放的电信业务,增值电信业务的外资股比不超过50%(电子商务除外),基础电信业务须由中方控股。
（二十）	互联网和相关服务	26. 禁止投资互联网新闻信息服务、网络出版服务、网络视听节目服务、互联网文化经营(音乐除外)、互联网公众发布信息服务(上述服务中,中国"入世"承诺中已开放的内容除外)。
八、金融业		
（二十一）	资本市场服务	27. 证券公司的外资股比不超过51%,证券投资基金管理公司的外资股比不超过51%。(2021年取消外资股比限制)
		28. 期货公司的外资股比不超过51%。(2021年取消外资股比限制)
（二十二）	保险业	29. 寿险公司的外资股比不超过51%。(2021年取消外资股比限制)
九、租赁和商务服务业		
（二十三）	法律服务	30. 禁止投资中国法律事务(提供有关中国法律环境影响的信息除外),不得成为国内律师事务所合伙人。
（二十四）	咨询与调查	31. 市场调查限于合资、合作,其中广播电视收听、收视调查须由中方控股。
		32. 禁止投资社会调查。
十、科学研究和技术服务业		
（二十五）	研究和试验发展	33. 禁止投资人体干细胞、基因诊断与治疗技术开发和应用。
		34. 禁止投资人文社会科学研究机构。

序号	领域	特别管理措施
（二十六）	专业技术服务业	35.禁止投资大地测量、海洋测绘、测绘航空摄影、地面移动测量、行政区域界线测绘，地形图、世界政区地图、全国政区地图、省级及以下行政区地图、全国性教学地图、地方性教学地图、真三维地图和导航电子地图编制，区域性的地质填图、矿产地质、地球物理、地球化学、水文地质、环境地质、地质灾害、遥感地质等调查。
十一、水利、环境和公共设施管理业		
（二十七）	野生动植物保护	36.禁止投资国家保护的原产于中国的野生动植物资源开发。
十二、教育		
（二十八）	教育	37.学前、普通高中和高等教育机构限于中外合作办学，须由中方主导（校长或者主要行政负责人应当具有中国国籍，理事会、董事会或者联合管理委员会的中方组成人员不得少于1/2）。
		38.禁止投资义务教育机构、宗教教育机构。
十三、卫生和社会工作		
（二十九）	卫生	39.医疗机构限于合资、合作。
十四、文化、体育和娱乐业		
（三十）	新闻出版	40.禁止投资新闻机构（包括但不限于通讯社）。
		41.禁止投资图书、报纸、期刊、音像制品和电子出版物的编辑、出版、制作业务。
（三十一）	广播电视播出、传输、制作、经营	42.禁止投资各级广播电台（站）、电视台（站）、广播电视频道（率）、广播电视传输覆盖网（发射台、转播台、广播电视卫星、卫星上行站、卫星收转站、微波站、监测台及有线广播电视传输覆盖网等），禁止从事广播电视视频点播业务和卫星电视广播地面接收设施安装服务。
		43.禁止投资广播电视节目制作经营（含引进业务）公司。
（三十二）	电影制作、发行、放映	44.电影院建设、经营须由中方控股。
		45.禁止投资电影制作公司、发行公司、院线公司以及电影引进业务。
（三十三）	文物保护	46.禁止投资文物拍卖的拍卖公司、文物商店和国有文物博物馆。
（三十四）	文化娱乐	47.演出经纪机构须由中方控股。
		48.禁止投资文艺表演团体。

四、先行一步的广东开放

改革开放 40 多年来,在中央统一决策部署下,广东省委省政府精细落实改革开放政策,带领广东走出了一条"安全、稳定、高效"、"敢为人先"的开放发展之路,实现了由被动开放到主动开放的转型,实现了思想大解放、体制大变革和经济大飞跃。回顾广东 40 多年开放发展史,"机缘禀赋(天时)、地缘禀赋(地利)和侨缘禀赋(人和)"是中国对外开放在广东起步的重要决定因素,也是广东发展外向型经济的重要法宝,未来仍将是广东新时代构建开放型经济新体制并逐步形成全面开放新格局的重要动力源。

(一)机缘禀赋:先行先试争当对外开放的排头兵

岭南自古以来就以创新、进取精神闻名,近代更是以孙中山(中山人)、康有为(南海人)、梁启超(新会人)、梁思成(新会人)、冼星海(番禺人)等先锋形象傲然于世。岭南文化锐意进取的传统以及海纳百川的包容力,造就了大批敢于创新,走在时代前沿的弄潮儿们,他们的个人成就又影响了岭南这块热土,"敢为人先"充分体现了岭南人敢于拼搏的进取精神,曾经并继续影响中国经济文化的发展。而重商传统,孕育了"开放兼容"的岭南文化。早在海上丝绸之路初开的西汉时期,广州、徐闻就是海上丝绸之路的起点之一。经过魏晋南北朝时期的开发和隋唐的经营,广东与内陆和海外联系广泛,广东工商业初具规模,而广州港也成为当时世界知名的"东方大港",在五代至北宋期间,广州是中国海外贸易最发达的港口。明朝初年,朝廷将海上贸易纳为官营,在广东、福建、浙江三省设市舶司,同时广州被作为全国有限的几个港口之一得以开放,并被限定为同南洋朝贡国进行商贸往来。1757 年,除葡萄牙和西班牙的船只驶往澳门外,广州被清政府限定为同西方人进行贸易的唯一口岸,史称"一口通商",而"十三行"的出现则推动广东作为当时商品的集散地和生产中心,是国内与世界市场联系最密切的地区。

重商传统奠定的良好外贸基础和"敢为人先、求真务实、自强不息、开放兼容"的岭南精神成为广东改革开放先行先试的文化禀赋。以习仲勋为首的省委领导班子在充分了解当时国情省情的基础上,对广东"先走一步"发展主动向中央提出了诉求,而中央给予广东"特殊政策、灵活措施"的回应,让广东抓住了创办经济特区和发展外向型经济的历史机遇,在改革开放中一直充当先行区、排头兵的角色。党的十一届三中全会以来,中国迈开了对外开放的步伐,以邓小平为领导核心的中国共产党人总结历史经验教训,深刻领会到"闭关锁国就会落后,落后就要挨打"的道理,实现了由"被动开放"到"主动开放"的思想大转变,并确立对外开放作为中国的长期基本国策。回顾广东的开放发展历程,主要通过经济特区、沿海开放城市和沿海经济开放区三种层次的探索和实践。在空间维度上,遵从由外向内、由沿海到内地实现有序开放;在时间维度上,从 1979 年到 1992 年,在 13 年时间内,全省已经通过各种形式打开了对外开放的门户(如图 4-1)。

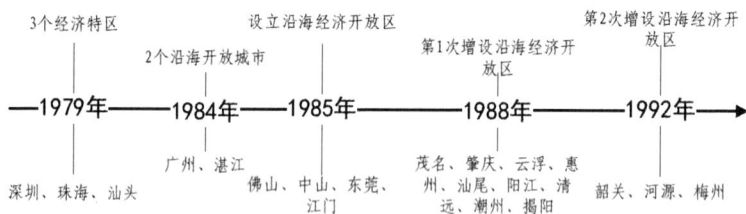

图 4-1　广东省 21 个地级市开放时间①

1."先行一步"办经济特区

经济特区是中国对外开放的最初形式。广东濒临香港和澳门,地理上的临近导致两地发展的对比效果明显。在设立经济特区前由于内地经济发展缓慢,"偷渡""逃港"成为地方治理长期头疼的问题,地处前沿的宝安和珠海尤其严重,仅 1977 年宝安县所在惠阳地区就有 1031 人偷渡外逃,逃出

----

① 为了清晰地辨别各地的开放时间,此处按照广东省现行的 21 个地级市加以归纳,某些地级市当时有可能辖属于其他地区。

232

318 人。①"穷则变",地方首先响起调整政策、利用区位优势发展经济的呼声。1978 年年底,时任广东省委第一书记和省长习仲勋向中央建言,希望中央能给广东更大的支持,多给地方处理问题的机动余地,允许广东吸收港澳资金以及开展"三来一补"。作为对地方呼声的回应,决策层对于在广东省实行特殊政策的可行性开展了大量调研分析,最有代表性是 1978 年 5 月国务院港澳经贸考察组提交给中央的《港澳经济考察报告》和 1979 年 1 月广东省革命委员会、交通部提交给国务院的《关于我驻香港招商局在广东宝安建立工业区的报告》②。《港澳经济考察报告》正式提出在宝安、珠海"实行某些特殊管理办法",目标是建成外贸出口基地和新型边防城市。报告得到决策层的认可,邓小平同志提出可以扩展到广东其他县市和福建。③1979 年 2 月国务院批复广东省提交的报告《关于广东、珠海两县外贸基地和市场建设规划》。与此同时,《关于我驻香港招商局在广东宝安建立工业区的报告》获得中央批准,在宝安蛇口公社建立工业区,成为设立经济特区的又一推力。

1979 年 7 月,中共中央、国务院决定在广东省的深圳、珠海、汕头和福建省的厦门试办出口特区。1980 年 5 月,出口特区改名为经济特区④。从最初的 4 个经济特区来看,其中有 3 个经济特区在广东省。如果说经济特区是体制改革的试验场,那么广东省就是中国改革开放的排头兵。在邓小平同志眼里,社会主义的根本任务就是解放和发展生产力,办经济特区就是要为中国特色社会主义现代化建设"杀出一条血路来"⑤。正是在邓小平经

---

① 何焕昌主编:《中国共产党惠阳地区历史大事记》(1919.5—1988.2),中共党史出版社 2008 年版,第 459 页。

② 曹普:《改革开放史研究中的若干重大问题》,福建人民出版社 2014 年版,第 126 页。

③ "不仅宝安、珠海可这样搞,广东、福建的其他县也可以这样搞",详见《李先念传(1949—1992)》(下),中央文献出版社 2009 年版,第 1071 页。

④ 1988 年 4 月,批准海南省为经济特区;2010 年 5 月,中央新疆工作会议上中央正式批准喀什设立经济特区;2014 年 6 月又在新疆设立霍尔果斯经济特区。截至 2018 年 5 月,中国共计设立了 7 个经济特区。

⑤ 钟坚:《邓小平经济特区思想的丰富内容和时代意义》,《人民日报》2004 年 9 月 16 日。

济特区思想指导下,广东经济特区从无到有,从一种形式发展为多种形式,在全国最早形成了全方位、多层次、宽领域的对外开放格局。

2."先行一步"扩大对外开放和转变外经贸增长方式

深圳经济特区经过10多年的发展之后,在软硬件建设暴露出管理能力不足,一股"要不要办经济特区"的争论之风开始出现,甚至有人对中国特色社会主义及其社会主义市场经济提出质疑。针对以上问题,1992年年初,邓小平南方谈话发表,这标志着我国对外开放进入新的历史时期,其中提到"改革开放胆子要大一些,敢于试验,不能像小脚女人一样""改革开放迈不开步子,不敢闯,说来说去就是怕资本主义的东西多了,走了资本主义道路"等,扩大对外开放成为举国上下的共识,"走出去"战略和经济国际化战略成为扩大对外开放的新标识。邓小平南方谈话后的第三年(1995年),广东进出口商品总额首次超过1000亿美元大关达到1039.2亿美元,占1995年全国进出口总额的37%,即使在1997年和1998年的东南亚金融危机期间,广东的进出口总额在全国的比重仍然超过40%(见图4-2)。因此,该时期广东"扩大对外开放"在全国"先行一步"。

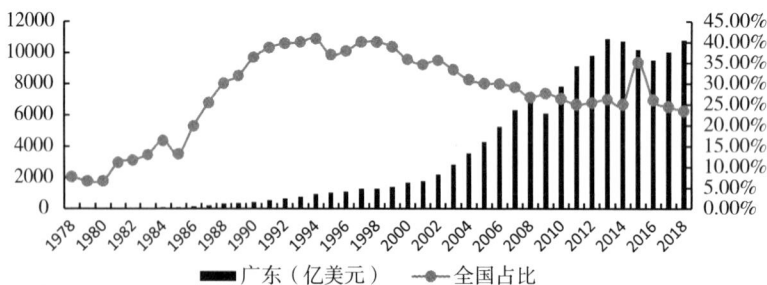

图4-2 广东1978—2018年进出口总额及其全国占比

1997年7月,东南亚金融危机爆发并迅速蔓延,由此引发世界经济发展放缓、国际需求大幅下降,广东迎来改革开放以来前所未有的挑战。广东在党中央、国务院的支持下,实施"一揽子"解决地方金融支付风险方案,采取各种措施支持外经贸的发展,千方百计扩大外贸出口。据外贸业务统计口径,1998年,进出口总额为1298.0亿美元,比上年增长-0.2%;出口额为

756.2 亿美元,比上年增长 1.4%;进口额为 541.8 亿元,比上年增长-2.4%。其中,机电产品出口额为 343.72 亿美元,比上年增长 10.6%;高新技术产品出口额为 87.57 亿美元,比上年增长 28.6%;一般贸易进出口额为 224.3 亿美元,比上年增长-7.1%。换句话说,广东通过"一揽子"方案成功应对了东南亚金融危机的影响。然而,2008 年,由美国次贷危机引发的全球金融海啸,广东也未能幸免,2009 年,进出口总额同比增长-10.8%,出口增长-11.5%,进口增长-9.7%。[①]

受 1997 年东南亚金融危机的影响,特别是 2001 年中国加入 WTO 之后,转变外经贸增长方式,成为当务之急。1999 年以来,广东一直将"科技兴贸"作为转变外贸增长方式的重要举措,例如 2000 年,省政府颁布了《广东省科技兴贸实施方案》,2004 年,省政府再次出台《广东省关于进一步做好科技兴贸工作的实施意见》。在政策的刺激下,广东高新技术产品出口额由 1999 年的 101.46 亿美元增长到 2011 年的 1942.67 亿美元,占全省出口总额的比重也由 13.06%上升为 36.52%;机电产品出口额由 1999 年的 384.30 亿美元增长到 2011 年的 3552.49 亿美元,占全省出口总额的比重也由 49.47%上升为 66.78%。该阶段由"三来一补"为主的加工贸易模式也逐步向一般贸易转型,一般贸易进出口额由 1999 年的 292.70 亿美元增长到 2011 年的 3208.80 亿美元,占全省进出口总额的比重也由 20.86%上升为 35.13%。世界 500 强企业纷纷来粤投资,截至 2005 年年底,有 176 家世界 500 强企业来粤投资,设立了 581 家企业。广东推动外经贸增长方式转变在全国"先行一步"。

广东推动外经贸增长方式转变还体现在《珠江三角洲地区改革发展规划纲要(2008—2020 年)》中,提出要加大对外经贸发展的扶持力度,鼓励加工贸易企业内外销并举,重点推动和扩大机电产品、高新技术产品和一般贸易的出口。2010 年 4 月 19 日,省委、省政府颁布了《关于加快外经贸战

---

① 海关总署广东分署编委会:《数字见证辉煌——从海关统计看改革开放 40 周年广东对外贸易》,广东高等教育出版社 2018 年版,第 56—83 页。

略转型提升国际竞争力的决定(摘要)》,对广东外经贸转型的方向做了详细部署。2011 年,在广东"第十二个五年计划"中,"提高利用外资质量和'走出去'水平"成为"亮点"。

3. "先行一步"推动高质量开放

习近平总书记在党的十九大报告中提出:"我国经济已由高速增长阶段转向高质量发展阶段,正处在转变发展方式、优化经济结构、转换增长动力的攻关期,建设现代化经济体系是跨越关口的迫切要求和我国发展的战略目标。"[1]转变开放发展方式,成为高质量开放的必然选择。如何推动我国经济由高速度增长阶段向高质量发展阶段转变,从而实现质量变革、效率变革、动力变革,是对外开放工作必须把握的主攻方向。[2] 从世界贸易大国的实践来看,当货物出口占世界总额的比重达到 10%左右,就会出现拐点,增速要降下来。我国货物出口占世界总额的比重,2010 年超过 10%,2014年达到 12.3%。[3] 这意味着我国出口增速拐点已经到来,外贸作为传统的"三驾马车"之一,对经济的拉动作用在减弱,我国出口优势和参与国际产业分工模式面临新挑战,这种变化的直接体现就是经济发展进入新常态。

广东作为我国出口大省,必须"先行一步"推动高质量开放。2018 年 3 月7 日,习近平总书记在参加十三届全国人大一次会议广东代表团审议时指出广东在我国改革开放和社会主义现代化建设大局中的重要地位和作用,对广东提出了"四个走在全国前列"的明确要求。同年 10 月习近平总书记在视察广东时再次提出了"把广东建设成高质量发展的先行区示范区"的要求,这是以习近平同志为核心的党中央在改革开放 40 周年之际对广东的战略部署,也是习近平新时代中国特色社会主义思想在广东的具体实践。这是以

---

① 习近平:《决胜全面建成小康社会 夺取新时代中国特色社会主义伟大胜利——在中国共产党第十九次全国代表大会上的报告》,人民出版社 2017 年版,第 30 页。
② 中共中央宣传部:《习近平新时代中国特色社会主义思想三十讲》,学习出版社 2018年版,第 152 页。
③ 中共中央宣传部:《习近平新时代中国特色社会主义思想三十讲》,学习出版社 2018年版,第 138 页。

习近平同志为核心的党中央在改革开放再出发的新时代赋予广东的新使命,同时也意味着在我国经济转向高质量发展过程中,广东省仍然要充当全国的"火车头"或"头雁"角色,发挥先行先试和示范引领作用。协同推进"在构建推动经济高质量发展体制机制上走在全国前列"和"在形成全面开放新格局上走在全国前列",是新时代摆在广东开放发展的新命题。

截至 2018 年年底,广东的经济综合实力连续 30 年稳居全国第一位,外贸(进出口总值)规模连续 33 年保持全国第一,区域创新能力综合值连续两年(2017 年和 2018 年)排在全国第一位(2008—2016 年连续 9 年居全国第二位),但离建成全国经济高质量发展的先行区示范区,仍面临要素流动和资源配置效率偏低、结构性(城乡、区域、经济等)失衡现象比较突出、自主创新能力仍有待提高、三大攻坚战任务仍然艰巨等诸多挑战。据此,结合习近平总书记视察广东的讲话精神,中共广东省委十二届四次全会部署了"1+1+9"重点任务,其中提到"以粤港澳大湾区建设为重点,加快形成全面开放新格局"。在 2019 年 2 月 18 日公布的《粤港澳大湾区发展规划纲要》(后简称《规划纲要》)中提出建设充满活力的世界级城市群、具有全球影响力的国际科技创新中心、"一带一路"建设的重要支撑、内地与港澳深度合作示范区、宜居宜业宜游的优质生活圈五大战略定位。在 2015 年《内地与香港 CEPA 服务贸易协议》的基础上,《规划纲要》还提到要"深化落实内地与香港、澳门关于建立更紧密经贸关系的安排(CEPA)对港澳服务业开放措施"①。粤港澳大湾区是广东实现高质量开放的重要载体。

而设立自由贸易试验区是中国形成全面开放新格局的主要形式和重要载体,是中国全方位融入世界的重要战略部署。习近平总书记在党的十九大报告中特别提到要"赋予自由贸易试验区更大改革自主权,探索建设自由贸易港。创新对外投资方式,促进国际产能合作,形成面向全球的贸易、投融资、生产、服务网络,加快培育国际经济合作和竞争新优势。"②毫无疑

---

① 《粤港澳大湾区发展规划纲要》,人民出版社 2019 年版,第 30 页。

② 习近平:《决胜全面建成小康社会 夺取新时代中国特色社会主义伟大胜利——在中国共产党第十九次全国代表大会上的报告》,人民出版社 2017 年版,第 35 页。

义,自贸试验区功能定位在党的十九大后将进一步强化。特别自贸试验区的负面清单管理制度,是我国适应新形势、把握新特点,推动由商品和要素流动型开放向规则等"制度型开放"转变、进而实现高质量开放的重要举措。① 因此,广东自由贸易试验区将再次成为中国全面对外开放新战略的创新试验田和主力军。

(二)地缘禀赋:深化合作实现粤港澳的联动开放

改革开放 40 多年来,广东省获得的发展"奇迹"与粤港澳合作是分不开的。从改革开放之初的"前店后厂"模式(粤港澳合作 1.0)、CEPA 框架下的贸易投资便利化(粤港澳合作 2.0),再到现在的粤港澳大湾区(粤港澳合作 3.0),广东经济从最初的"劳动密集型""资本密集型"向"技术密集型"的高质量发展方向转型。广东地区生产总值(GDP)与对香港进出口额之间存在拟合度很高的线性关系(如 4-3 图所示):

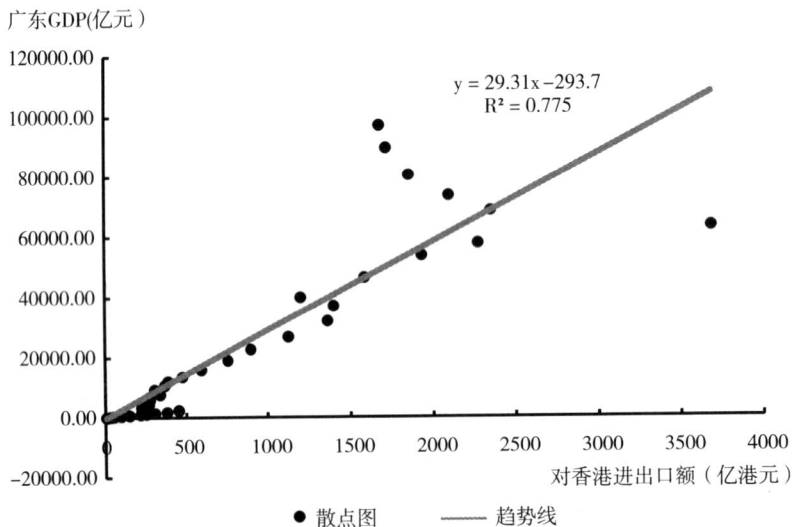

图 4-3 **1978—2018 年广东 GDP 与对香港进出口额的数量关系**

① 中共中央宣传部:《习近平新时代中国特色社会主义思想学习纲要》,学习出版社、人民出版社 2019 年版,第 121 页。

1. 粤港澳合作1.0:"前店后厂"模式(1978—2002年)

香港自"二战"后的长时期,曾经保持着长期的增长与繁荣,与韩国、新加坡和台湾地区并称为"东亚奇迹"中的"亚洲四小龙"。20世纪70年代中后期,由于土地、劳动力等要素成本攀升,对众多港澳劳动密集型产业的利润造成很大的"挤出效应",众多产业面临竞争力下滑的压力,而产业转型难以在短时间内实现,产业转移成为当时纺织和服装、电子及通信设备、电气机械及器材、玩具等产业的必然选择。1978年中国宣布改革开放,次年,中共中央、国务院同意在广东省设立深圳、珠海、汕头三个经济特区。而珠三角地区特别是深圳、珠海两个经济特区凭借其地缘禀赋,成为港澳产业转移的最大受益者。

珠三角地区生产的大量轻工业产品,主要通过港澳贸易渠道,出口到东南亚、欧洲、非洲、美洲、大洋洲等地区,从这些地区的经贸往来中赚取了大量外汇,这种模式使珠三角地区的贸易国际化水平有了大幅度提高。至20世纪末,珠三角地区已经成为全球最大的电子和日用消费品生产出口基地之一。

港澳地区与珠三角地区的经济合作形成了著名的"前店后厂"模式。港澳利用海外贸易窗口优势,承接海外订单,从事制造和开发新产品、新工艺,供应原材料、原器件,控制产品质量,进行市场推广和对外销售,扮演"店"的角色。而珠三角地区则利用土地、自然资源和劳动力优势,进行产品加工、制造和装配,扮演"厂"的角色。港澳在前,珠三角在后,彼此紧密合作。港澳有丰富的资金、技术、人才和管理经验,珠三角有丰富廉价的要素资源。通过香港、澳门两个自由贸易港,珠三角地区间接地对世界各地进行贸易往来,通过产业链分工,港澳地区也获得了发展。在"前店后厂"的合作模式下,两地呈现出同步发展格局,大珠三角区域的经济概念逐步形成,并成为亚太地区一个活跃的经济体。

2. 粤港澳合作2.0:"协议开放"模式(2003—2011年)

1997年,香港回归祖国。在回归后的第一个5年(1997—2001)香港GDP年均增速为2.00%,而回归前5年(1992—1996年),香港GDP年均增速为5.02%,虽然存在1997年东南亚金融危机的影响,但是回归后的经济增速下滑太快。制造业这个高附加值产业的长期持续衰退,显然是香港经济增长能力长期下滑的重要原因。产业大规模向珠三角转移导致制造业空心化,在 20 世纪 70 年代,制造业占香港总产出的比重曾高达 30%,直到 80 年代中期仍高于 20%,但是到新世纪初已下降到 5%,2010 年已不足 1.7%。产业转移进一步导致附加值衰退,根据新世纪初期对香港经济的有关研究显示,香港本地出口产品的附加值率是 40%,转口的附加值率是 20%,离岸贸易只有不足 8%。①

虽说香港经济的"衰退"有其自身原因,但主要还是暴露出"前店后厂"的粤港澳合作模式的弊端,无法适应两地经济发展的实际情况。一是合作基础削弱、粗放型资源合作导致国际竞争力低下。"前店后厂"的模式迫切需要升级,探索一种高层次、高质量的合作模式;二是中国加入 WTO 后,市场对全球开放对"前店后厂"合作模式造成巨大冲击。"入世"后,外资和企业更容易进入,中国的资本和企业也容易走出去,广东具有良好的投资环境和人才优势,将成为外资进驻中国的首选目标之一。香港与其他国家的竞争环境趋于一致,特别是中国实行外商投资的国民待遇,取消优惠政策,这对技术力量强的跨国公司极为有利,而对于劳动密集型企业,意味着竞争条件恶化。

面对这种现状,中央政府审时度势,从 2003 年开始至 2011 年年底,出台了 CEPA 及其 8 个补充协议,在政策的刺激下,回归后第二个 5 年(2002—2006 年)香港 GDP 年均增速超过了回归前 5 年,年均增速达到 5.58%。2008 年,全球金融风暴对香港造成了一定冲击,经济增速有所回落,回归后的第三个 5 年(2007—2011 年)年均增速为 3.54%。②(见表 4-4)。CEPA 及其补充协议下的粤港澳合作,可以理解为"前店后厂"模式的"过渡版"或"升级版",粤港澳有效合作、互利共赢的新模式还需要进一步从实践中探索。

---

① 新浪财经:《深度透析:香港经济增长为何陷入长期衰退?》,网址:http://finance.sina.com.cn。

② 龙建辉:《香港融入国家开放发展的路径与协同策略研究》,《广东社会科学》2018 年第 4 期。

表4-4 CEPA及其补充协议

CEPA及其补充协议	时 间	主要目标
协议正文	2003年6月29日	减少或取消货物贸易关税和非关税壁垒,减少或取消服务贸易歧视性措施,促进贸易投资便利化
补充协议(一)	2004年10月27日	取消进口关税,放宽服务贸易市场准入条件
补充协议(二)	2005年10月18日	取消进口关税,进一步放宽服务贸易市场准入条件
补充协议(三)	2006年6月27日	进一步放宽服务贸易市场准入条件
补充协议(四)	2007年7月2日	进一步放宽服务贸易市场准入条件,加强金融合作,贸易投资便利化
补充协议(五)	2008年7月29日	进一步放宽服务贸易市场准入条件,贸易投资便利化
补充协议(六)	2009年5月9日	进一步放宽服务贸易市场准入条件,加强金融合作、专业资格互认
补充协议(七)	2010年5月27日	进一步放宽服务贸易市场准入条件,加强金融合作、贸易投资便利化、产业合作
补充协议(八)	2011年12月13日	货物贸易领域和服务贸易领域对香港扩大开放,加强金融合作、旅游合作及促进贸易投资便利化

数据来源:商务部网站CEPA专题。http://tga.mofcom.gov.cn/。

3. 粤港澳合作3.0:"融合联动"模式(2012年至今)

习近平总书记在党的十九大报告中提出"保持香港、澳门长期繁荣稳定,实现祖国完全统一,是实现中华民族伟大复兴的必然要求。"①香港回归后的第四个5年(2012—2016年)GDP年均增速为2.24%,香港回归20年GDP年均增速为3.34%。伴随经济增速放缓,香港还出现了一些新问题,如阶层结构及流动性、青年心理、就业压力、养老、医疗等。1999年回归后,澳门的发展主要表现在经济方面,产业结构单一化导致经济容易波动,例如,2010年澳门GDP增速为31.25%,2015年GDP增速为-16.85%,5年时

---

① 习近平:《决胜全面建成小康社会 夺取新时代中国特色社会主义伟大胜利——在中国共产党第十九次全国代表大会上的报告》,人民出版社2017年版,第25页。

间经济波动幅度达到 48.10%。当前时期,广东经济伴随中国经济进入发展新常态,经济增长速度要从高速增长转向中高速,发展方式要从规模速度型转向质量效率型,经济结构调整要从增量扩能为主转向调整存量、做优增量并存,发展动力要从依靠资源和低成本劳动力等要素投入转向创新驱动。①

面对这个时期内地、香港和澳门的发展新问题,中央政府一方面继续强化 CEPA 功能,分别于 2012 年和 2013 年签署了补充协议(九)和补充协议(十),继续在服务贸易领域对香港扩大开放,加强金融合作,推动专业人员资格互认及促进贸易投资便利化。加上 2014 年"广东协议"、2015 年服务贸易协议、2017 年投资协议和经济技术合作协议、2018 年的货物贸易协议,2012—2018 年期间合计签署了 7 个补充协议。另一方面,谋划粤港澳合作的新模式(3.0 版本),实现从"输血"到"造血"的经贸关系转变。在充分吸纳粤港澳合作 1.0 和粤港澳合作 2.0 的经验和不足基础上,加快粤港澳三地之间的融合,进一步整合大珠三角区域,逐步实现从低层次产业合作、初级资源要素合作向高层次技术产业合作、高效的资源配置转型,提升大珠三角的整体国际竞争力。

在中央政府的领导和粤港澳三地政府持续推动下,粤港澳大湾区频繁出现在国家规划和重要文件中,第一次出现在 2015 年《推动共建丝绸之路经济带和 21 世纪海上丝绸之路的愿景与行动》,随后在国家"十三五"规划纲要、广东省"十三五"规划纲要、《关于深化泛珠三角区域合作的指导意见》等文件中陆续出现。2017 年 3 月在《政府工作报告》中列入"粤港澳大湾区"概念,指出"要推动内地与港澳深化合作,研究制定粤港澳大湾区城市群发展规划,发挥港澳独特优势,提升在国家经济发展和对外开放中的地位与功能。"2017 年 7 月 1 日,香港回归 20 周年之际,在习近平总书记的亲自见证下,国家发展和改革委员会、广东省人民政府、香港特别行

---

① 中共中央宣传部:《习近平新时代中国特色社会主义思想三十讲》,学习出版社 2018 年版,第 138—139 页。

政区政府、澳门特别行政区政府共同制定了《深化粤港澳合作 推进大湾区建设框架协议》。2017 年 10 月 18 日,习近平总书记在党的十九大报告中提出"要支持香港、澳门融入国家发展大局,以粤港澳大湾区建设、粤港澳合作、泛珠三角区域合作等为重点,全面推进内地同香港、澳门互利合作,制定完善便利香港、澳门居民在内地发展的政策措施。"①毫无疑问,2017 年粤港澳大湾区正式上升为国家战略,将成为深化粤港澳合作的新模式。

2019 年 2 月 18 日,《粤港澳大湾区发展规划纲要》正式公布,《规划纲要》中提出:"建设粤港澳大湾区,既是新时代推动形成全面开放新格局的新尝试,也是推动'一国两制'事业发展的新实践。"②并清晰提出了五大战略定位,携手港澳建设国际科技创新中心、加快基础设施互联互通、构建具有国际竞争力的现代产业体系、推进生态文明建设、建设宜居宜业宜游的优质生活圈、紧密合作共同参与"一带一路"建设、共建粤港澳合作发展平台等,共同"打造高质量发展的典范"。《规划纲要》体现了在"一国两制"的前提下,充分发挥粤港澳综合优势,深化内地与港澳合作,进一步提升粤港澳大湾区在国家经济发展和对外开放中的支撑引领作用,支持香港、澳门融入国家发展大局。

建设粤港澳大湾区是习近平总书记亲自谋划、亲自部署、亲自推动的国家战略。"融合""联动"成为新时代粤港澳合作及协同发展的关键词。"融合"意味着你中有我,我中有你,经过 40 多年的改革开放,珠三角的广州、深圳和香港的经济体量不相上下,在很多领域可以相互补充,形成完整的产业链,"拼船出海",可以提升整体国际竞争力。"联动"则意味着不仅包括基础设施、网络、通信等方面的"硬联通",还包括通关模式、检验检疫等机制的"软联通",以进一步推动要素自由流通、资源便捷共享。粤港澳合作新蓝图,将在中央"粤港澳大湾区建设领导小组"、广东省"推进粤港澳大湾

---

① 习近平:《决胜全面建成小康社会 夺取新时代中国特色社会主义伟大胜利——在中国共产党第十九次全国代表大会上的报告》,人民出版社 2017 年版,第 55 页。
② 《粤港澳大湾区发展规划纲要》,人民出版社 2019 年版,第 1—2 页。

区建设领导小组"、其他珠三角各市"推进粤港澳大湾区建设领导小组"的通力协调下,逐步由设想变成现实。自提出"粤港澳大湾区"概念以来,2015 年粤港澳大湾区经济总量(GDP)为 8.56 万亿元,同比增长 6.94%,2017 年超过 10 万亿(10.24 万亿元),同比增长 9.52%,2018 年为 10.87 万亿元,同比增长 6.15%(见图 4-4)。因此,在粤港澳大湾区战略推动下,粤港澳合作的协同效应已经初步显现。

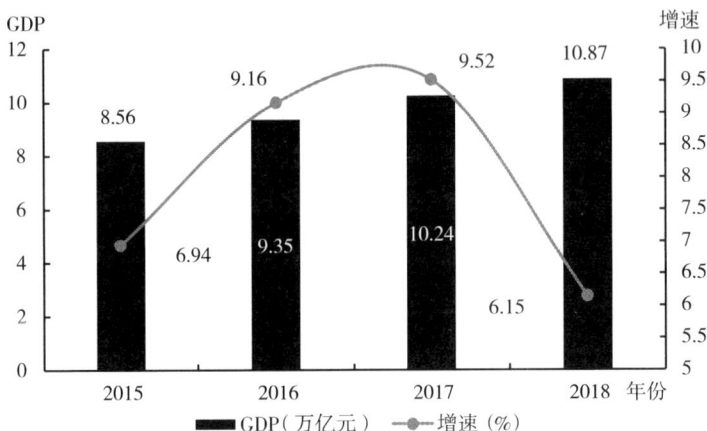

图 4-4　粤港澳大湾区 2015—2018 年 GDP 及增速

(三)侨缘禀赋:依托华侨华人融入全球经贸网络

中国现有 6000 多万华侨华人,其中 3000 多万原籍广东。广东籍华侨华人遍布全球,例如东南亚、北美、南美洲、欧洲等,这些华侨华人以岭南文化为"记号",粤语文化同源及其敢为人先、开放兼容的文化特质,以分布在世界各地的华侨华人为载体,使广东的全球经贸网络迅速形成。华商带动了侨乡与侨资企业所在地融入海外华商网络,分享其资源与信息,开展交流与合作,进而走向国际市场。网络化经营是海外华商的突出特征,既表现为地区性、区域性、国际性的各种华人社团、跨国公司、中介机构等有形实体和制度性管道,更表现为海外华商之间联系与互动的无形的经营机制。根植于海外华侨华人社会的华人关系网络,特别是海外华商网络是实施"走出去"战略的可靠力量,华商网络对广东来说,是一种典型的"社会资本"①。

1."引进来":华侨华人是经济发展的重要力量

广东是著名的侨乡,改革开放40多年来,广大华侨华人是广东改革开放的先行者和主力军,是广东面向全球、扩大开放的见证者和参与者。华商企业填补了稀缺的资本,增加了就业,促进了广东工业化和城市化进程,推动了思想解放和制度创新,加速了对外贸易的发展,推动了技术溢出、引进了先进的管理模式并为广东培育了大量人力资本。② 华侨华人的资金和技术对广东的工业、农业、交通、通信、电力、教育、文化、医疗卫生等领域都有重要贡献③。广东籍的华侨华人遍布世界各地,通过各种形式在广东投资,投资生产的产品又通过华商海外贸易网络销售出去,这种方式不仅带动了经济的发展,同时也推动并加速了广东全球贸易网络的形成。改革开放40多年来,华侨华人数量与广东进出口总额之间存在显著的函数关系(如图4-5)。

广东在全球有3000多万华侨华人,其中超过70%分布在亚洲。香港、新加坡、马来西亚、泰国、菲律宾、印尼等国家或地区的华商在国际产业梯度转移的过程中热衷选择投资家乡。从"三来一补"开始,在劳动密集型的制造业领域投资设厂,带动了侨乡与沿海地区的工业化。深圳、东莞是珠三角地区的代表,成为这一进程的先驱。随着广东外经贸转型和高质量发展的战略诉求,华商也在同广东经济"同频共振",也在寻求转型的路径。例如,全省的进出口总额与分布在亚洲的华侨华人数量呈现显著的二次函数关系(如图4-6所示)。同样,全省对北美、南美洲、欧洲、非洲、大洋洲的进出口额与当地华侨华人数量之间也存在类似的函数关系。

---

① 参见纪东东:《共生与发展——关于华商网络与中国"走出去"战略的探讨》,《世界民族》2006年第4期;陈卓武:《海外华商网络在广东"走出去"战略中的功能与作用》,《东南亚研究》2007年第6期。

② 龙登高、李一苇:《海外华商投资中国40年:发展脉络、作用与趋势》,《华侨华人研究》2018年第4期。

③ 周聿峨、曾品元:《华侨华人与广东侨乡关系的思考》,《华侨华人研究》2001年第1期。

进出口总额（亿美元）

$$y = 0.002x^2-5.521x + 1572.$$
$$R^2 = 0.944$$

全球华侨华人总数（万人）

● 散点图　　——　趋势线

图 4-5　广东省 1983—2018 年进出口总额与华侨华人的数量关系

进出口总额（亿美元）

$$y = 0.003x^2-4.631x + 1087$$
$$R^2 = 0.936$$

亚洲华侨华人数（万人）

● 散点图　　——　趋势线

图 4-6　广东省 1983—2018 年亚洲地区进出口额与华侨华人的数量关系

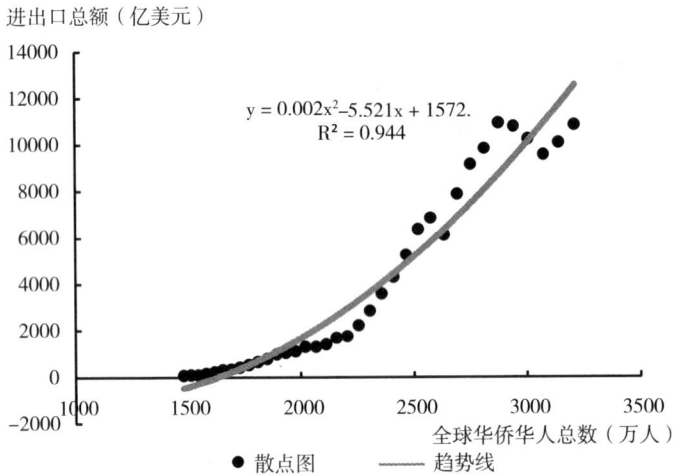

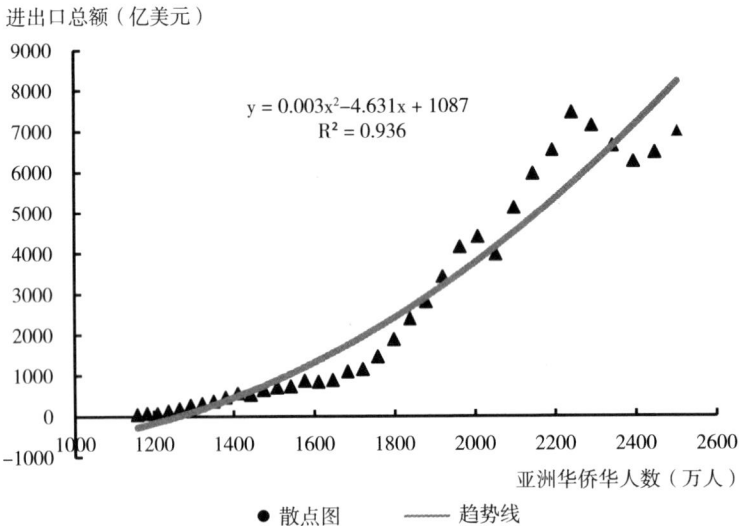

2. "走出去"：华侨华人充当广东企业的联系人

2001 年中国加入 WTO，同一年"走出去"就写进了国家"十五规划"。广东经过 20 多年的改革开放，土地、劳动力等要素成本节节攀升（珠三角地区表现更为明显），产业转型升级和产业转移是众多企业面临的挑战，而转型升级难以在短时间内完成，产业转移成为众多企业的必然选择。广东省在产业转移上相比其他地区"先行一步"，一方面，政府通过企业和劳动力"双转移"政策引导劳动密集型企业向粤东西北转移；另一方面，鼓励有条件的企业"走出去"，融入国际网络，参与国际竞争。特别是 2008 年金融危机对广东整体的经济品牌塑造起到了巨大的作用，给广东企业创造了良好的外部环境。如华为、中兴、TCL、美的、格力等一批品牌企业，通过"走出去"开拓了国际市场，提升了企业综合实力，现已初具跨国公司雏形，使"广东名片"在全球有了更多的话语权。

　　企业"走出去"，有机会融入国际市场和网络，既要面对"硬环境"的挑战，更要面对"软环境"的挑战。投资的"硬环境"包括经济环境、制度环境、基础设施、自然资源等，例如，东南亚的硬环境可以分为三个档次，其中，新加坡、马来西亚、泰国、文莱的投资环境属于第一档次，越南、菲律宾、印尼的投资环境属于第二档次，缅甸、柬埔寨、老挝则属于第三档次。① 企业特别是中小企业"走出去"的过程中，对这些投资环境不甚了解，可能会给企业带来灾难性的后果。而投资的"软环境"主要指人文环境，包括政治、社会、宗教、语言、民俗等因素，这些因素具有很大的"隐蔽性"，常常是企业"走出去"后产生"水土不服"的关键因素。华侨华人通过项目合作、项目引介等方式，在广东企业"走出去"过程中发挥了联系人的作用，通过"侨缘禀赋"资源，可以让"走出去"的企业很快了解当地的"硬环境"和"软环境"，大大降低了企业的投资风险，在企业融入全球经贸网络过程中，发挥了重要的"中介"和"桥梁"作用。②

　　毫无疑问，"一带一路"是目前广东企业实现"走出去"的最大平台，广大华侨华人特别是华商在"一带一路"建设中具有独特的建设性作用。一

---

① 　潘一宁：《广东企业"走进东南亚"的主要挑战与华侨华人的作用》，《华侨华人历史研究》2015 年第 1 期。

② 　陈卓武：《海外华商网络在广东"走出去"战略中的功能与作用》，《东南亚研究》2007年第 6 期。

是可以推动广东与沿线各国的交流和沟通,构建互利互信的经贸关系。二是可以拓展广东参与沿线国家的产业合作。华商利用其在所在国的产业基础和政商人脉,可以将广东技术先进、竞争力较强的产业转移到所在国家和地区。三是可以助力提升"一带一路"经贸及金融合作水平。华商通晓双方贸易规则和惯例,有的还拥有贸易渠道和资本优势,可以为"一带一路"建设提供资金支持和经贸合作机会。

3. 织密网络:广东实现高质量开放的动力源

当前华商呈现"大集中、广分散"的特点,在地域分布上,主要集中于东南亚、北美和欧洲地区。[①] 例如,在东南亚,广东籍的华商实力最强,主要集中于新加坡、泰国、马来西亚、印尼和菲律宾五国;在欧洲广东籍的华商实力偏弱,主要以餐饮、皮革、服装和贸易四大传统行业为主;而在非洲主要集中在餐饮、批发零售行业,资金高度分散。我们怎么样把这一批中国人的资产合在一起,在世界上建立一流的公司,是所有华商面临的挑战。[②]

华商网络是指海外华商将中华文化与商业活动相结合,通过贸易、投资、血缘、地缘、宗教等方面的联系所建立起的一种经营关系网络。[③] 在"引进来"和"走出去"两个维度织密与华侨华人特别是华商网络,提高网络节点的密度,实现"抱团发展"和"共生发展"。广东的企业尤其是中小企业应该通过世界华商大会、"华商与中国"高峰论坛、"侨梦苑"等平台,以"一带一路"建设和粤港澳大湾区建设为重点,坚持"引进来"和"走出去"并重,通过项目合作、文化交流、华人商会等方式(或组织)嵌入华侨华人及华商网络。

对于"走出去"的企业而言,融入华商网络,充分挖掘并利用华侨华人资源,既可以降低经营风险,也可以降低交易成本。[④] 华侨华人在我省形成

---

① 王耀辉:《世界华商总体发展情况》,《世界华商发展报告 2018》,社会科学文献出版社 2018 年版,第 1—46 页。

② 《华商可以助力中国资本走出去》,《中国经济时报》2011 年 6 月 17 日。

③ 范爱军、王建:《融入华商网络——我国中小企业"走出去"的一条捷径》,《国际贸易问题》2004 年第 1 期。

④ 徐义雄、陈乔之:《试论海外华商网络对中国企业实施"走出去"战略的作用》,《暨南学报(人文科学与社会科学版)》2004 年第 5 期。

全面开放新格局中发挥着不可替代的作用,华商网络不仅为广东与世界各地的经贸合作发挥重要的桥梁纽带作用,而且由于不少华商发扬敢于"吃螃蟹"的精神,这也为国际资本对粤投资发挥了示范带头作用。此外,政府尤其是省侨办及地方侨务部门,在华商"引进来"及其企业通过华商网络"走出去"的过程中,应主动搭建多元化的交流平台,在织密华侨华人社会关系网络及华商网络方面发挥重要作用。

第五章 基础设施助推市场成长

一国"基础设施"供给水平,本身就是综合国力的体现。[1] 基础设施具有规模效应和网络效应,能够打破区域市场分割,加速要素流动,加速市场成长,从而提升区域发展效率。[2] 中国改革开放以来特别是 20 世纪 90 年代以来,经济规模的快速扩张明显得益于大规模基础设施投资的拉动。[3] 对于那些 1978 年前后来过中国而在最近几年又重访中国的国际客人来说,中国基础设施的变化让他们惊叹不已。[4] 20 世纪 80 年代的中国,即使生活在城市里的人也必须忍受着在通信、能源使用、公共交通和旅行上的极大不便。而今天,四通八达的高速公路、发达的通信、便捷的城市公共交通和快速的轨道交通给中国人的生产生活带来了极大的便利。正是由于良好的基础设施条件,降低了中国制造业的生产和流通成本,[5]增强了产品市场竞争力,促进企业的集聚和引导资本流动,使中国成为世界制造业大国和贸易大国,支撑了中国"增长奇迹"。然而,基础设施作为公共产品,为什么有的国

---

[1] 张军、高远等:《中国为什么拥有了良好的基础设施?》,《经济研究》2007 年第 3 期。

[2] Aschauer D.A.,1989,"Does public Capital Crowd Out Private Capital?"*Journal of Monetary Economics*,24(2):178-235.

[3] 张睿、张勋、戴若尘:《基础设施与企业生产率:市场扩张与外资竞争的视角》,《管理世界》2018 年第 1 期。

[4] 《中国基础设施建设取得巨大成就大桥高铁让人惊叹》,《腾讯财经》2017 年 6 月 17 日。

[5] 张光南、洪国志、陈广汉:《基础设施、空间溢出与制造业成本效应》,《经济学季刊》2013 年第 10 期。

家建设得好,有些国家发展缓慢甚至于长期停滞不前? 以至于连美国总统特朗普都发出了"我们的机场就像第三世界国家的一样"的抱怨。[①] 显然,不管是前市场发育阶段还是后市场发育阶段国家,基础设施建设供给水平均存在极大的差距。相比之下,改革开放后中国基础设施的崛起有两大基本事实,一是速度上实现了跨越式发展,二是规模上实现了超常规发展。那么,我们不禁要问,中国的基础设施是如何实现跨越式和超常规崛起的? 在这个过程中,国家能力是如何推动基础设施的快速建设的? 快速基础设施建设对于中国的市场发育有何作用? 现有的研究主要强调分权治理、政治及经济激励等需求方面的作用,但未能完全解释中国对基础设施供给能力的重构,这也是中国基础设施成功的秘诀之一。

本章重点回顾改革开放 40 多年来中国基础设施的崛起之路,在本书"国家能力"理论框架下,辨析国家是如何推动并确保基础设施大规模建设的速度和质量的,以及这个过程对于市场加速发育成长的意义。同时,本章也横向比较了不同国家在经济发展不同阶段基础设施建设的经验教训,探究国家能力和基础设施建设成效之间的因果关系,试图归纳出追赶型经济体的基础设施发展的解释框架。

一、快速基础设施建设是后发国家
发展赶超的有力翅膀

回顾历史上崛起的大国和目前新兴市场国家,无论在其经济起飞初期还是赶超阶段,共同的特征之一就是通过大规模的基础设施建设为经济腾飞积累"家底";而落后国家乃至目前陷入中等收入陷阱国家,基础设施要么长期严重短缺,要么"江河日下",但不管过程和方式如何,国家能力差异所导致的供给水平差异却毋庸置疑。[②] 在一个 100 个国家的样本中,有学

[①]　《美国最差 6 个机场特朗普说像第三世界》,《新浪财经》2017 年 7 月 5 日。

[②]　例如 Barnes and Binswanger(1986)、Binswanger(1989)、Datt and Ravallion(1998)、Elhance and Lakshamanan(1988)及 Sahoo and Sexena(1999)等的研究。

者发现电信、运输及电力基础设施的边际生产力大大超过了非基础设施资本;拉美经济在 20 世纪八九十年代的表现不如东亚,其中很大一部分原因就是其政府基础设施投资能力下降所致,[1]而基础设施的有效利用与否影响了非洲和东亚之间 40%的差异。[2] 所以,无论是从单一国家发展历程的不同阶段还是同一时期不同国家的发展差异来看,均可发现基础设施对于国家经济建设和民生福祉的重要性,这基本已是学界共识。

(一)基础设施建设能否促进市场孵化

1. 基础设施的理论流变

自 20 世纪 40 年代,发展经济学家提出了"基础设施"[3]概念后,获得了学界极大的关注。从类型来看,"狭义"的基础设施包括电力、交通运输、通信、供水等经济基础设施,[4]"广义"的基础设施还包括教育、公共卫生、法律、秩序等所有的公共产品。世界银行则将基础设施分为经济基础设施和社会基础设施。[5] 经济基础设施是指永久性的工程构筑、设备、设施及其为经济生产和家庭所提供的服务;社会基础设施主要包括文化、教育、科研和卫生保健等。此外,基础设施还有全国性和地方性之别[6]。某些基础设施的受益范围是全国性的,[7]另一些则有地理上的限制,适合由地方来提供。

---

[1] Calderson C.A., L.Servern, 2004, *The Effect of Infrastructure Development on Growth and Income Distribution*, Work Bank, Policy Research Working Paper No.WPS 3400, Washington, D.C.: Work Bank.

[2] 亦见于 Esfahani and Ramirez(2003)、Estache(2005)及 Rickards(2008)关于增长影响的著作。

[3] 认为基础设施与公共资本(Public capital)、公共部门资本(Public sector capital)、公共支出(Public expenditure)等具有相似性。

[4] Démurger S., 2001, "Infrastructure Development and Economic Growth: An Explanation for Regional Disparities in China?", *Journal of Comparative Economics*, 29:95–117.

[5] 世界银行:《为发展提供基础设施》,中国财政经济出版社 1994 年版,第 30 页。

[6] 郭文帅、荣朝和:《中央与地方政府关系对公共资源配置影响的时空分析——以交通基础设施发展为例》,《北京交通大学学报(社会科学版)》2015 年第 1 期。

[7] 理查德·A.马斯格雷夫:《财政理论与实践》,中国财政经济出版社 2016 年版,第 46 页。

理论上,将国防、外交等这些基础设施称为全国性基础设施,其他的基础设施称为地方性基础设施。

无论古典经济学还是新古典经济学,自由主义还是新自由主义,均认同基础设施作为公共产品,对国民经济发展的基础保障作用。亚丹·斯密在《国富论》中明确提出建设并维持公共事业和公共设施,是政府的基本职能;其在分工理论中提出了区域分工水平由市场大小决定,而市场大小又直接取决于道路、桥梁、运河及港口等公共设施建设的水平。直至20世纪30年代凯恩斯主义兴起,面对"大萧条"①,其提出了公共工程支出应作为政府干预经济和消除危机的有效手段。此后,无论是内生经济增长理论、新古典经济学、不平衡增长理论,均认同基础设施对经济的直接或间接作用:作为社会先行资本,基础设施建设是经济增长的重要前提条件,对经济增长存在溢出效应或正外部性。在运用上述理论解释中国基础设施的崛起时,总体上形成了以下几大假说。

一是"经济需求论"。该假说认为经济发展阶段、城市化水平和劳动参与率是一个国家或地区人均基础设施投资支出的决定性因素,②强调的是经济发展阶段对基础设施建设需求,基础设施发展速度与经济发展速度大致相同。但这种一般均衡的分析框架无法解释中国1990年之后相当长一段时间中,基础设施增长速度大幅度高于GDP增长速度的现实。

二是"制度环境论"。由于基础设施是公共品,其建设过程体现为一个公共决策过程,因而必须从市场之外的政治经济学层面需求解释③④。该

①　指1929年至1933年发源于美国,后来波及整个资本主义世界的经济危机。

②　Randolph S., Z. Bogetic, D. Hefley, 1996, "Determinants of Public Expenditure on Infrastructure Transportation and Communication", *The World Bank Policy Research Working Paper*, No. 1661, Washington D.C..

③　Spiller, P.T., 1993, "Institutions and Regulatory Commitment in Utilities'Privatization", *Industrial and Corporate Change*, 2(1):387-450.

④　Levy B., P.T. Spiller, 1994, "The Institutional Foundations of Regulatory Commitment: a Comparative Analysis of Telecommunications Regulation", *Journal of Law, Economics and Organization*, 10(2):201-246.

假说认为,一国的政治制度环境,特别是政府的政策环境以及对私有财产的保护,是决定基础设施供给水平首要的因素。该理论可以部分解释实施不同制度的国家之间差异和中国 1978 年前后的差异,但无法解释 1978 年至 1989 年和 1990 年至今的两大阶段中,中国基础设施建设速度的差异,因为中国的政治制度结构以及总体政策环境没有明显变化。

三是"分权激励论"。该理论强调基础设施建设的地域结构特征差异,以及地方自我改善的积极性,认为地方基础设施建设的分散决策可能比中央政府的统一决策更具优势,所以,分权既有利于提升一国总的基础设施水平,①又有利于增加地方政府的基础设施供给,②这在发展中国家是一种帕累托改进模式。中国的经济分权始于 20 世纪 80 年代,财政分权始于 1994 年,与中国基础设施高速增长相吻合,但分权之后,在地方财力不足情况下各地基础设施依然取得高速增长,这点却显然并非分权所能解释。该理论也无法解释为什么广大发展中国家在经过分权改革后,基础设施却并没有中国这样跨越式和超常规发展的现象。

四是"发展竞赛论"。该假说综合了"制度环境论"③和"分权激励论"④的部分内容,着重于解释中国基础设施建设现象。该假说认为中国式财政分权和政府治理结构转型是中国基础设施崛起的原因,即分权模式带来一个"向上负责"的政治体制与财政分权的结合,分权后,中央政府用"标尺竞争"改造了传统的中央对地方政治指令体系,在全国以经济建设为中心的方针指导下,地方为"政绩"展开竞争,通过改善基础设施来招商引资发展经济,官员获得晋升。此外,部分研究认为,市场化的价格形成机制、分

① Bardhan P. , D. Mookherjee, 2006, "Decentralization and Accountability in Infrastructure Delivery in Developing Countries", *Economic Journal*, 116(508):101-127.

② Estache A. , S. Sinha, 1995, "Does Decentralization Increase Spending on Public Infrastructure?", *Policy Research Working Paper*, No.1457, World Bank, Washington D.C..

③ 王世磊、张军:《中国地方官员为什么要改善基础设施?——一个关于官员激励机制的模型》,《经济学季刊》2008 年第 2 期。

④ Bai Chong-En, Yingyi Qian, 2010, "Infrastructure Development in China:The Cases of Electricity, Highways and Railways", *Journal of Comparative Economics*, 38(1):34-51.

权竞争等所产生的投资激励是中国部分基础设施行业取得快速发展的重要原因,而中央集权和政府或国企内部化的营运模式会造成基础设施行业缺乏投资激励和发展缓慢。两者的共同点是强调中央对地方的激励与基础设施的供给质量关系,但该理论也仅仅是从中央与地方的治理结构层面进行阐述,但却无法解释足够的激励下,地方政府财力不足的问题。因为虽然激励机制提升了决策的执行水平,但却没有解决市场和资本不发达的经济体如何破解基础设施融资难的问题。

基础设施对于各国而言,普遍存在供不应求的难题,很多发展中国家都认识到基础设施对经济发展的重要性,但由于供给能力有限,他们的基础设施并没有得到明显改善。不管是满足经济发展需求、政治需求,还是民生需求,首要的是解决供给能力,而供给结构就直接涉及政府的治理结构、投融资能力、劳动者素质及技术水平。因此,也有学者试图从供给能力方面解释中国基础设施崛起现象,他们认为,财政分权体制,土地要素市场化改革是促成中国基础设施起飞的关键原因。从总体上来讲,围绕基础设施领域的研究,学术界形成了众多理论,这些理论在解释西方私有产权背景下,基础设施建设与社会经济发展关系上较为成功,但在解释中国公有制和市场经济体制尚不健全背景下的基础设施超常规和跨越式发展时却显得力不从心。

2. 跟市场孵化有何关系

正是因为基础设施的基本功能和对地区经济具有基础性作用,才成为政府用以协调区域关系、平衡社会公平、为企业及产业发展提供基本服务的有力手段,也有意或无意地成为追赶型经济体孵化市场的有效手段,主要体现在借助交通、信息、能源等基础设施建设,促进企业和产业集聚、降低区域贸易成本、扩大规模效应、深化区域专业分工。

首先,通过基础设施集聚效应促进对市场主体的孵化。一是运输成本通常会成为决定企业集聚和分散的力量(Krugman,1993)。一个地区可以被理解为一系列的门户和枢纽、综合交通走廊以及一体化网络,中心辐射式网络可促使经济要素汇集于中心枢纽,因此设在此处的企业面临的运输成本要低于外围地区（Estache and Fay，2007），特别是对于运输成本敏感型企业，往往追逐优越的交通区位而布局。例如钢铁、石化等产业对于港口的依赖，大宗矿产、粮食等对于廉价水运的依赖等，任意打开中国 20 世纪 80 年代或者 90 年代的交通和城镇布局图或者土地利用现状图，都能发现中国存在普遍的"马路经济""国道经济"现象——即越来越多的对减少交通成本有共同追求的企业集聚于主要交通干道两侧。改革开放后，珠三角东岸沿广深高速及西岸沿 G324 国道两侧崛起了大量的企业，并在此基础上形成的大量产业集群和专业镇，至今对地区经济发展仍然起着举足轻重的作用。正因如此，交通运输条件改善往往成为追赶型经济体矢志不渝的目标。

现代理论和实践经验均可证明，当市场和政府行动超越单一国家和地区时，发展前景会更好。因为改善基础设施能够降低市场要素流动成本，不仅会促使产业向某个地区进一步集聚，还会促使经济活动分布得更为广泛，从而增加该地区的经济活动总量。随着区域基础设施的改善，货物和人口等市场要素可以更容易地跨地区自由流动，企业家可以利用交通改善的新机遇，综合使用比较优势各有不同的跨境资源，进一步促进产业集聚，并为地区带来更大的规模经济效益。

其次，基础设施能促进区域分工和降低贸易成本。经济学理论认为，贸易、投资和生产的格局在某种程度上是由各国不同的基础设施服务质量决定的，四通八达的基础设施能够降低两地之间的经济距离——二者之间的运输时间和贸易成本——从而扩大和联通各个市场。这使得企业能够获得规模经济效益，实现专业化生产和更为细致的劳动分工，而跨区域的基础设施，通过区域（地区、国家或全球）一体化来促进贸易往来，还能带来更多的学习机会和更为广泛的知识传播。Kimura 等（2007）发现，在东亚，由于地理距离原因所减少的机械零部件贸易要远远低于欧洲，这表明在东亚投资相关产业成本要比欧洲低得多，这就构成了二者在国际生产和销售网络发展方面的巨大差异。另外，Kuroiwa（2008）发现，东南亚的汽车制造业具有地域集中性，因此 20 世纪 90 年代，汽车行业的本地化程度提高，进口部件则下降了。因此，建立和完善地区基础实施能够促进区域分工和降低贸易成本,甚至成为地区经济一体化的前奏(Straub et al,2008)。

再次,基础设施可以引导资本流动。降低运输成本,也会对外国投资产生影响,外资增加,又会刺激区域贸易的增长。如果在一个地区内的分散生产优于集中生产,那么降低运输成本则使外国投资成为贸易的有效补充。例如东南亚的电子产业中,零部件通常很小很轻,运输成本相对较低,因此跨国生产网络在 20 世纪 90 年代迅速扩张。区域基础设施建设、贸易扩大以及经济增长的投资可以形成良性闭环。为了在区域供应链中争取更大的份额,各国都致力于改善其基础设施服务,例如在东南亚,20 世纪 80 年代中期以来,马来西亚通过完善基础设施,提供高质量服务,成为全球供应链的主要环节之一,增强了对外资及自身地缘的吸引力。

最后,基础设施的网络化效应促进市场体系纵深发展。区域基础设施的主要效益来自于其综合网络的深化。当市场上一种产品的用户数量增加,其对于任何一个市场主体而言,该产品的价值都会增大,这时就会产生外部效应。例如拥有电话的人越多,拥有电话的价值就越大。电信、计算机、电力以及交通运输等本身就是经济的枢纽,他们之间的整合能够产生巨大的规模经济效应和大量的技术革新(Economides,1998),从而使得市场向纵深发展。

基础设施网络化的外部效应在发展中国家非常普遍。Hurlin(2006)发现,当一国的基础设施存量很低时,基础设施投资与非基础设施投资具有相同的生产率。然而一旦实现了最低限度的网络化,基础设施投资的边际生产率就会普遍大于其他投资,其中,公路的网络效应尤为明显。更为重要的是,与发展水平相比,基础设施投资对于生产力的影响受一国基础设施网络规模的影响更大,这意味着即使是贫穷国家也可以利用基础设施联网来提高生产力。

3. 加速区域性市场整合

市场具有一定的边界,而跨区域基础设施建设,就是打破市场边界的有效手段。回顾市场的发育过程,我们发现,在前市场发育阶段的自然经济形态下,农产品或者手工业品作为劳动密集型产品,其参与市场交易的空间边界除了受到运输成本约束,产品的市场规模也受到地理因素的限制。例如中国古代的墟市,由于交通不发达,市场半径一般为步行当天能够来回的里程,而具有便利河运条件支撑大宗物品长距离运输和贸易的地区则能更快发育出大城市,这也是为什么运河开凿和驿道建设成为古代市场边界扩大最为有效的路径之原因,①例如明代的 5 个全国税关均位于京杭大运河沿岸,而清代虽然有所增加,但同样如此。又如 19 世纪 20 年代的德国,某一农产品的市场边界大致由不同地区对中心城市距离远近所带来的运费差异决定。② 如果没有"车同轨"③,古代中国各地交通将无法有效衔接,正是"车同轨",促成了中国早期的市场整合。在自然空间的约束下,明清时期的中国,形成了九大区域性市场构成。④ 封建时代的欧洲,小国林立,关卡重重,市场分割严重,近现代的欧洲统一民族国家的形成部分原因也是对统一市场的渴望,崛起的商人和工厂主阶层对扩大市场边界有着极大的促进作用,⑤因为其顺应了生产方式变革所要求的大市场。地理大发现⑥后,西方国家在海外建立了众多殖民地,英国甚至形成日不落帝国,这就是本国市场规模无法满足生产能力的扩大而追求外向市场扩张的结果,这个过程之中,他们依靠坚船利炮和和军队等国家能力来拓展市场。乃至于"二战"后欧共体⑦的出现,也是欧洲国家为了谋求建立欧洲统一共同市场而奋斗的

---

① 金戈:《中国基础设施与非基础设施资本存量及其产出弹性估算》,《经济研究》2016年第 5 期。

② 冯·杜能:《孤立国对农业及国民经济之关系》,商务印书馆 1986 年版,第 50 页。

③ 指公元前 221 年秦始皇统一全国之后,颁布的"车同轨、书同文、行同伦"法令,下令统一度量衡、文字、车轨,同时修建了四通八达的"驰道"用以传达君令,将天下郡县联系在了一起,可视作中国打破区域市场分割,形成全国统一大市场的开端。

④ 施坚雅:《中华帝国晚期的城市》,中华书局 1977 年版,第 255 页。

⑤ 徐康宁、陈丰龙、刘修岩:《中国经济增长的真实性:基于全球夜间灯光数据的检验》,《经济研究》2015 年第 9 期。

⑥ "地理大发现"(Age of Exploration),是指 15 世纪到 17 世纪,欧洲的船队通过寻找新的贸易路线和贸易伙伴而探索世界各大海洋及发现新陆地的过程,这一过程推动了欧洲新生资本主义的发展,也是全球化的起始阶段。

⑦ "欧洲共同体"是指欧洲煤钢联营、欧洲原子能联营和欧洲经济共同体(共同市场),其中以欧洲经济共同体最为重要。

结果。

　　近现代以来,交通运输设施的改善极大地提升了地区的通达性,把边远地区潜在的有竞争力的产品也纳入进了统一的市场体系之中,从而加强了地区的专业化水平和劳动分工,扩大了市场规模。① 交通方式的变革是地理大发现后全球贸易扩张下市场分工的潜在要求,而工业革命又为交通运输能力的提升提供了保障,使得长距离运输逐渐从马车、帆船过渡到火车、轮船和飞机。从这个角度来看,地理大发现后,全球化(全球市场)的形成虽然是贸易的结果,但离不开交通基础设施的支撑。比如,集装箱运输出现后,使得日本在北美和欧洲市场具备了竞争力,韩国和中国台湾的制造业影响范围先扩大到东南亚(尤其是马来西亚和泰国),接着又扩散到中国大陆(世界银行,2009)。② 所以,正如18世纪亚当·斯密在《国富论》中强调的那样,交通基础设施对国家经济发展非常重要,一国商业的发达,全赖有良好的道路、桥梁、运河、港湾等公共工程,从理论上来讲,市场空间边界的大小与交通运输能力是显著的正相关关系。

　　另一方面,正是由于市场存在边界,也就存在市场的区域分割。导致区域市场分割的因素大体可分为自然、技术和制度三种。自然性市场分割是受到空间距离等物理因素影响;技术性市场分割指两地因劳动者素质、技术水平的成熟度等不同,形成以技术水平差异为特征的两个市场;制度性市场分割是指两地受到经济、政治等人为因素影响,形成以地方保护为特征的两个市场。③ 由于地方政府(俱乐部)规模、融资能力、地方竞争、内外支撑条件的差异,产生了基础设施供给水平的地域差异,往往造成要素在区域间流动的障碍。而区域一体化的基础设施建设则有助于降低区域差异,加速市

---

① 胡鞍钢、刘生龙:《交通运输,经济增长及溢出效应——基于中国省际数据空间经济计量的结果》,《中国工业经济》2009年第5期。

② 世界银行:《2009年世界发展报告:重塑世界经济地理》,清华大学出版社2009年版,第15—99页。

③ Chen X.,Nordhaus W.D.,"Using Luminosity Data as a Proxy for Economic Statistics", *Proceedings of theNational Academy of Science of the United States of America*,2011,(21):8589 –8594.

场一体化进程,但区域统一市场的形成是一个渐进的过程,在市场一体化之前,市场的区域分割是全球性现象。①

相应地,打破区域市场分割也有两个途径,一是通过增加交通运输、信息通讯、城市公用事业等基础设施建设,提高市场交易效率,进而降低自然性市场分割和技术性市场分割。二是通过消除地方保护、优化制度设计减少制度性市场分割。因而增加跨区域性基础设施对于市场孵化的意义显而易见。

(二)后发国家政府如何担此重任

良好的基础设施是所有国家的愿望,对于后发国家赶超发展的重要性更是不言而喻。几乎所有的发展经济学家在为发展中国家开出的药方中,无一例外都有基础设施建设这一项,但并非所有国家都有能力推进基础设施快速建设或者进行良好的运营和维护。基础设施提供能力在不同规模的国家之间、发达国家和发展中国家之间存在明显的差异。

1. 高投资率是经济起飞前提

大量研究在总结部分国家崛起的经验时发现,在一个国家经济起飞初期,基础设施投资应该占社会总投资的30%—35%才合适。不平衡发展理论认为,在国家经济起飞阶段,应该集中精力进行大量基础设施建设,并优先投资交通运输、电力、通信、供水等经济基础设施,才能为其他产业部门创造更多的投资机会。其次,发展中国家基础设施建设依靠市场自身未必能提供最适度的供给,所以政府必须通过一定的规划、组织和实施,推动基础设施投资,形成社会先行资本。

回顾发达国家起飞阶段的发展历程,基础设施建设在促进其经济起飞和市场发育过程中扮演了非常重要的角色。② 基础设施建设的作用体现在

---

① Henderson J. V., Storeygard A., Weil D. N., "Measuring Economic Growth from Outer Space", *American Economic Review*, 2012, (2): 994-1028.

② 沃尔特·罗斯托著,郭熙保、王松茂译:《经济成长的阶段》,中国社会科学出版社2010年版,第77页。

资本积累和刺激需求,刺激需求可分为乘数效应(单位投入所产生 GDP 的倍数)、生产诱发效应(单位最终需求的增加所引起的各产业产值的增加)以及就业诱发效应。以日本为例,其 1994 年建筑业的乘数系数为 2.13,生产诱发效应系数为 1.996。基础设施投资的效果如此明显,以至于日本在其高速成长期,长期奉行基础设施建设为先导的政策。

高投资率在世界各国经济起飞阶段普遍存在。例如,德国在"二战"后经济迅速增长,固定资本形成比例达到 25%左右,在 1964 年最高值为 26.6%;日本在 20 世纪 60 年代达到 30%左右,到 70 年代最高值为 35%;韩国在 20 世纪 80 年代,该比例超过 35%,最高时曾接近 40%。1980 年至 1986 年,在 27 个落后和中等收入国家中,在人口密度、城市化水平、城乡结构和劳动参与率等指标中,人均基础设施支出对经济发展阶段、城市化水平和劳动参与率最为敏感,可见提高基础设施建设对提升经济发展效率具有关键作用。[1]

即便一国跨过经济起飞阶段后,基础设施投资的正"外部溢出"依然显而易见。基础设施投资不仅具有短期的逆周期调节效果,更为重要的是,它还能够推动经济的长期持续增长。从大多数发达国家来看,目前的基础设施投资规模也并没有达到最优水平,发达国家也非常渴望本国基础设施获得更新。

2. 市场及社会组织发育不足制约供给水平

后发国家的市场化程度一般较低,社会组织发育不足,利用市场和社会组织提供基础设施的能力相对较差。世界银行(2017)数据显示,非洲地区道路基础设施覆盖率仅为 30%。[2] 相对而言,发达国家经济体系经过了几百年的积累,已形成发达的金融体系,能够通过市场来进行基础设施融资,

---

[1] Randolph S., Z.Bogeti C., D.Hef ley, 1996, "Determinants of Public Expenditure on Infrastructure Transportation and Communication", *The World Bank Policy Research Working Paper*: Washington D.C..

[2] 吴辉航、白玉:《"南南合作式"国际援助的有效性研究》,《湖南科技大学学报(社会科学版)》2018 年第 5 期。

而发展中国家由于金融体系不发达,融资受限。虽然大量具有"俱乐部"性质的基础设施也可以由政府和市场之外的第三方机构来提供,但发展中国家其社会组织的发育程度有限,难当基础设施供给的重任。

基础设施投资的规模较大,周期较长,无论是城市基础设施还是跨城市跨省域的基础设施,能否获得私营部门的融资则取决于国内金融市场的发达程度和稳定性及其调动本地区大量国内储蓄的有效性。如果一国的金融市场和机构很发达,本地区的大部分储蓄就可以直接注入国家和地区内部的生产性投资,包括区域基础设施,而投资者可能也会获得更高的回报。因此,金融市场尤其是债券市场的发育程度,是一国基础设施融资的主要来源之一。从一定程度上可以说,金融市场的发育程度直接决定了一国基础设施建设的速度和质量。例如,经过 1997 年金融危机的洗礼,亚洲国家面临严重的重构资本市场重任,到目前,他们的金融体系都获得了长足发展,中国大陆、中国香港、韩国、马来西亚和新加坡等经济体拥有更为成熟的资本市场,已经在国内或地区债券市场的重组和深化上取得了较大的成功,并在支持股权融资市场方面取得了一定进展。在中亚,哈萨克斯坦的金融体系也取得了较快发展,而亚洲其他地区的资本市场则发展相对缓慢,受到财政赤字、缺乏改革和重组契约型储蓄机构的能力、不愿意接受境外金融中介帮助等制约,其国内的金融体系在很大程度上以银行为主,因此,基础设施融资能力有限,也制约着基础设施的改善。

表 5-1　部分亚洲经济体金融体系的结构(占 GDP 百分比)　　单位:%

国家/地区	银行存款		股权融资市场		债券市场		保险费		金融资产合计	
	1990	2006	1990	2006	1990	2005	1990	2005	1990	2005/2006
中国	75.6*	177.8	2.4*	60.4	5.9	34.1	0.8	2.7	84.7	275
印度	31.4	53.2	10.4	76.2	19.8	33	1.5	3.2	63.1	165.6
印度尼西亚	30.0	34.7	4.5	30.4	0.1*	20.3	0.9	1.5	35.4	87
韩国	32.6	66.1	48.2	88.2	44.3	102	11	10.5	136.1	266.8

续表

国家/地区	银行存款		股权融资市场		债券市场		保险费		金融资产合计	
	1990	2006	1990	2006	1990	2005	1990	2005	1990	2005/2006
马来西亚	80.6	115.9	100.7	141.0	69.9	90.5	3	5.6	254.2	352.9
巴基斯坦	23.6	34.0	6.7	35.8	29.0*	29.7	0.8	0.7	60	100.2
菲律宾	24.7	46.7	20.6	46.7	25.8*	38.9	2.0	1.5	73.1	133.8
泰国	62.9	93.9	29.2	64.3	9.8	41.3	1.7	3.6	103.6	203.1
越南	—	38.8*	—	—	—	—		1.6	—	40.4
中国香港	205.6	251.5	105.2	527.9*	1.5	27.7	3.0*	9.9	315.3	817.1
日本	177.3	190.4	122.6	93.2*	86.4	191.5	8.5	10.6	394.7	485.6
新加坡	74.3	107.5	95.9	163.5	27.7	57.8	3.0	8.8	201	337.6
中国台北	—	—	104.6	134.8*	16.6	55.9	—	14.2	121.2	204.8

注:"—"为未获得数据。

"＊"中国和中国香港1990年的银行存款数据由中国经济信息中心提供。越南2006年的银行存款数据沿用2005年数据。中国1990年的股权融资市场数据使用1992年的数据。中国香港、日本、新加坡和中国台北2006年的股权融资市场数据沿用2005年数据。巴基斯坦和菲律宾1990年债券市场数据不包括私营债券。印度尼西亚1990年的债券市场数据使用1991年的数据。中国香港1990年的保险费数据使用中国经济信息中心提供的1991年的数据。

数据来源:中国经济信息中心金融结构数据库。

3. 国家能力是重要保障

对于发展中国家来说,在市场和社会能力不足的情况下,基础设施供给的重任似乎只有政府来承担了。然而,财政能力不足恰恰又是发展中国家的最大短板,这些国家的政府无法有效地获得稳定的税收收入,同时可能经常面临内部失控,无法提供足够的基础设施来支持市场建设,甚至部分最不发达国家需要依靠外部支援才能勉强维持政府运作,更遑论打造现代化基础设施体系和建设发达的市场体系。

从总体上来看,国家在推动基础设施建设时需要三个最基本的条件,第一,资金保障能力,除了财政资金外,就是市场融资或者国际贷款和援助。第二,具有修建相应基础设施的技术水平,这个也可以通过向外学习或者国外引进而获得。第三,需要有熟练的技术工人。但部分发展中国家三者均缺,这也是其长期陷于基础设施滞后的主要原因。因此,基础设施供给中"市场失效"和"政府失效"的双重锁定往往成为发展中国家的魔咒,如何破解这一魔咒,非常考验政府的能力。发展中国家由于资源有限,政府是否有能力挖掘潜力资源,或者善于借用外部资源,并将有限资源集中于具有明显乘数效应的基础设施领域,往往决定了国家能否顺利起飞。

"二战"后,通过民族解放运动获得独立的 100 个左右的国家中只有极少数变成了发达国家并享受现代化的基础设施水平,大部分国家还在忍受着落后的基础设施带来的不便,甚至还与现代文明相去甚远。2017 年,联合国发布的报告①中称亚太地区 41 个国家中的 36 个最不发达国家、内陆发展中国家和小岛屿发展中国家中,大部分有基础设施建设的迫切需求,但政府投资能力长期不足,这些国家每年需要将其国内总收入的 10.5%投资于与交通、能源、信息和通信技术、供水以及环境卫生等领域,在这四个关键领域的投资每增加 1%,相关国家的 GDP 提升 1.19%,但投资长期缺乏。在最薄弱的 10 个国家中,有 7 个是最不发达国家。在交通基础设施方面的投资严重不足;小岛屿发展中国家则需要加强信息通信技术基础设施建设,内陆发展中国家则需重视交通部门的基础设施,以降低贸易成本。此外,拉丁美洲、非洲、南亚的基础设施存在大量"瓶颈",基础设施投资对这些国家生产力水平提高有很大作用,但这些国家由于自身能力的缺陷,长期无法为国计民生提供基础保障。

非洲国家能力低下是学术界的共识②③,甚至有学者将部分非洲国家称为"准国家",它们只不过是"司法意义上的国家",主权为"负",如没有

---

① 指 2017 年联合国亚太经济和社会委员会发布的《2017 年亚太有特殊需求国家发展报告》。

② Crawford Young, *The African Colonial State in Comparative Perspective*, New Haven: Yale University Press, 1997; Crawford Young, "The End of the Post-Colonial State in African? Reflectiond on Changing African Political Dynamics", *African Affairs*, vol. 103, No. 410, 2004, pp. 23-49.

③ Crawford Young, "The End of the Post-Colonial State in African? Reflectiond on Changing African Political Dynamics," *African Affairs*, vol. 103, No. 410, 2004, pp. 23-49.

现行国际法体系支持,早已无法生存①②。对这些国家来说,财政紧缺始终
是运转和强化国家机器最大的挑战。支撑国家财政收入的是产业税收,但
部分非洲国家仅靠天然资源和外来援助作为主要的财政来源,该地区46个
国家的国内总收入的10%依靠别国和国际组织援助,其中的11个国家该比
例超过了20%。财政能力的不足严重削弱了国家机器有效运行,民众生活
水平低下,无力维持基本公共服务设施的运行,更不用说加速基础设施建
设。撒哈拉沙漠以南非洲人口约占全球约七分之一,但几乎所有基础设施
领域的表现均全球垫底。电信领域,该地区每1000人的固定、移动电话中
位数从1990年的3个提升到了2014年的736个,对比其他发展中地区,南
亚(807个)、中东北非(1323个)、拉丁美洲和加勒比地区(1240个)、东亚
太平洋地区(1444个),差距较大③。在互联网和电力领域,2015年,撒哈拉
以南非洲每100人中的互联网用户中位数仅为16.7,固定宽带用户中位数
仅为0.19,远远落后于其他发展中地区。截至2012年的近20年里,该地区
发电能力基本没有变化,平均每1000人0.04兆瓦(MW),不及南亚(0.15
兆瓦)的三分之一,不到拉美和加勒比地区(2.3兆瓦)的十分之一。

　　另外,亚洲的印度,在其独立之时,基础设施为亚洲一流水平,其公路、
铁路里程数均为亚洲第一,相对于其并不是很高的工业化水平,基础设施建
设水平已经处于超前发展状态,更是远胜当时一穷二白的中国。但由于政
府管理水平较低,既没有能力进行维护,也没有能力更新,原有良好的基础
设施很快衰败了。

　　与印度类似的情况在前殖民地国家大量存在。独立后,由于缺乏基础
设施建设所必需的专业知识水平的积累,从殖民者手中收归的基础设施只

①　Robert Jackson, *Quasi-State: Sovereignity, International Relations and the Third World*,
　　Cambridge University Press,1990.
②　Robert Jackson, "Quasi-States, Dual Regimes, and neoclassical Theory: International Ju-
　　risprudence and the Third World," *International Organization*, Vol.41, No.4, 1987,
　　pp.519-549.
③　根据世界银行2018年4月发布的数据。

能听天由命,甚至快速衰败。1978 年前中国对非洲援建的基础设施也出现了同样的情况。1949 年后,中国在非洲援建了大量的基础设施,当时均派人常驻进行维护及运营,一旦交给当地国家政府管理,就难逃衰败的厄运。反观中国,虽然新中国成立的时候,基础设施建设水平很低,几乎是苏联一手教给中国人规划、设计和建设的。到中苏交恶前苏联专家撤走时,中国已经能够自主推进许多基础设施建设了。这其中的差异,与国家能力差异不无相关。

(三)先发国家基础设施建设有何经验

历史经验表明,没有哪个大国在崛起的过程中没有经历过大规模的基础设施建设,即便在市场经过长时间自我发育成熟的英国,基础设施建设也少不了政府引导。在英国之后崛起的经济体,更是普遍有不同程度的政府引导市场发育的痕迹,有些大国甚至通过全国动员的方式来推动基础设施建设。从 20 世纪以来发达国家基础设施建设,主要经历了三大阶段,一是 20 世纪 40 年代至 70 年代末,受到战后凯恩斯主义影响的国有化阶段,基础设施主要由政府来供给。二是 20 世纪 70 年代末至 90 年代中期在国有化长期垄断下效率下降及运营不善问题的影响下,出现了新自由主义主导下的私有化过程。三是 20 世纪 90 年代后期的市场化和多元化改革。各国充分引入市场机制,允许私人资本参与基础设施建设和运营,逐渐实现了投融资主体的多样化,较大程度维护了基础设施的公平和效率。以下分别按市场经济起步先后及代表性,以英国、美国和日本为典型案例,辨析它们在经济起飞至今的基础设施建设过程中国家的作用。

1. 英国经验:从政府主导转向市场主导

从工业革命至"二战"前,英国大部分基础设施建设是由市场力量来推动的。英国是第一次工业革命①的发源地,是铁路的故乡,也是第一个实现

---

① "工业革命"(The Industrial Revolution)始于 18 世纪 60 年代,工业革命是以机器取代人力,以实现大规模工厂化生产,并取代个体工场手工生产的生产与科技革命。通常认为它发源于英格兰中部地区,是资本主义工业化的初级阶段,工业革命带来了社会生产方式、交通运输方式的极大变革,并将地区市场扩展至全球市场。

交通强国的国家。1825 年,世界上第一条铁路在英国正式通车。① 到 2017 年,英国铁路里程 3.2 万公里,完成的铁路发送量达 17 亿人次,人口只有中国的 1/20,但其铁路系统完成的年旅客运输量却超过了中国的一半以上,可见效率之高。

技术革命带来了交通方式的变革。铁路建设既是工业革命推动的,又对英国的工业化乃至市场规模的扩大功不可没。瓦特改良蒸汽机意味着工业革命的到来,而纺纱机、织布机和蒸汽机的结合,使得生产方式迅速扩大,大量新机器的需求又催生了对铁、钢和煤的大量需求,②采矿、冶金技术得以大大提高,而这些工业原料、工业产品和能源的运输对交通工具产生了极大的需求,由此,铁路和火车应运而生。但真正的变化发生在 1830 年以后,该年,曼切斯特到利物浦全长 56 公里的铁路通车,联通起了两座重要城市,全世界见证了铁路带给人类的巨变,头 18 个月,货运、客运趟趟爆满,不到两年,铁路公司的股票价格翻了一番,到 1835 年,该铁路年收入达到了 8 万英镑(这在当时是天文数字)。

利物浦铁路带来了"羊群效应",英国人对铁路建设进入了一种癫狂状态。英国南北长不过 1000 多公里,东西最窄不到 200 公里,在 1844—1846 年间,英国政府批准的铁路修建里程却超过了 8200 公里。单是 1845 年,英国共有 815 个铁路项目被提上议事日程。到了 1850 年,英国本土铁路里程超过了 1.1 万公里,大致形成了今天英国铁路的轮廓。英国本土面积才 24 万平方公里,这样密集程度的铁路,目前,中国连一半也没达到。中国有 960 多万平方公里的国土面积,按照英国铁路的密度,中国需要 44 万公里铁路,而 2018 年,中国铁路才接近 13 万公里。1848 年,英国铁路工人数量有百万之众,电信业、冶金业、采煤业、机器制造业都在铁路的带领下迅猛发展,铁路成为工业革命时期,英国工业经济崛起的火

---

① 1825 年,全长 21 公里达林顿到斯托克顿码头的铁路正式开通,世界开始有了真正的火车铁路,当时这只是一条从矿区到运河码头的运煤铁路。

② 1800 年,英伦三岛当时生产的煤和铁比全世界其他地区加起来还多。英国的铁已经丰富到足以用于一般的建设。

车头。

大量私人资本投入基础设施建设。工业革命期间崛起的一大批资本家,无形之中构成了基础设施投资的重大来源之一。但由于投资收益较高,普通民众也被发动了起来,甚至底层工人也把积蓄拿来投资铁路,在全民投资铁路的热潮中,大量投资基金涌入铁路行业,为伦敦股市带来了一个从1825年到1847年长达22年的牛市,仅1834年到1836年这3年期间,英国铁路募集的建设资金就达到了7000万英镑。① 火车运量成百倍的增加,速度成十倍的增加,英国交通网络逐渐成型,加速了英国国内统一市场的形成。铁路延伸也带动了沿线城镇的兴起,城镇化的进程帷幕真正开启,这一进程一直维持到20世纪初。可见,英国自工业革命至"二战"前,交通基础设施领域的投资主要为私人资本和市场力量推动,这个时期,英国实行的完全是私有化的路径。

凯恩斯主义下国家推动基础设施国有化。直到"二战"后,由于受到凯恩斯主义经济学和民主社会主义的影响,英国在工党执政期间掀起了两次国有化高潮:第一次是1945年到1951年艾德礼执政时期;第二次是1975年到1979年威尔逊、卡拉汉时期。到1979年,撒切尔夫人出任首相时,国家直接控制着能源、运输、钢铁、邮电、造船、宇航等国民经济命脉部门。国有化产值占国内生产总值的10.5%,国有企业的职工人数为150万,占全国劳动力的6%,国有企业投资额占全国投资额的15%。② 在煤炭、发电、邮政、铁路、通信、造船等重要的战略行业,国有企业的比重达100%。除了这些基础设施领域,在很多竞争领域国有经济的比重也达到了惊人的比例,比如在钢铁和民用航空行业,国有企业的比重超过了七成,在汽车制造和石化领域,国有经济的比重也接近五成。战后30多年,国有企业推动了产业结构调整和技术进步,缓解了经济波动和失业,加强了基础设施建设,在政府对经济进行直接干预和宏观调控方面发挥了重要作用。

---

① 1842年,鸦片战争后,清政府向英国赔款银元2100万,折合600万英镑,简单换算,7000万英镑至少相当于2.45亿银元,这在当时属于天文数字。
② 高文等:《数字图书馆——原理与技术实现》,清华大学出版社2000年版,第78页。

新自由主义下基础设施的私有化改革。虽然保守党和工党在奉行凯恩斯的国家干预政策上取得"共识"。但是在 20 世纪 60 年代后,长期僵化的国有化政策使英国经济陷入了"英国病"之中。1973 年"石油危机"爆发后,"滞胀"现象出现,人们转而信奉"新右派"主张的新自由主义经济理论,反对国有化和国家干预,提倡自由竞争的市场机制,这成为了 1979 年后撒切尔政府推行新自由主义政策的基础。

"二战"后至 1979 年前,英国主要依靠政府投资来实现对基础设施的运营,融资主体单一,政府的财政负担较大。1979 年,英国推行市场化为导向的融资体制改革,将基础设施建设融资完全交给市场,使社会建设尤其是基础设施建设领域的民间融资、私人融资变得异常活跃。1997 年至 2015 年,英国完成签约的民间投资额达到了约 1000 亿英镑。① 正是私人资本的广泛进入,推动了英国基础设施建设融资主体日益多元化。在整合社会民间资本的进程中,交由获得特许经营权的私人部门进行自来水供应、污水处理、垃圾处理等基础设施建设与运营,大大缓解了政府的财政压力。获取特许经营权的私人部门可以按照政府的基础设施建设的标准自行通过市场筹资建设基础设施,其成本可以通过向民众收取一定费用或政府财政补贴的形式逐渐收回。

目前,英国政府普遍采用 PPP 模式进行基础设施融资。英国的 PPP 模式包括 PFI 和 PF2 两种形式。2012 年之前采取 PFI 为主,累计完成了 700 多个 PFI 项目。2012 年之后大部分采取 PF2 模式,通过政府参股的形式吸引长期私人部门,通过资本市场的债务融资进行基础设施建设融资。② 另外,英国政府也鼓励投资者通过发行绿色债券、环境信用额度债券、统筹债券等形式进行基础设施建设融资。英国政府在市场化的改革中也摸索到一些新的融资渠道,例如合同出租。1988 年《地方政府法案》的出台,扩大了私人部门的合同和服务竞争的程序,使环境、公共设施等领

---

① 参见杨中华:《国家级新区基础设施建设融资研究——以珠海横琴为例》,华南理工大学出版社 2016 年版。

② 周好甲:《PPP 发展的国际经验》,《中国金融》2016 年第 4 期。

域的基础设施融资建立在合同的基础上,公共服务的合同出租得到了迅速发展。

2. 美国经验:政府主导的广泛市场动员

作为继英国之后崛起的世界大国,全国性基础设施建设对于作为联邦制国家的美国,在其立国之初国家凝聚力及统一市场的形成中发挥了不可替代的作用。其中,最为关键的是美国从 18 世纪 80 年代至 19 世纪 90 年代历经 100 多年的"西进运动",对美国的国土开发和统一市场形成影响深远。影响美国大一统市场形成的最大问题是东西向交通,因为阿巴拉契亚山脉阻挡,美国中西部之间运输十分不便,美政府通过发动三次"交通革命",带来了极大的改观。

借助交通革命促成国内统一市场的形成。美国交通革命始于"税路时代"①,当时各州内部通达性虽然有较大改善,但依然缺少全国性的、联通东西部的道路。直至 1800 年,杰斐逊总统批准修筑"国道"计划,1833 年修成坎伯兰至俄亥俄州哥伦布的坎布兰大道,西部开发的主要通道才基本建成。1807 年蒸汽机成功运用于商业航行后,"汽船时代"的到来使得投资修建运河成为主流,随着伊利运河、费城—匹兹堡运河、切萨比克—俄亥俄运河的建成,各运河与天然河道形成了密集的航运网,为东西部的联通提供了极大的便利。从 20 世纪 50 年代开始,美国交通运输业进入最具革命性的时代——铁路时代。铁路运行速度快,承重量大,受地理限制小,很快就超过了公路和河流运输。据统计,从 1860 年至 1890 年,美国铁路总长从 31246 英里增至 166703 英里,比 1890 年全欧洲铁路(139000 英里)都还长。随着中央太平洋铁路、联合太平洋铁路、北太平洋铁路、南太平洋铁路、大北铁路等几条横贯大陆铁路的建成,一个庞大的铁路网有效地连接了东西部,为美国国家统一市场的形成和崛起成为世界第一超级大国奠定了基础。东西向交通的改善对美国西部开发起到了极大的作用,为移民和经济发展降低了运

---

① 所谓"税路"即收税或收费的大道。"税路时代"从 1790 年开始,各州纷纷修筑自己的税路,部分解决了各州内部的运输问题。

输成本,极大促进了其工业化和城镇化进程。① 随着民用航空、汽车运输及私人小汽车的崛起,铁路营运里程从 1916 年的 40.9 万公里,减少至 1993 年的 23.1 万公里,目前维持在 20 万公里左右。但铁路依然是美国重要的基础设施之一。

政府的有效激励。虽然美国的铁路多由私人筹资修建,但作为回报,政府是以馈赠大量土地、减免税收等优惠政策为代价的。例如,1850 年至 1871 年,美国各级政府赠与铁路公司的土地总面积竟相当于国土面积的 1/10。从投资方式来看,美国在西进运动中交通建设投资形式主要为政府投资(包括中央政府即联邦政府和地方政府)与私人投资。美国最初的税路,大部分是由各个地方州、县、市和私人建起来的。唯一的例外是坎布兰大道,它由美国政府发起并投资 682 万美元兴建。在汽船时代,因运河距离长,各地方难以胜任整条运河的修建,所以中央政府给予更多的援助。1790—1909 年间,私人、地方、联邦在运河方面的支出总计 3.29 亿美元,其中联邦政府支出为 0.41 亿美元,占 13%。地方政府是主要投资者,在运河挖掘的主要时期即 1815—1869 年间,全国的投资总额为 1.88 亿美元,其中,由州和市政当局投资约 1.37 亿元,占 73.4%,资金主要来源于国外市场的借贷、公共土地的出售和举借外国资本等。铁路时代的投资主体主要是私有的铁路公司。同时,由于修建任务艰巨,联邦政府的援助非常明显,比如进口铁轨免关税、按铁轨里程以贷款形式提供直接等额援助(如联合太平洋铁路的贷款为每英里平原 6000 美元,高原地区 32000 美元,高山地区 48000 美元)以及授予铁路公司土地。联合太平洋铁路修建时,联邦政府将铁路两侧宽 10 英里(后来改为 20 英里)的公共土地划归铁路公司所有。因为铁路的建设关系到地区的盛衰,各地方也争相以优惠的条件吸引铁路公司,如地方政府认购投资用的股票、直接购买铁路土地、授予铁路公司土地、提供铁路勘察费用等。从美国交通基础设施崛起的过程来看,与英国相比,政府有目的引导尤为重要,时至今日,美国的基础设施建设总体形成了

① 陆宾:《美国西进中的交通建设》,《经济管理》2000 年第 7 期。

以下特征：

政府主导下的市场动员。美国形成了以政府为主导,企业和私人资本广泛市场动员的格局。对于规模较大的基础设施建设,例如水利设施的修建、灌溉设施、重大环保项目等,由联邦政府和州政府投资修建;对于规模居中的基础设施由地方政府投资修建,建成后由服务部门进行有效地管理或者采取公私合营的形式进行管理与运营;对于较小的基础设施则由个人或者联合投资进行修建和运营,但需要接受政府的监管。与此同时,美政府为了鼓励私人资本投资,也会积极通过出台免交财产税、优先购置土地权等政策性优惠乃至财政补贴。例如,马里兰州王子郡 30%—40% 的水利设施建设筹集的资金,大约 80% 的污水处理设施的融资都来自于私人部门,[1]此外,对于收益不足以偿还债务的基础设施项目,美国也会以燃料税等特殊税用于补贴收益。可见,美国私人部门投资在基础设施建设融资方面也发挥了重要作用。

在融资方式方面,主要是通过联邦政府和州政府发行的各类市政债券来筹借。[2] 市政债券有两大类:一类是一般责任债券;一类是收益债券。1985 年,美国发行的市政债券为 1.93 亿美元,达到历史上第一次市政债巅峰。[3] 截至 2013 年,美国市政债券发行量超过 1900 亿美元。[4] 此外,美国也通过政府拨款、地方税收收入等做担保的项目收益债、项目融资(如排水、环境、废水处理和垃圾处理等)、基础设施基金等形式筹集基础设施建设的资金。如今,基础设施基金的发展规模和总资金数量更加庞大,成为筹借资金的重要渠道。另外,资产证券化融资模式也是美国基础设施建设融资的一种重要渠道,主要用于自然资源、公园等项目的建设。到 2010

---

① 范必、郭濂、杜帅等:《利用 PPP 模式优化地方政府债务结构和管理——美国基础设施投融资 PPP 模式的做法与借鉴》,《开发性金融研究》2015 年第 4 期。

② 代登伟:《丽江市金山高新技术产业经济区基础设施融资研究》,云南大学出版社 2015 年版,第 21 页。

③ 李妍、李健:《国外基础设施融资方式对河北省的启示》,《北方经贸》2014 年第 11 期。

④ 邓靖:《国外市政债券融资的经验及启示》,《中国财政》2015 年第 5 期。

年,美国资产证券化产品存量达到了 1118 万亿美元。①

3. 日本经验:政府主导下的多元化融资

作为具有东方文化特色的成功的东亚经济体,日本的基础设施建设政府主导特色明显。日本称基础设施为社会资本,基础设施建设投资称之为公共投资。日本基础设施的现代化进程始于明治维新之初。19 世纪早期的日本,闭关锁国甚于中国,但国门自 1853 年被"黑船来航"②事件轰开后,便主动通过对西方的模仿和学习,走上了基础设施现代化之路。

明治维新至"二战"前,政府主导基础设施建设。明治维新前,日本派出了类似于中国的留洋学童的"长州五杰"③,通过广泛和持续地对西方考察学习,极大推动了日本的现代化进程。在基础设施建设领域,井上胜和山尾庸三分别成为"铁路之父"和"工学之父"。山尾庸三作为主管铁道、电信、造船等现代化事业的工部省真正的中心人物,推动了 1872 年东京和横滨之间的铁路开通、东京和长崎之间的电信开通,构筑了该时期交通和通信基础设施基础。井上胜则率领铁路部门,利用留学人员和在内部培养的技术人员进行攻关,部分实现了技术自主。通过他们的努力,不断扩大铁路网,东海道线和信越线分别于 1889 年和 1893 年通车。他们还通过技术引进,推动了桥梁及山区爱伯特式铁道的建设,体现了浓重的官方主导色彩。明治维新到"二战"之前,日本一直将加强基础设施建设投资视为富国强民的重要国策。

"二战"后,政府强力主导基础设施建设。"二战"后,日本为了实现经济复兴,先是在 1947 年成立了"复兴金融公库",1952 年被解散后,又于 1953 年成立了"日本开发银行",继承了复兴金融公库的资产和业务,主要

①　李世刚、曹玉瑾:《金融支持城镇化发展的国际经验及对我国的启示》,《中国物价》2017 年第 4 期。

②　指 1853 年美国的准将马休·培里率领 4 艘战舰驶入日本江户湾口,并通过武力的方式来威胁幕府打开国门的事件。

③　"长州五杰"是指在 19 世纪的日本,极难出国的幕府末期,于 1863 年 5 月从横滨出发,秘密出航前往英国留学的伊藤博文、井上馨、井上胜、远藤谨助和山尾庸三这五名长州藩士(藩的武士)。

目的是向重点产业部门提供发展资金。至 1971 年前,开发银行把贷款集中于电力、海运、煤炭、钢铁四大部门,带动了整个经济的繁荣。日本于 20 世纪 60 年代建成的世界上最快的铁路新干线是基础设施超前发展的象征。20 世纪 70 年代初由中角荣提出的"列岛改造计划"使基础设施建设规模达到了空前的阶段,其中心思想是通过加强基础设施建设,克服其国土狭小的不利因素,提高国家的生产效率。20 世纪 70 年代经济高速增长期结束后,日本开始重视生活环境的治理,调整了基础设施建设的重点,加强了生活道路、住宅、公园、下水道、垃圾及废水处理设施等改善生活环境的基础设施建设。

日本大规模的基础设施建设极大地促进了其经济增长。1955—1965 年是日本战后工业化进程发展最快的阶段,相对于年均 9% 以上的 GDP 增长速度,货物总运输量、电力消费等基础设施建设需求的年均增长速度分别超过 8% 和 10%。相对于 1965—1975 年 6% 的年均 GDP 增长率,货物总运输量年均增长速度接近 6%,电力消费需求年均增长速度则超过 7%。而相对于 1975—1995 年年均 3.5% 左右的 GDP 增长而言,货物总运输量及电力消费需求的增长也随之明显下降,年均增长率只有 2.2% 和不到 4%。由此可见,日本基础设施需求的快速增长与工业化、城镇化进程之间存在典型的正相关。

目前,基础设施建设资金来源主要是以政府为主导的多元化融资模式。对于大型的基础设施建设由政府投资修建,产权归国家所有;对于中型的基础设施由都道府县投资修建,建成后产权归都道府县;对于小型的基础设施则由个人或者联合起来的合作组织投资修建,但需要接受政府较多的财政补贴,约占全部投资的 80% 或者 90%①。在基础设施建设融资上,财政补贴发挥了重要作用。日本政府重视关乎国计民生的基础设施建设,以财政的形式投入大量资金用于生活环境整治、环境保护与管理等基础设施的改善。

----

① 参见董文超:《我国农村基础设施建设融资问题研究》,兰州交通大学出版社 2015 年版。

2000 年以来,日本推进了财政投融资制度等一系列的改革,以国家信用为担保有效地保证了基础设施建设融资的进行,促进了融资主体的多元化。

　　融资方式方面,日本筹集基础设施建设资金主要以国债的形式优先向大财团、银行等机构投资者发行长期金融债券。日本发行的债券包括普通债券和公共企业债券。地方公共企业债券多用于基础设施的自来水、下水道的整治方面,日本还通过国家担保吸引邮政储蓄、养老保险金等资金对基础设施进行低息投资的形式来筹集资金或者通过低息贷款或按照市场利率来筹集资金。① 例如,1951 年日本开发银行提供低息贷款给基础设施建设项目,就是以国家担保为后盾进行的融资。② 日本政府还通过官民合资的股份公司上市、股份制改革的国有企业民营化、PFI 项目融资、PPP 项目融资等形式,进行基础设施建设的融资,有效地拓展了融资渠道,形成了市场化的融资方式。

二、基础设施建设的中国奇迹

　　改革开放以来,中国基础设施建设取得了举世瞩目的成就。短短 40 年时间,中国基础设施实现超常规发展,大部分基础设施建设水平均超过周边国家,这在世界基础设施建设史上实属罕见,堪称中国增长奇迹背后的"奇迹"。1978 年之前到访中国的国际友人,往往惊叹于中国古代的万里长城、京杭大运河、都江堰、城市规模,但最近几年到访中国的国际友人,除了沉浸于中国的传统文化之外,快速的高速铁路、高速公路、信息基础设施等建设成就,往往让他们难以置信。截至 2017 年,中国基础设施建设投资完成额 17.3 万亿元,同比增长了 14.9%,③发展极为迅速,基建投资最近 3 年的复合年均增长率(CAGR)为 17.5%,基建投资对全部固定资产投资增长的贡献率达到了 60%。在全社会固定资产投资中,部分行业和领域处于全社会固定资产投

---

① 刘旭明:《天津市绿化项目融资模式研究》,天津大学出版社 2008 年版,第 88 页。
② 高希红:《基础设施投融资模式国际经验及借鉴》,《合作经济与科技》2014 年第 18 期。
③ 黄子恒:《加快推进基础设施投融资模式改革》,http://news.sina.com.cn/c/2018-06-19/doc-iheauxvz3132501.shtml。

资增速和 GDP 增速之上,基础设施作为先行资本的引领作用非常明显。

(一)基础设施的跨越式发展

国家在基础设施领域的大规模投资,是改革开放后中国经济崛起的重要基础。1953—1978 年的 25 年间,中国基础设施存量年均增长 7.07%。1978 年之后,增长速度明显加快。按当年价计算,1978 年至 2016 年,中国 GDP 平均增速为 14.99%(按不变价计算,平均增速为 9.7%),而同期全社会固定资产投资额平均增速为 20.54%。其中,1978—2008 年为 21.50%,2009—2016 年为 11.67%。

1. 基础设施建设的传统基因

自古至今,中国具有借助强大的国家能力推动基础设施大规模建设的传统。历史上,得益于举国体制和强大的社会动员能力,中国建设了堪称世界奇迹的诸多超大规模基础设施。世界最大的宫殿类建筑遗址——阿房宫遗址,1992 年经联合国教科文组织实地勘察,被确认为在宫殿类建筑中名列世界第一。除了城市和宫殿,中国在古代还建造了即使是今天大多数国家仍然无力建造的两个超级基础设施工程:万里长城和京杭大运河。万里长城被西方称为"Great Wall"(除了长城,其他的 wall 都不 great)。万里长城的建设不仅仅是国防领域的重大成就,也是中国国家形成大一统体系的基础。而京杭大运河,全长 1787 公里,是世界上最长的运河,形成了贯通中国南北的主要经济通道,将中国南北纳入到一个经济体系之中。今天的国家战略项目南水北调工程东线,还利用了京杭大运河及其平行河流向北方输水。此外,世界古代水利史上唯一留存到现在,也是现存最古老的都江堰水利工程,把四川打造成了"天府之国",灌区达到数百万亩。都江堰修建于 2000 多年前,同时期的世界,只有小型灌溉系统,绝无如此宏大的水利工程。

在城市建设领域,历史上的中国也是大大超越西方。例如唐朝长安城,城墙周长扩大到了 36.7 公里,面积扩大到了 87.27 平方公里,是世界古代史上面积最大的城市,是古罗马首都面积的 7 倍,是唐朝同时期的阿拉伯帝国首都巴格达城面积的 6 倍,是君士坦丁堡城面积的 7 倍。而唐长安仅辉煌壮丽的大明宫,面积达 3.3 平方公里,相当于 3 个凡尔赛宫、12 个克里姆林宫、13 个卢浮宫、15 个白金汉宫。中国古代的大城市当然不只长安,还有扬州、南京、杭州、开封等。例如北宋的开封,都城面积 27.37 平方公里,城内商铺有 6400 多家。南京的明城墙,现存 25.1 公里左右,也是现存世界上最长的城墙。此外,还有发达的全国性驿道体系和水路运输系统,在中央到地方的信息互通、国防预警、物资输送等方面,起到非常重要的作用。这些基础设施在中华文化、大一统国家及封建时期市场体系的形成过程中发挥了极为重要的作用。

1949 年新中国成立后,国家把经济建设的重心向重工业倾斜,使煤炭、石油、电力等行业投资迅速增长。这一时期建成的重大项目包括第一个五年计划时期引进苏联援助的 156 项重点工程中的阜新、抚顺、鹤岗、平顶山等煤矿的 25 个煤炭项目,辽宁抚顺第二制油厂和甘肃兰州炼油厂 2 个石油项目,河南三门峡水利枢纽、吉林丰满水电站、甘肃兰州热电站等 25 个电力项目;第二个五年计划时期北京市十大建筑工程;1972 年成套引进的 26 个项目中天津北大港、河北唐山陡河和内蒙古元宝山 3 个电厂;新建、扩建了甘肃玉门、新疆克拉玛依、山东胜利、黑龙江大庆等油田;建成并交付运营了兰新线、成昆线、包兰线、焦枝线等铁路;天津、连云港、大连、上海等一批港口建成使用。此外,还有大量的河湖水坝建成,公路和港口得到较大发展。正是中国人民在新中国成立后奋发有为,集体推动的众多基础行业和基础设施领域的建设和取得的成就,奠定了改革开放后市场经济蓬勃发展的基础。

2. 快速增长的基础设施投资

"要想富,先修路"。"文革"结束后中央确立了以经济建设为中心的目标,加快基础设施建设成为政府明确的目标。按可变价计,1978 — 2016 年中国除了居民服务、修理和其他服务业,信息传输、软件和信息技术服务业,科学研究和技术服务业外,①其他行业的固定资产投资增速均高于 GDP 增

---

① 数据来源于《中国统计年鉴》,由于统计口径不一致,这三个行业 1978 年至 2016 年的数据不连续。其中居民服务、修理和其他服务业,信息传输、软件和信息技术服务业等 1999 年之前并无相应统计数据。

速。其中,增长率最高的是租赁和商务服务业,[①]年均增速 30.82%;第二为房地产业,年均增速 28.34%;第三为水利、环境和公共设施管理业,年均增速 23.61%;文化、体育和娱乐业排在第四,年均增速 22.99%。涉及基础设施的行业如电力、热力、燃气及水生产和供应业,交通运输、仓储和邮政业,则分别为 19.41% 和 19.20%。如以生产性基础设施涉及的行业计,即水利、环境和公共设施管理业,电力、热力、燃气及水生产和供应业,交通运输、仓储和邮政业、信息传输、软件和信息技术服务业,则分别为 23.61%、19.41%、19.20% 和 10.84%,大都远远高于 GDP 增速。

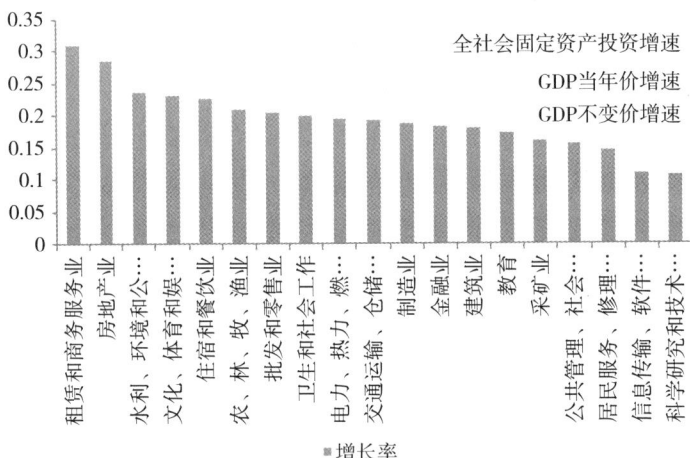

图 5-1　1980—2016 年各行业全社会固定资产投资平均增速与 GDP 平均增速比较
资料来源:作者根据《中国统计年鉴(2017)》数据整理所得。

改革开放以来,中国基础设施建设大致可以分为两大阶段:一是 1978—1990 年,由于财政资金缺乏,基础设施投资增长速度总体小于 GDP 增长速度。二是 1991 年至今,大部分年份的固定资产投资增速均大于 GDP 增速。其中,1990—1998 年为 16.05%,1999—2008 年为 17.25%。

借鉴相关研究,我们把电力、热力、燃气及水生产和供应业,交通运输、仓储和邮政业,水利、环境和公共设施管理业,信息传输、软件和信息技术服

---

① 数据来源于《中国统计年鉴》,租赁和商务服务业统计数据自 2004 年始。

增速

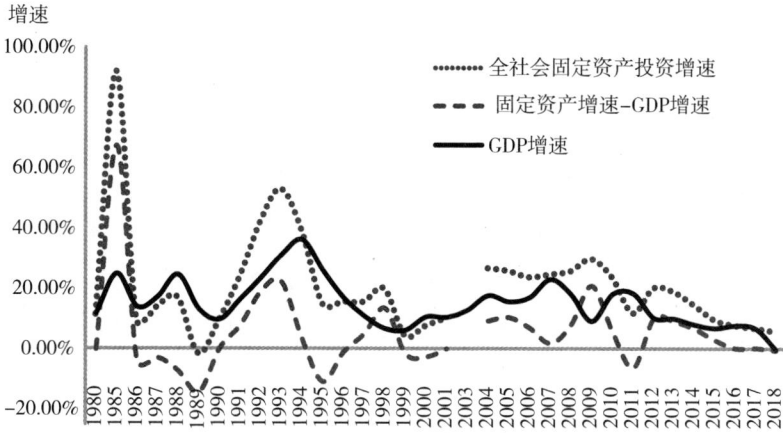

图 5-2　1978—2016 年固定资产投资增长率与 GDP 增长率比较

资料来源:作者根据《中国统计年鉴(2019)》数据整理所得。

务业等四大行业归为"生产性基础设施"。除了信息传输、软件和信息技术服务业外,中国其他三个产业领域的投资大部分年份增速均远超 GDP。表现特别抢眼的是交通运输、仓储和邮政业,个别年份增速大大高于 GDP 和全行业固定资产投资增速平均值(如图 5-3)。

增长率

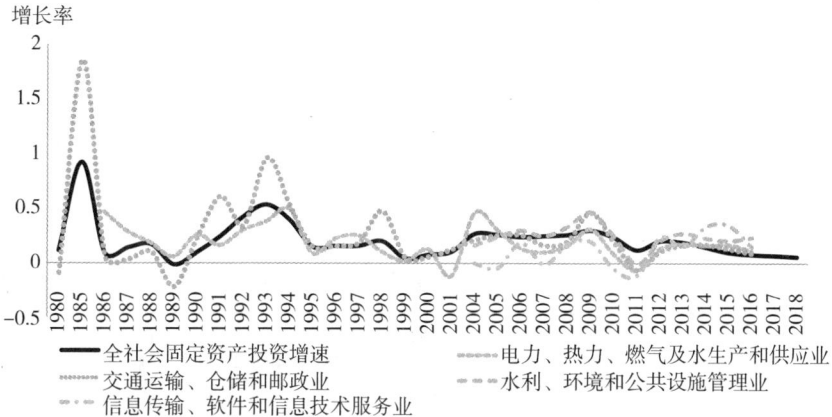

图 5-3　1980 年至今生产性基础设施固定资产投资增长率与 GDP 增长率比较

资料来源:作者根据《中国统计年鉴(2019)》数据整理所得。

3.从"铁公基"到"高工 G"

40 多年来,中国交通运输发展取得举世瞩目的成就,基础设施对经济社会发展实现了从"瓶颈制约"到"基本适应"的历史性变化,为建设交通强国奠定了坚实基础。

仅以中国交通基础设施规模快速扩张为例,便可窥见一斑。从"铁路、公路、内河航运、定期航班航线里程、管理输油里程"几个指标来看,均有不同程度的增长。1978 年至今,铁路营业里程增加了 1.55 倍。公路里程增长了 4.44 倍。其中,高速公路从 1988 年至 2016 年,增长 284.9 倍。定期航班航线里程增长 42.63 倍。国际航线占定期航班航线里程从 37.14%增长至 44.55%。其中,高速铁路、高速公路均创造了从无到有、再到里程世界第一的壮举。全国港口拥有生产性码头泊位和万吨级及以上泊位分别是改革开放之初的 38 倍和 18 倍。

全国的综合交通网络已基本成形。2017 年,全社会完成客运量 184.9 亿人次、旅客周转量 3.28 万亿人公里,分别是 1978 年的 7.3 倍和 18.8 倍;完成货运量 472 亿吨、货物周转量 19.26 万亿吨公里,分别是 1978 年的 14.8 倍和 19.4 倍,中国已成为世界上运输最繁忙的国家。党的十八大以来,中国高速铁路网覆盖了 65%百万人口以上城市,城市轨道交通线路运营里程跃居世界第一,全国乡镇和建制村通客车率分别达到 99%和 95.9%,水路国际运输航线和集装箱班轮航线往来 100 多个国家和地区的 1000 多个港口,民航定期航班航线通达港澳台地区及 60 个国家(地区)的 158 个城市,中欧班列到达欧洲 15 个国家 44 个城市,全国交通通达性显著增强。

表 5-2　中国交通性基础设施运营里程变化　　　　　单位:万公里

年份	铁路营业里程	铁路电气化里程	公路里程	高速公路里程	内河航道里程	定期航班航线里程	国际航线里程	管道输油(气)里程
1978	5.17	0.10	89.02		13.60	14.89	5.53	0.83
1980	5.33	0.17	88.83		10.85	19.53	8.12	0.87
1985	5.52	0.41	94.24		10.91	27.72	10.60	1.17

续表

年份	铁路营业里程	铁路电气化里程	公路里程	高速公路里程	内河航道里程	定期航班航线里程	国际航线里程	管道输油（气）里程
1990	5.79	0.69	102.83	0.05	10.92	50.68	16.64	1.59
1991	5.78	0.78	104.11	0.06	10.97	55.91	17.74	1.62
1992	5.81	0.84	105.67	0.07	10.97	83.66	30.30	1.59
1993	5.86	0.89	108.35	0.11	11.02	96.08	27.87	1.64
1994	5.90	0.90	111.78	0.16	11.02	104.56	35.19	1.68
1995	6.24	0.97	115.70	0.21	11.06	112.90	34.82	1.72
1996	6.49	1.01	118.58	0.34	11.08	116.65	38.63	1.93
1997	6.60	1.20	122.64	0.48	10.98	142.50	50.44	2.04
1998	6.64	1.30	127.85	0.87	11.03	150.58	50.44	2.31
1999	6.74	1.40	135.17	1.16	11.65	152.22	52.33	2.49
2000	6.87	1.49	167.98	1.63	11.93	150.29	50.84	2.47
2001	7.01	1.69	169.80	1.94	12.15	155.36	51.69	2.76
2002	7.19	1.74	176.52	2.51	12.16	163.77	57.45	2.98
2003	7.30	1.81	180.98	2.97	12.40	174.95	71.53	3.26
2004	7.44	1.86	187.07	3.43	12.33	204.94	89.42	3.82
2005	7.54	1.94	334.52	4.10	12.33	199.85	85.59	4.40
2006	7.71	2.34	345.70	4.53	12.34	211.35	96.62	4.81
2007	7.80	2.40	358.37	5.39	12.35	234.30	104.74	5.45
2008	7.97	2.50	373.02	6.03	12.28	246.18	112.02	5.83
2009	8.55	3.02	386.08	6.51	12.37	234.51	91.99	6.91
2010	9.12	3.27	400.82	7.41	12.42	276.51	107.02	7.85
2011	9.32	3.43	410.64	8.49	12.46	349.06	149.44	8.33
2012	9.76	3.55	423.75	9.62	12.50	328.01	128.47	9.16
2013	10.31	3.60	435.62	10.44	12.59	410.60	150.32	9.85
2014	11.18	3.69	446.39	11.19	12.63	463.72	176.72	10.57
2015	12.10	7.47	457.73	12.35	12.70	531.72	239.44	10.87
2016	12.40	8.03	469.63	13.10	12.71	634.81	282.80	11.34
2017	12.70	8.66	477.35	13.64	12.70	748.30	324.59	11.93
2018	13.17	9.22	484.65	14.26	12.71	837.98	359.89	12.23

资料来源:《中国统计年鉴(2019)》。

相关链接:改革开放以来中国基础设施建设的主要成就

自改革开放以来,中国在交通运输领域取得了非常优异的成绩,创造了许多举世瞩目的"中国速度"。

1978 年,中国铁路网里程仅为 5.17 万公里,公路通车总里程仅 89 万公里,公路网密度为 9.27 公里/百平方公里。主要港口拥有生产泊位 735 个;民航隶属于空军,民用机场仅 78 个。直到 1980 年代末,仅北京和天津拥有地铁,共约 40 公里。

2017 年,全国铁路营业里程达到 12.7 万公里。其中,高速铁路营业里程达到 2.5 万公里,与 2012 年相比增加了 1.58 倍。2017 年全国铁路路网密度 132.2 公里/万平方公里,西部地区铁路营业里程 5.2 万公里。2008 年,中国第一条高速铁路——京津城际铁路开通运营。截至 2017 年年底,全国铁路"四纵四横"高铁主通道全部提前贯通,高铁覆盖 65% 以上的百万人口城市。目前,中国拥有世界上最现代化的铁路网和最发达的高铁网。铁路网络逐渐成熟、运力提升,客货的运输表现保持增长。从铁路旅客发送量来看,随着高速铁路的快速发展,铁路客运量由 2012 年的 18.9 亿人次增加到 2017 年的 30.8 亿人次,增加了 63%,客运周转量由 9812 亿人公里增加到 13457 亿人公里,增加 37%,高铁动车组承运比例达到 56.4%,中国铁路旅客周转量位居世界第一。

截至 2017 年年底,全国公路总里程 477.35 万公里,公路密度 49.72 公里/百平方公里。目前,全球排名前十的港口中有 7 个位于中国,2017 年上海港以 4030 万标箱吞吐量位居世界第一,深圳港、宁波舟山港、香港港分列第三、四、五位,广州港和青岛港分列第七、八位。中国民用航空从一个军事化的行业发展成为一个现代化的对国民经济和社会发展起到重要作用的全球第二大航空运输系统。

目前,中国的基础设施建设从开始的"要想富,先修路"的简单的铁路、公路、机场、水利等重大基础设施建设,升级到高速公路、高速铁路、工业互联网和高端信息基础设施(5G)等领域。高速铁路、特大桥隧、离岸深水港、巨型河口航道整治以及大型机场工程等建造技术迈入世界先进或领先行列,一批具有自主知识产权的高性能交通装备走向世界市场。特别是党的十八大以来,港珠澳大桥、北京大兴国际机场等一批超级工程震撼世界,"复兴号"动车组、C919 大型客机、振华港机等一批国产交通装备标注了"中国制造"新高度。

与其他国家相比,中国基础设施建设的成绩更加令人震惊。1990 年,中国基础设施存量排在全世界第 15 位左右,2000 年上升到第 7 位,2010 年跃升为第 3 位,仅次于美国和日本。2017 年,中国公路里程达到 477.35 万公里,略低于美国的 658.66 万公里(2012 年数据)。其中,高速公路里程为 13.7 万公里,与美国的 25.9 万公里(2015 年数据)的差距不断缩小。从高速公路占公路总里程的比重来看,中国为 2.9%,仅低于美国和韩国(均为 3.9%),高于包括许多发达国家在内的大部分国家。

根据世界银行的统计,2017 年中国铁路总里程已达 12.7 万公里,高于俄罗斯(8.5 万公里)和印度(6.6 万公里);铁路的电气化率达到了 68.2%,位居世界第一。从铁路的客运和货运周转量上看,2017 年,两者分别为 13456.9 亿人公里、26962.2 亿吨公里,总量世界第一。客运周转量高于印度(2015 年数据)6%,中国的铁路货运密度为 2123 吨公里/公里,高于大部分国家。

中国高铁的发展尤为抢眼。根据国际铁路联盟(UIC)的数据,截至 2018 年 9 月,全球高铁运营里程为 4.3 万公里,而中国的高铁运营里程就达到了 2.8 万公里,占比为 64%;加上在建、规划和远期规划中的高铁里程,中国的高铁里程合计为 3.9 万公里。在许多国家,高铁仍是一种稀缺品,新兴市场国家(巴西、印度、俄罗斯、南非)至今仍没有高铁,而美国的高铁运营里程仅为 735 公里。中国的高铁里程占铁路里程的比重高达 21.8%,跟韩国一样,高于日本(20.1%)。中国高铁实际运行速度在 200—250 公里之间,相比于客运汽车、普通铁路速度优势明显,相比于飞机而言,在小于 500 公里的距离内也有一定的优势。

目前,中国航空运输整体上处于发展中国家水平。2017 年,中国航空起飞架次为 436 万次,约为美国的 45%,但高于其他国家。2017 年,中国共有颁证运输机场 229 个,而美国虽然有近两万个机场,但大部分机场都不是用于商业运输的(商业运输机场仅为 555 个)。

港口运输体现了中国作为制造业大国的特征之一。2017 年,中国港口集装箱量为 21372 万标准箱,位居世界第一,大幅领先于其他国家,是第二名美国(5142 万标准箱)的 4 倍。

中国不仅在基础设施领域发展速度超常规,而且在许多领域实现了"弯道超车"。例如,中国跨越过固定电话、固定宽带等通信设施投资,直接进入移动电话、移动互联网时代,实现了"弯道超车"。中国提前投资于移动通信,为中国引领移动互联时代创造了条件。在信息基础设施方面,自 4G 时代开始,就没有任何国家可以同中国比拟,截至 2019 年 5 月,根据工业和信息化部数据,[①]中国 12.2 亿人用上了 4G,占移动电话用户的 76.7%。中国一共有 372 万个 4G 基站,比全世界其他国家之和还要多 20%。据赛迪顾问预计,中国 5G 宏站将达到 475 万个,5G 小站将达到 950 万个。[②] 信息化在综合交通领域广泛应用,网约车、共享单车、互联网物流等新业态蓬勃发展,中国开始在新基础设施建设领域引领全球。

表 5-3 2012 年东盟国家基础设施发展情况

	铺设道路比重（%）	铁路（公路）	港口（集装箱万标箱）	航空运输量（次）	国内能源总产量（千吨）	通电人口比重（%）	固定电话（每百人）	移动电话（每百人）	互联网用户（每百人）
文莱	82.3		10.9	10327	18694.6	99.7	20	114	60.3
柬埔寨			24.6	5244	3793.2	34	2.5	129	4.94
印尼	57	4684	932.5	328842	394572.7	72.9	15.8	114	114
老挝				15836		78	1.7	65	10.75

① 《我国 4G 用户规模突破 12 亿户,固网接入用户总数达到 4.31 亿户》,中国产业经济信息网,2019 年 7 月 5 日。
② 来源于赛迪顾发布的《2018 年中国 5G 产业与应用发展白皮书》,未来五年 5G 基站数超 1400 万。

续表

	铺设道路比重（%）	铁路（公路）	港口（集装箱万标箱）	航空运输量（次）	国内能源总产量（千吨）	通电人口比重（%）	固定电话（每百人）	移动电话（每百人）	互联网用户（每百人）
马来西亚	80.9	2250	2086.7	343518	84266.5	99.5	16.7	141	65.8
缅甸	45.7		20.9	32354	22530	48.8	1.3	10	1.1
菲律宾			572.1	241699	23887.9	70.2	7.3	107	36.24
新加坡	100		3242.2	154429	934.1	100	39.1	152	72
泰国		53207	737.2	252369	68744.3	99	10.1	127	26.46
越南		2347	658.9	141913	66595.5	96.1	18.9	148	39.49

数据来源：世界银行：《世界发展指标（2012）》。

大规模基础设施建设为产业发展创造了基础条件,促进经济要素的大区域流动。高速铁路建设带来了相应的高铁经济带建设,高铁客运和物流的便利加速了沿线工业园的建设。例如,在 2011 年京沪高铁开通前后,沿线的德州高铁新区、徐州高铁国际生态商务区等纷纷开始建设。2009 年武广高铁通车前后,咸宁广东工业园、中国光谷赤壁产业园等逐渐落地。高铁也为产业转移提供了便利,如咸宁在武汉高铁开通后顺利承接了南玻集团 50 亿元的项目投资。基础设施建设还极大拉动了旅游等第三产业发展。合福高铁于 2015 年 6 月 28 日正式开通,串通合肥至福州,经过黄山、婺源、上饶、武夷山和古田等景区,被称为"中国最美的高铁"。合福高铁开通后,为沿线景区输送了大量的游客,拉动了沿线旅游行业的发展。

中国高铁不仅发展速度和技术进步快,同时还拥有较低的建设和运营成本,对比世界各国的代表性高铁(里程 400 公里左右),虽然中国高铁的票价与人均 GDP 的比值高于发达国家,但是中国的高铁运行时间更短,每公里票价比西方国家要低 35% — 75%。根据世界银行的统计,中国时速 350 公里高铁的每公里建设成本为 1.7—2.1 千万美元,而欧洲时速 300 公里高铁的每公里建设成本为 2.5—3.9 千万美元,美国加州高铁的每公里建设成本(不含土地、车辆和利息)约为 5.2 千万美元。

表 5-4　各国代表性高铁对比

高铁行程	里程（公里）	票价（元，人民币）	票价中位数/人均GDP（%）	每公里票价（元，人民币）	时间
北京-济南	419	184.5	0.30	0.44	1 小时 22 分钟
巴黎-里昂	428	356—768	0.21	0.83—1.79	2 小时
马德里-巴伦西亚	391	266—579	0.22	0.68—1.48	1 小时 40 分钟
东京-岐阜羽岛	396	676.28	0.25	1.71	1 小时 56 分钟

资料来源：Wikipedia，Virail，GoEuro，中国铁路 12306 网站。

　　较低的人力成本、土地征用成本、核心技术国产化等，是中国高铁建设成本更低的主要原因，也是中国基础设施各领域普遍崛起的共同规律。首先，较低的人力成本降低了整体的高铁建设成本。从中国高铁建设成本的各分项来看，占比最高的是土建工程（52%），而其中人力成本是重要组成部分。其次，中国土地公有制下的征用成本较低。高铁的建设一般会避开人口密集地区，而选择征用农村集体用地的方式进行建设，大大降低了土地征用成本。美国加州高铁的土地征用成本预估为每公里 1 千万美元，而中国仅为每公里 5 百万人民币，不到前者的十分之一。再次，中国高铁的核心技术国产化。从完全进口整车到复兴号 84% 的国产化率，中国高铁引进消化吸收再创新的案例可谓相当成功。中国高铁以桥（隧道）代路的建设特点保证了线路的平直，最大程度发挥了高铁的速度优势。在中国高铁的建设成本中，占比最高的两项为隧道挖掘成本（占比 23%）以及桥梁和高架桥建设成本（占比 19%）。中国的盾构技术世界领先，每公里的隧道建设成本仅为 1000 万—1500 万美元，而美国则为 5000 万美元。

（二）加速统一大市场的形成

1. 形成了网络化开发格局

　　目前，中国已经建成了发达的交通网络，基础设施的网络效应不仅拓展了市场的广度,也加深了市场的深度。目前,中国拥有世界最发达的高速公路网络,每天承担着几千万吨货物的高速运转;全球最大的高速铁路网络让数百座城市紧密连接在一起;两百多座机场编织起了庞大的空中运输网络。庞大而发达的交通网络,不仅支撑着经济的快速发展,也为边远和落后地区及其居民分享到了国家快速发展的红利。以公路为例,全国的公路网密度从 1998 年的 0.13 公里/平方公里,加密至 2017 年的 0.50 公里/平方公里,公路网密度的增加不仅仅是物质性设施密度的增加,更是地区经济密度不断加密的表现。

随着高速公路和高速铁路的跨区域延伸,不仅小区域内城市与城市之间联系越来越紧密,城市群之间的联系也更加紧密,距离从原来的十几二十几个小时到目前的两三个小时的交通距离,促进了区域城市的分工,围绕核心城市所形成的一个小时经济圈,更是发挥着明显的集聚效应。

表 5-5　1998 年以来全国及各省公路网密度的变化

（公里/平方公里）

	1998	2000	2005	2010	2012	2013	2014	2015	2016	2017
上海	0.78	0.82	1.54	2.28	2.39	2.40	2.46	2.51	2.53	2.53
重庆	0.33	0.35	0.46	1.42	1.47	1.49	1.55	1.71	1.73	1.79
山东	0.42	0.46	0.52	1.49	1.59	1.64	1.68	1.71	1.72	1.75
河南	0.35	0.39	0.48	1.48	1.51	1.51	1.51	1.52	1.62	1.62
江苏	0.27	0.28	0.82	1.50	1.54	1.56	1.57	1.58	1.54	1.58
湖北	0.28	0.31	0.49	1.11	1.17	1.22	1.27	1.36	1.39	1.44
安徽	0.28	0.32	0.52	1.06	1.17	1.23	1.24	1.33	1.40	1.44
天津	0.37	0.77	0.93	1.27	1.32	1.35	1.38	1.42	1.44	1.42
广东	0.53	0.58	0.66	1.08	1.11	1.15	1.20	1.23	1.24	1.25
浙江	0.38	0.41	0.48	1.09	1.12	1.14	1.15	1.17	1.16	1.19
湖南	0.28	0.29	0.42	1.08	1.10	1.11	1.12	1.12	1.12	1.13
贵州	0.19	0.20	0.27	0.86	0.94	0.98	1.02	1.06	1.09	1.11
河北	0.31	0.32	0.41	0.83	0.88	0.94	0.97	0.99	0.98	1.03
江西	0.22	0.22	0.37	0.84	0.90	0.91	0.03	0.94	0.97	0.97

续表

	1998	2000	2005	2010	2012	2013	2014	2015	2016	2017
山西	0.31	0.35	0.44	0.84	0.88	0.89	0.89	0.90	0.90	0.91
海南	0.50	0.51	0.62	0.63	0.72	0.73	0.77	0.79	0.83	0.90
福建	0.39	0.42	0.48	0.74	0.77	0.81	0.03	0.86	0.87	0.88
陕西	0.20	0.21	0.26	0.72	0.78	0.80	0.81	0.83	0.84	0.85
辽宁	0.31	0.31	0.37	0.70	0.73	0.77	0.80	0.83	0.83	0.85
宁夏	0.19	0.20	0.26	0.45	0.53	0.57	0.62	0.66	0.67	0.68
云南	0.20	0.29	0.44	0.55	0.57	0.58	0.60	0.62	0.62	0.63
四川	0.14	0.16	0.20	0.47	0.52	0.54	0.55	0.56	0.58	0.59
吉林	0.18	0.18	0.26	0.47	0.49	0.49	0.50	0.51	0.53	0.54
广西	0.22	0.23	0.26	0.43	0.46	0.47	0.49	0.50	0.51	0.52
黑龙江	0.11	0.11	0.15	0.34	0.35	0.36	0.36	0.36	0.37	0.37
甘肃	0.09	0.10	0.10	0.29	0.32	0.33	0.34	0.35	0.35	0.35
内蒙古	0.05	0.06	0.07	0.14	0.14	0.15	0.15	0.13	0.17	0.17
北京	0.76	0.83	0.90	1.29	1.31	1.33	1.34	1.34	1.35	0.14
新疆	0.02	0.02	0.05	0.09	0.10	0.10	0.11	0.11	0.11	0.11
青海	0.03	0.03	0.04	0.09	0.09	0.10	0.10	0.11	0.10	0.11
西藏	0.02	0.02	0.04	0.05	0.05	0.06	0.06	0.07	0.07	0.07
全国	0.13	0.15	0.20	0.42	0.45	0.46	0.47	0.48	0.50	0.50

资料来源:作者根据《中国统计年鉴》数据测算。

2. 有效降低要素流通成本

基础设施的大规模快速建设,一个最直接的效应就是扩大物流产业市场规模和降低区域要素流通成本。根据 2005—2018 年历年的《全国物流运行情况通报》统计数据,全国社会物流总额从 2005 年的 48.1 万亿元增加到了 2018 年的 283.1 万亿元,年均增长 11.50%;社会物流总费用从 2005 年的 3.39 万亿增加到 2018 年的 13.3 万亿元,年均增长 11.09%,总费用与GDP 的比率从 2005 年的 18.6% 逐年下降为 2018 年的 14.8%,说明我国物流行业的整体效率在不断提升,有效提升了要素的流动效率。物流业务总收入从 2005 年的 1.9 万亿元快速增长到 2018 年的 10.1 万亿元。

表 5-6　2005—2018 年全国物流业主要经济指标

时　间	社会物流 总额(万亿)	社会物流 总费用(万亿)	总费用与 GDP 比率	物流业总 收入(万亿)
2005 年	48.1	3.39	18.6%	1.9
2013 年	197.8	10.2	18.00%	3.9
2014 年	213.5	10.6	16.60%	7.1
2015 年	219.2	10.8	16.00%	7.6
2016 年	229.7	11.1	14.90%	7.9
2017 年	252.8	12.1	14.60%	8.8
2018 年	283.1	13.3	14.8%	10.1

　　得益于基础设施的引导,20 世纪 90 年代之前的国内市场保护主义和市场分割被逐渐弱化,全国性的市场体系开始形成。统一的国内市场能够促进市场竞争充分开展、规模经济发挥作用和市场规则逐步规范,使得资源可以自由流动,并最终流向最有效率的部门。改革开放以来,中国通过大规模的基础设施建设,有效引导了资本的区域流动,加速了市场一体化进程。特别是在交通基础设施领域,对中国经济增长发挥了显著的"增长效应",通过交通基础设施的先导,增大了经济要素的空间溢出效应和回馈效应,[①]促进了区域一体化市场的形成。

3. 形成了市场的规模效应

　　过去 40 多年,中国经济快速增长所创造的奇迹主要来自于市场规模的不断扩大,其中交通运输的作用显而易见。如:得益于集装箱运输的大规模应用,外向型经济快速发展,在大大扩大国内市场规模的同时,也大大加深了国内市场与外部市场的衔接,为企业增加了销售规模和利润,显著提高了国内人们的收入水平。另一方面,尽管中央政府主导的全国性基础设施建设为全国统一市场搭建起了框架,但如果地方政府的积极性不高,则也会形成地方保护主义,但中国的分权竞争体制为地方提供了足

---

① 梁双陆、梁巧玲:《市场规模、交通基础设施与经济增长——来自外太空的经验证据》,《云南财经大学学报》2017 年第 2 期。

够的激励,在以经济建设为中心的思想指导下,地方政府被广泛动员起来,开展了以基建为先导的经济建设竞赛,降低了地方保护主义对要素流动的物理限制,在极大地扩大原先区域性市场的同时,无形中也为打破区域性市场分割、促进全国统一大市场的形成创造了条件。本章利用新经济地理学的关于市场规模测算方法,对 1996 年至 2017 年中国各省份本地市场规模的测算结果表明,各省份的市场规模均有较大的提升,截至 2017 年,广东的市场规模最大,从 1996 年的 153.40 扩张到了 2042.11,扩大了 12 倍数。即便是 1996 年市场规模最小的新疆,也从 27.53 扩张到了 2017 年的 328.46,扩张了 10 倍。

表 5-7 1996 年至 2017 年中国各省本地市场规模演变①

	1996	2000	2005	2010	2013	2014	2015	2016	2017
广东	153.40	223.31	490.48	1038.05	1440.56	1660.79	1680.93	1853.58	2042.11
江苏	160.52	228.77	470.70	1036.05	1473.90	1661.72	1711.52	1873.75	1993.09
上海	165.57	244.27	502.27	1044.69	1429.06	1603.25	1653.69	1818.55	1943.65
安徽	149.03	211.66	429.82	953.04	1369.33	1555.05	1589.07	1737.88	1902.25
浙江	143.08	206.65	428.28	920.59	1289.53	1454.12	1491.65	1634.56	1744.54
北京	128.13	186.70	422.32	915.29	1299.86	1456.35	1487.38	1611.73	1737.96
天津	134.78	194.88	421.00	942.51	1362.99	1524.46	1555.54	1675.89	1731.93
山东	134.02	191.39	404.65	883.23	1249.67	1403.82	1427.25	1541.10	1572.42
河北	122.60	175.17	370.60	811.45	1155.25	1298.53	1303.13	1402.39	1515.16
河南	121.36	172.32	354.46	783.54	1121.46	1282.29	1283.41	1391.46	1514.38
湖北	118.56	168.02	331.82	745.44	1078.68	1252.20	1252.44	1368.23	1419.47
江西	104.63	149.27	298.79	667.87	961.02	1118.46	1115.13	1218.22	1282.77
山西	111.20	157.70	335.39	738.97	1045.73	1180.19	1175.61	1264.39	1272.90

① "本地市场规模"根据新经济地理学市场潜力函数来测算:一个地区市场规模是一个空间距离加权平均值,与本地区 GDP 成正比,与其他地区到本地的距离成反比。那第 i 省在 t 时期的本地市场规模表达式为:$RMS_{it} = \Sigma_{i \neq j}(Y_{jt}/D_{ij} + Y_{it}/D_{ii})$。$Y_{jt}$、$Y_{it}$ 分别表示 j 省和 i 省的实际 GDP,D_{ij} 为 i、j 两省区省会城市之间的球面距离,D_{ii} 表示 i 省的内部距离。

续表

	1996	2000	2005	2010	2013	2014	2015	2016	2017
湖南	102.28	144.88	287.86	647.23	939.03	1115.91	1092.05	1193.23	1254.58
福建	91.43	132.14	260.80	574.04	825.10	959.48	959.89	1050.53	1151.12
陕西	85.71	120.89	251.52	569.50	822.79	975.55	941.43	1019.82	1034.39
重庆	79.82	111.19	223.29	512.19	759.05	988.91	887.06	970.59	1023.95
贵州	70.08	98.34	197.83	443.55	654.90	945.78	765.75	836.83	915.80
内蒙古	75.81	107.99	228.38	506.53	721.75	828.84	816.95	877.25	897.63
辽宁	81.69	117.24	231.69	514.99	740.01	833.11	827.49	836.21	866.40
四川	67.44	94.49	190.21	429.54	629.43	838.03	728.01	793.02	833.60
广西	65.91	91.98	187.48	416.10	604.47	817.87	702.85	767.41	832.74
宁夏	64.51	91.24	190.18	429.80	619.62	734.82	705.13	760.34	779.97
海南	60.04	84.60	172.18	379.50	547.61	698.04	636.24	695.02	758.05
甘肃	59.75	84.43	172.42	387.78	565.54	695.24	646.25	698.34	757.67
吉林	71.20	100.92	198.67	436.65	626.72	707.21	699.66	723.13	747.53
云南	54.26	75.81	152.16	338.22	496.50	970.60	576.09	627.57	663.62
青海	54.91	77.47	158.57	354.90	514.98	636.18	587.95	635.19	657.43
黑龙江	57.74	81.69	162.07	355.52	509.70	580.19	571.26	598.35	618.46
西藏	30.76	43.51	88.59	197.05	285.50	388.73	328.51	355.91	372.15
新疆	27.53	39.16	79.96	177.21	256.10	318.51	292.75	315.09	328.46

三、中国特色的基础设施建设模式

40年来,中国基础设施的崛起源于探索了一条具有本国特色的基础设施发展道路。无论是在基础设施建设规模、速度、技术等方面,还是在发展理念、体制创新、市场化发展等方面,创造了举世瞩目的"中国经验"和"中国模式"。归纳起来,这个模式就是基础设施先导战略指引下,通过垂直监督加强压力传导和分权竞争激发地方活力,在不断摸索中构建起的土地要素市场并进行土地融资,激活基础设施建设的非正式财政能力,形成以政府决策、国企建设,推进重点工程落地的中国基建新模式。本书将之称为"土地金融下的供给能力重塑"。

（一）确立了基础设施先导战略

1. 适度超前，规划先行

改革开放以来的历次"五年规(计)划"，均把基础设施建设提到非常重要的位置，希望通过基础设施的建设，为社会生产生活提供支持。40 多年来，从中央到地方，均编制了中长期交通发展规划，成为中国特色基础设施发展道路的重要组成部分。典型的如 20 世纪 80 年代末，交通部提出了"三主一支持"的交通发展战略规划，"八五"期间国务院又发布了《"五纵七横"国道主干线规划》，这成为交通系统中审批层次最高的规划，指导了中长期国家交通基础设施建设。

进入 21 世纪，国家级基础设施规划更加密集地出台，通过规划引领，进一步凸显交通设施先导的战略。2004 年国务院批准了《中长期铁路网规划》和《国家高速公路网规划》，2005 年国务院批准《农村公路建设规划》，2006 年国务院批准《全国沿海港口布局规划》，2007 年国务院批准《全国内河航道与港口布局规划》，颁布了中国第一个综合性交通规划——《综合交通网中长期发展规划》，2008 年国务院批准了《全国民用机场布局规划》《国家重大科技基础设施建设中长期规划（2012—2030年）》。党的十八大后，国务院陆续批准了新的公路、铁路、民用机场布局、油气管网中长期规划。国家级中长期交通规划的出台，既保障国家政治、经济和国防安全，又增强了宏观调控能力，整合交通优势资源，合理布局，同时还保证了交通基础设施领域的科学有序发展，这也成为中国基础设施领域重要的特色。

2. 在学习中不断创新

基础设施领域的快速推进，也离不开思想解放和积极的向外学习。通过不断地学习借鉴，推出了一系列的制度创新，逐渐厘清政府和市场的边界，使得公共投资迎来了蓬勃发展，有效发挥了基础设施建设对经济要素流动的引导功能。

改革开放的前十年(1978—1989年)，在改革开放的起步和探索阶段，基础设施基本上由国家主导提供，市场发育程度不足，国家集中力量加大重点行业投入。到了1990—2002年这个阶段，经济迅猛发展，通过学习西方经验，国家偏重经济性基础设施的供给，国债投资极大促进了基础产业和基础设施建设，分税制、土地有偿使用制度、国债投资极大促进了基础产业和基础设施建设。到了2003年至2011年这个阶段，国家开始重视社会性公共产品供给。在学习香港的土地政策基础上，通过制度创新，推出了土地有偿使用、招拍挂等市场化制度，使得地方获得了稳固的基础设施投资的资金来源。同时，能源和基础原材料工业投资增长加快，国家资金继续向中西部地区倾斜。而2012年以来，各级政府均重视维持性、经济性、社会性公共产品的平衡供给，能源和基础原材料工业投资增长加快，国家资金继续向中西部地区和乡村地区倾斜，资金来源渠道呈现多样化。

相关链接：中国交通基础设施建设的系列创新举措

1983年，交通部提出"有河大家走船，有路大家走车"的改革方针，"各部门、各行业、各地区一起干，国营、集体、个人以及各种运输工具一起上"，开启了基础设施领域突破所有制束缚的步伐，并允许个体户进入运输市场，极大地促进了运力发展，有效地缓解了交通运输紧张状况。

1985年，铁路开始实行"大包干"，1986年，国务院批复了五部委《关于铁道部实行经济承包责任制的方案》，实行"以路建路"经济承包责任制。

1993年，通过引入股份制，第一家股份制铁路公司——广深铁路股份有限公司成立，并于1996年在香港和纽约成功上市。

1995年，《关于加快培育和发展道路运输市场的若干意见》提出，建立全国统一开放、竞争有序的道路运输体系。

1996年，《关于进一步加强我国水运市场管理的通知》提出，推进水运市场的培育和完善；上海航运交易所组建，对规范航运市场交易行为、调节市场价格、深化水路运输市场改革具有重要意义。

2014年，交通运输部《关于全面深化交通运输改革的意见》，围绕深化改革的主线,加强顶层设计,在完善综合交通运输、建立完善交通运输现代市场体系、交通运输转型升级等体制机制方面,部署了42项改革任务150多项改革举措。

2016年,《关于进一步深化民航改革工作的意见》面对民航发展的新形势新任务,提出了10个方面40项改革任务。

2017年,中共中央、国务院印发《关于深化石油天然气体制改革的若干意见》,要求进一步完善油气管网公平接入机制,油气管网向第三方市场主体公平开放。

(二)以"土地融资"重构财政能力

从中国基础设施融资模式来看,经历了"以财政投入为主、银行信贷为辅"、"土地融资为主,财政投入、银行信贷为辅",到目前的"打包信贷为主导的多元化融资"路径,国家的财政能力得到了极大的延伸,保障了基础设施建设规模和速度。其中,土地融资模式对于在分税制后地方非正式财政收入来源尤其重要。

1.中国基础供给路径变迁

从基础设施建设及供给过程看,中国大致经历了三大阶段。

第一阶段,从完全的政府供给走向"拨改贷"。新中国成立后至20世纪80年代中期,以供给主导型为主。新中国成立初期,中国按照计划经济体制,主要采用政府无偿拨款的形式进行基础设施建设,政府完全主导基础设施建设。其中,1979年后,国家把部分财政预算内基础设施投资改为贷款,1985年,国家预算安排的基础设施建设资金全部由财政拨款改为了银行贷款,加强了银行的信贷支撑,同时倡导企业自筹资金,也即所谓的"拨改贷"。但简单的放权让利并未解决经营者亏损问题,同时,缺乏财政包干体制下的风险承担主体。

第二阶段,由财政主导走向金融主导。20世纪80年代至90年代中期,基础设施建设由财政主导转为金融主导。地方政府较大份额的地方财政收入,成为重要基建的投资主体。地方财权有所扩大,支持地方基础设施建设的投资专项基金逐渐形成。1987年,国务院提出城市市政基础设施要逐步实行有偿使用。使用贷款投资的桥梁、高速公路允许征收过路费来偿还债务。1994年的分税制将税收分为中央税、地方税和中央与地方共享税三大类。分税制改革后,地方承担的公共建设的任务加大,各省市相继成立了地方投资公司,服务于地方的基础设施建设。非国有投资主体逐渐形成和发展,外资进入了沿海特区的电力、供水、道路建设等领域,形成了中外合作、中外合资和外商独资的试点。

第三阶段,走向有针对性的多样化供给。20世纪90年代中期至今,基础设施投资主体逐渐呈现多元化模式。有针对性地对不同类别的基础设施进行分别融资,一是对于纯公益性基础设施项目,主要由地方政府财政资金投入,对国计民生的大型项目,主要由地方融资平台公司进行投资,并通过商业银行进行间接融资。二是进行土地出让权及财政体制改革。财政上,实行经常性预算和建设性预算分离,建立政府性的基金收入,通过土地使用权出让为城市建设融资。2001年,国务院出台地方政府试行收购储备制度,通过土地使用权招、拍、挂制度,地方政府获得了土地极差收入,用于基础设施的滚动发展。三是发行建设国债,加大城市基础设施建设的投资力度,2004年颁布的《关于投资体制改革的决定》为我国基础设施投融资的改革和发展指明了道路,逐步建立了市场化运作、投资主体多元化、融资方式多样化的基础设施投资格局。

2. 走向多元化的融资过程

我国基础设施建设的资金来源主要有7个渠道,分别是财政筹集、信贷筹集(地方融资平台向银行贷款)、资源补偿性筹集(土地出让金收入)、政策性筹集、利用外资筹集、市场筹集(地方融资平台发行债券)和自筹基金。目前,在这7个渠道中,资源补偿、信贷筹集和市场筹集逐渐成为主要的资金来源。

从固定资产投资实际到位资金来看,从1981年的961亿元增长到了2016年的616933.5亿元,增长了640.96倍,年均增长120%。从资金结构来看,主要由"国家预算资金(财政)、国内贷款(银行)、利用外资、自筹和其

他资金"四部分构成,1981 年,这四部分资金规模分别为 269.8 亿元、122.0
亿元、36.4 亿元和 532.9 亿元,到 2017 年则上升为 38741.7 亿元、72435.1
亿元、2146.3 亿元和 526046.3 亿元,四者的结构从 28.1∶12.7∶3.8∶
55.4 转化为 6.1∶11.3∶0.3∶82.3。

在固定资产投资结构中,来自"自筹和其他资金"部分占比越来越大,
来自国内贷款的资金比例也由改革开放之初的第三位上升为第二位。同
时,来自国家预算资金的占比逐年下降,说明了来自社会力量和市场力量的
资金远大于国家预算资金,说明国家在动用财政资金撬动市场和社会资金
方面取得了巨大的成功,其背后是投融资机制的创新。

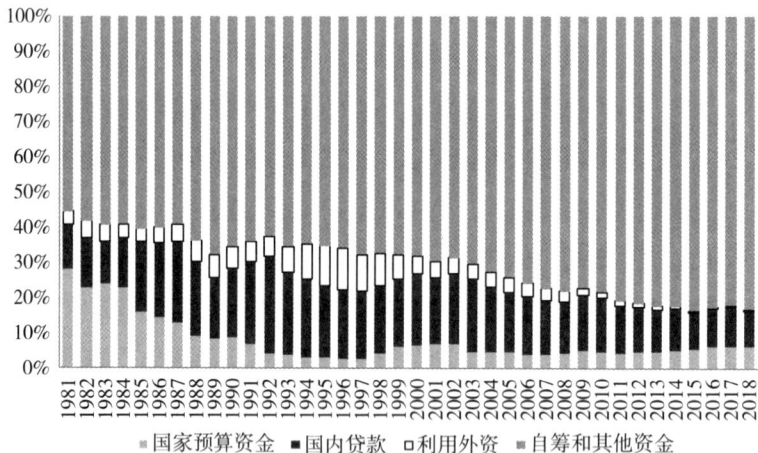

图 5-4 1981—2016 年全社会固定资产投资实际到位资金结构

相关链接:中国交通基础设施领域多元化投融资体制建立过程

回顾 1978 年以来中国交通建设领域的投融资模式变化,发现走过了一
条从国家投入为主,到引入社会融资和外资的投融资渠道多元化过程。

(1)公路领域

1984 年,国务院第五十四次常务会议批准提高养路费征收标准、开征
车辆购置附加费,允许"贷款修路,收费还贷",这三件事对基础设施领域产
生了重要的历史意义,使公路建设有了稳定的资金来源,加快了公路的建设

速度。

2004 年，国务院颁布《收费公路管理条例》，将"贷款修路，收费还贷"的政策通过法规的形式予以固定。目前，中国交通建设领域基本形成了"国家投资，地方筹资，社会融资，引进外资"的多元化交通融资格局。

（2）铁路领域

"七五"期间，中国第一条合资铁路——三茂铁路开始建设。1991年，铁路开始征收每吨公里 2 厘的建设基金，铁路建设资金有了基本保障。

1992 年，国务院批转国家计委、铁道部《关于发展中央和地方合资建设铁路的通知》，明确了中央和地方合资铁路建设的发展模式。

（3）民航领域

1991 年，对民航建设，除了给予"一九制"优惠外，还免征其他一切税收，先后制定了允许地方政府、国内企业、民间资本投资民航企业和机场的规定，进行了地方投资建设并管理机场的改革试点。

2013 年，国务院《关于改革铁路投融资体制加快推进铁路建设的意见》提出，全面开放铁路建设市场，鼓励社会资本投资建设铁路。

2016 年，中国民航局《关于鼓励社会资本投资建设运营民用机场的意见》提出，全面放开民用机场建设和运营市场，广泛吸引社会资本参与民用机场及其服务配套设施项目建设和运营。

（4）港口领域

1983 年，交通部提出"谁投资、谁使用、谁受益"的原则，鼓励货主单位投资建设码头。1986 年，国家决定对 26 个沿海港口的货物征收港建费，实行"以港养港，以收抵支"政策，港口建设资金有了稳定渠道。

（5）石油管道领域

石油管道建设投资逐步向第三方放开，2013 年，中石油引入泰康资产、国联基金 600 亿元资本成立了"中石油管道联合有限公司"。2015 年，交通运输部《关于深化交通运输基础设施投融资改革的指导意见》提出，建立和完善交通运输发展"政府主导、分级负责、多元筹资、规范高效"的投融资管理体制。

3. 土地融资激活财政能力

土地融资主要是围绕土地出让金收入进行的资源补偿性筹集资金。资源补偿筹集主要包括城市土地使用权出让、转让的收益、市政公用设施补偿费、地下水资源费等。自 1994 年财政分权改革后,国家投资在整个基础设施领域的占比不断下降。地方财政收入和中央政府转移支付不能满足基础设施建设的融资需求,地方财政赤字加剧,2014 年,地方财政收支缺口达到70.3%,同时,由于资本市场不发达,利用股票和国债进行直接融资渠道有限,地方政府只能通过其他途径比如借款、土地融资以及通过设立城投公司等方式筹集资金。

1988 年、1998 年和 2004 年我国三次对《土地管理法》进行修订,为我国的土地市场化提供了法律基础。随着分税制改革和住房市场改革的推进,地方政府通过土地的招、拍、挂制度,获得了大量的土地出让金和土地增值税。从 2003 年开始至今(2008 年除外),我国的土地出让收入占地方财政收入的比例一直处于40%以上,特别是 2010 年和 2011 年,土地出让收入占比更是高达60%以上,土地出让收入早已成为许多地方政府基础设施建设的资金主要来源。

一是土地有偿使用制度为基础设施融资开辟了市场化路径。对于发展中国家来说,制约基础设施建设的最大短板是资金不足。如何拓展资金来源渠道,中国地方政府的"土地融资"模式最具特色。1987 年,深圳第一次通过对企业提供土地有偿使用的市场化探索,为地方政府解决基础设施融资问题开启了窗口。这一次意义非凡的探索是学习香港经验的结果,并通过长时间的逐渐完善,构建起了"土地财政模式",从而获得了地方的基础设施建设资金,加速了城市的开发和城市建设进程。特别是 1994 年分税制后,地方政府没有了稳定的供给基础设施的财源,而地方政府的卖地收入不能持续、稳定的获得,因此很难保证基础设施的充分供给。在中央和地方财政分权后,大部分财政收入直接由中央政府掌握,地方政府在财政上就不得不在很大程度上仰赖中央政府的转移支付。分税制的动因之一是中央政府可以通过转移支付制度来规划和监督地方政府的财政行为,①防止地方的机会主义倾向。但在地方政府税收不足的条件下,如何寻求税收以外的收入来源为基础设施的建设融资,成为地方政府取得竞争优势的一项重要内容。

土地公有制的性质,为中国低成本、高效率地推进基础设施建设提供了可能。《土地管理法》明确规定城市土地属于国有,农村土地属于集体所有。改革开放初期,工业化快速发展,为了招商引资,政府无偿划拨土地给企业使用,同时还需负担土地整理的费用,给地方乃至国家财政造成了极大的负担。为此,国家于 1987 年决定学习香港模式,在深圳试行土地有偿使用制度,以弥补地方土地开发费用及基础设施建设费用的不足,由于效果较好,该做法于 1988 年在全国推行。1988 年 4 月 12 日第七届全国人民代表大会第一次会议通过的《中华人民共和国宪法修正案》中,将原来宪法第 10 条第 4 款"任何组织或者个人不得侵占、买卖、出租或者以其他形式非法转让土地",修改为"任何组织或者个人不得侵占、买卖或者以其他形式非法转让土地。土地的使用权可以依照法律的规定转让",这是宪法首次对土地有偿使用制度的承认。1989 年 5 月 19 日国务院发布的《中华人民共和国城镇国有土地使用权出让和转让暂行条例》《外商投资开发经营成片土地暂行管理办法》均规定了土地有偿使用制度的具体内容,如土地使用权出让、转让、出租、抵押、终止、划拨等。

二是土地市场化制度为基础设施建设融资提供了平台。国土资源部于 2002 年 5 月发布第 11 号令,颁布实施《招标拍卖挂牌出让国有土地使用权规定》,明确规定包括商业、旅游、娱乐、商品住宅用地的经营性用地必须通过招拍挂方式出让。2004 年,国土资源部颁布第 71 号令《关于继续开展经营性土地使用权招标拍卖挂牌出让情况执法监察工作的通知》,规定 2004

---

① 查尔斯·M.蒂布特著,吴欣望译:《一个关于地方支出的纯理论》,社会科学文献出版社 2004 年版,第 108 页。

年 8 月 31 号以后所有经营性用地出让全部实行招拍挂制度,即所谓的"831"大限。《土地法》及相关部门规章规定,对于经营性用地必须通过招标、拍卖或挂牌等方式向社会公开出让国有土地。土地招拍挂制度的建立,为基础设施建设融资提供了平台。基础设施建设在工程的立项、审批、建设、监理等流程中,监管逐步加强,市场行为主体的运作更加透明,有效促进了市场正常秩序的构建。

(三)中央与地方的分工与激励

在基本的"委托—代理"框架下,中国基础设施建设中的中央与地方的关系,既不同于西方的联邦制,又不同于高度集权的前苏联体制。中国快速的基础设施建设既体现为科层制下地区之间围绕上级目标的有序竞争,也体现为集中力量办大事保障效率的推进方式,以及以项目为导向形成的主导部门牵头,其他部分指定行动计划进行配合,国有企业负责具体建设的地方秩序。

1. 科层制下的锦标赛:探索中央与地方的协调并进

首先,平衡了中央与地方的压力传导与激励相容。中国通过优化中央与地方在事权与财权上的分工,提高了基础设施建设的决策和执行效率。《地方各级人民代表大会和地方各级人民政府组织法》第 59 条规定,地方政府"执行本级人民代表大会以及常务委员会的决议,以及上级国家行政机关的决定和命令",规定了其双重角色,上级政府通过"块块"上的人事任命、责任书签订、目标考核等,以及更常态的"条条"直接命令和指导,直接对下级政府进行决策,带来了"条块"间杂、组织连带的权责配置。一方面,上级能够对下级不断施压,通过压力传导的方式,监督任务的完成,提高执行效率。另一方面,政府在"汲取"和产出激励上做到了平衡。不管是改革开放以前的粮食与钢铁生产意识形态至上,还是改革开放后以经济建设为中心,都体现出赫希曼提出的"不平衡战略",明显的好处就是减轻了中央政府的协调成本。

然而,在中小型国家,全国性的基础设施与地方性基础设施不存在本质差异。而在国土广大、多层级政府体系的国家，如果基础设施供给纯粹交由市场决定，则容易导致效率提升明显而公平缺失，不利于区域市场的发育。这方面，中国的核心举措是构建了税收返还、一般性转移支付和专项转移支付制度。税收返还主要为发达地区所得，是为了刺激地方的积极性，减少发达地区的阻力，为了支持东部率先发展，税收返还占了前两年的 80% 以上，直到 2000 年以前，占比都在 50% 以上（周飞舟，2012），一般性转移支付则更多为了平衡地区发展差距，维护社会公平，具有一定的政治作用（王绍光，2002），主要投往西部边疆、民族地区和老少边穷地区。专项补助主要用于明确用途、分配机制的领域，主要为了缓解地方某些公共产品支出不足的局面。除了国防、科技基本全部由中央支出外，其他主要大类支出一般则逐级下放给地方，其中很大一部分就是以项目制的形式下拨给地方。这往往给地方带来极大的激励，从而极大提升了效率。

其次，通过公有制下的快速赋能提高基建效率。中国的征地成本较低、行政推动力量较强，决策成本低，项目快速上马。得益于高效的决策和执行体系，中国基础设施在评审、报批、建设等环节所花时间周期不长，在时间上保障了大规模基础设施建设项目的及时上马和建设。相对而言，发达国家基础设施建设周期较长，建成后决策成本过高，常常半途而废，或者无疾而终。以著名的美国加州高铁项目为例，该项目早在 2008 年就已经正式通过了立项，旨在修建连接洛杉矶和旧金山两大都市区长达 800 英里的、时速高达 350 公里的高铁项目，却因为一系列的融资、成本（2018 年 3 月，加州预测成本已增加 130 亿美元，至 773 亿美元，约合人民币 5218 亿元，并警告称未来成本可能高达 981 亿美元）和征地问题，一直拖至 2015 年才举行开工典礼，却于 2019 年 2 月 12 日，由加州州长纽森正式宣布放弃。时至今日（2019 年 2 月），美国还没有建成一条高铁。并非仅有美国对高铁修建和运营的难题一筹莫展，近日英国高铁 HS2 项目也宣布由于成本原因将全面降速，一些路段的通行时间甚至比原计划增加一倍，因此，英国民众质疑这样的"高速"铁路意义何在？

2. 集中力量办大事:优先保障重点工程建设

改革开放初期,中国经济社会百废待兴,财政能力薄弱,在基础设施建设方面,往往采取不平衡发展理论,优先保障重点工程建设。为了改变基础产业和基础设施十分薄弱的状况,发挥基础设施对其他产业的基础支撑作用,国家利用有限资金加大了对重点项目的投入。1982—1989 年,国家共安排重点建设项目 319 个,投资额 2486 亿元,占同期全国基本建设投资的29%。其中能源、基础原材料工业和交通运输等基础设施项目 261 个,总投资 2927 亿元,占全部重点建设项目的 94.2%。这一时期建成了"三北"防护林一期工程、一大批商品粮生产基地和大型水利工程;建成了葛洲坝水电站、平朔露天煤矿等 153 个重点能源项目;建成了冀东水泥厂等 88 个重点原材料项目;建成了大秦电气化铁路一期工程、秦皇岛煤码头三期工程、北京—武汉—广州同轴电缆载波工程等 125 个重点交通运输和邮电通信项目。1988 年中国第一条高速公路——长度为 18.5 公里的上海至嘉定高速公路建成通车,1984 年吉林白山水电站一期工程建成投产,1984 年河北冀东水泥厂建成投产,1981 年襄樊至重庆的襄渝线建成投入使用。这些项目的建成,缓解了能源、原材料、交通、通信等行业供应紧张,改善了改革开放初期中国偏重工业、轻轻工业和社会基础产业的投资结构,为经济起飞构筑了基础。

20 世纪 90 年代以后,为了实现现代化建设的第二步战略目标,《中华人民共和国国民经济和社会发展十年规划和第八个五年计划纲要》对农业、水利、能源、交通、邮电通信、原材料等行业的发展做出了明确的部署,基础产业和基础设施投资迅速增长。1998—2002 年 5 年内共发行 6600 亿元特别国债,用于基础产业和基础设施投资。这些资金主要用于农业、水利、交通、通信、城市基础设施、城乡电网改造、中央储备粮库等基础设施项目,另外有部分技改贴息资金用于一些基础产业的技术改造项目。这些资金的投入,带动了大量社会资本的进入,使基础产业和基础设施投资快速增长,从而进一步带动全社会投资和整个经济的稳定增长。全国退耕还林还草工程、野生动植物保护及自然保护区建设工程、黑龙江和内蒙古 100 亿斤商品粮基地等项目使中国农林牧渔业基础设施水平得到改善;神府东胜矿区、新疆塔里木油田、大亚湾核电站、岭澳核电站一期工程、黄河小浪底水利枢纽工程、二滩水电站等工程缓解了能源紧张状况;京九铁路、北京西客站、上海浦东和广州白云新机场、上海地铁二号线等项目投产,沈大高速建成通车,现代化基础设施网络雏形渐显。

无论是中央还是地方项目,除了制定年度项目计划外,政府各部围绕同一项目制定的行动计划,保障了基建项目的横向联合;同时,部分重点项目,以国企(中铁、中交、中建等)联合行动,快速推进项目的动工建设,比如跨区域的铁路建设;地方项目,也有城市级的投资公司和建设公司加以配合。

四、走在前列的广东基础设施实践

改革开放以来,在中国基础设施崛起的过程中,地方政府扮演着非常重要的角色。没有财政分权和对地方政府有效的激励,很难想象中国今天能够获得如此良好的基础设施水平。广东位居中国大陆南端,江河密布,河汊纵横,出行一度全靠渡口,曾因交通滞后令前来考察的外商望而却步,但通过艰辛的探索,广东发挥了改革探路先锋的作用,利用便利的国内与国外市场连接的地缘优势,不断地学习摸索基础设施建设的新技术和新的运营模式,同时,也通过市场化改革释放了基础设施领域的制度潜能,创造了国内基建领域的多个第一。进入新时代后,在"新基建"领域也同时走在了全国前列。

(一)高投资率下的率先腾飞之路

1978 年以来,广东的 GDP 从 185.85 亿元增长到了 2018 年的 97277.77 亿元,增长了 522 倍,如果作为一个单独的经济体来看,体量已经相当于韩国在全世界排名 13,更是连续 30 年蝉联全国第一,其中,大规模的固定资产投资促进了经济快速腾飞。1978—2018 年,广东的固定资产投资额从

27.23亿元增长到33008.86亿元,后者是前者的1212.2倍,可见,固定资产投资极大促进了经济发展,其间,基础设施投资也从1990年的132.62亿元增长到了2018年的9920.63亿元。从投资率(固定资产投资额与GDP比值)来看,1978年为14.65%,而2018年则增长到了42.65%,且其自1978年以来的演变趋势与国家整体发展趋势非常一致,说明了改革开放以来,较高的固定资产投资一直是促进广东经济增长的主要方式。

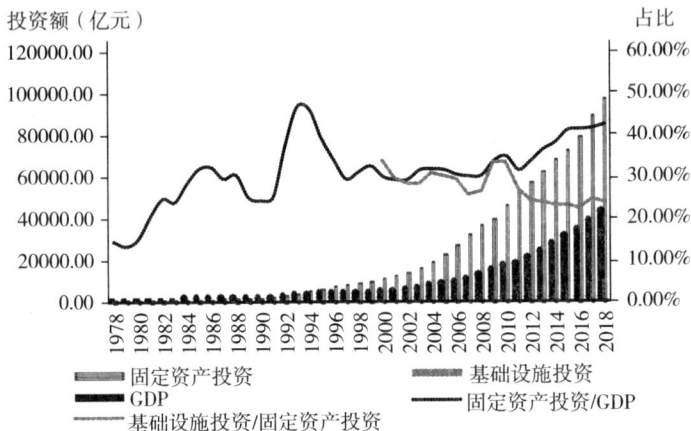

图5-5 1978年以来广东的固定资产投资及基础设施投资情况

资料来源:作者根据《中国统计年鉴(2017)》数据整理所得。

党的十八大以来,特别是2013—2016年,广东累计完成基础设施投资年均增长12.9%,占同期固定资产投资的比重为23.1%,基础设施投资无疑是引领投资增长的主引擎。同时,民间投资全面进入基础设施建设领域,民间投资基础设施领域占全部基础设施投资的比重由2012年的16.2%提高至2016年的21.0%。从行业分布来看,2016年,民间投资邮政业、互联网和相关服务业、装卸搬运和运输代理业占比分别高达92.3%、72.7%和66.9%;在水的生产和供应、燃气生产和供应、生态保护和环境治理等行业,民间投资占比分别为44.5%、34.4%、41.8%。民营航空公司快速发展壮大,民间投资航空运输业占比从2012年的1.1%提高到2016年的16.1%,广东的市场力量逐渐增强。

高速公路"县县达"。2012年年底,广东高速公路通车里程5524公里,位居全国第二。2016年,全省道路运输业投资年均增长15.1%,并于2015年年底成功实现"县县通高速"的目标,高速公路通车总里程达7673公里,跃居全国首位。2017年1至8月,道路运输业投资增长30.2%。出省通道方面,陆续建成包茂高速公路信宜至茂名段、大广高速粤境段(连平至从化)、广佛肇高速肇庆段(大旺至封开)、济广高速平远至兴宁段等项目;桥梁方面,江顺大桥、南澳大桥、跨越珠江两岸的港珠澳大桥、虎门二桥等建成通车,粤港澳大湾区两岸通达性得以大幅改善,区域市场整合加速,大湾区两岸的要素流动便捷性得到大幅提升。

高速铁路"新时速"。铁路营运里程从2012年年底的2577公里增至2016年年底的5535公里,营运里程翻一番。党的十八大以来,广东铁路运输业投资年均增长21.3%;2017年1至8月,铁路运输业投资大幅增长69.9%,广州至汕尾客运专线铁路正式开工。厦深铁路于2013年12月28日、南广铁路和贵广高铁于2014年12月26日相继开通,进一步缩短了广东与周边的距离。全省21个地级市,有16个通高(快)速铁路。此外,城际轨道交通建设也进展顺利,莞惠城际(惠州段)、广佛肇城际均已建成投产,穗莞深城际轨道交通正在建设,将进一步丰富大湾区群众的出行选择,助推大湾区优质生活圈的建设。

城市轨道"大发展"。2012年以来,广东城市公共交通运输业投资年均增长19.7%;其中城市轨道交通年均增长21.6%,公共交通服务不断改善。广州和深圳的累计运营里程居全国第三位和第四位。广东的地铁建设从中心城市拓展到珠三角的其他地区,如东莞市地铁R2线于2016年开通运营,是我省第一个获得国家批准、自主建设城市轨道交通的地级市。

(二)走在前列的基建模式新探索

改革开放以来,广东担负着改革开放相关政策先行先试的使命和全国的"窗口"作用。许多政策都是在广东取得较好的试验成果后,向全国推行,基础设施领域同样也是如此,如土地有偿使用制度、土地招拍挂制度等。广东在基础设施的工程建设、市场化运作、融资以及运营方面的探索,也领先于全国。

1. 政府主导勇探新路

1979 年后,以公有制为主体的多种所有制经济共同发展的原则的确立,为基础设施管理体制改革注入了活力,也为借助社会资本和外资建设基础设施提供了制度保障。改革开放初期,能源、交通和通信是广东国民经济发展的薄弱环节。在财政大包干的前提下,广东率先把市场机制引入投资领域,成功开辟了一条基础设施快速建设的新路。1986 年年底,广东被确定为全国金融体制改革试点省。从 1987 年到 1996 年,广东集资建了 6000 多座桥,10 条国道,实现无渡口通车,奠定了广东交通基础设施路网的基础,为后续的市场开拓打下了坚实基础。

一是政府强力推进。省政府和各级地方政府在基础设施建设中充当了组织者和推动者的角色。例如,虽然在基础设施建设投资中所花的财政资金并不算太多,但信贷资金、外商投资资金和社会集资,大多数是政府出面组织筹措;政府通过颁发行政性指令,征收电力建设基金、高速公路建设基金、航道建设基金、通信建设基金等;对山区、少数民族和贫困地区的基础设施建设,给予倾斜性补助,扶持其发展。

二是政策引导。通过制定政策来引导和扶持基础设施的发展。例如,从 20 世纪 80 年代开始,逐步采取了对基础设施的税收减免政策,并将减免税款转为基础建设的专项基金,专款专用,再投入基础设施发展;对中外合资建设的交通项目,其进口设备、原材料、零配件减免关税;提高固定资产基本折旧率,加速基础设施的改造和更新;在金融信贷方面,对基础设施建设项目实行与其他行业不同的差别利率,进行低息、贴息贷款;基础设施实行"谁投资、谁受益"的政策;效益好规模大的基础设施项目,可依法发行债券等。可以说,在改革开放初期,正是这些开风气之先的市场化政策引导,助推了基础设施的快速发展,保障了广东工业化的快速推进。

2. 多元融资激活市场

广东在基础设施建设中实行"放权让利"、多渠道集资。如发行交通、通信建设债券、股票,推动重大基础设施项目建设;同时,采取了"自酬资

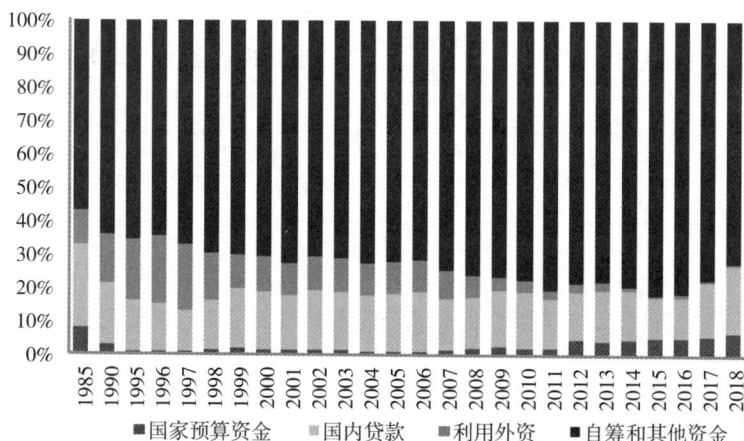

图 5-6　1985 年以来广东固定资产投资的资金来源构成

资料来源：作者根据《中国统计年鉴（2017）》数据整理所得。

金，自担风险、分享利益"的政策，形成投资、建设、管理、经营一体化的体制。把投资主体、经营主体和利益主体相结合，既有利于投融资，又有利于调动社会多方面的积极性。逐步实现了两个多元化：一是资金来源和投资主体的多元化。资金来源上逐步形成了依靠内、外两个资本市场的格局；在资金筹措、税收、价格、土地使用等方面，在法律规定的范围内提供优惠条件，鼓励社会各界及境外投资者投资基础设施，培育起了多元化的投资主体。二是投资方式实现了多样化。包括政府投入、银行或银团贷款等多种形式。总之，形成了政府、外资、民间资本多元化主体介入，"政府投资、政策集资、社会融资、个人捐资、银行贷款、利用外资"的多渠道、多方式投入的多元化投资体制，大大加快了广东的基础设施建设。

表 5-8　1998 年至 2012 年广东省土地出让金收入

年度	地区生产总值（亿元）	地方公共财政收入（一般预算收入）（亿元）	土地出让金（亿元）	土地出让金占地方公共财政比重
1998	8530.88	640.75	68.96	10.76%
1999	9250.68	766.19	138.53	18.08%

年度	地区生产总值（亿元）	地方公共财政收入（一般预算收入）（亿元）	土地出让金（亿元）	土地出让金占地方公共财政比重
2000	10741.25	910.56	65.22	7.16%
2001	12039.25	1160.51	145.41	12.53%
2002	13502.42	1201.61	134.22	11.17%
2003	15844.64	1315.52	217.00	16.50%
2004	18864.62	1418.51	239.00	16.85%
2005	22557.37	1807.20	353.24	19.55%
2006	26587.76	2179.46	616.02	28.26%
2007	31777.01	2785.80	1132.21	40.64%
2008	36796.71	3310.32	675.44	20.40%
2009	39482.56	3649.81	1332.37	36.51%
2010	46013.06	4517.04	1350.02	29.89%
2011	53210.28	5514.84	1369.30	24.83%
2012	57067.92	6229.18	1517.19	24.36%

3. 创造多个全国第一

有偿使用、滚动发展。"想要富，先修路"，对发展的渴望倒逼出了广东交通基础设施建设领域一系列令人瞩目的全国"第一"。20 世纪 80 年代末期以后，邮政电信实行"以话养话"，交通运输采取"以路养路、以桥养桥、以港口养港口"的政策，以集资和贷款为主的铁路线段，建立起新型营运管理体制，邮电通信还实行利用外资、银行贷款、征收附加税和预收电话安装初装费等多渠道集资办法。对新建路、桥、港口、电力、邮政电信设施实行有偿使用、收费经营，允许取得合理利润，实行滚动发展。刺激了社会各方、外资对基础设施的投资积极性，有力地促进了基础设施建设的发展速度。

作为全国经济最为发达的省份，2018 年，广东桥梁超过了 5 万座，是全国公路桥梁最多的省份之一。然而在改革开放之初，江河密布的南粤大地却还在饱受渡口之苦。如当时从广州到珠海,虽然只有 130 多公里,但却要经过三洪奇、细滘、沙口、容奇 4 个渡口。滞后的交通状况不仅使居民出行困难,也令前来投资的外商望而却步。为扭转交通严重滞后于社会经济发展的状况,广东提出"消灭渡口,改渡为桥"的口号,并首创"贷款修路,收费还贷"政策,在此思路下引进外资投入交通基础设施建设。随着融资模式的破冰,广东第一批桥梁中堂大桥、广珠四桥拔地而起,广东桥梁和交通建设揭开新的一页。"消灭渡口,改渡为桥"成为当时全省上下的一个共识。然而,在传统的计划经济体制下,修桥铺路的费用全部由国家承担。1978年,全省对公路建设和养护的投入仅有 600 多万元,还不够修建半公里长的高速公路。1981 年,广东省从改革交通建设投融资体制入手,广开融资渠道,利用外资建桥修路,并率先提出了"贷款修路、收费还贷"的设想,在全国开创了"以桥养桥、以路养路"的先河。这在当时实属破冰之举,全国没有先例,也没有相关法规政策可依循。

相关链接:广东"以路养路、以桥养桥"的多渠道融资案例

1981 年,广东省交通厅从澳门南联公司引进 2.06 亿港元,开始对广深、广珠公路进行"改渡为桥"。3 年后,广深公路东莞中堂大桥设立了全国第一个路桥收费站;随后,广珠公路上的三洪奇、细滘、沙口、容奇大桥亦相继完工,并开始实行过桥收费。贷款融资修路打开了首开新局,促进了广东桥梁建设的飞速发展。这种"以桥养桥,以路养路"的做法冲破了传统观念的桎梏。1987 年 10 月,国务院发布《中华人民共和国公路管理条例》,以法规的形式确定了收费公路、桥梁的合法性。数据显示,中国公路网中超过九成的高速公路、超过六成的一级公路和超过四成的二级公路,都是依此方式建成。随后,基础建设引进外资,广东再次率先探索,包括中外合资、合作经营、独资建设经营、有偿转让公路收费权等。

1987 年 5 月,国内第一个中外合作高速公路项目——广深高速公路项目破土动工;1989 年 8 月,国内第一条中外合资的经营性收费高速公路——广佛高速公路建成通车。

盐田国际码头是一个典型例子。1993 年 11 月,盐田国际集装箱码头有限公司在工商局登记,资金为 24 亿港元,内地与香港股比为 3∶7,之后又调整盐田港集团 27%,和记黄埔香港盐田港口投资有限公司 73%,成为外资控股建设基础设施的一次大胆尝试。

此后二十多年,盐田国际码头发展迅速,各项业务指标屡创新高。在码头扩张的三期工程中更是创下了"深圳速度",平均半年建成一个新的泊位,在国内外建港史上皆属罕见。

融资能力的强化。1992 年,广东进一步把政策性筹集的资金分为经营性投资和非经营性投资两部分,把以定额补助为主的投资方式,改为对经营性项目实行资金有偿使用;对当地经济发展有重要促进作用的项目,除省扶持一部分资金外,不足部分向社会融资解决。广东还率先在高速公路项目开展业主招投标,开创了国有资金、外资、民资全面参与公路建设的新局面。1996 年粤高速 B 股在深交所上市,1997 年深高速 H 股在香港联合交易所挂牌上市,1998 年粤高速 A 股在深圳上市,交通建设融资渠道不断拓宽。

1993 年,广东首个利用世界银行贷款建设,并采用"菲迪克模式"进行工程管理的高速公路——佛开高速正式开工。同年 12 月,广深高速建成,并于 1994 年全线试通车。1997 年 7 月 1 日,在香港回归之际,广深高速正式通车运营,成为联系广州、深圳和香港的重要通道。

2002 年,开展高速公路"委托营运"试点工作,广东省交通集团所属单位西部沿海高速公路营运有限公司受 4 家业主的委托,负责西部沿海高速公路全线 222 公里的营运管理。经过多年的发展,形成了"委托契约化,经营集约化,业务专业化,管理精细化"的经营管理模式。高速公路"委托营运"管理模式入选广东省改革开放"一千个第一"。"九五"时期后,为进一步吸引投资人,采取由政府给予适当资本金补助下的"BOT"模式或"BOT+EPC"模式,通山区和出省高速公路建设得到了长足发展。2017 年广东还发行了省政府收费公路专项债券 63 亿元(期限 7 年,利率 3.99%),用于省政府管理的高速公路建设。

相关链接:广东在基建投融资领域率先进行股份制改革

1983 年 7 月 8 日,深圳宝安联合投资公司向社会公开发行"原始股",开创了国有企业股份制改革的先河。

1992 年,佛开高速公路股份有限公司正式成立,总股本为 5 亿元人民币,这是全国首家高速公路股份制公司。

1996 年 8 月,该公司成功上市。1996 年、1997 年两年内,改造整合后的广东省高速公路股份有限公司与深圳高速公路股份有限公司也相继上市。

广东基础设施建设的成就远不止跨越江河阻隔、天堑变通途,更重要的是,这种敢为人先的模式,造就了广东乃至全国交通建设的一个"破冰之举"。广东贷款融资修路打开了新局面,正是这种"勇吃螃蟹"的精神,带来了路桥建设的飞速发展和经济的快速崛起。

(三)引领新型基础设施建设浪潮

进入新时代后,广东不仅在传统的"基建"领域如铁路、公路、桥梁、水利工程等大项目上持续领先全国,同时,也在发轫于科技端的"新基建"领域引领全国潮流。

一是 5G 基站建设。目前,广东已是全国通信市场规模最高的省份,2017 年,广东电信业务总量 3581 亿元,占全国比重达到了 13%。2018 年,基站占全国近十分之一,其中 4G 基站数量超过了 30 万个,占全部基站数的 51.2%。正是得益于通信基础设施的快速发展,支撑了互联网经济的快速发展,同时也为实体经济降低了信息成本,同时扩展了实体市场和虚拟市场的规模和边界。2018 年,广东省政府又公布了广东省信息基础设施建设三年行动计划。计划在未来三年内,除了 4G 网络深度覆盖外,还推进 NB-IoT 建设应用,布局 5G 网络。2020 年年底前,实现 4G 网络在全省城区和乡镇镇区 100%连续覆盖,行政村 100%覆盖,高速公路、国道、客运专线隧道外路段 100%覆盖。同时,珠三角全面启动 5G 网络规模化部署。2020

年年底,全省 NB-IoT 网络实现普遍覆盖,总链接数达 3000 万个。2019 年
又发布了《广东省加快 5G 产业发展行动计划(2019—2022 年)》,到 2020
年年底,珠三角中心城区 5G 网络基本实现连续覆盖和商用;全省 5G 基站
累计达 6 万座,5G 个人用户数达到 400 万;5G 产值超 3000 亿元;5G 示范
应用场景超过 30 个。到 2022 年年底,珠三角建成 5G 宽带城市群,粤东西
北主要城区实现 5G 网络连续覆盖;全省 5G 基站累计达 17 万座,5G 个人
用户数达 4000 万;5G 产值超万亿元;5G 示范应用场景超过 100 个;广东
5G 整体技术创新能力世界领先,关键核心技术创新能力迈入世界前列,形
成世界级 5G 产业集聚区和 5G 融合应用区。

二是城市高速铁路和城市轨道交通。广东在高速铁路和轨道交通领域
的建设成就有目共睹,2018 年,广东提出了计划在未来 6 年新建成 19 条
(段)高铁、城际铁路,总投资 4807.42 亿元,加速联通珠三角和粤东西北地
区乃至泛珠地区之间,扩大珠三角的经济腹地范围。早在 2016 年,广东就
提出了计划 2017—2020 年投资约 1360 亿元,建设广州经汕尾至汕头、深圳
至茂名、赣州至深圳等高速铁路项目 11 项,高速铁路运营里程达 2000 公
里,形成东连海峡西岸、沟通长三角,西通桂黔、辐射大西南,北达湘赣、连接
中原地区的"五纵两横"高速铁路骨干网络,实现市市通高速铁路,与周边
陆路相邻省份均通达高铁。投资约 1300 亿元,建设广佛环线、穗莞深、新塘
经白云机场至广州北等珠三角城际铁路项目 22 项,启动粤东城际铁路规划
建设,城际铁路运营里程达 650 公里,形成以广州为核心,纵贯南北、沟通东
西两岸的珠三角城际铁路主骨架,实现珠三角主要城市间 1 小时互通,全省
铁路主通道客运快速化、区域城际化。

三是新能源汽车充电桩。按照广东省电动汽车充电基础设施规划,①
到 2020 年全省建成充电站(含高速公路快充站)1420 座,建成分散式充电
桩约 35 万个,满足全省约 41 万辆电动汽车的充电需求,珠三角地区公共充

---

① 引自 2016 年 9 月 30 日广东省发布的《广东省电动汽车充电基础设施规划(2016—
2020 年)》。

电桩与电动汽车比例不低于 1∶5、粤东西北不低于 1∶7。

四是大数据中心。党的十九大以来，广东数字经济发展取得了"四个第一"，分别是大数据发展指数全国第一，互联网发展指数全国第一，数字经济发展指数全国第一，在全国首创"广东省制造业大数据指数（mbi）"。数字经济成为广东推动经济高质量发展、建设现代化经济体系、实现"四个走在全国前列"的重要力量。2013 年，广东省政府在全国率先成立广东省实施大数据战略专家委员会。2014 年，在全国率先设立广东省大数据管理局，建立由 45 个省有关单位组成的省大数据发展部门间联席会议制度。出台《广东省促进大数据发展行动计划（2016—2020 年）》。2016 年，获得国家有关部委批准建设"珠江三角洲国家大数据综合试验区"，成为国家首批两个跨区域类综合试验区之一。聚焦数据资源、数据应用、数据产业，加快建设 18 个省级大数据产业园、创业创新孵化园，全广东形成"一区两核三带"的大数据发展格局。

五是人工智能。2017 年，广东人工智能核心产业规模约 260 亿元，约占全国 1/3，全国最高，带动机器人及智能装备等相关产业规模超 2000 亿元，人工智能核心产业及相关产业规模均居全国前列。在重点终端产品方面，拥有机器人制造重点企业 156 家，2017 年全省工业机器人产量 20662台，同比增长 50.2%，占全国产量的 16%，保有量约 8 万台；民用无人机产量 283.12 万架，同比增长 69%，产值占全国超 7 成的市场份额；智能手机产量 8.28 亿台，占全球产量约 1/3。广东提出了到 2030 年人工智能基础层、技术层和应用层实现全链条重大突破，总体创新能力处于国际先进水平，聚集一批高水平人才队伍和创新创业团队，人工智能产业发展进入全球价值链高端环节，人工智能产业成为引领国家科技产业创新中心和粤港澳大湾区建设的重要引擎的目标。①

六是工业互联网。2018 年，广东提出了推动互联网、大数据、人工智能

---

① 引自广东省人民政府于 2018 年 7 月 23 日发布的《广东省新一代人工智能发展规划》。

和实体经济深度融合的战略部署,①到 2020 年,在全国率先建成完善的工业互联网基础设施和产业体系。建成低时延、高可靠、广覆盖的工业互联网基础设施,形成涵盖工业互联网关键核心环节的完整产业链。形成 20 家具备较强实力、国内领先的工业互联网平台,200 家技术和模式领先的工业互联网服务商;推动 1 万家工业企业运用工业互联网新技术、新模式实施数字化、网络化、智能化升级,带动 20 万家企业"上云上平台",降低信息化构建成本,在工业互联网领域实现率先发展、领先发展,争当全国示范。

---

① 引自广东省人民政府于 2018 年 3 月 20 日发布的《广东省深化"互联网+先进制造业"发展工业互联网的实施方案》和《广东省支持企业"上云上平台"加快发展工业互联网的若干扶持政策(2018—2020 年)》。

第六章　着眼于市场孵化的产业引导

在市场发育的早期,由于规模经济的缺乏,导致要素难以流向高收益的现代产业部门。因此,对于发展中国家来说,市场孵化的一个重点任务是引导和扶持具有比较优势、关联效应强、能迅速扩大市场规模的现代产业部门。① 从国际经验来看,通过大力发展具有比较优势的现代产业部门,为经济起飞积累宝贵的发展资本,从而快速跨越了发展中国家普遍面临的因人均收入过低、投资量小和资本形成不足所形成的纳尔逊式的"低水平均衡陷阱",这是所有成功实现后发赶超国家秘而不宣的一个孵化策略。改革开放以来,中国一方面基于要素禀赋结构,通过学习、模仿、集成和再创新,大力引导和扶持现代产业部门,既激活了市场,又为经济起飞初期积累了宝贵发展资本;另一方面,瞄准技术前沿和产业动态演进,通过集中力量重点攻关,推动原本不具备比较优势的产业积累形成动态竞争优势,从而实现了产业跟跑、并跑甚至领跑。

一、产业引导与市场孵化

自 18 世纪英国完成工业化之后,产业赶超就成为全球经济发展中的常态。从全球经验来看,成功的追赶型经济体均经历了从起飞到成长、从成长

---

① 现代产业部门在不同阶段有不同的所指,在早期,主要是指劳动密集型和资本密集型产业,后期主要是指技术密集型和知识密集型产业。

到追赶、从追赶到升级并进而领先的发展过程。① 在这一过程中,基于国家意志的产业引导是决定赶超速度与质量的关键因素之一。虽然不同国家的禀赋结构、发展条件和社会基础千差万别,但一般都遵循产业发展基本规律,制定及实施了适合时代与国情的产业引导政策,与时俱进推进产业升级,最终实现了经济追赶目标。

(一)产业政策的理论争论和历史实践

自第一次工业革命以来,人类经历过两次半全球性产业政策的大范围应用。第一次全球性产业政策的大致时间范围从第一次工业革命延续到20世纪30年代,其重要标志是德国关税联盟和美国《关于制造业的报告》(Report on Manufactures)②。第二次则从"二战"以后延续到20世纪90年代的世界贸易组织(WTO)建立。所谓的"半次"产业政策,则是以苏联—东欧体系为主体的全球计划经济体制。

1."贸易保护"围墙中的"幼稚"产业崛起

产业政策争论的理论起点可以追溯到18世纪末的斯密主义时代。1776年,亚当·斯密(Adam Smith)首创了经济自由主义,在《国富论》③中提出了绝对优势理论,认为不同国家或地区在不同产品或不同产业生产上拥有优势,对于相同产业来说,各国则存在生产成本的差异,贸易可以促使各国按生产成本最低原则安排生产,从而达到贸易获利的目的。④ 1817年,大卫·李嘉图(David Ricardo)在他的《政治经济学及赋税原理》中发展了斯密的学说,提出了相对比较优势贸易理论⑤:如果各国之间存在着劳动生产率的相对差别,就会出现生产成本的相对差别,从而使各国在不同的产

---

① 参考资料:《从奇迹到成熟:中国新一轮改革的理念和任务》,http://views.ce.cn/view/ent/201312/17/t20131217_1938910.shtml。
② 资料来源:https://zhidao.baidu.com/share/48de96776ffb6eb8f542874a83bace05.html。
③ 参见亚当·斯密:《国富论》,郭大力、王亚南译,商务印书馆2015年版。
④ 参见苏东水:《产业经济学》,高等教育出版社2010年版。
⑤ 大卫·李嘉图:《政治经济学及赋税原理》,郭大力、王亚南译,商务印书馆1962年版。

品上具有比较优势。因此，按照李嘉图相对比较优势理论，后发国家（当时
为德国、美国）在产业起飞阶段应该集中发展其具有"比较优势"的产业（比
如棉花和农产品），并推动产品出口，同时进口其具有"比较劣势"的产品
（比如棉纺制品）。

　　斯密、李嘉图在理论上证明了"关税保护"不利于全球（欧洲）产业发
展，"产业由禀赋选择"具有合理性，提供了基于自由贸易的各国产业分工
的理论模型。而同时期，德国历史学派经济学家李斯特（Friedrich List）和
美国财政部长亚历山大·汉密尔顿（Alexander Hamilton）则针锋相对地提
出"幼稚产业保护论"和"保护贸易论"[1]。李斯特认为，国家都要经过"原
始未开发阶段—畜牧业阶段—农业阶段—农业和制造业阶段—农业、制造
业和商业阶段"递进的发展过程，而对外贸易、关税制度和工业进步则是驱
动这个过程的三个因素。在发展的早期（第一阶段到第四阶段），尽管自由
贸易可以带来一定的财富，但是，"财富的生产力比之财富本身，不晓得要
重要到多少倍"[2]，因此，对外贸易和关税制度尤为重要，其可以使德国摆脱
工业落后和从属地位，尽管关税在短期会使工业品的价格提高，但随着生产
力提高，关税保护下的国内商品生产费用就会跌落下来，商品价格甚至会低
落到国外进口商品的价格以下。1791年，汉密尔顿代表美国（北方）工业资
产阶级的利益，向国会提交了《关于制造业的报告》，指出工业基础薄弱的
美国不能与已经成熟工业化的英国相提并论，不能够在平等的基础上进行
对外贸易，自由贸易政策只会使美国的产业被限制在农业范畴，使美国经济
陷入困境。因此，汉密尔顿要求美国建立关税壁垒，排除外来竞争，保护国
内市场，以促使本国幼稚工业顺利发展。

　　这就是工业革命以来第一次全球性产业政策的理论交锋。斯密和李嘉
图反对产业发展的国家干预（反对关税），其政策主张的标志性事件是1846
年英国《谷物法》的废除；李斯特和汉密尔顿则坚决支持关税对国内幼稚产

---

[1]　李斯特和汉密尔顿的经济理论和政策主张在经济学说史中也被称为"国家主义"。
[2]　参见弗里德里希·李斯特：《政治经济学的国民体系》，陈万煦译，商务印书馆1961
　　年版。

业的保护,其政策主张的标志是 1834 年的德国关税同盟、1791 年汉密尔顿的国会报告和 1860 年的"莫里尔关税法"。

而当我们回到彼时的产业现实世界中,18 世纪末期,人类第一个工业国已屹立在欧洲大陆和美洲大陆之间,强大的棉纺业和机械制造业行销全球,独立的美国作为前殖民地仍是重要的棉花出产地,而德国除了酿酒和少量的制铁业,甚至没有多少"比较优势"。如果按照自由主义的比较优势分工原则,仍然四分五裂的德国①应该向英国出口生铁或啤酒,独立的美国十三州应向英国出口棉花②,而英国则向两国出口棉纺制品和机械产品等工业品。

然而,只有弱小工业基础且仍然四分五裂的德国和刚刚独立的美国 13 州坚决反对按照自由贸易和比较优势原则进行国际产业分工。于是,德、美两国不约而同地"选择"了第一次工业革命中几乎唯一的核心工业"棉纺业"及其关联产业,比如机械和冶铁作为其国家的关税保护产业。于是,无论李斯特和汉密尔顿的理论逻辑多么"不科学",德美两国毫不犹豫地举起了贸易保护的大旗。1834 年,德国关税同盟建立,对内实行低税免税,对外实行高关税政策将英国和法国的工业品挡在各德意志公国之外。在关税的保护下,德国巴伐利亚、符腾堡和巴登诸邦迅速成长为欧洲的纺织业中心,西里西亚、莱茵兰、鲁尔则成为炼钢中心。从 19 世纪 50 年代开始,威斯特伐利亚成为欧洲大陆最大的工业中心。到 1871 年普鲁士统一德国,赢得普法战争之时,德国工业能力已接近英国的一半。

在大西洋彼岸,美国"关税"产业政策则更为曲折,更为血腥,也更有成就。1789 年美国联邦政府通过第一个低税率的关税法案(税率 5% ——

---

① 18 世纪末,今日的德国境内还遍布邦国,其中最为强大的普鲁士直到 1870 年才统一了德国。在 18 世纪末,实行重商主义的普鲁士是重要的生铁冶炼基地,1788 年普即向英国出口了 1.1 万吨生铁,约合英国产量的 10%。

② 美国独立以后仍然保持了和英国棉纺工业的紧密联系,甚至这种产业联系到 19 世纪南北战争前更为紧密,美国南部 6 州裹挟入英国主导的全球棉花帝国,成为帝国产业链中的重要一环。

15%），但很快发现低关税并不足以保护自己的工业，因此美国持续提高关税。从1816年7.5%提高至1824年的40%，1828年又提高到"激怒欧洲"的45%。与德国不同，19世纪上半叶的美国存在北方工业体系和南方农垦体系两个不同的产业系统，前者要求提高关税保护幼稚产业，后者则要求降低关税增加向欧洲的棉花原料出口。于是，两个经济体系围绕着关税（也意味着国家的产业引导方向）进行了多次针锋相对的斗争，①终于在1860年南北战争中进行了决定国家命运和道路的最后战斗。4年后，胜利的北方取得了全美工业的发展话语权，将高关税保护幼稚产业的政策一直延续到20世纪30年代美国大萧条时期。

表 6-1　美国历史关税率（1860—1907 年）

年份	进口总额（十万美元）	关税总额（十万美元）	全部进口品平均税率
1860	336.3	52.7	15.67%
1861	274.6	39.0	14.20%
1862	178.3	46.5	26.08%
1863	225.4	63.7	28.26%
1864	301.1	96.5	32.05%
1865	209.6	80.6	38.45%
1866	423.5	177.0	41.79%
1867	378.2	168.5	44.55%
1868	344.8	160.5	46.55%
1869	394.4	176.5	44.75%

① 1928年美国联邦政府将关税提高至45%以后，导致美欧之间的关税战，大大损害了美国南方棉花种植州（也就是各蓄奴州）的利益，南卡罗来纳（South Carolina）拒绝执行联邦政府税法，甚至组建了军队准备反叛。1832年，杰克森联邦政府动用武力强迫南卡罗来纳州接受45%的关税税率。而1846年随着偏向南方的总统主政联邦，美国开始连续降低关税，至1857年关税降低至15%，引起北方各工业州（即非蓄奴州）的强烈不满。1860年11月，美国国会通过"莫里尔关税法"，将美国关税急剧提高至37.5%，紧接着公开主张废奴和高关税的林肯当选总统，导致南方的激烈反弹，曾经拒绝联邦高关税的南卡罗来纳州率先发难退出联邦，最终酿成美国历史上血腥的南北战争。

年份	进口总额（十万美元）	关税总额（十万美元）	全部进口品平均税率
1870	426.3	191.5	44.92%
1871	500.2	202.4	40.46%
1872	560.4	212.6	37.94%
1873	663.1	184.9	27.88%
1874	567.4	160.5	28.29%
1875	526.3	154.5	29.36%
1876	464.6	145.2	31.25%
1877	439.8	128.4	29.20%
1878	438.4	127.2	29.01%
1879	439.3	133.4	30.37%
1880	627.5	182.7	29.12%
1881	650.6	193.8	29.79%
1882	716.2	216.1	30.17%
1883	700.8	210.6	30.05%
1884	667.6	190.3	28.51%
1885	579.6	178.1	30.73%
1886	625.3	189.4	30.29%
1887	683.4	214.2	31.34%
1888	712.2	216.0	30.33%
1889	741.4	220.6	29.75%
1890	773.7	226.5	29.27%
1891	854.5	216.9	25.38%
1892	813.6	174.1	21.40%
1893	844.4	199.1	23.58%
1894	636.6	129.6	20.36%
1895	731.2	149.4	20.43%
1896	759.7	157.0	20.67%
1897	789.2	172.7	21.88%
1898	587.1	145.4	24.77%
1899	685.4	202.0	29.47%
1900	830.5	229.4	27.62%

续表

年份	进口总额(十万美元)	关税总额(十万美元)	全部进口品平均税率
1901	807.8	233.6	28.92%
1902	899.8	251.5	27.95%
1903	1008.0	280.7	27.85%
1904	981.8	258.2	26.30%
1905	1087.1	258.4	23.77%
1906	1213.4	293.9	24.22%
1907	1415.4	329.5	23.28%

资料来源:根据 F.W.Taussig(2010),*The Tariff History of the United States*,The Knickerbocker Press,pp. 345-346,翻译整理。

关税为德、美棉纺织产业和机械加工业建立起一个免于与世界产业强国竞争的市场环境,建立起与英法可以竞争的工业体系。1870 年第二次工业革命的前夕,德国工业产值占世界的比重上升至 13.2%,美国上升至 23.3%,而英国则从 50%以上的高峰跌落至 31.8%。于是,奉行自由贸易的英国在 19 世纪 70 年代走到了产业辉煌的终点。此后的 40 年,英国工业增速(1.9%)仅有 19 世纪 50—70 年代平均增速(3.12%)的 6 成。

具有讽刺意味的是,废除了《谷物法》的英国在 19 世纪 70 年代农牧业由于天灾受到打击之后,不得不继续承受来自美、俄、印农业基于比较优势的严酷竞争。至 1910 年,失去关税保护的英国农牧业几近毁灭,全英粮食自给率降低至 35%,农业产值在国民经济中的占比下降至 9%。更有意思的是,如果我们把视野拉回至第一次工业革命之前的"资本主义"史前时代,可以发现,英国在第一次工业革命中崛起的"理论根基",恰恰是极为强调国家干预经济的"重商主义"。而那时的英国通过产业政策拳打欧洲,1699 年通过《羊毛法案》禁止法国和荷兰毛纺织品的输入;脚踢中印,1700 年,立法禁止从中国、印度进口棉织品[①];1719 年又禁止英国本土买卖和拥有棉织品。只不过,经济史幽了大英帝国一默,因为英国产业政策的初衷其

----

① 即便到 1812 年,英国还对从印度进口的布征收高达 71.7%的进口税。

实是保护毛纺织业,禁绝棉织品的目的是为英国毛纺织业的资本家们腾出国内市场。①

2.产业政策催生的"东亚奇迹"

20世纪30年代以后,围绕战争的国防型"产业政策"逐渐成为全球主流。"二战"后,曾经的贸易保护主义被认为是造成20世纪30年代大萧条的罪魁祸首之一,随着1947年关贸总协定的建立,关税作为产业政策的主要工具逐步退出了历史舞台。然而,产业政策中曾经的辅助手段——国有企业、产业补贴、经济(产业)计划、产业结构调整、产业组织协调等在20世纪50年代开始广泛应用于欧洲(英法)、东亚(日韩、"四小龙"和"四小虎"),甚至自由主义传统深厚的美国也不同程度地应用着不同种类的产业引导工具,并在20世纪80年代"广场协议"前后达到高峰。而同一时期,产业政策的争论也更加激烈。

20世纪80年代前后,崛起并在部分领域超越欧美的日本产业引起全球范围的关注,傅高义(Ezra Feivel Vogel,1979)②、约翰逊(Chalmers Ashby Johnson,1982)③、小宫隆太郎(1984)④等人从不同的视角总结了"日本产业奇迹",一致认为日本政府在产业培育和发展中起到了重大作用。约翰逊把这种"日本模式"归结为日本的产业结构发生了巨大的变化⑤,指出在20世纪60年代和70年代早期,日本产业的产出和劳动生产率的迅速增长单凭经济、制度和文化是不能解释的,并进一步断言在某些经济战略产业(如汽车、电子)中,政府的产业政策造成了投资率的差异。此后,韩国和

---

① 参见保尔·芒图:《十八世纪产业革命:英国近代大工业初期概况》,杨人楩、陈希秦、吴绪译,商务印书馆1983年版。

② 参见傅高义:《日本第一:对美国的启示》,谷英、张柯丹译,上海译文出版社2016年版。

③ 参见查莫斯·约翰逊:《通产省与日本奇迹:产业政策的成长(1925—1975)》,金毅、徐鸿艳、唐吉洪译,吉林出版集团有限责任公司2010年版。

④ 参见小宫隆太郎等:《日本的产业政策》,黄晓勇译,国际文化出版公司1988年版。

⑤ 在20世纪50年代的前半期和60年代的前半期之间,日本的纤维和纺织品的出口从30%下降到8%,而机械的出口从14%上升到39%。

"亚洲四小龙"也被纳入到研究视野。埃姆斯登（Amsden,1989）①对韩国经济、埃姆斯登（2003）②、韦德（2003）③对中国台湾经济的研究证明,产业政策能够得以正确实施将有益于经济发展。麻省理工学院的研究报告《美国制造:如何从渐次衰落到重振雄风》（1998）④更是高度评价了日本产业政策在提高日本产业竞争力的作用功效,将日本模式推崇到极点。概括起来,对东亚产业政策的合理性和成功因素的解释包括了三个维度。

一是市场失灵的视角。约翰逊（Johnson,1982）、斯蒂格利茨（Stiglitz,1993,2001）⑤和韦德（Wade,2003）把东亚经济的成功归功于强势政府普遍的产业政策干预弥补了市场失灵。豪斯曼、罗德里克等人（Hausman and Rodrik,2003;Pack and Westphal,1986）⑥拓展了传统市场失灵理论,提出产业协调失灵,即由于产业链上下游企业存在紧密的关联,因而需要在投资者之间进行明确的（投资）协调以实现产出最优,在政策主张上他们继承了罗森斯坦（Rosenstein-rodan,1943）⑦大推进理论的观点,政府要协调具有外部

---

① Amsden A.,*Asia's Next Giant:South Korea and Late Industrialization*,Oxford:Oxford University Press(Revised),1992.

② Amsden A.,*Beyond Late Development:Taiwan's Upgrading Policies*,Cambridge:The MIT Press,2003.

③ Wade R.,*Governing the Market:Economic Theory and the Role of Government in East Asian Industrialization*,Princeton:Princeton University Press(Revised),2003.

④ 参见德托佐斯:《美国制造——如何从渐次衰落到重振雄风》,科学技术文献出版1998年版。

⑤ Stiglitz J.E.,"*The role of state in financial market*",Word Bank Reserch observe,Annual Conference on Development Economics Supplement,1993:19-61.
Stiglitz J.E.,"*From Miracle to Crisis to Recovery:Lessons from Four Decades of East Asian Experience*",In J.Stiglitz and S.Yusuf,eds.,"*Rethinking the East Asia Miracle*",Oxford:Oxford University Press,2001.

⑥ Hausman R.and D.Rodrik,"Economic Development as Self-discoverry",*Journal of Development Economics*,2003,72(2).
Pack H.and L.Westphal,"Industrail Strategy and Technological Change:Theory versus Reality",*Journal of Development Economics*,1986,22:pp.87-128.

⑦ Rosenstein-rodan P.,"The Role of Time in Economic Theory",*Economica*,1934,2:pp:77-97.

性的相关部门同时投资和进步。此外,豪斯曼和罗德里克等(Hausman and Rodrik,2003;Pack and Saggi,2006)①也强调创新企业在开发新产品时承担全行业的"搜寻成本"(信息外溢),使创新企业净收益低于社会平均收益,因而政府应对创新企业的"创新搜索"(可理解为科技成果产业化)成本进行补贴。

二是后发优势(比较优势)的理论视角。南亮进(1992)②等延续格申克龙(Gerchenkron,1962)③关于德、意"后发优势"追赶的理论观察,基于日本发展的成功经验,认为后发国家可以借鉴先行国家的经验,发挥"后发优势",通过政府的积极干预及产业政策,主动推动产业结构的调整和升级。林毅夫则发扬新古典经济学中"比较优势"的观点,提出新结构主义的经济发展范式,即产业发展本身是一个结构不断调整、变动的过程,一个国家要在产业上、收入水平上赶上发达国家,前提条件是其要素禀赋结构要赶上发达国家;要素禀赋的调整、升级,使原来具有比较优势的产业失掉比较优势,而新的比较优势产业也会涌现,从而使产业升级成为可能。这种要素禀赋结构变化导致比较优势变化,进而影响产业变化的观点,也对日本"雁阵模式"和日本与东亚"四小龙"的产业互动提供了论据。

三是规模经济、不完全竞争和外部性的视角。布兰德和斯宾塞(Brander and Spencer,1983,1985)④证明,当某产业部门存在规模经济和不完全竞争时,出口补贴、进口限制、投资或研发补贴等产业政策,可以起到保

---

① Hausman R.and D.Rodrik,"Economic Development as Self-discovery",*Journal of Development Economics*,2003,72(2).

Pack H.and K.Saggi,"Is there a Case for Industrail Policy? A Critical Survey",*Word Bank Research Observer*,2006,21(2).

② 参见南亮进:《日本的经济发展》,毕志恒、关权译,经济管理出版社1992年版。

③ 参见亚历山大·格申克龙:《经济落后的历史透视》,张凤林译,商务印书馆2010年版。

④ Brander J.A.and B.J.Spencer,"Strategic Commitment with R&D:The Symmetric Case",*The Bell Journal of Economics*,1983,14(1),pp:225-235.

Brander J. A. and B. J. Spencer,"Export Subsidies and International Market Share Rivalry",*Journal of Internatinal Economics*,1985,18(1),pp. 83-100.

护本国企业抢先进入某些特定产业部门,打击别国竞争对手、迅速扩大产业规模的作用。克鲁格曼(1997)①则说明了规模经济、"干中学"对产业竞争的重大意义,强调研发外部性对产业发展的影响。鲁塞尔(Laussel.,1988)②等人发现,战略性产业(部门)对于国家的经济增长、创新能力和竞争能力都很重要,即使扶持这些产业部门的政策从动态比较优势的视角来看是正确的。弗雷伊等人(Foray et al.,1999)③进一步指出,具有强烈学习效应的产业在市场保护的条件下具有乘数效应,可使得该产业的国内企业的学习曲线下降,从而产生动态的规模经济效应。因此从动态角度看,战略产业具有长期的积累效应和递增的规模收益,这就为政府实施产业政策提供了理论依据。

当然,政府也不是万能的。首先,政府是"信息有限"的,并不能对产业政策进行充分合理的决策。克鲁格(Krueger,1974,1982)④对政府的信息完全假设和完全理性假设也提出质疑,指出政府干预产业发展实际上暗含了一个关键性的假设,即"决策者将公民利益最大化纳入其目标函数、具备充分信息、无需成本就可提出和实施政策",然而这一假定是不现实的,政府干预应主要集中在自己具有比较优势的领域,即公共品领域。其后,劳尔(Lall,2001)⑤和

---

① 参见保罗·克鲁格曼:《萧条经济学的回归》,朱文晖、王玉清译,中国人民大学出版社 1999 年版。

② Laussel D.et al.,"Optimal Trade Policy under Oligopoly", *European Economic Review*, 1988(32):1547- 1565.
Laussel D., Montet C., Peguin-Feissolle A., "Optimal Trade Policy under oligopoly: A Calibrated Model of the Europe-Japan Rivalry in the EEC Car Market", *European Economic Review*, 1988(32):1547-1565.

③ Foray L., Bertrand C., Pinguet F., Soulier M., Astre C., Marion C., Pelissier Y., Bessiere J.M., "*Invitro cytotoxic activity of three essentral oils from salvia Species*", J Essent Oil Res. 1:522-526.

④ Krueger A.O., "The Political Economy of the Rent-Seeking Society", *The American Economic Review*, 1974, 64(3):291-303; Krueger A.O.and B.Tuncer, "An Empirical Test of the Infant Industry Argumen", *The American Economic Review*, 1982, 72(5):1142-1152.

⑤ Lall S., "Comparing Natinal Competitive Performance", *Queen Elizabeth House Working Paper Series*, 2001, No.S61.

克里蒙科(*Klimenko* 2004)①进一步指出政府的政策重点不应该是挑选目标产业,而应与民间社会和私营部门彼此协作,培育有助于"创造赢家"的市场环境。张维迎(2016)②指出,日本汽车产业政策恰恰与产业界的意愿相反,日本汽车产业没有出现灾难性后果不是得益于产业政策,而是得益于日本企业家对产业政策的抵制。其次,政府是"有限理性"的。江小涓(1996)③和青木昌彦(1998)④指出,政府是具有特定利益和动因的市场内在参与者,产业政策制定过程中存在诸如标准确定困难、政府设租偏好、政策实施手段困难及其政策实施效果难以判断等问题。事实上,政府并不一定能够完美克服"市场失灵"——虽然这是产业政策存在的理论基石之一,因为,政府失灵也同样存在。迈克尔·波特(2002)⑤认为,日本最成功的20个产业中基本没有产业政策的作用,而最失败的7个产业都受到产业政策的严重影响。最后,日本和东亚"四小龙"的产业奇迹并不全是因为产业政策的缘故。小宫隆太郎(1988)⑥等日本学者的实证研究认为日本产业政策实际上"普遍存在着评价偏高的倾向"。伊藤元重(Ito,1994)⑦对日本和韩国产业政策的实证研究指出,东亚经济的发展归功于实行的开放措施和出口推动策略,倘若没有政府的选择性产业干预,日韩两国的经济也许发展得更快。克鲁格曼(Krugman,1997)⑧则认为,东亚经济发展的主要原因在

---

① Klimenko M., " Industrial Targeting, Experimentation and Long-run Specialization.", *Journal of Development Economics*,2004,73(1):75-105.

② 参见张维迎:《我为什么反对产业政策——与林毅夫辩》载于《产业政策总结、反思与展望》,北京大学出版社 2018 年版。

③ 参见江晓娟:《经济转轨时期的产业政策》,上海三联书店 1996 年版。

④ 参见青木昌彦、凯文·穆尔多克、奥野正宽:《东亚经济发展中政府作用的新诠释:市场增进论》,赵辰宁、张橹译,《经济社会体制比较》1996 年第 9 期。

⑤ 迈克尔·波特、竹内广高、原磨理子:《日本还有竞争力吗?》,陈小悦、孙力强、陈文斌译,中信出版社 2002 年版。

⑥ 参见小宫隆太郎、奥野正宽等:《日本的产业政策》,国际文化出版公司 1988 年版。

⑦ Ito.T.," The East Asian Miracle:Four Lessons for Development Policy", *NBER Macroeconomics Annual*,Vol.9:274-280.

⑧ Krugman P.," What Ever Happened to the Asian Miracle?", *Forture*,1997,Vol.136(4).

于政府积极推动人力资本投资和提升，而并非亚洲政府在提升特定产业和技术方面的做法；他还在《亚洲奇迹的神话》(1994)①一文中批判"东亚模式"依赖于汗水而非灵感，即仅靠增加投入(扩大产业规模)而不进行技术创新、不提高经济运行效率，是不可持续的。

但在产业政策的微观领域，政府和市场的关系显然并不是完全对立的。抽象的"信息有限"和"有限理性"的确能够在理论上证明产业政策的有限性，但是理论推导不能代替经济现实。1970年，阿克洛夫(George Akerlof)②证明信息不对称导致"柠檬市场"，可能会导致市场萎缩甚至消亡，然而美国二手车市场的兴旺似乎并没有支持这个获得诺贝尔经济学奖的理论。同样的，产业政策上存在的信息有限和政府有限理性问题，在现实经济生活中也有一些"办法"进行克服。1987年，仙童公司牵头14家美国半导体企业成立了半导体制造技术战略联盟(Sematech, Semiconductor Manufacturing Technology)，几乎囊括了美国半导体行业的全部龙头，美国联邦政府顺应半导体行业的诉求，不但通过"301条款"打击日本芯片制造业，而且为Sematech提供了10亿美元的联邦补贴；美国地方政府也不甘落后，得克萨斯州政府为了吸引Sematech落户奥斯汀，将3000万美元的州政府所属房产以1美元的象征性价格卖给了Sematech。1992年，美国半导体在产业政策的强力扶持下不但重新兴旺起来，而且反攻了20%的日本市场份额。在美日半导体之战的这个例子中，美国联邦政府和地方政府克服了"有限理性"，完全将美国半导体行业整体利益置于政策核心目标，而且通过补贴"跟投"的办法选对了产业方向，避免了对半导体行业一知半解的"信息不对称"。究其根本，美国联邦和地方政府采取了与市场相向而行的"产业政策"，从而推动了半导体产业的振兴。而对于日本产业政策的质疑，也有学者客观地提到政府和市场共同作用。今井贤一(1988)③指出，日本产

---

① Krugman P., "The Myth of Asia's Miracle", *Foreign Affairs*, 1994, 11:62—78.

② Akerlof G.A., "The Market for 'Lemons': Qualitative Uncertainty and the Market Mechanism", *The Quarterly Journal of Economics*, 1970(84):488—500.

③ 今井贤一:《综合评论之二》，载于小宫隆太郎等编:《日本的产业政策》，国际文化出版公司1988年版。

业发展处于政府的压力之下,并遵循市场机制才得以发展;植草益(2000)①指出产业政策从侧面支援了以市场机制为基础的充满活力的经济发展。

在产业政策宏观层面,产业政策的本质在于其补充了——反对者会认为是扭曲了——市场的力量,它们增强了或者是抵消了现存产业格局将会产生的资源配置效应(罗德里克,2016)②。这正是发展中国家倾向实施不平衡发展战略③培育主导产业的理论逻辑:先由少数企业和部门发展为主导,重点利用有限的资源,再带动其他部门发展,具体而言,就是实施高度选择性的产业政策。而产业政策的"市场作用补充论"也适用于产业转型的国家,筱原三代平④指出,政府在推动产业发展与结构转型升级时要注意选择经济不同阶段产业发展的主导产业,集中资源推动此产业发展,然后由它来带动其他相关产业发展,最终使产业体系转型升级。所以,从市场培育的视角来看,产业政策的意义在于加速产业—市场孵化的速度。如果按照全球市场和产业增长的情形看(全球经济在 20 世纪平均增速为 1%—3%),从资本主义全球市场和产业的发展经验来看,中国由一个农业国变成一个工业国可能要花 1—2 个世纪,而根本不可能在 40 年内完成计划到市场、农业国到工业国的双重转型。而尊重市场规律条件下的不平衡发展、有偏的产业选择,则是中国经验的重要一招。而这一招也被日本、韩国等东亚国家和地区所实践和验证。

无论理论论争出于何种视角,日本和"亚洲四小龙"都经历了长达 40

---

① 植草益:《日本的产业组织:理论与实证前沿》,锁箭译,经济管理出版社 2000 年版。

② 丹尼·罗德里克:《一种经济学多种药方》,张军扩等译,中信出版集团 2016 年版。

③ 不平衡发展战略是西方发展经济学主张的集中力量首先发展某些部分工业,带动其他部门发展的战略。发展经济学"贫困恶性循环论"认为,发展中国家贫困的根源在于资金不足,要打破"贫困恶性循环",就必须注入资金。而在如何使用资金打破"贫困恶性循环"问题上,存在两种不同的主张,即平衡发展战略和不平衡发展战略。以辛格、赫希曼和罗斯托等人为代表,主张不平衡发展。他们认为,发展中国家的经济发展是从过去发展结果开始的。由于过去的发展是不平衡的,为使失去的平衡得以恢复,应该采取不平衡的发展战略。

④ 参见 http://www.sohu.com/a/213120507_466843。

年的经济增长和产业竞争力不断增强的过程,这是客观存在的历史事实。在这个历史时期,日本和"亚洲四小龙"(除了中国香港)均不同程度运用了产业政策,这也是历史事实。虽然在具体的产业经济问题研究中,我们能够发现产业政策的诸多谬误。从宏观来看,"二战"后 50 年,实施了产业政策的日本和"亚洲四小龙"(除了中国香港)的经济增长显然快于全球平均,也快于没有产业政策的国家和地区。具有讽刺意义的事实是,坚决奉行新古典自由主义经济政策的美国,除了两次世界大战,在 20 世纪的多数时间,美国政府通过补贴、税收减免、直接贷款和保险、风险投资、政府的建设合同和采购、研究开发的推动、标准设置、价格控制、准入许可和生产限制等产业政策来推动经济发展。具体而言,这些产业政策包括美国联邦政府给予的土地补贴、用来保护或者促进国内产业的关税减免、通过设立银行给私人企业发放贷款、政府提供的保险(如对私人银行的存款保险)、政府出资建设的产业设施(如数千家产业工厂)、政府对研发活动的支持,等等。20 世纪 80 年代,面对日本电子信息产业的有力竞争,美国政府毫不吝惜地挥舞贸易保护主义大棒,逼迫日本签订了著名的"广场协议"。而其后,里根、克林顿两任政府直接或间接运用产业引导政策主导了互联网、半导体、高温超导、核能、HDTV 等一系列重要科技产品的研发和成果转化,推动了"硅谷"的创新与繁荣。[1] 21 世纪以来,美国本土产业结构脱实向虚,大量制造环节转移向中国、东南亚等新型工业化国家和地区,实物贸易逆差快速扩大,在这个过程中美国产业政策的使用频率不是降低而是升高。特别是特朗普政府2016 年以来的"美国优先政策",扯下"自由贸易"的遮羞布,在全球范围内挑起贸易摩擦,针对崛起的中国开展贸易战、科技战,赤裸裸地宣布"5G 之战美国不能输",定点打击中国在特定领域超过美国的"头部企业",这恰恰反映了奉行自由主义的美国对产业政策作用的认可——虽然理论上大肆反对其他国家的产业政策,但执行产业政策的"身体"却很诚实。无独有偶,

---

[1] 硅谷的繁荣,一方面得益于美国风险资本的繁荣,另一方面得益于 1983 年开始的中小企业创新计划。英特尔就是这个计划的重要受益者。

反对产业政策的欧洲发达国家们,比如法国,从 20 世纪 60 年代起,由政府出面选择一些值得突破的技术领域,比如核电、航空、军火、铁路、邮政等,政府补贴企业搞研发或干脆成立国有企业,瞄准几个技术领域重点突破,其后果是法国崛起了一大批在欧洲金光闪闪的"国有企业",比如汽车业的雷诺、航空业的法国宇航(其后合并于欧洲宇航,即空中客车公司的母公司)、通信业的阿尔卡特、轨道交通领域的阿尔斯通等,这些公司直到 20 世纪 80 年代在全球兴起的私有化浪潮中才逐步褪去国有企业的光环。此后,法国财政部还执行一种被称为"空档"的政策,为政府选定的产业提供贷款利率补贴。

无论产业政策是否存在缺陷,在真实经济世界中,产业政策的应用被西方国家"信手拈来",毫不顾忌是不是违反"华盛顿共识",颇有敝帚自珍的意味。可是,在资本主义的 200 年生命中从未践行过"华盛顿共识"的发达国家,是怎么知道写在书本和模型中的"共识"在真实经济世界中,尤其是在资源条件、社会条件、人文条件与发达国家显著不同的发展中国家中就能够行得通呢?

3. 计划经济的工业化成就与系统性失败

在产业政策历史中,有一种独特的产业政策——准确地说,这是一种与市场制度截然相反的经济制度安排,这就是计划经济条件下的产业政策。计划经济天然地具有经济部门的"选择性",这恰恰是 20 世纪与之前的产业政策的重要特征。回顾计划经济的成功和失败,也有助于我们更好地理解产业政策。

计划经济始于苏联 1928 年第一个五年计划,定型于 1936 年斯大林体制的建立和巩固(即高度集中的经济政治体制),国家通过五年计划的方式对经济实行控制和调整。在 1928—1932 年的第一个五年计划完成后,苏联工业产值在国民经济中所占的比重由 48% 上升到 70%,迅速转变为一个先进的工业国。到第二个五年计划完成的 1936 年,苏联已成为全欧第一大工业国,全世界第二大工业国。这些经济成就的取得是在原有经济基础和技术基础极为落后的条件下取得的。这种神奇的工业化能力鼓舞了很多社会主义国家和有社会主义倾向的国家。不过,计划体制隐含着三个理论假定,也是在实践中必须满足的条件。首先,计划者获取、筛选和理解信息的能力是无限的。其次,与被计划者经济生活直接相关的所有信息是完整的且都为计划制定者所知悉。再次,计划制定者是道德完人,在制定计划时不会出现有偏的利益性分配。而这三点无论在当时的技术条件下,还是在苏联解体近 30 年后的今天也根本不可能做到。计划经济中,任何一个部门、一个工厂增加产量或者减少供给,都会造成整个体系的连锁反应,甚至导致系统无法"配平"而出现崩塌。

1928 年至 1985 年,除了"二战"期间外,苏联完整地执行了十个五年计划,①严重偏向重工业、国防工业的体制根深蒂固,国防企业在苏联经济产出的比重高达 25%,一切轻工产品、食品、农产品都处于不同程度的短缺状态,唯一不短缺的是摆放在北约—华约前线的数以万计的飞机、坦克、大炮、导弹和军舰。1985 年,苏联面临着石油价格严重下滑的国际局面,外汇储备不足,改革迫在眉睫。然而,戈尔巴乔夫仍然迷信计划体制的稳固,推行以重工业,特别是机器制造业为核心搞"加速战略",他认为,"决定国民经济发展主要方向的,不是市场,也不是自发力量,而首先应当是计划。同时,应当对计划工作采取新的态度,积极采用经济杠杆,为发挥劳动集体的主动性提供广阔天地。"直到 1987 年的苏共六月全会,苏联才迫不得已走向市场化改革,其主要措施也仅仅是扩大企业自主权,加强对劳动者的激励,以期提高企业利润。而对于市场经济最为关键的价格机制、解决当时最为凶险的通货膨胀、外汇储备下降等问题,则没有任何切实可行的办法。市场化改革的错误方式,必然遭到市场机制的惩罚。1988—1989 年,苏联企业对利润的话语权大大增加,有 20 个部门和 70 个大型企业拥有了外贸权,在价格固定的情况下,获得了自主权企业的反应出乎苏共中央的意料——减产并增大出口,同时大幅度提高工人工资(两年内累积提高 22%),这使得本来就比较严重的通胀和外储不足的问题更加尖锐。1990 年苏联解体前夕,全苏通胀水平已高达 90%,赤字占经济总量的 25%,外债 800 多亿美元,俄罗斯(叶利钦)已经对

---

① 第三个五年计划因 1941 年德国入侵而中断。

戈尔巴乔夫的改革方案彻底失去信心。独立后的俄罗斯独立开始了被称为"休克疗法"的 500 天改革计划。一夜之间,苏联庞大的军工为主的工业体系失去了终端市场(从 1991—2000 年,俄罗斯继承的苏联军队削减了 60% 的员额,军事订货中断),全国产业链紊乱,供给侧秩序崩溃,通胀如断线风筝远达天际。① 从某种意义上来说,叶利钦的"休克疗法"是为了抢救濒临崩溃的苏联(俄罗斯)经济,遗憾的是,市场规律在 1991 年已站在了苏俄经济的对立面,无法帮助之前的苏联和之后的俄罗斯完成改革。

俄罗斯的休克改革,忽视了经济结构中农产品和轻工品无法自给的现实,忽视了产业结构中 25% 的国防工业会失去市场,忽视了要素价格在改革前已经失序,天真地以为市场机制会在一瞬间"配平"全社会各种短缺,可这正是西方主流经济学对市场理解的谬误,也正是西方发达经济体从未实践过"市场改革"。市场需要培育,市场是市场主体和外部经济环境共同博弈而形成的规则,不是从一个国家到另一个国家的经验复制。苏联的悲剧在于排除市场力量,迷信计划就是社会主义,计划能够达到资源配置最优——苏联 70 年的历史证明这行不通;俄罗斯的悲剧在于错误地盲信市场力量,以为市场自动调节能够达到资源最优配置——显然,市场既不自动,也不最优。因为,市场是演进的不是设计的,这正是中国渐进改革和苏俄激进改革对市场理解的根本性差异,也是两者市场经济实践成效差异的原因——市场需要孵化,这就是中国市场化改革优于苏俄"休克疗法"的关键"秘密"。

(二)市场孵化有助于产业成长

1. 市场是产业成长的基础

200 年的全球工业化历史表明,尊重市场规律的产业引导能够成功,而偏离市场的产业引导一定失败。任何一个市场都包括市场行为主体和市场交易规则两个部分。主流经济学更为关注市场交易规则的制定(是否符合交易成本降低的要求),往往忽视市场行为主体的训练和提高。在这里,我们

---

① 1992 年年中,俄罗斯物价平均水平已是 1991 年末的 65 倍。

不得不强调的是,市场行为主体和市场交易规则并非上天赐予的礼物,不可能凭空产生。新古典经济学最基础的市场结构理论告诉我们,完全竞争市场、垄断市场、寡占市场、垄断竞争市场是四种基本市场形式,而在这四种市场中,显然市场行为主体具有不同的行动能力(创新、生产、消费、定价),而交易规则也显著不同。完全竞争市场的均衡价格等于厂商长期平均成本和边际成本,垄断市场的均衡价格则等于厂商的边际成本。那么,在竞争中什么样的市场行动主体能够存活下来呢? 显然,能够发现市场不均衡进行套利,或者通过创新获得超额利润(垄断利润)的行动主体可以赚到比其他行动者更多的钱,从而熬得过残酷的市场竞争。这样的行动主体,我们通常称为经济学意义上的"企业家"或者具有"企业家精神"的人。尊重市场就意味着两件事,一是保护"企业家精神";二是捍卫市场交易规则和降低交易费用。

如果我们从这个视角重新审视贸易保护时代的英国、德国、美国之间的产业政策博弈。我们可以发现英国、美国、德国或从中世纪城邦经济、或从殖民地经济中进行转型,头一件大事就是统一国内市场。英国经历了血腥的克伦威尔战争和不那么血腥的"光荣革命",德国经历长达数十年的普法战争和普鲁士统一战争,美国经历了反对英国的独立战争和更为残酷的南北战争,当统一的国内市场使资本家的市场规则可以通行于相当大的产业—市场体系,达到产业能够生存的最小技术规模时,产业政策才具备了运行的初始条件。而在原始资本主义世界中,保护本国弱小产业的本质是保护唯一可以和本国产业相匹配的不成熟市场——因为德国、美国缺乏技术基础的棉纺织业面对英国成熟棉纺织业,在英国本土市场竞争,只有失败一条路,因此本土市场是其唯一选择。而德国这个有着深厚科学传统的国家,在这个市场化过程中成长出一批技术型的"企业家",克虏伯、拜耳、本茨等一大批金光闪闪的企业家和科学家,为德国的市场主体夯实了国际竞争的基石。而反观英国,1870 年以后,英国仍然科学家辈出,但瓦特、博尔顿等一代发明家、企业家消逝而去,英国再也没有像德国、美国那样产生同时代对产业影响深远的企业家。从市场的角度来看,企业家的损失是英国产业衰落的首要原因。

如果我们审视日本和"亚洲四小龙"在 20 世纪五六十年代的奇迹性崛起，我们也可以找出如璀璨群星一样的企业家群体，如日本的松下幸之助、盛田昭夫、本田宗一郎，韩国的李秉哲、郑周永，中国台湾的郭台铭、张忠谋、辜成允，中国香港的曾宪梓、李嘉诚。而在市场规则的建立方面，日本和"亚洲四小龙"走了一条依赖外部市场实现产业成长的道路。从朝鲜战争到越南战争，美国为日本和"亚洲四小龙"提供了利润丰厚的军需品市场，使产业技术薄弱的东亚各国和地区迅速孵化出本国和本地区相应的劳动密集型产业，在这个过程中，一代企业家迅速崛起。到 20 世纪六七十年代，美国奉行自由主义的规范市场正是日韩等国家和地区企业家的乐园，奉行出口导向战略的日本和"亚洲四小龙"将本地区企业家与美国市场连接起来，终于造就了日本奇迹和汉江奇迹。但是，当美国那个规则完善的市场关闭的时候，这些地区的发展模式也就走到了尽头。日本企业家们纷纷走出日本，进军东南亚，留下孤独的通产省无助地试图用产业政策（模拟电视计划、大规模集成电路计划等）企图挽救日益凋零的日本本土制造。而苏联解体前的改革和俄罗斯的"休克疗法"，既来不及创造一个能够支持市场的企业家群体，也来不及建立最基本的市场竞争规则。改革演变成计划垄断到寡头垄断的悲剧，数以十万计的国防企业由于失去了军事订货直接失去了赖以生存的市场土壤，只好在"休克"中永远沉睡。因此，没有市场机制，没有企业家群体，偏重任何产业的产业政策必然遭到失败。

"'自由'市场并不自由，也不是免费的。它的本质是一种成本高昂的公共品。"文一在《伟大的中国工业革命》一书中作出这样的判断。[①] 他说，资本主义物质富裕的基础是建立在劳动分工基础上的规模化生产，从而使昂贵的工业品变得廉价，使分散低效的劳动变得有组织和高效。但是，规模化生产的前提条件是安全、可靠、有序的统一市场。没有这样一个大市场，高度组织起来的企业就远不如自给自足的小手工业有效率和具有竞争力，

---

① 参见文一：《伟大的中国工业革命：发展政治经济学一般原理批判纲要》，清华大学出版社 2016 年版。

因此也就不可能有大工业存在的基础和对社会需求的"有效"供给。

2.孵化产业的同时需要孵化"市场机制"和企业家

如前所述,离开市场导向的产业引导是注定要失败的。因此,即使在发展中国家,只有围绕着市场机制改革和围绕着企业家培育的产业政策才是有效的。上文提出的如神迹的制造业是产业政策成功的关键,其实是因为制造业更容易产生且集群性产生企业家。一些学者为改变斯密和李嘉图比较优势的理论缺陷,提出了动态比较优势理论,①认为比较优势可以通过专业化学习、投资创新及经验积累等后天因素人为地创造出来,强调规模报酬递增、不完全竞争、技术创新和经验积累的理论。其实,他们发现或者发明的比较优势正是企业家的比较优势,因为只有企业家经过市场竞争、技术创新可以得到淘汰和积累,国家作为一个非市场主体,这种动态比较优势根本就是镜中花、水中月。否则,就难以解释20世纪八九十年代的日本对东亚各国显著具有电子信息产业的比较优势,反而要将产业转移到一个比较劣势的地区。如果一个产业的企业家趋近枯竭,就意味着这个产业演化难以持久,反映在比较优势上就体现在优势固化,比如建立在资源、劳动力等基础上的比较优势,虽然能够在短期取得成功,但固化这一优势显然不具有持续性,其具有比较优势的产品特别是劳动密集型产品出口,不能自动、自发地向资本密集型和技术密集型转变②,从长远来看会产生"贫穷和无知的比较优势"③(赖纳特,2013),导致后发国家陷入"比较优势陷阱"中。所以,

---

① 如吉恩·M.格罗斯曼(Gene M.Grossman)和埃尔赫南·赫尔普曼(Elhanan Helpman)等。

② 第二次世界大战后一些资源丰富国家或地区因为对资源优势的过度依赖,最终陷入增长困境,即荷兰病(Dutch Disease)或者资源诅咒(Re-source Curse),一些资源相对短缺但劳动力丰富的国家,通过发展出口型的制造业,利用市场机制优化资源配置,取得了经济的快速增长。然而当这些经济体凭借低成本劳动力优势跨越贫困陷阱(Poverty Trap),逐步融入到全球经济体之中、达到中等收入国家水平之后,想要更进一步时却发现困难重重——不能摆脱对低成本劳动力等要素的依赖,建立以技术创新、物质资本和人力资本积累为基础的新比较优势。

③ 参见埃里克·S.赖纳特:《富国为什么富 穷国为什么穷》,中国人民大学出版社2013年版。

后发国家在起飞阶段就应该认识到,在产业发展过程中,应该避免长期过度依赖资源禀赋或要素成本方面的优势,要随着经济发展重视企业家的培育,由企业家发动比较优势的动态调整,特别是在一些基础性、战略性的产业,有意识地培育与发展一些从而在后天学习、创新条件下培育形成产业发展的动态比较优势和国际竞争力。① 例如,"二战"后初期,日本工业以轻工业为主体的非现代工业结构,其比较优势是纺织、服装等劳动密集型产业,重化学工业设备陈旧,生产效率低,在国际市场上没有竞争力。但是日本不仅采用了"加工+贸易"立国战略,大力推动轻工业产品的国际贸易;同时,日本政府和企业家勠力同心,相向而行,积极追求动态国际比较优势,政府对出口导向产业的保护起到了企业家培育和保护的作用,因此为日本企业提高技术能力、扩大生产规模提供了宽松的环境,最终把技术密集与资金密集型的重化学工业做大做强。

市场导向的另一个重要因素是市场机制的建立。许多支持产业政策的学者,都承认市场失灵、协调失灵和信息不完全是产业政策存在的依据。然而,他们也很难否认政府执行产业政策、干预市场资源配置可能面临政府失灵的理论和实践缺陷。这就形成了一个矛盾,产业政策因为市场失灵而存在,但产业政策因为政府失灵的存在而不一定能够解决市场失灵。这种新古典经济学的理论缺陷其实正说明,并不是市场本身的失灵,而是市场理论的失灵。② 米塞斯-哈耶克市场理论范式指出,市场是人类自愿合作的制度,是一个认知工具,市场竞争是人们发现和创造新的交易机会、新的合作机会的过程;市场最重要的特征是变化而不是均衡。这种市场制度一是强调市场规则(自愿合作的制度)的演进。新古典经济学中的市场有效性以及所梦想的成熟市场,事实上在理论中都存在严重的缺陷。比如,一般均衡所期望的最好的市场是"完全竞争市场",然而熊彼特的研究告诉我们,这种完全竞争市场因为无法产生利润无法反哺科研,是与创新根本不相容的

---

① 杨高举、黄先海:《中国会陷入比较优势陷阱吗?》,《管理世界》2014 年第 5 期。
② 参见张维迎:《反思经济学:市场失灵还是市场理论失灵?》,《市场与政府》,西北大学出版社 2014 年版。

市场模式;新古典经济学认为最坏的市场"垄断市场"也与创新无法相容,因为垄断者可以依赖市场地位获得全部消费者剩余,而根本不需要进行创新。显然,这与真实的市场相去甚远。米塞斯-哈耶克市场理论范式下的市场不存在"最好的市场"。一个市场是否比另外一个市场"好",一方面看它能不能产生足够多的"企业家",另一方面决定于市场交易费用是不是低于另外一个市场。市场的优越性来自于分工和专业化,但是分工和专业化又恰恰是导致信息不对称和协调失灵的源头。信息不对称和协调失灵既产生了市场套利空间和创新空间,是企业家大显身手的领域;同时,信息不对称和协调失灵也提高了交易协调费用,是导致经济危机的元凶。这就是市场机制的悖论所在。当然,我们也不能说政府就是万能的。如果政府调节能够克服信息不对称和协调失灵,那么在理论上,计划体制岂不是最完美的经济制度? 那我们为什么还需要市场化的改革呢? 因此,市场机制有好的一面,那就是促进分工和专业化,鼓励了创新。但市场也有不好的一面,轻易杀死弱者,容易产生经济波动。如何看待这一问题,需要我们摒弃共时性的思维,不能"用大人的观点看待孩子",而应持历时性思维的态度,用发展和动态的眼光,来辩证看待市场发育成长中政府与市场的关系。对于发展中国家来说,一方面,市场的不完备难以激励创新;另一方面,弱小企业和幼稚产业缺乏国际竞争力。如果一步到位套用成熟的市场规则,一步到位进行公平竞争,经济就会陷入既缺乏创新活力,而企业和产业又大面积死亡的困境,何谈经济起飞和赶超? 后发国家在经济起飞阶段,将产业发展重心从农业转向工业,特别是坚持发展制造业,是建立在比较优势下的正确产业战略选择。① 制造业具有产业部门众多、关联效应与带动效应强、以机械工具

---

① 例如,刘易斯的二元经济结构理论认为,发展中国家普遍存在强大的农业部门和弱小的工业部门。而农业部门的土地是非再生资源,当农业劳动力的数量达到一定规模以后,农业劳动力的边际生产力递减导致农业劳动者的收入水平很低,因此农业部门的期望工资水平要比工业部门的实际工资水平低。农业部门和工业部门之间存在的这种工资差异使发展中国家有可能通过扩张工业部门来吸收农业部门的过剩劳动力,从而摆脱贫穷落后的困境。

为基础、易于贸易等特点,这些对于劳动力技能不足但数量丰富的落后国家具有重要意义。[1] 美国作家沃麦克在其畅销书《改变世界的机器》中一语揭示了制造业对于一个国家的重要性:"一个国家要生活得好,首先必须生产得好。"[2]美国哈佛大学和 MIT 等机构的一份合作研究显示,在过去 60 多年间,由生产性部门产品的复杂性所反映的一国生产性能力是所有预测性经济指标中能够最好地解释国家长期增长前景的指标,国家间的生产性能力差异至少能够解释国家间 70%的收入差异。[3] 史塔威尔在《亚洲大趋势》中指出制造业发挥着支柱的作用,日本、韩国、中国大陆以及台湾地区在起飞阶段的第二个干预措施是引导投资和企业家进入制造业。

3."成熟市场"为什么仍需要产业政策

在人类 200 年的工业化历史中,市场规则的认知也经历了长时间的变迁。关键的是,市场不是设计出来的,而是演化生成的。

从封闭市场来看,不同国家、不同产业的市场规则可能都存在不同的内容和表现形式。例如,同样是电讯产业,美国在 1984 年依据《谢尔曼法》(反垄断法)拆分了 AT&T,全球最伟大的企业实验室贝尔实验室就此陨落。然而,AT&T 的拆分并不意味着美国电讯行业的衰落,AT&T 的继任者朗讯存在了很久,而思科由小到大,成长为产业中新的玩家。法国电讯行业在 1985 年合并了阿尔卡特和汤姆逊,形成了欧洲电讯产业的重要玩家。从市场结构的角度来看,20 世纪 80 年代中期的美国电讯行业是 AT&T 独家垄断结构,尽管其自身拥有贝尔实验室这样的创新实体,但其市场行为妨碍了诸如思科等新企业的迸发。只有科学家而没有企业家的美国电讯业,如果没有反垄断,没有阻止日本、德国电讯制造巨头对本国的侵袭,恐怕 20 世纪 80 年代末美国电讯就会在思科爆发之前而亡。而法国电讯行业面临的市

---

[1] 参见乔·史塔威尔:《亚洲大趋势》,蒋宗强译,中信出版社 2014 年版。

[2] 参见詹姆斯·P.沃麦克、丹尼尔·T.琼斯、丹尼斯·鲁斯:《改变世界的机器:精益生产之道》,余锋、张冬、陶建刚译,机械工业出版社 2015 年版。

[3] 资料来源:《工业和制造业是经济升级的核心基础》,http://business.sohu.com/20130820/n384586273.shtml。

场结构是融入统一的欧盟市场,较小的规模显然无法和已经成为欧洲巨无霸的爱立信相抗衡,而且其后还有诺基亚等企业虎视眈眈。而从市场机制角度来看,统一的欧盟电讯市场,并不会因为阿尔卡特和汤姆逊的合并出现垄断而破坏市场机制的情形,因此两者的合并既符合法国和欧盟的利益,也符合市场规律的要求。

从开放市场来看,市场规则并不一定与国家利益、国家意愿相向而行。如果一个产业的科学家和企业家增长放缓,甚至逐步消亡,那么空有完善的市场规则也不能阻止本土产业的消亡。21世纪的产业格局已成为产业链全球布局的时代,任何一个复杂工业生态都会在多个不同国家存在和流转,市场规则趋同是整个产业必然的方向,每个国家在全球产业生态中所占的份额和地位则决定于这个产业是否存在具有创新勇气和骨气的企业家。例如,美国通信行业在最近20年,除思科以外再未产生有世界影响的企业家,而中国则产生了华为(任正非)、中兴(殷一民)等一代传奇。更为重要的是,中国通信行业与新的商业模式相结合所迸发的商业前景足以撼动全球产业格局,而掌握这种新商业模式的企业家马云、马化腾等却是中国人。特别是在5G、人工智能领域,可以确定的是中国可能出现的企业家将显著多于美国。

二、中国产业赶超的战略实践

(一)国家主导的产业奠基

1. 重工业化和军工化:计划经济体制下的产业选择

1949年,新中国继承了一个贫穷落后的经济体系。1952年全国重工业产值只有122亿元,人均重工业产值21.2元。重工业生产设备和工艺极为落后,重要生产部门短缺,难以形成基本的生产体系。这种畸形状态,不仅极大地影响了国家经济独立和国防巩固,也严重制约和妨碍着工业和整个国民经济的发展。从构建完整国民经济体系的角度来看,1952年轻工业所生产的消费资料已基本满足国内需要,实现了消费资料低水平上的进口替代。如果此时实行优先发展轻工业战略,虽然在消费资料上能更好地满足国内需求,但在生产资料方面必须依赖进口,这就意味着经济不能实现完全独立;而实行优先发展重工业战略,则既可基本满足国内消费资料的需求,又进一步实现生产资料的进口替代,从而实现经济的完全独立。由此可知,在当时重工业严重落后,并成为制约农业、轻工业乃至整个国民经济发展的瓶颈的情况下,"首先重要并能带动轻工业和农业向前发展的是建设重工业和国防工业"。① 因此,优先发展重工业是基于新中国落后的生产力状况和建立起比较完整的、独立的国民经济体系的客观需要。

另一方面,新中国的国防安全问题十分严峻。当时的政治军事态势迫切要求新中国迅速提高国防实力和整个国民经济的战争动员能力,迫切要求新中国优先发展军事工业和作为军事工业基础的重工业,而中国当时的工业基础与此极不适应。对此,周恩来曾作出深刻的论述:"有了重工业以后,才能使国防现代化。经过抗美援朝战争,我们的国防力量强大起来了。可是,我们还不能制造一架飞机、一辆坦克、一门高级的炮。在运输上,我们自己还不能制造一辆汽车。你们曾经在工业展览会上看到有一辆汽车,那是人家的料子,我们装配的,不是真正我们自己制造的。既然我们还不能制造一辆坦克、一架飞机、一门高级的大炮,那我们的国防力量怎么能算强大呢?我们的这些东西都是从苏联购入的,这等于让苏联在国防上还要背这么大一个包袱。这是不应该的。我们要自己生产这些东西,就要搞重工业。"②紧张的国际形势,帝国主义的武力威胁,朝鲜战争的爆发及新中国的被迫卷入,迫使中国共产党人不能不较多地考虑国防现代化所必需的重工业建设。

优先发展重工业为中心环节的工业化战略,其目的就是要建立独立完整的工业体系。这一战略的基本任务是,集中力量进行以苏联帮助中国设计的 156 个建设单位为中心,由限额以上的建设单位组成的工业建设,以建

---

① 《毛泽东文集》第六卷,人民出版社 1999 年版,第 207 页。

② 赵士刚主编:《经济风云》,经济管理出版社 2006 年版,第 211—222 页。

立起中国社会主义工业化的初步基础。为此,李富春明确阐述了优先发展重工业的主要内容为:"建立起强大的重工业即建立起现代化的钢铁工业、机器制造工业、电力工业、燃料工业、有色金属工业、基本化学工业等等,我们才可能制造现代化的各种工业设备,使重工业本身和轻工业得到技术的改造;我们才可能供给农业以拖拉机和其他现代化的农业机械,供给农业以足够的肥料,使农业得到技术的改造;我们才可能生产现代化的交通工具,如火车头、汽车、轮船、飞机等等,使运输工业得到技术的改造;我们也才可能制造现代化的武器,来装备保卫祖国的战士,使国防得到巩固。同时,只有在发展重工业的基础上,我们才能显著地提高生产技术,提高劳动生产率,才能不断地增加农业和消费品工业的生产,保证人民生活水平的不断提高。"①由此可见,重工业优先发展战略将为中国建立起社会主义的强大的物质基础。

2. 新中国工业的奠基:156 项重点工矿业基本建设项目

156 项重点工程,是中国第一个五年计划时期从苏联与东欧国家引进的 156 项重点工矿业基本建设项目。奠定了中国初步工业化的部门经济基础。以这些项目为核心,中国以 900 余个限额以上大中型项目配套为重点,初步建起了工业经济体系。集中体现重工业优先发展战略主要内容的 156 项工程是国家工业建设的核心和骨干,更是全国经济建设的重中之重;其他重点项目的选择和建设,主要是围绕这些工程展开的。156 项工程中绝大部分是中国新兴工业部门的企业,几乎全部是重工业。其中,国防工业也占有相当大的比重。

1950 年 2 月 14 日,中苏两国正式签订了《中华人民共和国中央人民政府与苏维埃社会主义共和国联合政府关于贷款给中华人民共和国的协定》,以年利 1%的优惠条件苏联贷款给中国 3 亿美元,用以偿付为恢复和发展中华人民共和国经济而由苏联交付的机器设备与器材,中华人民共和

---

① 参见李富春:《关于发展国民经济的第一个五年计划的报告》,《中华人民共和国发展国民经济的第一个五年计划》,人民出版社 1955 年版。

国政府以原料、茶、现金、美元等分十年付还贷款及利息。1952 年 8 月,周恩来总理、陈云副总理率领中国政府代表团赴苏,与苏联政府进一步商谈经济建设援助问题,决定在 1953 年 5 月以前,委托苏联设计并援助中国建设与改建 50 个企业。1953 年 5 月,李富春和米高扬分别代表两国政府签订《关于苏维埃社会主义共和国联盟政府援助中华人民共和国中央人民政府发展中国国民经济的协定》,规定由苏联在 1953 年至 1959 年间,用技术设备援助中国建设与改建 91 个企业。根据上述协定和谈判,从 1950 年开始,苏联分批派遣专家设计组赴华,结合中国情况作出相关设计后再确定项目,确定了两个结合的原则:将新建工厂与改装原厂的计划结合起来,将供应目前需要与供应将来需要结合起来。

"一五"计划期间,国家整个建设安排是一方面充分发挥东北、上海等老工业基地的作用。另一方面,把长江以北,包头、兰州以东地区作为新的工业基地进行重点建设。这期间建设项目布点在宏观上是比较分散的。在中观上除采掘工业主要是煤炭工业,受资源分布影响外,大多数配置在大中城市,如东北地区的沈阳、吉林、抚顺、哈尔滨、鞍山、齐齐哈尔,华北地区的北京、太原、石家庄、包头,西北地区的西安、兰州,西南地区的成都等。在微观上,相当一部分大企业经过联合选厂、成组布局,与城市建设相协调,建成为综合配套的工业区。据不完全统计,不含军工项目等原因,105 项民用重点工程在 18 个重点城市中布局了 56 项,占全部民用工业项目的 53%以上。

3. 产业能力与产业体系:计划经济时代的产业遗产

到 1978 年改革开放前,中国产业结构经过近 30 年的曲折发展,取得了一定的成就,初步建立了比较完整独立的工业体系和国民经济体系。虽然工业化程度不高,但是就工业内部结构来说,已经达到较高水平。中国在尖端科学技术方面也取得了巨大成就,爆炸了原子弹、氢弹,发射了人造地球卫星。但是从产业结构和发展水平来看,中国还很落后。1978 年,中国劳动人口的就业比重为农林渔业 73.8%,工业和建筑业为 15.3%,交通邮电、商业服务和金融业为 5.2%;同期,上述 3 项美国的比值分别为 3.5%、

32.1%和23%；日本为11.7%、35%和52.8%；法国为9.1%、37.1%和53.8%。数据表明，中国就业结构集中于农林渔业，工业和建筑业、交通邮电就业比重偏低，商业服务和金融业微不足道，说明大量剩余劳动力滞留在农业部门，仍然没有甩掉贫穷落后的农业国的帽子。再从代表了工业技术综合水平的汽车工业来看，不仅技术水平总体落后，而且产量很低。1978年中国汽车产量为14.91万辆，同期，世界为4162万辆，中国的产量不到其3.6‰，由于产业结构落后和实行高积累政策，使得人民生活水平长期得不到改善，温饱问题尚未解决。1957—1978年，国有单位职工平均名义工资由637元提高至644元，22年增加7元；按当年价格计算，全国居民人均消费水平由108元增加至184元，城镇居民由222元增加至405元，农村居民由82元增加至138元，三者的年均增速分别为1.7%、2.4%和1.4%。如果扣除价格上涨因素，则几乎没有多少增长，与同期中国的香港、台湾地区以及周边的日本、韩国等经济发展成就形成鲜明对比。

（二）孵化市场的产业政策

改革开放后的产业政策以1992年召开的党的十四大为界分为两个阶段：经济转轨时期的产业政策和市场经济初步确立时期的产业政策。这两个时期产业政策的最主要的特点就是，指令性命令性的政策逐渐减少，中央的行政审批逐渐弱化，逐步扩大地方和企业的自主权，依靠市场自发调节的行业范围越来越广。

1.转轨时期的产业政策

1976年，长达十年的"文化大革命"结束，中国的国民经济已经千疮百孔。1978年，国民经济重大比例关系失调的状况进一步加剧，国民经济各方面关系都非常紧张。为了扭转遭到破坏的国民经济，1979年4月，中央出台"调整、改革、整顿、提高"的八字方针，决定调整国民经济发展。同时提出了两步走的规划目标，实现国民经济恢复和产业的振兴。

表6-2　国民经济恢复时期的产业计划

步骤	时间	目标	措施
五五计划后三年	1978—1980	建成独立的比较完整的工业体系和国民经济体系	1)改善农、轻、重之间的比例关系； 2)优先发展轻工业； 3)调整机械、化工、冶金等行业的产品结构和服务方向，使重工业更好地为人民所需的消费品服务。
六五计划	1981—1985	各项生产建设规模要有较大的发展，极大地改变当前经济落后状态，显著改善人民物质文化生活	1)大力发展消费品工业，继续加快轻纺工业的发展； 2)有计划有重点地对现有企业进行技术改造，同时集中必要的资金，加强能源、交通等的重点建设； 3)加强国防建设和国防工业建设，提高军队装备的现代化水平。

　　"六五"中后期，"日本奇迹"在中国国内引起广泛的讨论和思考，"产业政策"逐渐纳入学术研究和政策制定的视野。1983年，中国学者陈重和韩志国在《现代日本经济》第3期发表《八十年代的日本产业政策》一文，介绍了20世纪80年代以后日本产业政策的调整，在国内首次公开介绍日本产业政策。此后，中国学术界对产业政策的研究掀起一个高潮。1985—1987年，国务院发展研究中心组织了我国产业政策的系列研究并赴日本通产省考察，于1987年3月向国务院提交了《我国产业政策的初步研究》的报告。在研究过程中，部分学术和政策观点在其后的经济计划和产业发展政策中得到应用。例如，周林、杨云龙和刘伟（1987）[①]提出，用产业政策推进发展与改革，在近期实现第一、二、三产业之间关联方式的根本转换，更新现存工业体系的产业关联方式和产业素质，在远期则发展高技术产业，迎接世界新技术革命的挑战，赶超发达国家的产业结构水平。同时，"产业政策"也被纳入国家政策。1986年，"产业政策"一词第一次正式出现在《国民经济和社会发展第七个五年计划》中。"七五"计划时期（1986—1990），明确了

---

① 周林、杨云龙、刘伟：《用产业政策推进发展与改革——关于设计现阶段我国产业政策的研究报告》，《经济研究》1987年第5期。

三产业的划分,开始注重三大产业之间的协调发展,产业结构开始由改革开放前的"重型化"向"轻型化"转变。这一时期的工业产业政策主要包括:
(1)改变工业生产超速增长的状况,转为稳定协调发展。坚决把投资重点放在原有企业、原有工业基地的技术改造和改建扩建上,凡是能在原有基础上改建、扩建增加生产能力的,就不搞新建,减少重复建设。(2)积极调整工业生产结构,着重调整轻纺工业和机电工业生产结构,增加有效供给,平衡市场。扩大横向联合和技术改造,加速引进技术的消化吸收和技术开发。1982年以后,中国轻工业已经有了长足的发展,因而促进轻纺工业发展已经不是政府产业政策的重点,更重要的则是对轻纺工业的品种质量提出了更高的要求。加快军工企业改产民用品,也是这个时期的一项重要工作。
(3)大力发展消费品生产,活跃城乡市场,满足社会需要。

1978—1990年间的产业政策,虽然带有一定的计划痕迹,但从重化工业向轻工业、消费品工业和民生产品的产业导向改变,标志着中国产业政策正在承认中国的市场结构,逐步认知市场的力量,在这个关键的转轨时期,国家对产业的引导、主导和建设性作用,使得中国产业避免了苏俄"休克疗法"对产业体系的严重破坏,使产业有序地完成了重工业向轻工业的结构转换。同时,逐步培育发展的国内市场,与中国经济快速对接的国际市场,以及双轨制的调整,为中国产业政策开启了向市场化方向变革的大门,给中国产业带来前所未有的变革。

2. 趋向市场化的产业政策

1992年以邓小平发表南方谈话和党的十四大为标志,改革开放步伐明显加快,建立和完善社会主义市场经济体制成为改革的重要任务和明确目标。在经过20世纪80年代产业结构的调整以及各次产业不同程度的发展,20世纪90年代产业政策目标及主要任务与改革初期有很大不同。

"八五"计划(1991—1995)是在治理整顿经济环境的大背景下制定的。"七五"后期,经济出现了通货膨胀,针对工业增长速度过快,特别是加工工业增长过快、物价涨幅过大等一系列问题,"八五"计划的重点转向于遏制通货膨胀,稳定经济形势,保持经济的正常增长,促进经济结构优化。这奠定了 20 世纪 90 年代中国产业政策的"结构"基调,即强调产业结构调整,重视产业结构升级,同时着力推动各次产业的发展,高度重视基础产业、支柱产业和高新技术产业的发展,重视产业发展中增长模式转换问题。例如,1992 年 3 月国务院《政府工作报告》提出,"对那些生产能力过剩、产品积压、技术落后、长期亏损的企业,逐步实行关停并转",且要求"固定资产投资,主要用于能源、交通、通信、原材料和农业、水利等基础产业,支持高新技术产业的发展,加快居民住宅的建设。"1994 年 3 月,《九十年代国家产业政策纲要》对产业结构问题提出了更全面的政策诉求:"不断强化农业的基础地位,全面发展农村经济;大力加强基础产业,努力缓解基础设施和基础工业严重滞后的局面;加快发展支柱产业,带动国民经济的全面振兴;合理调整对外经济贸易结构,增强我国产业的国际竞争能力;加快高新技术产业发展的步伐,支持新兴产业的发展和新产品的开发;继续大力发展第三产业。同时,要优化产业组织结构,提高产业技术水平,使产业布局更加合理"。《"九五"计划和 2010 年远景目标纲要》延续了"结构"思路,提出积极推进产业结构的调整,大力振兴支柱产业,积极发展第三产业。1997 年,亚洲金融危机导致中国外需减弱,内需趋缓,打断了中国既有的产业结构升级的节奏。中国不得不从需求和供给两方面实施产业政策,一方面立足于扩大国内需求,发挥国内市场的巨大潜为;另一方面大幅度压缩过剩的加工工业产能,增加基础工业、环保与生态设施投资,超前布局和发展能够带动产业结构升级、技术含量高的战略性产业和产品。

这一时期,中国市场经济体制逐步建立,产业的"计划性"大大减少,市场经济占据了主导地位,民营经济成为产业的主要力量,民营经济在国民经济中的占比从 20 世纪 90 年代初的不足 30% 提高至 90 年代末的 75%。虽然此时的中国产业政策由于对市场机制仍持一定保留,但从总体上来看,相对于传统的严格计划管理体制,采用产业政策进行调控大为放松了对经济主体的控制,扩大了地方和企业的经济决策权,激发了经济主体的活力,促进了产业与经济的发展,使得中国产业政策与中国市场实现了同步转型和成长,实现了"计划型政策"到"间接干预型政策"的转变,大量直接干预的方式逐步减少,导向性的间接干预方式不断增加,经济、法律、行政等多种手段的综合运用开始展现。例如,1988年《国务院关于当前产业政策要点的决定》,客观上逐步替代了指令性计划管理,突破了传统"大一统"计划经济管理模式。

3. 市场经济形态的产业政策

以2002年党的十六大召开为标志,中国的经济发展和改革开放进入新的阶段,在此后的10年中,中国经济发展的内外部环境发生了许多重要变化,中国的产业政策正是在这些变化的交互影响下发展和演进的。2001年,中国加入世界贸易组织,对外开放进程加速,中国企业在国内市场面临越来越多来自国外企业或产品的竞争,越来越多的企业参与到国际市场的竞争中来;2002年,党的十六大明确提出"在更大程度上发挥市场在资源配置中的基础性作用,健全统一、开放、竞争、有序的现代市场体系",要"加强和完善宏观调控"。2003年10月,党的十六届三中全会通过《中共中央关于完善社会主义市场经济体制若干问题的决定》,其中明确提出"更大程度地发挥市场在资源配置中的基础性作用,增强企业活力和竞争力",继续改善国家宏观体系,深化行政审批体制与投资体制改革。2008年,国际金融危机爆发,中国经济受到强烈冲击,随后中国政府出台了强有力的产业政策体系来推动经济复苏,中国的产业政策正是在这些重要变化的交互影响下发展和演进的。

这一阶段中国产业政策的重点是产业结构的调整、优化和升级,实现产业发展从"量"向"质"的根本性转变。按照走新型工业化道路和转变经济增长方式的要求,既重视产业结构合理化,又加快推进产业结构优化和升级,引导和推动产业内在素质的改善,通过鼓励自主创新推动国内产业在全球产业链中的地位提升和国际竞争力的提高。节能、环保等因素成为产业结构调整的重要目标。这一时期,市场经济体制已经初步建立,产业政策更注重市场机制和利益导向机制的作用,更加注重对市场主体行为的引导,措施上综合运用经济、法律、环保、必要的行政手段。

"十五"计划(2001—2005)是中国进入21世纪后的第一个五年计划。

它是中国初步建立市场经济体制,市场机制在资源配置中开始发挥基础性作用后制定和实施的第一个五年计划。"九五"计划中中国国民经济和社会发展取得了非常大的成就;但同时面临的矛盾也是非常突出的,就工业而言,工业化还没有完成,产业结构仍不合理。同时,随着中国重化工业的快速增长,环境污染、资源短缺的问题也随之加剧,劳动力、土地等要素价格的持续上涨使得中国制造业低成本优势逐渐丧失。基于此,"十五"和"十一五"时期国家产业政策的重点也就转变到促进产业升级及节能减排上来。国家在《第十个五年规划纲要》中提出,要以提高国民经济整体素质和国际竞争力为目标;重点强化对传统产业的改造升级;积极发展高新技术产业和新兴产业;以信息化带动工业化。相比于"九五"计划,"十五"计划中产业结构政策的重点明显转向产业升级。紧接着,国家在《第十一个五年规划纲要》中提出了"十一五"期间单位 GDP 能耗降低 20%左右,主要污染物排放总量减少 10%的总体目标。2007 年中共十七大提出,提高自主创新能力,努力建设创新型国家,是国家发展战略的核心,是提高综合国力的关键。因此,提高自主创新能力就成为此后中国工业发展的主题。因此,综合来看,新世纪工业产业政策的主要内容就是走新型工业化道路,用信息化带动工业化。

4. 新时代的产业政策

党的十八大以来,中国经济进入新的发展阶段,虽然市场在经济生活中逐步起到基础性作用、决定性作用,但整体产业增长效率因规模扩大出现边际收益下降,投资、要素驱动型的增长方式难以持续,创新及其对于经济发展的贡献不足,一些不利于经济发展的体制机制问题亟待改革完善,同时中国还面临着新一轮科技革命和产业变革带来的挑战和机遇。2013 年,党的十八届三中全会作出了《中共中央关于全面深化改革若干重大问题的决定》,明确提出"建设统一开放、竞争有序的市场体系,是使市场在资源配置中起决定性作用的基础","建立公平开放透明的市场规则……,清理和废除妨碍全国统一市场和公平竞争的各种规定和做法……"。以上这些都对我国的产业政策提出了新的要求,我国的产业政策也随之进行调整。

　　党的十八大以来,中国的产业政策更为注重创新驱动发展、新兴技术在经济发展中的应用。围绕创新驱动、新兴技术(产业)及先进制造业发展方面出台的重要政策有《中国制造2025》《国务院关于积极推进"互联网+"行动的指导意见》《关于大力推进大众创业万众创新若干政策措施的意见》《国家创新驱动发展战略纲要》《国务院关于印发新一代人工智能发展规划的通知》《国务院关于强化实施创新驱动发展战略进一步推进大众创业万众创新深入发展的意见》等。在政策工具选择方面,《中国制造2025》越来越注重改革和良好环境的营造,而不是对产业的政策性干预。《中国制造2025》明确提出,"建设制造强国,必须发挥制度优势,动员各方面力量,进一步深化改革,完善政策措施,建立灵活高效的实施机制,营造良好环境;必须培育创新文化和中国特色制造文化,推动制造业由大变强"。其战略支撑与保障主要有八个方面的内容:第一,深化体制机制改革;第二,营造公平竞争市场环境;第三,完善金融扶持政策;第四,加大财税政策支持力度;第五,健全多层次人才培养体系;第六,完善中小微企业政策;第七,进一步扩大制造业对外开放;第八,健全组织实施机制。在政策组织实施机制方面,《中国制造2025》也有新的特点,强化了政策实施过程中的监测与评估,它明确提出"建立《中国制造2025》任务落实情况督促检查和第三方评价机制,完善统计监测、绩效评估、动态调整和监督考核机制。建立《中国制造2025》中期评估机制,适时对目标任务进行必要调整"。随后,相关部门还发布了11个配套的实施指南、行动指南和发展规划指南,包括国家制造业创新中心建设、工业强基、智能制造、绿色制造、高端装备创新5大工程实施指南,发展服务型制造和装备制造业质量品牌2个专项行动指南,以及新材料、信息产业、医药工业和制造业人才4个发展规划指南。其中工业强基、智能制造、绿色制造等9个实施指南进一步细化了重点领域要重点发展的技术、装备、工艺及产品,并提出了更为详细的实施规划。工业和信息化、财政部联合编制印发的《智能制造发展规划(2016—2020年)》,亦是为落实《中国制造2025》而制定的一项重要政策。

　　党的十八大以来,中国进入新的发展阶段,迫切需要通过深化市场经济体制改革与实施创新驱动发展战略为国民经济的健康发展注入新的动力。在新时代,中国的产业政策更加注重发挥市场机制的作用,也更加强调政府应将政策重点放在构建良好的制度环境及外部环境方面,并开始注重功能性产业政策的应用,同时也更为重视产业创新政策的制定实施。例如在《中国制造2025》中,明确提出"全面深化改革,充分发挥市场在资源配置中的决定性作用,强化企业主体地位,激发企业活力和创造力"。在战略支撑与保障措施方面,深化体制机制改革、营造公平竞争市场环境与健全多层次人才培养体系等功能性产业政策成为其重要构成。在11个配套行动方案中,《国家制造业创新中心建设工程实施指南》与《制造业人才发展规划指南》亦是功能性产业政策。所以,概括地说,党的十八大以来中国的产业政策发展具有两个重要趋势,一是产业政策体系中越来越多地引入了功能性产业政策,二是促进产业创新政策在整个政策体系中扮演着越来越重要的角色。

(三)从技术赶超到技术领先:国家产业政策的创新变革

改革开放之初,中国开始摒弃了以社会制度划分技术的错误思想,技术引进和市场化改革同时展开,在短时间内缩小了与发达国家的技术差距。进入20世纪90年代,中国提出了"市场换技术"的发展战略,引资的重点逐步向引进先进技术为主的目标转移,有利于企业、经济社会发展的技术一律加以引进和吸收,然而此项战略远没有达到预期目标,核心技术依然无法引入。2006年,国家正式提出自主创新发展战略,产业创新正式进入包含原始创新、集成创新和引进消化吸收再创新在内的新的创新阶段。

1.产业"移植式"创新

1978年,邓小平提出"科学技术是第一生产力"的重要论断,标志着中国科技事业进入一个新的发展阶段;同年,中共十一届三中全会宣布中国开始实行对内改革、对外开放的政策。这一时期,成套技术引进成为国家提高技术水平的主要方式。仅1978年一年,就签订了22项大型引进项目,累计58亿美元,几乎相当于之前28年引资累计金额的总和。钢铁工业、石化工业及家电产业迅速发展。此后,引资的重点转向软技术,国家重点引入3000项先进技术,引入的生产线集中于彩电、冰箱、集成电路等领域。此时,外向型程度较高的大规模集成电路、电子计算机和通信产业也获得了较快的发展。

到20世纪90年代初期,出于保护国内产业等目的,政府有选择地限制境外企业的进入,使得这一时期的对外开放呈现特殊政策推动和特殊地区集聚的"窗口"格局,引入地区以东部沿海地区为主,技术引进方向为重"硬"轻"软",①其中以港澳台投资为主体的外资企业的技术引进在产业技术引进的比重高达三分之二,②国有企业在整个技术引进结构中的比重接近80%。由于政府选择的程度强于市场选择的程度,技术溢出效应较低。虽然就引入的技术类型而言,较多是境外淘汰的技术,在具体项目审批中,地方政府数量导向型的引资倾向使得技术引进出现了重复引进、设备进口占比过多以及部分设备使用效率低下等问题,但对产品的国际市场接轨、缩小相关产业与境外的差距起了重要作用。这一阶段处于技术引进的初期,其作用更多地体现在创新基础的铺设上,产业创新总体能力非常薄弱。

2. "以市场换技术"的模仿与集成创新

1992年邓小平南方谈话后,中国降低了外资进入的门槛,各地政府争相招商引资,并对外资许以"超国民待遇","以市场换技术"的战略也通过《国务院外资领导小组第十六次会议纪要》正式提出,标志着外商直接投资被认定为新时期技术引进的主要方式。仅1992年一年,中国批准FDI项目就超过了改革开放以来批准的项目总和,合同利用外资金额也超过之前13年的总和。1992年以前,外商直接投资以第二产业中的轻工业居多,放开市场后,过去视为禁区的外贸、保险、航空等领域允许试点投资,过去限制投资的房地产、宾馆、信息咨询等第三产业也逐步扩大外资规模。新兴工业

① 中国科技发展战略研究小组:《中国科技发展研究报告(2005—2006)》,科学出版社2006年版。第155页。
② 胡景岩:《外商投资促进我国高新技术产业发展》,《中国科技产业》2003年第9期。

和资本、技术密集型高新技术项目开放国内市场,允许一些项目以内销为主,甚至 100%内销。从当时中国产业技术发展的角度来看,国内市场是中国参与国际市场竞争,换取先进技术的"大筹码","以市场换技术"的战略是富有成效的,尤其是汽车产业发展迅速,在引进技术、学习西方先进管理经验和经营模式方面取得了初步的成就。

1997 年,在"973 计划"的推动下,前期引进技术为主要目标的创新方式得到了新的探索与发展。集成创新于 2001 年被列入《十五科技发展规划》。在引进、消化吸收国外技术的基础上,国内很多企业创新成效显著,进而带动了产业的发展。如格兰仕公司成功由生产羽绒制品的厂家,在对引进的微波炉生产设备和技术消化吸收基础上进行集成创新,摇身变为中国知名的家电厂商,并带动了家电产业的全面升级,打入全球制造业价值链。与此同时,合作创新悄然兴起,企业与高校合作,与外国企业合作,跨国公司在华建立全球研发机构,这些方式为全球范围内进一步合作创新奠定了基础。建立在网络和集成战略之上的企业联盟也通过相互关联的产业链形成产业集群,加速了产业创新的进程。秉承集成创新与二次创新的理念,"以市场换技术"为中国产业迎来迅速发展的同时,也存在很多弊端。理论上外资的注入会给本地企业带来技术外溢效应,但在新产品的开发过程中,中方较少有主动参与和主导技术路线的空间,往往负责大量中低技术含量的组装与加工活动,人才的外流也对创新要素构成"挤出"效应,对产业技术创新能力的培养及技术升级贡献微弱。

2001 年 11 月 11 日中国加入 WTO 后,引资政策和产业技术创新政策被置于国际化的"生态环境"下通盘考虑,以外资企业为载体的产业创新方式向基于全球化经营的产业自主创新转型,技术追求从有形的技术成果转为无形的创新能力。中国虽已沦为中间品外包与合同制造商最大来源地,但外向型程度较高的电子零件与设备制造产业,具备从为跨国公司加工组装的价值链低端环节逐步攀升到参与特殊规格产品生产和设计服务的高端环节的能力。这一时期,少数领域拥有部分原始性创新成果,但在一些关键领域与国外仍存在较大差距。

3.产业"自主创新"

新经济背景下,经济全球化和新科技革命为产业的发展带来前所未有的机遇与挑战,科技创新成为国与国之间竞争的决定性力量。面对中国经济社会发展的现实需求,缩小与发达国家在经济科技方面的差距,走自主创新之路才是建设国家创新体系的必由之路。2006年,胡锦涛在全国科技大会的讲话中首次提到要"努力走中国特色自主创新道路",在那之后,中国一些产业坚定地走上了具有中国特色的自主创新之路。轨道交通运输领域,中国中车在全球高铁市场占据69%的绝对份额,高铁成为"中国速度""中国制造"的新名片;通信设备制造领域,华为、中兴从默默无闻的小公司发展成与全球通信巨头比肩的国际企业,参与该领域国际标准的制定。这些产业通过自主创新从技术引进到领先,再到规则制定,后来居上,实现了技术的赶超,在全球竞争中掌握了主动权。

改革开放40多年产业逐渐走上自主创新道路的经验和教训告诉我们,在与发达国家存在较大技术差距之时,单纯的原始创新进程缓慢,"市场换技术"的结果往往只是丢掉国内市场,无法引入核心技术,产业只有走包含原始创新、集成创新和引进消化吸收再创新在内的复合型自主创新之路,才能在关键领域突破国外的技术垄断,最终实现产业技术的赶超,完成国家创新体系的构建,保持国家的竞争优势,在更大程度上维护国家利益,保障国家安全。

三、产业赶超在广东

改革开放之初,广东是一个以农业为主体的省份,农业缺乏竞争力,工业基础也极为薄弱。20世纪80年代,通过承接港澳加工业,从发展"大进大出、两头在外"以轻工业为主的"三来一补"加工贸易开始,广东逐渐培育起工业体系,并通过持续的产业升级实现了从农业省向工业大省的跨越,从主要依赖初级商品在全球竞争到以制成品为主要竞争的跨越,实现了在全球分工中地位的大跨越。

改革开放40多年,广东创造了经济总量连续18年占全国比重超10%

和连续 27 年位居全国第一的辉煌成绩。1978—2017 年,广东 GDP 年均增长率在 13% 以上,其中以制造业为主体的工业增长超过整体 GDP 的增长,成为拉动经济增长的主要力量。产业结构不断优化,经济从加工型转到制造型,并开始进入服务型发展阶段,产业布局和结构日趋合理,现代产业体系初具雏形。产业结构随着制造业发展以及工业化进程呈现出由低级向高级并不断优化的变动过程,三次产业比重从"二、一、三"①到"二、三、一"②的工业化中期阶段,逐步向"三、二、一"工业化后期阶段转变。③ 广东制造业形成了电子信息、石油化工、电气机械、电力、食品饮料、纺织服装、汽车制造、五金制品、建材 9 大制造业产业,9 大产业增加值合计占全省规模以上工业的 75%,占 GDP 的 30%。珠三角 9 个城市的制造业总量目前已占广东省的 80% 以上,基本形成珠江东岸高端电子信息产业、珠江西岸先进装备制造业发展格局,珠江三角洲制造业中心地位日益凸显。

在产业赶超过程中,广东省委省政府通过制定、实施与调整产业战略,成功实现了持续推进产业升级的目标。从依托比较优势发展劳动密集型产业到打造区域、跨区域产业集群,从市场培育到市场化改革,从鼓励技术跟随式学习到推动自主创新,"产业选择—市场发展—产业升级"这一历程展现了国家能力支撑市场孵化的中国道路在南粤大地的生动实践,也充分说明了国家能力在产业升级过程中的加速作用。

(一)从轻工业起步到制造业立省

改革开放后,广东打开门来搞建设,积极承接香港、澳门以及发达国家

---

① 1978 年,广东三次产业结构为 29.8∶46.6∶23.6。

② 2017 年,广东三次产业结构为 4.2∶43.0∶52.8。

③ 美国经济学家 H.钱纳里运用投入产出分析方法、一般均衡分析方法和计量经济模型,通过多种形式的比较研究考察了以工业化为主线的第二次世界大战以后发展中国家的发展经历,构造出具有一般意义的"标准结构",即根据国内人均生产总值水平,将不发达经济到成熟工业经济整个变化过程分为 3 个阶段 6 个时期:第一阶段是初级产品生产阶段(或称农业经济阶段);第二阶段是工业化阶段,第三阶段为发达经济阶段。

的产业转移,积极学习香港、澳门以及国外的技术与管理经验,采取不平衡发展战略、制造立省战略,建立了现代产业发展基础。

1. 承接产业转移与大力发展乡镇企业

20 世纪七八十年代,广东根据中央文件要求积极实施家庭承包制改革,取消了人民公社制度,重塑了农业的家庭经营模式和农民主体地位,释放了农民被压抑的生产积极性,在促进农业生产快速增长的同时也解放了农村劳动力,①为农村地区原始工业化以及乡镇企业爆发做好了准备。此时,广东工业基础极为薄弱。1978 年,广东工业总产值仅为 206.6 亿元,工业增加值仅为 76 亿元;生产总值仅为 185 亿元,只占全国的 5.1%,工业增加值占 GDP 的比重约为 41%。

从国际产业发展格局来看,20 世纪 60 年代以后,随着科学技术的发展和发达国家劳动力成本的不断增加,迫使劳动密集型产业向发展中国家转移,发达国家致力于发展技术密集型产业和资本技术双密集型产业,实现产业结构升级。进入 20 世纪 70 年代,由于两次世界能源危机的冲击,导致能源与矿产资源价格上涨,世界范围内产业结构调整的一个重要特点是发达国家在产业结构的调整中,加快把一部分劳动密集型和资源密集型产业向发展中国家转移。由于中国开始推动改革开放,承接了这一轮的产业转移,特别是广东,借助大量外来劳动密集型企业实现了农村地区的原始工业化。

乡镇企业的兴起是广东农村地区原始工业化的标志,也为广东进一步构建现代工业体系积累了资本、经营管理与市场销售知识、具有一定工业技能的劳动力、销售市场网络等基础。② 1978 年 7 月底,受惠于中央对广东"三来一补"的试点政策,中国第一家"三来一补"企业——东莞虎门镇太平手袋厂正式成立,标志着广东乡镇企业的发展正式拉开序幕,但在 20 世纪 70 年代乡镇企业发展仍比较缓慢。1984 年 7 月 15 日,广东省委、省政府发

---

① 傅晨:《改革开放 30 年广东农业发展的主要成就、经验和问题》,《广东农业科学》2009 年第 8 期。

② 王新生:《广东与长野器械缫丝业比较研究——兼论两地的原始工业化》,《历史研究》1993 年第 3 期。

布《关于贯彻执行中共中央[1984]4号文的若干规定》,针对乡镇企业的结构、布局、供销、管理、利用外资、扶助山区、技术进步、税收等问题作出12项具体规定,给乡镇企业"松绑",以制造业为主营业务、"三来一补"为主要经营模式的乡镇企业开始呈现出爆发性增长态势。1985年与1978年相比,广东全省乡镇企业从8.09万家增加到68.66万家,增加了748.7%,企业人数从194.56万人,增加到401.95万人,增加了106.59%。广东鼓励各级政府积极承接香港、澳门劳动密集型轻纺加工业和家电制造业的转移,①与香港、澳门形成"前店后厂"的紧密联系,推动信息、人力、资金、市场渠道等社会资源在产业之间充分流动。广东充分利用国家赋予的对外开放各种先行先试政策,发挥区位优势,在海外侨胞和外籍华人的支持下,解决了广东制造业起步阶段所急需的资金、技术匮乏、市场等问题。通过乡镇企业的大爆发,广东释放了农村劳动力的活力,②找到了突破"马尔萨斯陷阱"的有效路径,③建立了镇区工业体系,推动了制造业的快速发展。④

---

① 回顾近40年来广东制造业发展经历,广东承接了三次大的产业转移:第一次产业转移:20世纪80年代,香港的大部分轻纺、玩具、钟表、消费电子、小家电等轻工和传统加工业向内地转移;第二次产业转移:20世纪90年代初,台湾地区以及日本、韩国的电子通讯类低端加工和装配业大规模向中国大陆转移;第三次产业转移:2002年开始,欧美及日本等发达国家跨国公司以制造、产品设计、研发及采购中心为代表的高端产业向中国转移。制造业发展在此过程中亦形成了一条清晰的主线:由单纯加工变成采购兼加工,再变成采购、加工、销售一条龙,从"三来一补"到自主品牌。

② 以中山市古镇镇为例,当时,古镇党委、政府在大力发展镇办企业、村办企业基础上,积极鼓励和引导刚从土地上解放出来的2万多农民劳动力去发展个体私营经济,并在资金、用地和政策上都给予极大的优惠,其中在贷款方面有这样的规定:5万元以下,个人贷款可由村委确认,可直接申请办理。超5万元则由镇政府出面担保,再申请办理。

③ 1987年,广东GDP达到846亿元,实现国民生产总值比1980年翻一番,初步解决人民群众的温饱问题。

④ 20世纪80年代,广货"经济北伐","珠江水、广东粮、岭南衣、粤家电"形象概括了广东在饮料、食品、服装和家电这四大产业领域的竞争优势。例如,顺德的家电产业,在全国率先引入香港的同类产品设计理念,使其在产品功能、产品款式上远远领先于当时内地企业的同类产品,造就了持续10多年的"粤货北伐"风潮;佛山在20世纪90年代有几百家生产音箱、功放的视听电子企业,向上溯源,其主要管理和技术团队基本上都能追溯到佛山地区最早的3家国有无线电厂。

轻纺加工、家电产业、家居建材等是广东结合比较优势与市场需求建立形成的支柱产业。特别是 1996 年,居民消费结构开始从生存型向享受、发展型转变,以彩电、冰箱、空调三大家电产品为代表的耐用消费品工业迅速成长为主导产业,电话、空调、电脑、微波炉开始走进千家万户,广东成为家电大省。

2. "一村一品、一镇一业"的产业格局

在乡镇企业兴起的基础上,广东各镇政府逐渐意识到应该改变产业无序发展的局面,集中资源大力发展优势产业,并推动形成了独特的"一村一品、一镇一业"的产业现象。① 如东莞虎门镇以承接东南亚劳动密集型服装加工企业转移为基础,选择广州、深圳等周边大城市忽略的服装产业作为全镇主导产业。1995 年,虎门镇明确提出"服装兴镇"的发展方向,并提出了"建立服装这一龙头产业,使服装产业形成规模经济,获得规模效益"的发展思路。发展"一村一品、一镇一业"符合当时的社会、政治、经济情况和农民的实际需求,可以使优势不明显的村镇加快培育出主导产业和拳头产品,使拥有主导产业和拳头产品的村将产业规模做得更大、产业链条拉得更长、发展得更具特色。

3. 不平衡发展战略与坚持制造业立省

除了家电、轻纺、家居建材等轻工业以外,广东省各级党委政府也根据发展环境、机遇以及市场需求的变动实施了不平衡发展战略,通过有选择性的产业政策集中有限资源对一些基础性、战略性产业部门进行重点扶持。例如,在既有电子工业技术基础上②,抓住了国际信息产业兴起及跨国公司将劳动密集型工序向发展中国家转移的机遇,大力吸引中国台湾、日本、韩国、欧美等地的电子设备厂商进来投资设厂。广东省人民政府在 1983 年作出把电子工业作为支柱产业发展的决策,于 1984 年 3 月制定了"关于加快

---

① "一村一品"运动起源于日本大分县,由大分县前知事平松守彦先生于 1979 年倡导发起,是在日本快速工业化、城市化背景下,为扭转大分县农村人才、资本外流、产业萎缩的局面而提出来的。

② 广东电子工业从新中国成立后便开始发展。

发展广东电子工业的优惠政策",并采取一系列措施增强电子技术引进吸收再创新能力①。以计算机、电子工业等为代表的产业成为支撑广东国民经济高速增长的最重要的支柱产业。1993 年,广东出台《关于扶持高新技术产业发展的若干规定》,推动以电子信息、电气机械为主体的高新技术产业集群迅速崛起,电子信息设备制造业迅速跃升为广东省高新技术的龙头产业。到了 2007 年,广东电子信息产业实现总产值 1.4 万亿元,连续 17 年位居全国第一。

回顾改革开放 40 多年来,广东省委省政府始终坚持制造立省发展战略不动摇。40 年来,佛山、东莞、珠海、中山等制造业名城相继崛起,华为、格力、TCL、比亚迪等大型制造业企业享誉全国。从"珠江水、广东粮",到"岭南服、粤家电",再到如今的电子、装备制造、石化等产业布局更趋成熟和合理,制造业始终是广东产业发展的中心工作。

(二)逐步建立市场导向的产业政策

1.出口导向为主、进口替代为辅的产业引导

在"三来一补"加工贸易的产业发展模式下,20 世纪 80 年代,广东确立以外向型经济带动经济全面发展战略,采取"两头在外,以进养出"的措施,积极发展外向型经济,着力构建全方位对外开放格局。1979 年 2 月,蛇口建立中国大陆第一个出口加工区。② 深圳市委把深圳特区的经济发展思路简单概括为"四个为主",即"建设资金以吸收和利用外资为主;经济结构以中外合资、合作经营企业和外商独资经营企业为主;企业产品以出口外销

---

① 从 1980 年开始,广东电子行业充分利用毗邻港澳的地理位置优势,有计划、有重点地引进国外先进技术和设备,大规模地进行技术改造。1982 年,省电子工业局成立了技术引进办公室,负责全省电子行业的技术引进协调工作。各地、市电子工业主管部门也相应建立了技术引进机构,加强了引进技术工作的管理,增强了计划性。到 1987 年,全省电子行业引进的电子技术、设备共 432 项。经过实践,许多电子企业对引进的技术、设备进行消化吸收和改造创新,并根据市场的需求,开发、设计、生产自己的产品。

② 参考资料:http://news.sznews.com/content/2015-08/13/content_12080201.htm。

为主;经济活动在国家计划指导下以市场调节为主"。① 为鼓励出口,广东出台了一系列的改革措施与政策。1988—1990年,在全省推行外贸承包经营责任制,彻底打破外贸长期以来吃国家"大锅饭"的体制;把鲜活商品出口权下放到市县,逐步建立工贸、农贸、技贸结合的出口生产体系;积极引进外资和国外先进技术设备改造老企业,大规模的技术革新为"广货"行销全国,进入国际市场奠定了基础。从1986年开始,广东进出口总额开始长期占据全国第一的位置,成为全省经济发展的引擎。出口导向的外向型经济发展战略至今没有进行根本改变,广东外贸大省的地位一直没有动摇。②2017年全省货物进出口总额达到6.8万亿元,总量连续32年位居全国货物进出口总量首位,其中,货物出口额达到4.2万亿元,占进出口总额的62%。

在坚持出口导向的发展战略的同时,广东也有目的地实施进口替代战略,建立更加完备的工业产业链,实现产业结构优化目标。③ 1998年,广东省委省政府提出工业要"适度重型化",实施进口替代战略,即实现"以机器制造机器"。以石油化工、装备、能源原材料等为代表的重工业快速发展。2000年,广东重工业增加值比重(52.4%)首次超过轻工业(47.6%));2002年,广东重工业总产值比重(50.2%)也超过轻工业(49.8%)。2007年,广东经济结构明显改善,产业布局和结构日趋合理,现代产业体系已具雏形,

---

① 溪舞、李清森、李干明:《深圳特区外向型经济的发展轨迹》,《中共党史资料》2008年第4期。

② 1994年1月1日开始施行的《中华人民共和国增值税暂行条例》规定,纳税人出口商品的增值税税率为零,对于出口商品,不但在出口环节不征税,而且税务机关还要退还该商品在国内生产、流通环节已负担的税款,使出口商品以不含税的价格进入国际市场。这一政策对广东推动工业出口产生了巨大的推动作用。

③ 进口替代一般要经过两个阶段:第一个阶段,先建立和发展一批最终消费品工业,如食品、服装、家电制造业以及相关的纺织、皮革、木材工业等,以求用国内生产的消费品替代进口品,当国内生产的消费品能够替代进口商品并满足国内市场需求时就进入第二阶段;在第二个阶段,进口替代由消费品转向国内短缺的资本品和中间产品的生产,如机器制造、石油加工、钢铁工业等资本密集型工业。经过这两个阶段的发展,进口替代工业日趋成熟,为全面的工业化奠定了基础。

产业高级化和适度重型化趋势明显。2007年轻重工业比例39.2∶60.8,全省规模以上工业完成增加值13079.22亿元。

2. 培育特色化的区域产业集群体系

在"一村一品、一镇一业"发展基础上,在政府选择与市场选择双重作用下,广东许多镇逐步发展形成规模十亿、几十亿甚至上百亿元的产业相对集中、产供销一体化、以镇为地理单元的新型经济形态——专业镇。① 广东多数专业镇的兴起可以追溯到20世纪80年代末或90年代初。虽然,早期地方的企业家群体的自主创业与联盟是专业镇发展的关键,但以镇政府为代表的地方政府在大批专业镇的萌芽及壮大中发挥了不可或缺的作用。镇政府的各种激励政策和改革措施的制定主要是围绕着怎样在旧有体制中保护本地市场经济的发育。

2000年以后,广东省委、省政府开始从省级层面推动专业镇发展。目前,广东省专业镇产业类别覆盖从珠三角到东西两翼以及粤北山区,涵盖产业涉及从陶瓷、纺织、家具、家用电器等轻纺工业到汽车配件、石化生产、钢铁制造等重工业,如中山沙溪的休闲装、深圳女装、盐布的内衣、南海西樵的面料、东莞虎门的服装、大朗的毛针织、佛山环市的童装等,产生了大沥铝型材、西樵布料、小榄五金、古镇灯饰、龙江家具、虎门服装、石湾瓷砖、澜石不锈钢、枫溪陶瓷、澄海玩具、狮岭皮具等全国知名的区域品牌。时至今日,这些专业镇与产业园区在全省经济增长、社会进步与区域协调发展中起到有力支撑作用。2016年,广东400多家省级技术创新专业镇GDP占全省比重突破38%。佛山、汕头、中山、云浮、潮州、江门等地专业镇经济贡献度超过50%。以专业镇为代表,珠三角东岸(包括深圳、东莞和惠州)逐渐形成了以电子信息产业为主的高技术产业,珠三角西岸(主要是佛山、中山、江门和珠海)则形成了以家用电器和建筑材料制造业为主的产业集聚,而以广

---

① 参见朱桂龙、钟自然:《从要素驱动到创新驱动——广东专业镇发展及其政策取向》,《科学学研究》2014年第32期。文章指出,专业镇具有产业集中度较高、专业化分工明确、产业链比较完备,创新、营销、信息网络、展览等公共服务体系健全等产业组织特征。

州为中心则出现了装备制造业的集聚。

经济技术开发区成为广东推动产业集聚的重要抓手。1992 年邓小平在南方谈话中要求广东"胆子再大一点,步子再快一点",而且提出广东要用 20 年的时间赶上亚洲"四小龙"。1992 年,广东涌起"开发区热"。从经济技术开发区到工业园区以及高新区,广东产业集群水平不断提升。目前广东省拥有高新区 23 家。其中,国家级高新区 11 家、省级高新区 12 家。2015 年广东省 23 家高新区预计实现营业总收入 2.66 万亿元。广东省的高新区以 0.2% 的土地面积,创造了 1/6 的工业增加值、1/6 的出口额、1/3 的高新技术产品产值,成为经济社会发展的"金字招牌"和"闪亮名片"。

按照弗农的梯度转移理论①,新产业部门,新产品、新技术等创新活动,一般来源于高梯度地区,而随着时间的延伸和工业生命循环阶段的变化,衰退的部门,产品、技术会逐步由高梯度地区向低梯度地区转移。依据这一产业转移规律,在本地专业镇以及工业园区发展基础上,广东积极探索跨区域共建,②推动产业在省内的梯度转移。2016 年,时任中共省委书记胡春华提出,要大力推动珠三角与粤东西北产业共建,通过产业共建把珠三角的先进生产力引向粤东西北,让粤东西北站在一个高的起点上,实现高水平跨越式发展。③ 为此,广东大力发展跨区域产业集群,建立产业转移工业园。截至 2016 年,经广东省政府认定的省级产业转移工业园有 40 个,主要分布在

---

① 弗农的梯度转移的产业发展战略模式认为,各个工业部门、工业产品和技术都处在不同的生命循环阶段中,都要经历创新、发展、成熟和衰老四个阶段。区域经济的衰老主要取决于产业结构的优势,而产业结构的优势又取决于该地区主导产业化和其他部门在工业生命循环中所处的阶段。如果主导产业化部门处于创新阶段和发展阶段前期,则该地区成为高梯度地区。

② 广东很早就把珠三角发达地区与粤东西北地区合作共建省产业转移工业园作为推进区域产业转移和对接合作的主要方式。2004 年,广东省政府首次提出珠江三角洲与山区及东西两翼共建产业转移工业园。2005 年 3 月,省政府制定出台了《关于广东省山区及东西两翼与珠三角洲联手推进产业转移的意见(试行)》(粤府[2005]22 号),正式拉开广东省产业转移工业园建设的序幕。2005 年 8 月,广东省经贸委发文对产业转移园进行认定。2008 年,广东正式推出产业、劳动力"双转移战略",广东欠发达区域高速崛起,连续 6 年增速超过珠三角。

③ 参考资料:http://finance.sina.com.cn/roll/2016-08-02/doc-ifxunuyk4337436.shtml。

韶关、梅州、河源、惠州、肇庆、湛江、茂名、阳江、云浮等地区。在产业转移过程中,广东省产业转移工业园逐步成为新的产业集聚区,推动了粤东西北产业发展,①珠三角地区相关产业因此得到了更为广阔的发展空间。产业转移不仅加快了珠三角地区边际产业转变为外围地区优势产业的空间转换步伐,而且通过利用东西翼和北部山区的资源和比较优势,激活了广东省内源经济的发展潜力。全省内外需协调拉动增长、创新驱动、多极联动的发展格局初步形成。

3. 有序推进产业转移,增强产业转型升级动力

从 1978 年开始,广东小城镇作为乡镇企业的主阵地,走上了一条快速发展的道路。到了 2000 年,广东全省有 1500 多个建制镇。但长期以来,这些小城镇处于农村与城市夹缝之间,存在土地利用粗放、规划标准低,"城不像城、村不像村"等问题。从产业发展角度来看,建设中小城镇中心(中心镇)是镇政府适应市场经济要求,切实转变职能,强化镇政府引导、服务和协调功能,通过统筹资源、集中规划、强化管理等措施,集中推动本地产业转型升级的重要举措。②

2000 年开始,广东省委、省政府开始重视中心镇(中小城镇中心)的发展。为营造良好的政策支持环境,广东省委、省政府先后印发了《关于加快城乡建设、推进城市化进程的若干意见》(粤发[2000]8 号)、《关于推进小

---

① 例如,在深汕特别合作区,企业以"深圳总部+深汕基地""研发+生产"模式落户,可享受深圳企业同等待遇,并同时享受省产业转移扶持政策及国家和省给予的革命老区政策。

② 凤岗镇地处东莞市东南端,东、南、西三面与深圳接壤。近年来,该镇以"产业兴、人民富、城市美、环境优、社会和"为工作着重点,以"加快转型升级、建设幸福凤岗、努力实现高水平崛起"为核心目标,充分发挥毗邻深圳的区位优势,着力打造"莞深惠一体化先行区、具有客侨文化特色的现代产业名镇"。在产业转型方面,凤岗镇加快推动加工贸易企业转型升级,充分发挥"科技东莞"等专项资金的导向作用,鼓励企业开展技术改造和革新,产业转型升级顺利推进。以 2012 年为例,全镇共推动 122 家来料加工企业办理名称核准,推动 30 多家来料加工企业转为民营企业,2008 年至今已累计转型超 400 家,全镇外资企业投入 1.1 亿美元引进先进生产设备,内设研发机构 9 个,14 家企业建立了具有一定规模的研发团队。加工贸易企业新注册或引用品牌 114 个,新获得境内外专利 110 个。

城镇健康发展的意见》(粤发〔2000〕10 号)、《关于加快中心镇发展的意见》(粤府〔2003〕57 号)、《广东省城镇化发展纲要》《关于推进城镇化的若干政策意见》(粤发〔2004〕7 号)和《中共广东省委广东省人民政府调整我省乡镇行政区划的通知》(粤发〔2001〕9 号)等推进中心镇发展的纲领性文件,提出了一系列创新性的制度安排。2003 年年初,广东成立了以时任副省长许德立为组长、由省直有关部门组成的省城镇化工作领导小组。统筹协调、督促推进全省中心镇发展,便是该机构的主要职能之一。与此同时,各地也相应成立了城镇化工作领导机构。如广州成立了由市委、市政府领导担任组长和副组长的农村中心镇规划建设领导小组,每年从建设、国土、农业、规划等职能部门抽调一名副局级领导干部到领导小组办公室任主任,加强对中心镇建设工作的督办与协调力度。

以凤岗镇为例,该镇地处东莞市东南端,东、南、西三面与深圳接壤。该镇以"产业兴、人民富、城市美、环境优、社会和"为工作着重点,以"加快转型升级、建设幸福凤岗、努力实现高水平崛起"为核心目标,充分发挥毗邻深圳的区位优势,着力打造"莞深惠一体化先行区、具有客侨文化特色的现代产业名镇"。2012 年,凤岗镇制定了"6 个新推动"的计划。在产业发展方面,一是狠抓"腾笼换鸟"。通过新推动 10 宗"腾笼换鸟"项目完善交易手续,有序转移劳动密集型低端产业和低端环节,腾出市场发展空间,吸引承接高端产业,通过抓大项目,引进高技术、高附加值的企业和产业做大增量。二是"扩笼壮鸟"。立足传统优势产业,在 273 家来料加工企业成功转型的基础上,推动 100 家加工贸易企业转型升级,新推动 10 家企业设立研发机构或地区总部,新推动 10 家企业进行技术改革,新推动 10 家企业增资扩产,新推动 10 家企业内销超千万元。三是强化责任。积极推进"三重"工作责任制,提高镇招商引资能力,推进产业转型升级。[1] 通过中心镇的建设,实现了要素、资源的优化配置,提高了产业发展适应市场能力,增强了产业转型升级动力。

---

[1]　参考资料:http://news.hexun.com/2012-12-27/149521256.html。

（三）推动产业技术进步：从依附式学习到自主创新

从技术学习到强调自主创新，广东充分发挥政策的引导作用以及动员能力，通过正确处理好发展高新技术产业和传统产业的关系、构建产学研合作网络、开放型区域创新体系等途径，奋力实现技术赶超目标。

1.鼓励本土企业依附式学习

出口导向战略使得后发国家企业深度嵌入了全球生产体系。在全球生产体系下，发达国家的产业创新动力学模型是，创新活动首先发生在产品创新，而后才是工艺创新（Utterback and Abernathy，1975），简称 UA 模型。相反，广东企业则是首先引进发达国家的生产工艺，经历密集的技术努力后，才逐渐形成产品创新能力。全球生产网络（Global Product Network）和全球价值链（Global Value Chain）理论指出了作为网络旗舰（Network Flagships）的跨国公司在转移知识中扮演的角色，以及本土后发供应商能力的形成两者之间的关系。跨国公司通过 R&D 联盟、独立供应商、独立分包商、分销渠道、合作协议（标准联盟等）、合资企业、子公司和附属机构等非正式和正式机制将隐性和显性知识转移给广东本地后发供应商，形成了本地供应商的创新能力。

为此，广东政府鼓励本土企业通过与跨国公司合作增强技术创新能力。自 20 世纪 90 年代中后期起，广东着力吸引世界 500 强企业及其研发中心在粤落地生根，吸引全球著名科技创新型企业在粤落户，促进本土企业充分吸收 FDI 的技术溢出，紧跟世界产业和技术发展潮流，始终与国际创新保持同步。奇美、LG 等企业的落户，直接将广东 LED 屏幕制造产业带入世界先进水平；丰田、本田的引入，间接催生了广汽自主品牌的诞生和工艺技术与国外技术的同步。

2.技术依附的局限与创新驱动战略的提出

然而，技术依附模式带来了广东制造业"大而不强"的困境。广东制造企业多数处于加工组装环节，关键设备、关键技术、关键原材料严重依赖进口，"缺芯少核"问题突出，产业层次比较低，自主性和抗风险能力弱，迫切需要突破产业发展技术瓶颈,掌握制造业发展主动权。①

　　早在 20 世纪 80 年代,广东政府就已经意识到技术创新以及自主创新的重要性。20 世纪 80 年代中期,广东开始实施高新技术产业发展的"火炬"计划。1993 年,广东出台《关于扶持高新技术产业发展的若干规定》,推动以电子信息、电气机械为主体的高新技术产业集群迅速崛起。为提升工业化水平,改变技术学习的被动局面,广东明确强调"要把科技发展放在经济和社会发展的首要位置",提出了"科技兴省"战略。1999 年,省委、省政府出台《关于依靠科技进步推动产业结构优化升级的决定》,提出实施科教兴粤战略,推动经济结构和经济增长方式的战略性调整;省第八次党代会明确强调把发展高新技术产业作为第一经济增长点。进入新世纪,又相继提出"增强自主科技创新能力""建设创新型广东""争当全国建设创新型省份的排头兵"的战略构想。

　　2008 年全球性金融危机后,广东加快了产业转型升级步伐,倒逼以加工贸易为主的外向型经济产业转型,开始探索以内生发展为导向的新型工业化发展道路,加快向高生产率与高附加值的经济活动转移。② 主要内容包括两个方面:一是发展市场需求前景大、技术进步快的战略性新兴产业,诸如新能源、新材料、电子信息、生物医药、智能制造、高端装备制造业等;二是加快现有产业技术设备的更新与改造,促使现有产业向高附加值的环节

---

① 时至今日,广东也没有从根本上摆脱技术依附的困境。2017 年广东电子信息产业总产值超过了 3 万亿元,出口交货值超过 1.7 万亿元,折合 2500 亿美元,但核心芯片依然无法自主生产,需要大量进口,全省集成电路进口 1305 亿块,占全国 38%,进口额 935 亿美元,占全国 41%。以广州某家电子企业为例,这家公司主要从事电脑外围设备、数据传输、自动化及消费产品等领域,为惠普、斑马等 30 多个客户提供设计、开发、生产、装配、系统技术支持、分销等服务,其 94%的产品出口国际市场,仅有 6%的产品内销。该公司的产品结构中,75%属于核心部件、25%属于低端部件,其中核心部件全部通过国外进口取得,境外供应商达到 1800 多家,低端部件在国内购买,且主要为五金件,境内供应商为 780 多家,其中开发区 9 家,广州市(开发区除外)17 家,广东省(除广州市)622 家,中国(除广东省)138 家。
② 受亚洲金融危机的影响,支撑广东工业发展多年的服装纺织、食品饮料、建筑材料等轻工业不足以支撑广东工业的发展。例如,1995 年,佛山西樵镇大约有 2000 多家纺织企业,到 1998 年,仅剩下 600 多家。

与过程转变,发展先进制造业。2010 年,广东印发《关于加快经济发展方式转变的若干意见》,正式提出了培育发展高端新型电子信息、新能源汽车、半导体照明(LED)等八大战略性新兴产业。① 2011 年在全国率先出台《广东省自主创新促进条例》,制定《珠三角国家自主创新示范区建设实施方案(2016—2020 年)》,通过了《广东省促进科技成果转化条例》等。2014 年 6 月,广东省出台了《关于全面深化科技体制改革加快创新驱动发展的决定》,将创新驱动发展战略上升为全省战略。随后,陆续出台《关于加快建设创新驱动发展先行省的意见》《关于加快科技创新若干政策意见》《关于建设一批高水平大学的意见》《关于加强理工科大学和理工类学科建设服务创新驱动发展的意见》等系列政策性文件,集聚资源提升产业创新水平。

正确处理好发展高新技术产业和传统产业的关系。除发展战略性新兴产业、高端产业以外,广东在智能制造、"机器换人"、"两化"深度融合、设备更新和绿色低碳发展等方面大力推进工业技术改造,鼓励企业运用先进适用技术,通过改技术、改工艺、改设备、改产品、改管理等方式实施全方位的技术改造。2014 年,省政府明确提出,用 3 年左右时间推动 50% 以上工业企业完成新一轮技术改造,工业技术改造投资年均增长 25% 左右。

通过相关政策、规划的作用,有效引导企业界、产业界及时把握国内乃至全球范围内对智能手机、无人飞机、生物基因、电动汽车等产品爆炸式需求增长,形成通讯设备、计算机及系统、输配电及控制设备、医疗器械、办公机械制造业、特种船舶、汽车制造、石油化工等在全国具有较强竞争优势的领域,涌现了一批龙头骨干企业。2016 年,广东高新技术企业数量达到 19857 家,总量居全国第一;广东 PCT 国际专利申请量连续 15 年领跑全国。

3. 构建产学研合作网络

产学研合作网络是广东政府推动产业技术创新水平的重大举措。其中

---

① 也出台了《广东省战略性新兴产业发展"十三五"规划》等规划文件。

一个比较突出的政策是实施了科技特派员制度①。企业科技特派员是指立足广东产业发展需求,从国内外高等学校、科研院所中选拔,派驻到广东省内的相关企业、专业镇、高新区、民营科技园区、产业转移园区等开展产学研结合工作的科技人员。一大批长江学者特聘教授、国家杰出青年科学基金获得者等人才,涉及的行业领域主要集中在电子信息、装备制造、新材料、生物医药等产业,积极在企业兼职解决产业发展和企业创新所面临的技术难题。2007 年,教育部、科技部和广东省人民政府启动并试点"省部企业科技特派员行动计划"。截至 2016 年 6 月,广东在全省 21 个地市共建成 195 个企业科技特派员工作站,数量位列前 5 位的城市分别是广州、佛山、东莞、深圳、惠州;科技特派员驻点企业累计超过 5000 家,分布在全省 21 个地、市,形成了各产业领域全面创新的发展态势。

　　广东积极构建全国/全球产学研合作网络。广东坚持以开放促合作提高创新水平,基本形成产学研合作与协同创新大格局。广东与科技部、教育部合作共建产学研结合的先行示范区,推动"三部两院一省"产学研合作向纵深发展,大力推进与中科院、大型央企研发机构等重要创新主体,以及清华大学、北京大学等知名高校的新一轮战略合作,加强与美国、德国、乌克兰、以色列、新加坡、日本、韩国等先进国家开展深入科技交流合作,建设国际科技合作平台。至 2014 年年底,累计建成各类产学研创新平台 1600 多家、产业技术创新联盟 100 多家。2014 年,省部院产学研合作全年实现产值 2500 亿元,利税 250 亿元;累计实现产值突破 1.7 万亿元,利税 2200 亿元。此外,广东建设形成由 21 家国家重点实验室、6 家省部共建国家重点实验室培育基地、200 家省重点实验室、54 家省企业重点实验室、32 家省重点科研基地组成的较为完整的实验室体系;拥有 23 家国家工程技术研究中

---

① 从时间来看,科技特派员是星期日工程师的升级。星期日工程师又称科技人员业余兼职,主要是指各级各类专业技术人才、经营管理人才通过事先联系利用星期天或节假日等业余时间,在完成本职工作、不侵害国家和单位技术、经济利益的前提下,为民营经济和各类企业提供各种无偿和有偿服务。但科技特派员不仅利用业余时间,而是采用一系列的制度安排可以长期入驻企业但又不丢失原有身份。

心、50 家国家工程实验室和工程研究中心、78 家国家级企业技术中心,国家级创新平台总数位居全国前列,有力支撑了产业技术创新。

4.构建开放型区域创新体系

近年来,广东省紧紧围绕发展创新型经济,大力培育创新型企业,建设产业新体系,以创新为主要支撑的经济体系和发展模式正加快形成。新型研发机构、科技企业孵化器、众创空间等新型创新创业主体蓬勃发展。创新驱动发展的成效离不开科技创新重大平台建设的全面加快。近年来,广东省充分发挥广州、深圳两地创新发展的增长极带动作用①,联合珠海、佛山、惠州、东莞、中山、江门、肇庆等地,共同建设珠三角国家自主创新示范区。目前已形成以深圳、广州及珠三角 7 个国家级高新区为核心的"1+1+7"自主创新新格局,成为推进广东省创新驱动发展的重大平台。此外,广东省还建设了一大批新型研发机构、科技企业孵化器、众创空间。这些创新创业载体的数量逐年增加,有效地推动了大众创业、万众创新。通过构筑开放型区域创新体系,也推动了广东原始创新能力的提升。国家大科学中心建设初现规模,在中微子、超材料、基因组、干细胞、移动通信技术等领域跻身世界领先水平。广东省以创新为主要引领和支撑的经济体系和发展模式正加速形成,为建设创新型国家提供新鲜经验和成功范例。

---

① 佩鲁进一步发展了缪尔达尔的产业赶超发展的累积因果关系理论,提出了增长极理论。该理论认为,主导部门和有创新能力的企业在某些地区或大城市集聚发展而形成的经济活动中心,即增长极,能够产生较强的吸纳扩散作用,不仅加快了自身发展,而且能够促进周围地区产业的发展。

第七章 中国道路的世界意义及展望

改革开放以来,中国人民在自己的奋斗实践中创造了人类历史上前所未有的发展奇迹,探索形成了中国特色社会主义道路。中国道路不仅属于中国,也属于世界①,具有普遍的世界意义。当然,随着发展条件的变化,中国特色社会主义也会面临新的挑战,必须秉持动态的国家能力观,孵化出更加成熟、更加定型的社会主义市场经济制度,将改革开放和社会主义现代化建设不断推向前进。

一、中国道路的世界意义

中国道路是一条以和平发展方式追求文明进步的现代化新路,拓展了发展中国家走向现代化的途径,证明了社会主义的优越性和马克思主义的真理力量,为国际共产主义运动带来了新的活力和希望,为解决全人类的普遍性问题贡献了中国智慧和中国方案。

(一)将社会主义制度与市场经济结合起来,为科学社会主义注入新的活力和希望

在社会主义条件下发展市场经济,是中国共产党的一个伟大创举。中

---

① 中国道路的世界贡献可以从两个维度理解:一是类型学意义上的普遍性,即作为一种发展模式的推广;二是因果意义上的普遍性,即中国是一个超大型的国家,其发展到一定阶段必然会对整个世界产生影响。参见童世骏:《中国模式的普遍性和特殊性》,《社会观察》2011 年第 5 期。

国经济发展获得巨大成功的一个关键因素,就是既发挥了市场经济的长处,又发挥了社会主义制度的优越性。①中国道路高高举起中国特色社会主义旗帜,坚持和发展了科学社会主义,有力地促进了世界社会主义运动的复兴,为经济文化较落后的国家如何坚持和发展社会主义提供了全新选择。②新时代中国特色社会主义正成为 21 世纪科学社会主义发展的旗帜,成为振兴世界社会主义的中流砥柱。③

1. 破解了经济文化较落后国家如何建设社会主义的世界难题

马克思在晚年曾经提出了跨越"卡夫丁峡谷"的设想,即东方落后前资本主义国家可以在一定条件下超越资本主义阶段直接进入社会主义。④ 列宁领导的俄国十月革命实践将马克思的设想变成现实,东欧、中国等其他国家革命的胜利也证明了这一设想是可行的。不过,这种特殊的过渡方式显然不同于马克思之前提出的"两个必然"和"两个决不"⑤,即不是由发达资本主义进入社会主义的方式。因此,必须把建立在"资本主义一切肯定成就"基础上的社会主义与有待"吸收资本主义一切肯定成就"的社会主义区分开来。⑥ 跨越"卡夫丁峡谷"的经济文化较落后国家虽然建立了社会主义政权,但是,革命胜利之后如何建设社会主义却是世界社会主义运动亟需解

---

① 习近平:《关于坚持和发展中国特色社会主义的几个问题》,《求是》2019 年第 7 期。

② 蒲国良:《世界社会主义视域下的中国特色社会主义》,《教学与研究》2008 年第 8 期。

③ 中共中央宣传部:《习近平新时代中国特色社会主义思想三十讲》,学习出版社 2018 年版,第 27 页。

④ 1881 年,马克思在给俄国革命民主主义者查苏利奇的回信中指出,《资本论》对资本主义生产的起源分析,明确地限于欧洲各国,俄国由于农村公社土地公有制的存在以及可以利用资本主义(因为所处的时代是资本主义)的一切肯定性成就,所以不必经过资本主义生产各阶段而直接进入社会主义社会。

⑤ "两个必然"是指马克思恩格斯在《共产党宣言》中论证的"资产阶级的灭亡和无产阶级的胜利是同样不可避免的"。"两个决不"是指马克思在 1859 年写的《〈政治经济学批判〉序言》中提出的"无论哪一个社会形态,在它所能容纳的全部生产力发挥出来以前,是决不会灭亡的;而新的更高的生产关系,在它的物质存在条件在旧社会的胎胞里成熟以前,是决不会出现的"这一重要思想。

⑥ 陈学明:《中国道路为世界贡献了什么?》,天津人民出版社 2017 年版,第 5 页。

决的难题。马克思本人虽然提出了跨越资本主义"卡夫丁峡谷"建立社会主义的设想,但他并没有过多地论述如何建设这种社会主义国家,由此也给各社会主义国家提供了广阔的空间。

在很长一段时间里,社会主义国家的领导人混淆了跨越资本主义"卡夫丁峡谷"而建立起来的有待"吸收资本主义一切肯定成就"的社会主义,与资本主义矛盾尖锐化导致建立在"资本主义一切肯定成就"基础上的社会主义,按照后者的模式来建设前者,从而使社会主义道路一度越来越艰难。例如,苏联和中国都曾经建立起完全排斥市场、高度集中的计划经济,尽管在初期取得了显著成效,但随着经济规模的扩大和社会结构的日益复杂,计划经济管得过死的弊病暴露无遗,后来出现经济增速的下滑和物资的匮乏,匈牙利著名经济学家亚诺什·科尔奈将此概括为"短缺经济学"。事实上列宁早就预见到:"我们的革命是开始容易,继续比较困难,而西欧的革命是开始困难,继续比较容易。"①20世纪80年代末90年代初发生的苏东剧变,进一步证明落后国家如何建设社会主义确实是一道世界性难题。

中国道路本质上是一条经济文化较不发达国家如何建设社会主义的道路,其成功实践科学系统地回答了"社会主义究竟是什么,建设社会主义到底要走怎样的道路"这一"世界之问"。② 改革开放之初,中国特色社会主义道路的开创者邓小平明确指出:"社会主义本身是共产主义的初级阶段,而我们中国又处在社会主义的初级阶段,就是不发达的阶段。一切都要从实际出发,根据这个实际来制定规划。"③社会主义初级阶段论的提出,意味着中国清醒地意识到中国的社会主义不是建立在高度发达的资本主义之上,而是从半殖民地半封建社会基础上产生的不成熟的、有待"吸收资本主义一切肯定成就"的社会主义。这一重大判断是对中国社会性质的基本认定,为中国之后所有路线、方针、政策的制定提供了基本遵循,也对落后国家

---

① 《列宁全集》第34卷,人民出版社1985年版,第343页。

② 张澎军:《科学回答人类的"世界之问"——中国特色社会主义的世界性价值》,《思想教育研究》2013年第2期。

③ 《邓小平文选》第三卷,人民出版社1993年版,第252页。

如何建设社会主义具有普遍指导作用。正因为社会主义政权建立在落后的生产力基础之上,①所以跨越"卡夫丁峡谷"后的社会主义国家,主要任务就是"以经济建设为中心",解放和发展生产力,补好经济文化不发达的课。诚如邓小平所言:"社会主义的首要任务是发展生产力,逐步提高人民的物质和文化生活水平。"②改革开放40多年来,中国共产党始终牢牢把握社会主义初级阶段这个最大国情,牢牢立足社会主义初级阶段这个最大实际,准确把握中国社会主义初级阶段不断变化的特点,在推动经济又好又快发展的同时,有效解决实践中出现的各种社会问题,实现"五位一体"的中国特色社会主义事业全面发展,使今日之中国前所未有地走近世界舞台的中心,前所未有地接近实现中华民族伟大复兴的梦想。

2. 坚持和发展了科学社会主义

中国道路就是中国特色社会主义道路。中国道路是中国共产党通过改革开放找到的一条建设有中国特色的社会主义的路子。标明中国道路性质的社会主义,就是马克思恩格斯的科学社会主义。③ 作为中国改革开放的总设计师,同时也是中国特色社会主义道路的开创者,④邓小平在1982年党的十二次全国代表大会的开幕词中正式提出中国特色社会主义这一概念,他说:"把马克思主义的普遍真理同我国的具体实际结合起来,走自己的道路,建设有中国特色的社会主义"。⑤ 此后,历届党代会报告的题目都有"中国特色社会主义"这个词,表明了我们党和国家坚定不移沿着中国特色社会主义道路前进的决心。党的十七报告首次明确提出"中国特色社会

---

① 我们党一直肯定落后的社会生产是我国的主要矛盾。如1956年党的八大报告指出:我们国内的主要矛盾,已经是人民对于建立先进的工业国的要求同落后的农业国的现实之间的矛盾,已经是人民对于经济文化迅速发展的需要同当前经济文化不能满足人民需要的状况之间的矛盾。

② 《邓小平文选》第三卷,人民出版社1993年版,第116页。

③ 徐崇温:《中国特色社会主义道路研究》,重庆出版社2017年版,第117页。

④ 冷溶:《邓小平开创中国特色社会主义道路的伟大贡献》,《人民日报》2014年8月20日。

⑤ 《邓小平文选》第三卷,人民出版社1993年版,第3页。

主义道路",并强调:"在中国,坚持中国特色社会主义道路,就是真正坚持社会主义。"①2013年,习近平总书记进一步明确指出:"实现中国梦必须走中国道路。这就是中国特色社会主义道路。这条道路来之不易,它是在改革开放30多年的伟大实践中走出来的,是在中华人民共和国成立60多年的持续探索中走出来的,是在对近代以来170多年中华民族发展历程的深刻总结中走出来的,是在对中华民族5000多年悠久文明的传承中走出来的。"②可见,中国道路虽然是指改革开放以来开创的中国特色社会主义道路,但它具有深厚的历史渊源和广泛的现实基础。

中国特色社会主义是社会主义而不是其他什么主义。近些年来,国内外有些舆论提出中国现在搞的究竟还是不是社会主义的疑问,有人说是"资本社会主义",还有人干脆说是"国家资本主义""新官僚资本主义"。这些都是完全错误的。我们说中国特色社会主义是社会主义,那就是不论怎么改革、怎么开放,我们都始终要坚持中国特色社会主义道路、中国特色社会主义理论体系、中国特色社会主义制度、中国特色社会主义文化,全面贯彻党的基本理论、基本路线、基本方略。③ 长期以来,一些人混淆了发展生产力层次与社会发展道路和方向层次,把道路和方向等同于工具和方法。邓小平明确予以反驳:"学习资本主义国家的某些好东西,包括经营管理方法,也不等于实行资本主义。这是社会主义利用这种方法来发展生产力。把这当作方法,不会影响整个社会主义,不会重新回到资本主义。"④中国积极吸收和借鉴人类社会的优秀成果为我所用,是为了赢得与资本主义相比较的优势,走出自己的康庄大道,而不是数典忘祖、照搬照抄别国的发展模式。⑤ 改革开

---

① 《十七大以来重要文献选编》(上),中央文献出版社2009年版,第9页。
② 习近平:《在第十二届全国人民代表大会第一次会议上的讲话》,《人民日报》2013年3月18日。
③ 中共中央宣传部:《习近平新时代中国特色社会主义思想三十讲》,学习出版社2018年版,第27页。
④ 《邓小平文选》第二卷,人民出版社1994年版,第236页。
⑤ 中共中央宣传部:《习近平新时代中国特色社会主义思想三十讲》,学习出版社2018年版,第27页。

放是决定当代中国命运的关键一招,也是决定实现"两个一百年"奋斗目标、实现中华民族伟大复兴的关键一招,①但中国搞改革开放绝不是要抛弃我们的社会主义理想,改革开放"仍然要坚持社会主义道路,坚持共产主义的远大理想,年轻一代尤其要懂得这一点。但问题是什么是社会主义,如何建设社会主义。我们的经验教训有许多条,最重要的一条,就是要搞清楚这个问题。"②可以说,中国道路是一条既坚持科学社会主义基本原则、又赋予其鲜明时代特征和中国特色的发展道路。

中国从社会主义本质层面坚持和发展了科学社会主义。在世界社会主义运动史上,长期存在把社会主义的特征和社会主义的本质相混淆的现象,过于从制度特征上界定社会主义而忽略社会主义的价值关怀。正如英国工党理论家克罗斯兰说的那样:"人们不是用社会主义这个词来描述某种社会已经体现该社会本质特征的某些价值,而是用来描述达到这种社会某些特征或者手段的具体政策。"③改革开放以来,中国表面上放弃了某些制度"特征"上的社会主义,但我们把社会主义的本质和目标放在首位④,事实上我们离社会主义的价值更近了;⑤同时,我们的改革从来是有所改、有所不改的。邓小平说,"过去行之有效的东西,我们必须坚持,特别是根本制度,社会主义公有制,那是不能动摇的。"⑥"一个公有制占主体,一个共同富裕,这是我们所必须坚持的社会主义的根本原则。"⑦因此,中国是在坚持科学社会主义原则的基础上实现了制度与价值的统一。习近平总书记旗帜鲜明地提出:"中国特色社会主义是社会主义而不是其他什么主义。科学社会

① 中共中央文献研究室:《习近平关于全面深化改革论述摘编》,中央文献出版社 2014 年版,第 3 页。
② 《邓小平文选》第三卷,人民出版社 1993 年版,第 116 页。
③ 克罗斯兰:《社会主义的未来》,轩传树等译,上海人民出版社 2013 年版,第 63 页。
④ 社会主义的本质,是解放生产力,发展生产力,消灭剥削,消除两极分化,最终达到共同富裕。可见,解放和发展生产力、共同富裕,这两条是社会主义最本质的东西。
⑤ 胡振良:《中国特色社会主义首先是一种价值》,《探索与争鸣》2013 年第 8 期。
⑥ 《邓小平文选》第二卷,人民出版社 1994 年版,第 133 页。
⑦ 《邓小平文选》第三卷,人民出版社 1993 年版,第 111 页。

主义基本原则不能丢,丢了就不是社会主义。"这些体现科学社会主义基本原则的内容包括:"在中国共产党领导下,立足基本国情,以经济建设为中心,坚持四项基本原则,坚持改革开放,解放和发展社会生产力,建设社会主义市场经济、社会主义民主政治、社会主义先进文化、社会主义和谐社会、社会主义生态文明,促进人的全面发展,逐步实现全体人民共同富裕,建设富强民主文明和谐的社会主义现代化国家;包括坚持人民代表大会制度的根本政治制度,中国共产党领导的多党合作和政治协商制度、民族区域自治制度以及基层群众自治制度等基本政治制度,中国特色社会主义法律体系,公有制为主体、多种所有制经济共同发展的基本经济制度。"①

　　中国道路开辟了科学社会主义新境界。习近平总书记指出:"中国特色社会主义,是科学社会主义理论逻辑和中国社会发展历史逻辑的辩证统一,是根植于中国大地、反映中国人民意愿、适应中国和时代发展进步要求的科学社会主义。"②换言之,中国特色社会主义就是适应中国和时代发展进步要求的科学社会主义:一是把坚持科学社会主义的基本原则与理论创新结合起来。中国共产党始终坚信马克思主义是科学的理论,始终把马克思主义作为自己的指导思想和行动指南,并认为马克思的科学社会主义理论揭示了社会发展规律,为人类指明了从必然王国向自由王国飞跃的途径,为人民指明了实现自由和解放的道路。同时,又认为马克思主义理论不是教条,科学社会主义也绝不是一成不变的教条,必须随着实践的变化而发展。推动马克思主义不断发展是中国共产党人的神圣职责,中国共产党始终坚持用马克思主义观察时代、解读时代、引领时代,用鲜活丰富的当代中国实践来推动马克思主义发展,不断开辟马克思主义中国化新境界。二是坚持科学社会主义的基本原则与中国实际结合起来。无论是革命、建设,还是改革时期,中国共产党始终注意把马克思主义的普遍真理同中国的具体

---

①　习近平:《毫不动摇坚持和发展中国特色社会主义　在实践中不断有所发现有所创造有所前进》,《人民日报》2013 年 1 月 6 日。

②　习近平:《毫不动摇坚持和发展中国特色社会主义　在实践中不断有所发现有所创造有所前进》,《人民日报》2013 年 1 月 6 日。

实际结合起来,从"自己的实际出发来制定政策"①,因为"每个国家的基础不同,历史不同、所处的环境不同,左邻右舍不同,还有其他许多不同"②,"照抄照搬别国经验、别国模式,从来不能取得成功"。③ 当代中国的伟大社会和经济变革,不是简单延续我国历史文化的母版,不是简单套用马克思主义经典作家设想的模板,不是对其他国家社会主义实践的再版,也不是对国外现代化发展的翻版。④ 三是坚持科学社会主义的基本原则与时代要求结合起来。恩格斯曾经指出,社会主义社会是"经常变化和改革的社会"⑤,我们的理论"是一种历史的产物,它在不同的时代具有完全不同的形式,同时具有完全不同的内容"。显然,这是符合唯物辩证法原理的,也是由人类社会基本矛盾的运动规律所决定的。在社会主义社会,随着生产力的发展,必然会出现生产关系不适应生产力、上层建筑不适应经济基础的状况,这就需要进行改革,即通过完善社会主义的生产关系和上层建筑来促进社会生产力的发展,满足人民群众的物质文化需求。因此,必须与时俱进,解放思想,做到"改革不停顿、开放不止步"⑥。

3. 引领世界社会主义运动的复兴

中国是在世界社会主义运动处于低潮时选择中国特色社会主义道路的,这需要巨大的政治勇气和政治智慧,以及把握人类社会运动规律、生产力与生产关系矛盾运动规律的政治能力。20 世纪 80 年代末 90 年代初,苏联、东欧共产党相继失去政权,社会主义国家陆续变色,世界上其他国家的共产主义政党也受到极大冲击,国际共产主义运动一度陷入低潮。日裔美国学者福山在《历史的终结与最后的人》一书中宣告社会主义已经死亡,

---

① 《邓小平文选》第三卷,人民出版社 1993 年版,第 27 页。
② 《邓小平文选》第三卷,人民出版社 1993 年版,第 265 页。
③ 《邓小平文选》第三卷,人民出版社 1993 年版,第 2 页。
④ 习近平:《在纪念马克思诞辰 200 周年大会上的讲话》,《人民日报》2018 年 5 月 5 日。
⑤ 《马克思恩格斯全集》第 37 卷,人民出版社 1995 年版,第 432 页。
⑥ 中共中央文献研究室:《习近平关于全面深化改革论述摘编》,中央文献出版社 2014 年版,第 31 页。

"社会主义失败了""社会主义政权已被埋入历史的坟墓""社会主义的历史已经终结"等论调甚嚣尘上。① 在苏联、东欧国家纷纷以"华盛顿共识"为指南走向资本主义的时候,人们乐观地认为中国也会步苏联、东欧国家的后尘。但是,中国共产党顶住各种压力,坚持既不走封闭僵化的老路,也不走改旗易帜的邪路,勇敢地闯出一条中国特色社会主义新路,切实承担起为社会主义正名的历史责任。正如邓小平所言,"只要中国不垮,世界上就有五分之一的人口在坚持社会主义"②,"只要中国社会主义不倒,社会主义在世界将始终站得住"。③

中国道路不断为社会主义优于资本主义提供了实践证明。中国为什么不搞资本主义而非要搞社会主义呢? 就是因为中国坚信社会主义是必由之路,社会主义比资本主义优越。邓小平一再强调,我们一定要搞能够体现比资本主义优越的社会主义,贫穷不是社会主义,两极分化也不是社会主义。1988 年,他在会见罗马尼亚共产党总书记、罗马尼亚总统尼古拉·齐奥塞斯库时,充满信心地指出:"我们中国要用本世纪末期的 20 年,再加上下个世纪的 50 年,共 70 年的时间,努力向世界证明社会主义优于资本主义。我们要用生产力和科学技术的实践,用精神文明、物质文明建设的实践,证明社会主义制度优于资本主义制度,让发达资本主义国家的人民认识社会主义确实比资本主义好。"④改革开放以来,社会主义在中国呈现欣欣向荣的局面,中国特色社会主义向世界展示了社会主义解放和发展生产力、消灭剥削、消除两极分化、最终实现共同富裕的优越性,特别是中国政府在驾驭1997 年亚洲金融危机和 2008 年国际金融危机中的优异表现,以及在国家基础设施建设和重大科技项目攻关和扶贫攻坚方面的显著成就,已经并将继续为社会主义优于资本主义不断提供证明。

中国道路的成功实践,不仅增强了国人的"四个自信",更极大地鼓舞

① 陈学明:《中国道路为世界贡献了什么?》,天津人民出版社 2017 年版,第 140 页。
② 《邓小平文选》第三卷,人民出版社 1993 年版,第 321 页。
③ 《邓小平文选》第三卷,人民出版社 1993 年版,第 346 页。
④ 《邓小平年谱(1975—1997)》下,中央文献出版社 2004 年版,第 1255 页。

了全世界人民坚持走社会主义道路的信心,扭转了 20 世纪 90 年代以来世界社会主义运动陷入低潮的趋势,拯救了社会主义在全世界的威望。① 当今世界,其他社会主义国家纷纷以中国为榜样,积极借鉴中国道路的经验,努力探索符合本国国情的社会主义。越南、古巴、老挝等社会主义国家纷纷提出把党和国家的工作重心转移到经济建设上来,特别是中国在社会主义基础上发展市场经济的做法普遍被这些国家接受,都效仿中国搞改革开放,建立以公有制为主体、多种所有制经济共同发展的基本经济制度和以按劳分配为主体、多种分配方式并存的分配格局,积极推动非公有制的快速发展。此外,一些非社会主义国家如许多非洲国家也被中国的经验所吸引,主动把中国作为学习榜样,并在这一过程中生发出一些社会主义的基本要素。② 不仅如此,中国的成功经验也改变了许多发达国家人士对社会主义的看法。例如,2003 年 4 月 25 日,德国《我们的时代》周刊发表的一篇题为《中国 2003 年——迈向社会主义道路》的文章指出:"中国的发展给人们指出了一条摆脱全球资本主义统治的出路,也使人们产生了对社会主义前景的希望。"③就连因唱衰社会主义而闻名全球的福山也将过去曾经忽略的国家能力提到前所未有的高度,把强国家、法治和民主问责当作现代政治秩序的三个最重要的基石。④ 总之,中国道路不仅避免了中国自身步苏联、东欧社会主义国家后尘相继垮台的命运,而且有效促进了国际共产主义运动的复兴。

(二)依靠国家能力孵化有效市场,拓展了发展中国家走向现代化的途径

中国道路的成功开辟,不仅对中国现代化的进程具有重要的历史意义,

---

① 夏兴友、颜旭:《论中国特色社会主义的世界历史意义》,《中国井冈山干部学院学报》2009 年第 6 期。

② 陈学明:《中国道路为世界贡献了什么?》,天津人民出版社 2017 年版,第 145 页。

③ 陈宝:《中国特色社会主义道路在世界社会主义运动中的地位论析》,《学习与实践》2011 年第 4 期。

④ 参见弗朗西斯·福山:《政治秩序的起源:从前人类时代到法国大革命》,毛俊杰译,广西师范大学出版社 2014 年版。

而且也对世界现代化和人类文明的发展进程产生了深远的影响,尤其是为广大第三世界发展中国家的现代化发展提供了有益的借鉴。中国和其他发展中国家虽然曾经站在相同的历史起点上,但由于选择了不同的发展道路,结果却迥然不同,中国道路成就中国奇迹,而照搬西方道路的广大发展中国家则深陷泥沼。中国以自己特殊的方式创造"世界历史"的过程,对世界上其他发展中国家选择自己的发展道路产生了积极的示范效应。正如苏珊·奥格登(Susan Ogden)所说:"中国在社会主义制度下在解决某些关键性的发展问题方面取得了一些卓越的成就,这种成就绝不因中国还存在着各种各样的问题而失去其光辉。同大多数不发达国家相比,中国在这方面的确做得很出色。"①中国道路开创了在一个经济文化比较落后的农业大国实现现代化的新模式,这一道路的开创不仅决定了中国的命运,而且也丰富了世界发展模式,为占世界人口 3/4 的后发国家的现代化建设提供了历史借鉴。雷默(Joshua Ramo)认为中国建立的一个更平等的发展模式,不仅适合中国,也应为追求经济增长和改善人民生活的发展中国家所效仿,为后"华盛顿共识"时代的发展中国家提供了希望。②

1. 彰显了国家能力建设在迈向现代化中的重要作用

中国 40 多年来经济腾飞的关键,在于重视国家能力建设,并充分发挥了国家能力在孵化有效市场进而促进经济崛起中的重要作用。更为重要的是,中国注重国家能力内涵与要素的动态演变,将其与经济发展不同阶段所呈现的特征相匹配。在改革开放的初期,政府强大的学习组织动员能力帮助中国开启了由一个落后的农业国迈向工业化国家的大门。从某种意义上来说,"如果没有国家的积极参与,经济便不可能发展",这一定律被发达国家的经济发展史反复证实。如果我们把视野拉回到第一次工业革命之前的时代可以发现,英国在第一次工业革命中崛起的"理论根基",恰恰是极为强调国家干预经济的"重商主义"。18—19 世纪的英国如此,19—20 世纪

---

① 苏珊·奥格登:《八十年代社会主义在中国意味着什么》,《国外中共党史中国革命史研究译文集》,中共党史出版社 1999 年版,第 45 页。

② Joshua Cooper Ramo,*The Beijing Consensus*,Foreign Policy Centre in London,2004.

的美国和日本同样如此。即使到了今天,发达国家政府干预经济活动的强度在某些领域甚至高过发展中国家。美国的里根、克林顿两任政府在其任内,直接或间接运用产业引导政策主导了互联网、半导体、高温超导、核能、HDTV 等一系列重要科技产品的研发和成果转化,推动了"硅谷"的创新与繁荣。① 发达国家借以爬到经济高峰的"致富的梯子",即他们在经济发展早期所频繁使用的各种产业引导政策和管制措施,正是他们目前极力游说发展中国家取消的关税、补贴、资本和外汇管制等所谓保护主义措施。相反,减少政府干预、实现产权私有化、促进贸易和金融自由化等冠以"华盛顿共识"的所谓"好政策"和"好制度",在发达国家的经济发展早期也没有很好地用过,甚至根本就没有使用过。② 因此,对于发展中国家的市场建设来说,核心的问题是政府应该如何参与,而不是政府是否应该参与的问题。③

国家能力是一国经济崛起和国家经济竞争取得胜利的重要密码。之所以是英国而非荷兰最先开启了第一次工业革命,根本原因是 17 — 18 世纪的英国政府成功地为英国创造了当时世界上最大的纺织品市场和对大英帝国而言的全球最大的"安全"贸易网络。之所以是美国而非法国或德国超过了英国成为新的世界霸主,根本原因在于美国政府帮助美国商人和企业家创造了比大英帝国更为广大的统一的国内市场(是英国国内市场的数倍)和"有序"的国际市场,这使得美国能够在更大的范围内模仿英国的工业革命、采用规模化生产和规模化分销(不仅在纺织业,也在建筑业、汽车业甚至食品工业和文化传媒),从而为美国产生了更为巨大的生产力、资本供给以及更深化的金融体系和科学研究实力,最终使美国主宰了国际贸易和整个世界的资本流动以及科学技术创新。

---

① 硅谷的繁荣,一方面得益于美国风险资本的繁荣,另一方面得益于 1983 年开始的中小企业创新计划。英特尔就是这个计划的重要受益者。
② 张夏准:《富国陷阱:发达国家为何踢开梯子?》,肖炼、倪延硕译,社会科学文献出版社 2007 年版,前言,第 1—2 页。
③ 文一:《伟大的中国工业革命》,清华大学出版社 2016 年版,第 56 页。

众多发展中国家长期贫穷和工业化失败,以及中等收入国家增长乏力,其背后的重要原因就是国家能力在对市场孵化方面的缺失或缺位。过多奢望让市场"无形之手"自动发挥作用,殊不知,市场本身就是一个昂贵的公共品。① 大多发展中国家的市场较为弱小,往往缺乏支撑规模经济发展的市场规模,也缺乏具有足够市场竞争力的企业群体,市场规则和公共基础设施均不完善,在这种情况下,仅依靠市场的自我发育其过程必定是漫长且充满风险的。东南亚一些国家的经济在亚洲金融危机后一蹶不振、"华盛顿共识"药方指导的"拉美陷阱"、俄罗斯的市场化改革失败等都是最好的例证。② 从逻辑上看,工业化是发展中国家启动经济增长的重要密码,但发展现代工业经济需要进行大量前期的公共基础设施投资和建设,同时还需要具备足够大的市场规模,以及支撑这些公共基础设施的水电、运输等"硬设施",交易规则体系和司法体系等"软设施"也必不可少。这些"硬设施"和"软设施"的供给是一项需要协调全社会各个部门的系统性行动,仅仅依靠商人或者企业家的力量是无法在短期内完成的,需要政府或者国家参与。在中国,这种逻辑被总结为"政府搭台"("硬设施"和"软设施"的供给)、"企业唱戏"(生产与交换)、"要想富、先修路"等广为流传的口号。即使在发达国家,我们依然能够看到"市场孵化"的痕迹,只不过这种"市场孵化"不再是普遍行为,而是针对某些特定行业、特定领域。因此,即使进入到后市场发育期,出于市场对永不停歇的创新需求,服务于创新领域、前沿领域的"孵化市场"的国家能力也会被一直需要,只不过孵化的领域和对象会发生动态变化。

2. 回答了如何融入世界经济体系进而迈向现代化的现实考题

开放带来进步,封闭必然落后。中国是四大文明古国之一,曾长期在世界发展中领先。唐朝时期,中国成为全世界最开放、最强盛的封建帝国。宋朝的火药、活字印刷术和指南针等科技发明创造也都走在世界前列。中国

---

① 文一:《伟大的中国工业革命》,清华大学出版社 2016 年版,第 232 页。
② 乔·史塔威尔:《亚洲大趋势:中国和新兴经济体的未来》,蒋宗强译,中信出版社 2014 年版。

的强大和繁荣从《马可波罗游记》、李约瑟的《中国科技史》、遣隋使、遣唐使、遣宋使等方面也可见一斑。但是,明清以后,统治者推出禁海令,切断中国与海外世界的交往,逐步走上闭关自守、盲目自大的道路,最终导致落后挨打的局面。反观西方世界,虽然在漫长的中世纪一直落后于中国,但文艺复兴后,西方借助于中国人发明的指南针等积极进行航海运动以开拓海外殖民地掠取资源和开拓市场,并在工业革命后将中国远远甩在身后。1949年新中国成立后,在资本主义与社会主义的冷战中,中国的对外开放被迫限于社会主义阵营。1960年苏联停止对华技术援助后,中国基本失去了向先进国家学习的机会,走入了比较封闭的计划经济。邓小平一针见血地指出:"总结历史经验,中国长期处于停滞和落后状态的一个重要原因是闭关自守。"①

改革开放以来,中国道路的成功经验雄辩地证明,开放是国家繁荣发展的必由之路。早在1979年,邓小平在会见美国不列颠百科全书出版公司吉尼斯等人时,明确指出:"经验证明,关起门来搞建设是不能成功的,中国的发展离不开世界。"②"中国要谋求发展,摆脱贫穷和落后,就必须开放"。③因此,改革开放后,中国努力扩大对外开放,广泛学习借鉴世界先进技术成果,积极融入世界经济分工体系,在全球化的浪潮中取得了辉煌的成绩。特别是党的十八大以来,中国进一步丰富了对外开放内涵、提升对外开放水平,从G20杭州峰会,到"一带一路"国际合作高峰论坛,再到金砖国家领导人厦门会晤;从亚投行、丝路基金成立,到中欧班列开通,再到人民币顺利"入篮",中国从未像今天这样,在国际经贸规则和标准制定中的话语权越来越重,距离世界经济舞台中央的位置越来越近,在国际场合收获的"朋友圈"点赞数越来越多。习近平总书记明确指出,中国开放的大门不会关闭,只会越开越大。④ 建立全球统一的市场,实现国际贸易自由化和生产要素

---

① 《邓小平文选》第三卷,人民出版社1993年版,第266页。
② 《邓小平文选》第三卷,人民出版社1993年版,第266页。
③ 《邓小平文选》第三卷,人民出版社1993年版,第266页。
④ 齐志明:《开放大门　越开越大》,《人民日报》2017年10月24日。

的自由流动,是经济发展的必然规律。发展中国家利用自身的比较优势,借助国际产业转移的机遇,主动切入全球经济分工体系,是一条更加实际、更加高效的发展路径。

不过,对于后发国家来说,仅有开放是不够的,恰当的开放战略必不可少。为什么日本、韩国等东北亚国家在开放中实现了从贫穷状态到富裕状态的过渡,而巴西、阿根廷等拉美国家和泰国、马来西亚等东南亚国家却在开放中陷入低端锁定的陷阱,原因就在于政府在经济发展早期采取了不同的干预措施,包括:均田制实现农业产出最大化;引导投资和企业家进入制造业,并实施"出口纪律"以推进制造业技术升级;引导信贷资金的流向,让金融部门服务于小规模集约型农业的发展以及制造业的发展。① 因此,对于落后国家来说,外向型发展是其现代化的必由之路,但不能盲目地、没有节制地融入世界经济,需要循序渐进地实施开放战略。其中,一个强有力的政府、稳定的政治环境、持续的国家发展战略,是吸引外来资本、改革国内经济不可或缺的前提条件。② 中国同时选择外向型发展模式和国家自主发展战略,为发展中国家突破对外开放的低端锁定陷阱提供了经验。一是中国始终坚持独立自主的开放。邓小平清醒地认识到,"像中国这样大的国家搞建设,不靠自己不行,主要靠自己,这叫自力更生。但是,在坚持自力更生的基础上,还需要对外开放,吸收外国的资金和技术来帮助我们发展。"③习近平总书记指出:"真正的核心技术是买不来的。只有把核心技术掌握在自己手中,才能真正掌握竞争和发展的主动权,才能从根本上保障国家经济安全、国防安全和其他安全。"④二是坚持辩证地看待开放,既吸收国际有益经验,又反对资本主义腐朽的东西。"我们在实行对外开放政策的时候,已

① 参见乔·史塔威尔:《亚洲大趋势:中国和新兴经济体的未来》,蒋宗强译,中信出版社 2014 年版。
② 李滨:《中国道路对发展中国家的启示》,《中国社会科学报》2015 年 12 月 4 日。
③ 《邓小平文选》第三卷,人民出版社 1993 年版,第 266 页。
④ 习近平:《在参加全国政协十二届一次会议科协、科技界委员联组讨论时的讲话》(2013 年 3 月 4 日),载中共中央文献研究室编:《习近平关于科技创新论述摘编》,中央文献出版社 2016 年版,第 7 页。

经意识到将带进资本主义国家的一些消极影响。西方好的东西,应该借鉴、学习。但开放也会带来一些坏的东西,影响人们的思想,特别是青年的思想。所以我们同时必须反对资产阶级自由化"。① 三是坚持渐进有序的开放。开放空间从经济特区到沿海、沿边再到全面开放,开发领域从制造业到一般服务业再到金融业,开放方向从单向引进到双向互动,先开放什么,后开放什么,中国一直有着清晰的战略规划。这样一种渐进有序的开放策略,完全是根据本国的需要来推进实施的,也把开放的风险降低到可控范围之内。

3.昭示了走适合本国国情道路的极端重要性

第二次世界大战后,包括中国在内的广大发展中国家陆续摆脱西方殖民统治,获得了人民解放和民族独立,随后现代化建设又成为发展中国家亟需面对的共同课题。现代化建设首先要解决的是发展道路问题,而道路的选择无非有两种:一种复制移植,照搬照抄;一种是独立探索,合理借鉴。② 当时,西方发达国家业已成功的发展模式首先吸引了一些国家的目光,并被纷纷效仿。然而,随着时间的推移,西方道路给这些忽略了本国国情的国家带来了经济畸形发展、社会矛盾凸显、政局动荡不安等诸多灾难性的后果。例如,20世纪八九十年代,苏东社会主义国家普遍以"华盛顿共识"为指南进行了激进的市场转轨(休克疗法),主要的改革措施包括:(1)全面开放市场。快速推进市场和投资贸易自由化,清除商品、物价、汇率、进出口等方面的管制,向外国首先是西方国家全面开放国内市场。(2)国有企业全盘私有化。推进几乎全部国有企业的私有化,以此为企业提供真实的价格信号,打造以私有制为主体的广泛的有产者和企业家阶层,从而建立在本国比较优势基础上的增长。(3)严格控制通货膨胀。把控制通货膨胀作为经济政策的重中之重,生产发展、产业调整、结构更新和科技政策均让位于货币紧缩政策,严格限制贷款和货币发行,减少财政赤字。这些策略的核心是快速自由化和私有化,最大限度减少政府的作用,实行完全的自由市场经济模

① 《邓小平文选》第三卷,人民出版社1993年版,第210—211页。

② 许江、王明生:《中国道路的世界历史意义解读》,《南京大学学报(哲学·人文科学·社会科学)》2016年第3期。

式。但是,采取这些策略改革和转轨的前社会主义国家,并没有取得预期的经济快速增长和效率提升。实际上,关于后发国家的发展道路问题,马克思和恩格斯早就有类似的警醒:"如果俄国继续走它在 1861 年所开始走的道路,那它将会失去当时历史所能提供给一个民族的最好的机会,而遭受资本主义制度所带来的一切灾难性的波折。"①

与其他发展中国家不同的是,中国坚持走适合本国国情的发展道路。中国改革开放 40 多年来所取得的经济社会成就,显示出走符合自己国情道路的极端重要性。西方是现代化的诞生地,现代化无论从起源还是从发展来看,都是与"西方"息息相关。但西方只是现代化的先行者,并不是现代化的范本,更不是衡量其他国家现代化的标准尺子。现代化对于任何一个发展中国家来说,都是一种竭尽全力、永无止境追求而又必须正视的历史潮流,特别是发展中国家都在努力探寻适合自己的现代化发展道路。国情决定道路,道路决定命运。实践中,一些发展中国家照抄照搬西方模式甚至依附于西方国家,导致了国家发展自主性的丢失,进而陷入"中等收入陷阱",甚至进入失败国家的行列。

中国道路的成功表明,世界上并不存在适用于所有国家的发展模式。相对于西方发展路径,中国经验更契合发展中国家的现实需要,更能有效助推发展中国家发展改革新实践,拓展了发展中国家实现现代化的路径选择。

(三)以和平方式探索国家发展之路,为解决人类问题贡献了中国智慧和中国方案

2008 年国际金融危机以来,以美国、欧洲为代表的一些西方国家和地区在经济发展、人权和民生等领域出现了诸多问题,导致了本国国民的强烈不满,抗议活动此起彼伏,给社会稳定带来了巨大隐患。在这种背景下,中国道路及其隐含的理论和实践意义引起了世界广泛关注。中国以融入、推动、参与西方主导的世界体系的方式启动了改革开放,获得了 40 多年来辉

---

① 《马克思恩格斯选集》第 3 卷,人民出版社 1995 年版,第 340 页。

煌的发展成就。在这一过程中,中国利用资本但不被资本所俘虏,采用和平共赢、交易互利的方式而不是坚船利炮、殖民掠夺的方式开辟世界市场,参与全球化,融入世界现代化进程,开创、发展和完善了中国特色社会主义道路、理论、制度和文化,这使得中国成为迄今为止以非西方化的方式最成功地实现着社会主义现代化的国家,为人类发展进步提供了中国智慧和中国方案。

1. 提供了人类实现和平发展的新模式

中国道路成功的意义不在于向世界提供一种替代模式,而在于向人们展示了其他的成功模式是存在的和可能的,为人类社会发展的创新性、多样性探索提供了有益借鉴。回溯世界大国崛起的历程,"暴力"和"资本"是其中不可或缺的关键词。在世界历史上,大国的崛起往往伴随着血腥和战争,通过战争实现崛起被大多数国家奉为圭臬。从罗马帝国通过三次布匿战争实现崛起,到蒙古汗国通过横跨亚欧大陆的长期征战赢得统治地位,再到15世纪以来,葡萄牙、西班牙、荷兰、英国、法国、德国、俄国、日本和美国等国家建立在征服和奴役基础上的大国崛起,使得西方资本主义国家的兴盛与资本的扩张和奴役紧密相连。

资本主义为世界带来了全球化,全球化伴随着全球资本力量的无限膨胀和政治发展模式的强力渗透,世界政治、经济都沦于世界资本主义的奴役之下。21世纪以来,资本主义全球化为欧美发达国家带来财富和机遇的同时,却为大多数发展中国家带来了严重的隐患和挑战,"南北鸿沟"日益加大,霸权主义和强权政治施加在亚非拉等发展中国家头上。罗伯特·吉尔平在其著作《世界政治中的战争与变革》中指出,世界体系的历史就是在世界格局中居支配地位国家的兴衰史,"一场霸权战争的结束是另一次成长、扩张直至最终衰落周期的开端。不平衡发展规律继续重新分配权力,从而破坏着上一次霸权争斗建立起来的现状。不平衡代替平衡,世界走向新一轮霸权冲突,这种周期已经并且还将继续下去"。[①]

---

① 罗伯特·吉尔平:《世界政治中的战争与变革》,上海世纪出版集团2007年版,第213页。

中国道路之所以能给人类发展贡献智慧,首先是开辟了人类追求文明进步的一条新路。世界上绝大多数国家对于自身发展道路的成功探索都源于对自身传统文化和价值观的有效继承和适应性改造。中华民族历来热爱和平、崇尚和谐,中国历史上没有出现过入侵外国的情况,这与西方竞争性文明形成了鲜明的对比:哥伦布等开辟新航路的目的在于征服和掠夺,郑和下西洋的主旨则是交流和赠予。近代以来,中国饱受外敌入侵之苦,中国共产党领导中国人民通过艰苦卓绝的斗争实现了国家解放和民族独立,中国人民更加懂得和平的来之不易。改革开放后,中国迅速跨入了发展的快车道,在快车道行进过程中,中国仍旧坚定不渝地走和平发展道路。正如习近平所说:"中华民族的血液中没有侵略他人、称霸世界的基因,中国人民不接受国强必霸的逻辑,愿意同世界各国人民和睦相处、和谐发展、共谋和平、共护和平、共享和平。"①

在大国崛起过程中,中国没有通过任何方式向其他国家强制输出自身的发展模式,更没有将自身的经济、政治和文化价值观强加于人,这在一定程度上改变了以往所有大国崛起的模式。邓小平在1989年10月一次会见外宾时强调:"我们搞的是有中国特色的社会主义,是不断发展生产力的社会主义,是主张和平的社会主义。只有发展生产力,国家才能一步步富强起来,人民生活才能一步步改善,只有争取到和平的环境,才能比较顺利地发展。"瑞士国际管理发展研究院名誉教授让-皮埃尔·莱曼认为,中国通过和平崛起改变大国崛起的范式,它将改写人类历史。

2. 丰富了世界现代化道路的多样性

中国道路打破了所谓"现代化的唯一有效方式就是西方化"的神话,走出了一条非西方化却更成功的现代化道路,丰富了世界现代化道路的多样性。由于西方国家在过去几个世纪内首先实现了工业化,随后又雄踞世界的支配地位,因而培养出了一种以西方为中心的优越思维定式,似乎只有西

① 习近平:《在中国国际友好大会暨中国人民对外友好协会成立60周年纪念活动上的讲话》,《人民日报》2014年5月16日。

方思想才是所有智慧的源泉,西方模式才是世界的"公理",西方化才是现代化唯一的有效途径。然而,中国道路却坚定不移地走出了一条非西方化却更成功的现代化之路。

第二次世界大战结束后,尽管广大亚非拉发展中国家摆脱殖民枷锁、获得了独立,但西方国家通过建构不公正不合理的国际政治经济秩序和"西方中心论"等话语霸权,在经济全球化进程中将广大发展中国家裹挟进西方体系,继续成为西方资本主义发展链条上薄弱且被动的一环①。尤其是随着苏联解体和东欧剧变,世界格局出现新变化,巩固了西方国家的强势地位,西方话语霸权也达到了前所未有的高度,甚至有人断言西方自由民主制度是"人类意识形态发展的终点"和"人类最后一种统治形式",而受鲜明东方儒家文化伦理影响的中国崛起以及中国道路,给这些霸权式武断者上了生动一课。一个国家究竟走什么样的发展道路,终究要靠事实说话,要由这个国家的人民作出选择。新中国成立 70 年特别是改革开放 40 多年来,实现了经济持续快速发展,成为世界第二大经济体,7 亿多人口摆脱贫困,人均国内生产总值接近 10000 美元;中国用 40 多年时间走完了西方发达国家几百年走过的路,实现从贫穷落后到逐步繁荣富强的历史跨越。生动而客观的历史对中国共产党领导人民走出的中国道路作出了最生动的诠释。中国道路的成功意味着西方"中国崩溃论"的崩溃和"历史终结论"的终结,说明现代化并不一定意味着西方化。

世界是丰富多彩的。如同不能只有一种色彩一样,世界上不能只有一种文明、一种发展模式、一种价值观念。② 中国道路丰富了世界现代化道路的多样性。世界上既没有唯一的发展模式,也没有一成不变的发展道路。中国道路既不是"传统的",也不是"外来的",更不是"西化的",而是"独创的",是一条既坚持科学社会主义基本原则,又根据时代特征赋予其鲜明中国特色的发展道路。尊重世界文明多样性、发展道路多样化,尊重和维护各

---

① 徐崇温:《中国特色社会主义道路研究》,重庆出版社 2017 年版,第 343 页。

② 王明生:《中国道路的世界历史意义》,《人民日报》2016 年 12 月 28 日。

国人民自主选择社会制度和发展道路的权利,相互借鉴,取长补短,这是人类文明进步的历史潮流和内在规律。

3. 贡献了人类探索更好社会制度的新方案

制度成就更具有根本性和持续性,中国所取得的巨大发展成就中,制度成就必不可少。改革开放 40 多年来,中国在经济、政治、文化、社会等各个领域形成了一整套相互衔接相互联系的制度体系,构成了中国发展进步的根本制度保障。这一制度体系包括:人民代表大会制度,中国共产党领导的多党合作和政治协商制度,民族区域自治制度和基层群众自治制度构成的基本政治制度,以公有制为体、多种所有制经济共同发展的基本经济制度,以及建立在基本政治经济制度上的文化制度、社会制度和生态文明制度等。[①]

任何制度均有其本土性和其普遍性。任何国家均需找到契合本国实际情况的制度,否则制度不会发生效用;但任何具有生命力和发挥良性作用的制度,必然都有其普遍的意义和价值。中国制度也不例外。即便不能说所有具体的制度细节都有普遍意义,但中国道路彰显出的制度抓力和品质,至少对诸多发展中国家,或者一些试图摆脱贫困、谋求稳定与增长的国家,有一定程度的借鉴价值。中国道路的制度性贡献,至少有以下几点[②]:

一是只有符合本国实际的制度才能发挥效用。中国制度的首要价值是实事求是、超越教条。一国应根据自身人口规模、资源禀赋、发展阶段、历史传统、民族宗教状况、周边国际环境等诸多条件来建章立制。制度及其效用与其"嵌入"的社会背景相关,要适应、契合"先在"的文化习俗、历史传统和制度背景等。后者的影响潜移默化且根深蒂固,会产生巨大的文化和制度惯性,并反过来塑造其中的制度:在"生产端"会影响制度的设计及建构,新

---

① 韩庆祥、黄相怀等:《中国道路能为世界贡献什么》,中国人民大学出版社 2017 年版,第 139—163 页。

② 韩庆祥、黄相怀等:《中国道路能为世界贡献什么》,中国人民大学出版社 2017 年版,第 7 页。

生制度由其塑造并需与之契合;在"产出端"会制约制度的落实和效果的发挥。① 中国道路证明了制度只有符合本国实际才能发挥效用,丰富了世界治理模式的多样性,既增强了其他国家走自主发展道路的信心,又为其他国家建构其发展道路与制度提供了借鉴。

二是建立一套权威制度对发展中国家非常重要。中国制度的本质特征,是建构了一套高效的治国理政制度体系,在政治参与和政治稳定之间保持动态平衡,在保持政治开放性和可参与性的同时,能够保证政治民主决策及其高效落实的权威,能够集中力量办大事,推动社会向既定目标迈进。对所有发展中国家而言,其面对的首要问题仍是发展和追赶。任何制度的建构都要依据、围绕其目标和重心,不能本末倒置,不能封闭僵化,制度不能过于超越自己的发展阶段,制度建设不能拔苗助长。发展中国家所面临的问题,需要靠一套有权威的制度来推进。需要国家权威力排众议,在分歧中理性寻求最大公约数,在此基础上做出重大决策,并坚定、高效推进决策执行。在多项选择和相互牵扯的目标之间选取最重要最迫切的目标并使之实现,是中国道路给广大发展中国家构建制度所提供的重要启示。

三是制度需要保持适当的弹性和可调适性。中国制度的另一经验在于,其能够保持制度的适应性和灵活性,根据战略目标和核心矛盾的变化主动适应、自我调适,在变与不变、动与不动之间保持平衡。中国制度并不故步自封,而是不断自我革新、自我调适,不断去适应发展了的现实。相反,很多国家制度僵化,未能适应现实变化,造成了制度与现实脱节的政治衰败的窘境。这种自我调适也体现在制度的回应性上,通过不断回应民众诉求和突出问题来自我调适和改进。制度是演化生发并不断完善的,现代社会新问题、新热点、新争议层出不穷,制度不可能全知全能,而是要不断自我改进、自我调适。具有代表性的政府是那种当民众具有某种意愿时,它就能够予以回应的政府。② 制度从来都不是靠纯粹理性建构的言辞中的"城邦",

---

① 王若磊:《依规治党与依法治国的关系》,《法学研究》2016 年第 6 期。

② 皮特金:《代表的概念》,吉林出版集团有限责任公司 2014 年版,第 8 页。

特别是在发展日新月异的现代复杂社会,自然理性试错、不断纠正、缓慢建构、逐渐改进的过程才相对合理。想当然的制度革命和"休克疗法",不仅成本更高、代价更大,而且文化和制度中的惯性并不会使之带来新生,而更可能造成倒退。这一点已被人类经验反复证明。

二、构建与后市场发育阶段相适应的国家能力

改革开放 40 多年来,中国的经济实力、科技实力、国防实力、综合国力进入世界前列,国际地位实现前所未有的提升,中华民族正以崭新姿态屹立于世界的东方。[①] 未来的 30 年,即使中国经济增速放缓,也将可能在 2030 年前跻身高收入国家行列,并成为世界第一大经济体。当然,届时人均收入水平与发达国家相比仍有较大差距。[②] 中国要跨越中等收入陷阱,成为高收入经济体,就必须成功实现由前市场发育期向后市场发育期的过渡。可以预见的是,中国未来的发展必然会面临更加复杂的各种挑战和更加难以预测的各种风险,对国家能力的要求也必然更高。党的十八届三中全会指出,"必须积极稳妥从广度和深度上推进市场化改革,大幅度减少政府对资源的直接配置,推动资源配置依据市场规则、市场价格、市场竞争实现效益最大化和效率最优化。政府的职责和作用主要是保持宏观经济稳定,加强和优化公共服务,保障公平竞争,加强市场监管,维护市场秩序,推动可持续发展,促进共同富裕,弥补市场失灵"。因此,国家能力只有因应发展阶段进行动态调整,适应市场孵化不断深化和复杂的实际需要,才能成功步入后市场发育期,将中国道路不断推向前进,实现中华民族伟大复兴的中国梦。

---

① 中共中央宣传部:《习近平新时代中国特色社会主义思想三十讲》,学习出版社 2018 年版,第 27 页。
② 世界银行国务院发展研究中心联合课题组:《2030 年的中国:建设现代、和谐、有创造力的社会》,中国财政经济出版社 2013 年版,第 18 页。

（一）面向 21 世纪中叶的中国市场发育愿景

党的十九大报告描绘了从现在起到本世纪中叶中国改革发展的宏伟蓝图。到 2020 年,中国将全面建成小康社会,让拥有 14 亿人口的中国彻底摆脱了贫困,并确保"一个人不能少""一个人不掉队"。然后从 2020 年到本世纪中叶分两个阶段安排,第一个阶段,到 2035 年中国基本实现社会主义现代化。从 2035 年再奋斗 15 年到本世纪中叶,在基本实现现代化的基础上,把中国建成富强民主文明和谐美丽的社会主义现代化强国。到那时,中国物质文明、政治文明、精神文明、社会文明、生态文明将全面提升,实现国家治理体系和治理能力现代化,成为综合国力和国际影响力领先的国家,全体人民共同富裕基本实现,中国人民将享有更加幸福安康的生活,中华民族将以更加昂扬的姿态屹立于世界民族之林。

1.国家能力更加强大

在迈向高收入经济体的过程中,中国人均收入将不断跃升,经济规模不断扩大,国家掌握的税收收入和各类资源性收入将逐步提升,国家财政能力将日益壮大。系统完备、科学规范、运行高效的党和国家机构职能体系将不断完备,法治政府和服务型政府基本建成,政府公信力和执行力不断增强,国家治理能力和治理现代化水平不断提升,中国特色社会主义制度将更加成熟和定型,法治能力将跃升到新的台阶。未来的中国,将面临与过去 40 年大不相同的内外经济环境变化形势,这将逐步培育出国家面临复杂形势时的认知、决策、实施和反馈等综合能力,进一步通过"向外学""干中学"等形式促进学习能力提升。不仅如此,国家能力在不断健全和发展壮大过程中也将因应市场发育阶段而呈现出动态变化,政府孵化和驾驭市场的能力更加强大,技巧更加娴熟,使得国家能力在完善与壮大过程中与市场发育所呈现出的阶段性特征更加匹配。

2.市场发育更加成熟

市场规则更加公平开放透明,制度性交易成本不断降低,市场在资源配置中起决定性作用,绝大部分商品和生产要素的价格由市场决定,市场主体发达,市场竞争充分,价格信号和价格体系有效反应供求关系,商品和要素自由流动、平等交换的现代市场体系建立健全。现代产业体系将更加健全,涌现出一大批具有全球竞争力的现代企业,中国制造业的核心竞争力和可持续发展能力将持续增强,制造业大国地位更加巩固,在云计算、大数据、5G 以及人工智能等新技术、新产业领域拥有更大竞争优势,产业的国际竞争力将不可同日而语。开放的大门越开越大,在构建更高水平的国际经贸规则和推动国际经济治理结构完善中发挥更大作用,全方位开放新格局基本成型,在开放中进一步倒逼改革,国际一流营商环境和制度体系全面建成。

（二）迎接后市场发育阶段的风险挑战

习近平总书记指出,我们既要保持战略定力,推动我国经济发展沿着正确方向前进;又要增强忧患意识,未雨绸缪,精准研判、妥善应对经济领域可能出现的重大风险。① 建设富强民主文明和谐美丽的社会主义现代化强国,实现中华民族伟大复兴的中国梦绝对不是敲锣打鼓、轻轻松松就能够实现的,在社会主义市场经济由前市场发育期走向后市场发育期的进程中,势必还会面临这样那样的风险挑战,还要冲破重重藩篱,如果处理不好、处理不当,都会对我国发展进程产生重大冲击和干扰。新中国成立以来尤其是改革开放 40 多年来,中国依靠国家能力的支撑成功实现了经济起飞阶段的市场孵化,创造了辉煌的经济成就。但与此同时,中国用短短 40 多年完成了典型西方国家至少 250 年到 300 年才完成的工业成就(即从原始工业化到第一次工业革命再到开启第二次工业革命),也必然快速积累了 250 年到 300 年间西方国家遇到的种种问题和障碍。在前市场发育期,中国通过"修路筑桥"为市场加快孵化及时提供了"硬设施",但在后市场发育期,市场孵化对制度这种"软设施"将更加依赖。提升制度供给质量,弥补"软设

---

① 习近平:《提高防控能力着力防范化解重大风险,保持经济持续健康发展社会大局稳定》,《人民日报》2019 年 1 月 22 日。

施"短板将成为未来中国市场孵化必须要解决的重要问题;改革开放 40 多年来所形成的既得利益集团势必将阻碍进一步市场化改革,成为迈向后市场发育阶段必须要冲破的藩篱;中国 40 年来强大国家能力支撑下的市场孵化得益于良好的国际经济大环境,但近年来国际经济形势风云突变,逆全球化浪潮暗流涌动,这些都为中国未来市场孵化带来了诸多不确定因素;构建和进一步完善适应新阶段的国家能力,以及化解前行道路上的各类风险,对执政本领和执政能力也提出了不小挑战。

1."软设施"相对短缺将难以支撑市场孵化迈向深入

过去 40 多年,中国大规模、系统性和快速化的基础设施建设保障和加速了前市场发育期的孵化过程——快速的基础设施建设步伐有效地打破了市场分割,促进了区域要素流动,降低了生产和流通成本①,增强了中国产品市场竞争力,成就了中国"增长奇迹"。但是,不可否认的是,与高速公路、通信网络、电力和能源供给设施等"硬的""有形"的基础设施建设相比,中国在保障市场有效运行的"软的""无形"的制度体系建设方面仍存在许多待攻克的顽固堡垒,这已成为阻碍市场继续发育完善的重要因素。党的十八届三中全会指出,要紧紧围绕使市场在资源配置中起决定性作用深化经济体制改革,坚持和完善基本经济制度。新制度经济学的创始人道格拉斯·诺斯也指出,"有效率的经济组织是经济增长的关键"②,制度是"决定长期经济绩效的根本原因"③。

建立满足支撑迈向后市场发育期的"软设施",提高制度供给质量,挑战主要来自以下四个方面。首先,从市场化改革方式来看,顶层设计的能力挑战。当前,中国市场经济改革已经从起初的"摸着石头过河"进入了"深

---

① 张光南、洪国志、陈广汉:《基础设施、空间溢出与制造业成本效应》,《经济学季刊》2013 年第 10 期。

② 道格拉斯·诺斯、罗伯斯·托马斯:《西方世界的兴起》,厉以宁、蔡磊译,华夏出版社 2009 年版,第 6 页。

③ 道格拉斯·诺斯:《制度、制度变迁与经济绩效》,杭行译,格致出版社、上海三联书店、上海人民出版社 2014 年版,第 127 页。

水区"和攻坚期,在市场发育早期的市场化改革大都是由基层发起、"自下而上"式的改革。这种改革模式往往能够找到普遍受益点,容易找到改革的最大公约数,"存量"动不了可以动"增量"。步入后市场发育期,各方面利益相互交织、盘根错节,改革的"增量"和"存量"已然形成联动,后市场发育阶段的改革更多需要"自上而下"的"顶层设计"。其次,过往的改革通常习惯于"破",即打破旧体制,打破不利于要素流动的各种有形和无形壁垒,而对于如何"立"则相对缺乏经验。过去40多年,我们善于学习借鉴国外先进技术,技术的学习和复制不受本国文化和国情等影响,其移植相对容易。而体制和制度根植于本国文化和国情,照搬和复制国外经验往往行不通,必须在试错过程中逐步探索适合本国文化和国情的体制机制。再次,从市场化规则来看,市场经济是法治经济,需要一整套完善的制度体系来保障市场有序运行。党的十八大以来,中国市场经济体制改革的"顶层设计"蓝图已经绘就,但与之配套衔接的一系列执行层面的制度体系尚不完善,营商环境仍然远不能满足市场需求。例如,产权制度不完善,个人产权未得到充分的承认和保护;一些行业的国有企业垄断,导致的效率低下和技术发展缓慢、创新发展动力不足等问题;自然资源的产权归属不清晰,政府对部分稀缺资源的垄断性配置和行政审批等特权导致资源配置不当,降低了资源配置效率;现代企业制度发展缓慢,已经成为产业结构升级的主要制度障碍。[①] 再例如,过去40多年,中国依靠人口红利、生产要素红利带来的经济高速增长暂时掩盖了制度性交易成本过高的问题,需要凭借完善营商环境来降低制度性交易成本;另外,过去凭借减税让利,通过拼资源、拼政策换取外商投资青睐的情景将不会重现,随之而来的是如何拼服务、拼信用、拼环境,这就要求中国要在塑造与国际接轨的营商环境上下功夫。最后,从政府自身来看,需要有效管控政府失灵这个难题。迈向后市场发育阶段,不仅要解决市场失灵,更要解决政府失灵。解决市场失灵的问题需要政府干预市场,但政府介入就面临着政府失灵的问题,而且政府失灵常常比市场失灵带

---

① 江小涓:《中国经济发展进入新阶段:挑战与战略》,《经济研究》2004 年第 10 期。

来的问题更多。政府在推行政策时如果不能提出国民可以信赖的承诺就不能实现预期的政策效果,还有在信息收集、分析的能力上政府并不一定就比民间经济主体占优势。① 解决政府失灵,关键在于提升政府管理能力,推进政府管理体制的改革和更长远的政治体制的改革。与市场配置资源的方式相比,管理是配置资源的另一种方式,而且是更高级和更重要的方式。② 特别是对于未来的中国,当廉价劳动力和土地再也不是国家的全球竞争力优势的时候,管理就成了真正意义上的"软实力"。③ 除此之外,支撑现代市场经济重要价值基础的契约精神和企业家精神在当前的中国仍然缺乏,也将成为迈向后市场发育阶段的重要"软"障碍。

由此可见,过去 40 多年来累积的庞大"硬设施"仍将在较长一段时期发挥作用,但已远远不能满足迈向后市场发育期的需求。由于强大的学习能力,钢筋水泥堆砌的"硬设施"能在较短时间拔地而起,而建立适合中国特色社会主义市场经济特征的制度体系不能照搬国外经验,其建设完善也并非一日之功。因此,提高制度供给能力,建立适应后市场发育期的"软设施"将成为未来中国必须要面临的问题。

2. 既得利益集团将抵触市场经济发展向纵深推进

习近平总书记指出:"中国改革经过 30 多年,已进入深水区,可以说,容易的、皆大欢喜的改革已经完成了,好吃的肉都吃掉了,剩下的都是难啃的硬骨头。"其中,"敢啃硬骨头"强调的就是改革要勇于冲破观念障碍和利益藩篱。在过去长期的市场化改革过程中,我国已经形成一定的分配结合手段和既得利益集团,这些既得利益集团在社会经济活动中利用权力和垄断取得巨额利益。有学者认为,现阶段中国既得利益的形态大体可以分为三大类型:一是以贪腐官员为代表的权贵既得利益;二是以垄断行业为代表的垄断既得利益;三是以房地产和资源行业为代表的地产和资源既得利益。

---

① 青木昌彦、奥野正宽:《市场的作用 国家的作用》,中国发展出版社 2002 年版,第 83 页。

② 文一:《伟大的中国工业革命》,清华大学出版社 2016 年版,第 255 页。

③ 文一:《伟大的中国工业革命》,清华大学出版社 2016 年版,第 261 页。

这三大既得利益相互交织、相互渗透,在市场经济活动中兴风作浪,掠夺财富。①

既得利益集团不仅会排斥改革,阻碍市场孵化继续深化,也会进一步放大经济风险。随着市场孵化进入新的阶段,市场将在资源配置中起决定性作用,从而打破某些领域权力与市场手段的交替使用甚至结合使用牟取暴利的垄断,由此导致既得利益格局阻止进一步变革的过程,要求维持现状,希望将当前某些具有过渡性特征的体制因素定型化,形成最有利于其利益最大化的"混合型体制",有学者也称之为"转型陷阱"。② 转型国家渐进式的改革更容易为既得利益集团的形成提供土壤。中国渐进式改革具有很多优势,但渐进式的改革也会使转型过程停滞并定型化的机会增多,为既得利益集团的形成提供更加便利的条件。另外,既得利益集团将加大中国经济风险。从国际经验来看,1997 年的亚洲金融危机让东亚模式备受争议,该危机使泰国、韩国、印度尼西亚、菲律宾、马来西亚等国家蒙受了巨大的损失,其中一个重要原因就是,东亚模式具有典型的"权贵资本主义"(crony capitalism)特征,即政府主导经济,引起利益集团与政客勾结,造成信贷膨胀,缺乏权力监督,钱权交易腐败,最终形成泡沫经济。事实上,既得利益诱发的经济风险、社会风险、信任风险和政治风险相互交织,相互影响;既得利益集团活跃在政商两界,相互勾结,加速经济社会的利益格局的整体扭曲,也会成为当今中国经济改革的最大阻力。

3. 逆全球化暗流增大了中国市场孵化的外部风险

过去 40 多年,中国市场经济快速发展一方面得益于强大国家能力支撑下的市场孵化,另一方面也得益于中国融入世界经济体系所产生的巨大红利,以及稳定的国际经济大环境为中国市场孵化创造的潜在市场空间和良

---

① 汪玉凯:《冲破既得利益的藩篱是二次改革成败的关键》,人民网理论频道,2013 年 11 月 5 日。

② 孙立平等:《"中等收入陷阱"还是"转型陷阱"?》,《开放时代》2012 年第 3 期。

好外部环境。当今世界面临百年未有之大变局,大国战略博弈全面加剧,国际体系和国际秩序深度调整;全球经济逆全球化暗流、贸易保护主义等导致贸易纠纷、冲突增加,这不仅对世界经济发展造成重大威胁,而且增大了中国迈向后市场发育期的外部风险挑战。

全球范围内的逆全球化暗流涌动将给中国市场经济发展带来新的挑战:在西方发达国家,以特朗普上台为标志,退出 TPP、退出巴黎气候协定、破坏 WTO 机制等事件频发,其主张的"美国优先"政策反映出民粹主义、保护主义与孤立主义的相互交织;英国公投脱欧使欧洲一体化进程受挫,难民危机让移民问题再现分歧;在新兴市场和发展中地区,西亚北非地缘冲突持续、南美部分国家政局不稳,国家发展和区域合作频添变数。逆全球化浪潮将使得一些国家热衷于实施保护主义措施,给自身创造有利的贸易条件,这些以邻为壑的措施势必引起其他相关国家采取类似的内顾倾向的应对措施,并形成一种只顾自身利益的国际经济政策环境,为中国开拓国际市场带来较大风险挑战,阻碍中国迈向后市场发育阶段进程。另外,中国也会受守成国家的刻意打压,面临新兴国家发展历程绕不开的"坎"。从历史上来看,新兴国家在发展关键性阶段遭受守成国家的打压,是一个普遍的历史现象,在这个阶段,相关国家面临的风险和挑战较前明显增大,事关兴衰成败。① 过去 40 多年中国经济发展的辉煌成就从根本上来看是通过改革开放实现的,某种程度上,是中国对美国主导的全球市场经济体系开放,或者中国主动地加入到美国主导的全球政治、经济体系中,通过自身努力获得了最大化的开放收益。但同时,中国也成为了该体系最主要的风险和成本的承担者。尽管中国经济总量直追美国,但社会经济综合实力与美国仍然存在较大差距,"大而不强"使中国在不少方面受制于美国等西方国家。工信部对全国 30 多家大型企业 130 多种关键基础材料调研结果显示,32% 的关键材料在中国仍为空白,52% 依靠进口,绝大多数计算机和服务器通用处理

---

① 孙劲松等:《风物长宜放眼量——从强国兴衰规律看我国面临的外部挑战》,《人民日报》2018 年 9 月 11 日。

器 95% 的高端专用芯片、70% 以上智能终端处理器以及绝大多数存储芯片依赖进口。① 当前,中美贸易冲突持续,中国被美国明确定位为主要的战略对手,美国企图延缓中国的经济发展和国家崛起的速度,增加了中国市场孵化进程的不确定性。

4. 执政"本领恐慌"将成为动态优化国家能力的重要制约

中国市场孵化迈向后市场发育期将面临不断呈现的各种新问题,问题的严重性、情况的复杂性往往超出想象,需要不断优化和完善与市场发育阶段相匹配的国家能力,不断丰富国家能力内涵和外延,以适应中国特色社会主义市场经济发展需要。根据市场发育阶段特征来动态优化国家能力内涵,化解前行道路上遇到的各类风险挑战,需要较强的执政能力与执政水平。当前,改革进入深水区,市场孵化继续深化面临着许多新矛盾、新课题:如何防范和驾驭经济领域重大风险挑战?如何准确把握政府与市场关系?这些问题挑战都对各级领导干部的执政能力提出更高要求。早在 1939 年,毛泽东主席就指出:"现在我们的队伍里面发生了这样一个矛盾,就是我们的干部不学习便不能够领导工作……我们队伍里边有一种恐慌,不是经济恐慌,也不是政治恐慌,而是本领恐慌。"习近平总书记也曾深刻地指出:"本领恐慌在党内相当一个范围、相当一个时期都是存在的……应对复杂多变的国际形势,把握改革发展稳定大局,做好方方面面的工作,对我们的本领提出了新的要求。"

社会主义市场经济体制逐步建立和完善的过程,就是对处理政府和市场关系的认识不断深化的过程,就是不断提高处理政府和市场关系水平的过程。② 首先,过去的市场孵化行为,会使政府产生"路径依赖"。政府孵化市场不是代替市场,所谓更好发挥政府作用,是要在保证市场发挥决定性作用的前提下,管好那些市场管不了或管不好的事情。特别是政府在对预期进行协调(coordination of expectations)的事宜上,可能并不一定会避免协调

---

① 赵长玉:《中美贸易战:挑战和机遇》,《学习时报》2018 年 8 月 1 日。
② 汪同三:《在新常态下处理好政府和市场关系》,《人民日报》2016 年 8 月 24 日。

失灵问题,相反,它可能只会在一些非最优的解决方案中协调成功。① 相对于欧洲和美国等成熟经济体,过去中国政府对市场活动的参与甚至干预较多,尽管这符合中国前市场发育的阶段特征,但也带来一些隐患:政府虽然短期解决了表层性的棘手问题,反而有可能将一些深层次的问题用行政手段加以掩盖,并制造出一些新的问题。同时,长期的市场干预行为,也滋生了政府的惯性,并逐步产生"路径依赖",政府面对何时和如何退出市场干预束手无策。其次,部分领导干部本领不足也将导致在实践中混淆政府和市场边界。迈向后市场发育阶段,必须进一步划清政府和市场的边界,凡属市场能解决的,政府不要干预;凡属市场不能有效解决的,政府应当主动补位,该管的要管到位、管出水平。对此,党中央已经做出安排,如 2013 年十八届三中全会提出要让市场在资源配置上起决定性作用,逐步取消双轨时期遗留下来的保护。② 对政府和市场关系的再认识和再调整,进一步处理好政府和市场的关系,关键在政府,关键在人。各级领导干部就是关键的人。但不可否认的是,当前部分领导干部知识更新步伐太慢,知识结构老化、业务素质欠缺的掣肘愈加明显,"能力赤字"风险日益增大。最后,执政本领恐慌和本领落后有可能加剧经济领域风险。当前,中国经济发展面临的国际环境和国内条件都在发生深刻而复杂的变化,迈向后市场发育阶段过程中不可避免会遇到一些困难和挑战,如不能未雨绸缪,精准研判、妥善应对经济领域可能出现的重大风险,轻则会阻碍和延长中国市场孵化进程,重则可能发生分崩离析造成不可挽回的损失。但是,面对新情况、新问题,一些干部看不懂形势、理不清思路,把不准方向、打不开局面,缺乏改革创新的思路和举措,知识结构老化、业务素质欠缺的掣肘愈加明显,已经成为社会主义市场经济前进道路上的重要障碍。

总之,未来面对波谲云诡的国际形势、复杂敏感的周边环境、艰巨繁重

---

① 青木昌彦、凯文·穆尔多克、奥野(藤原)正宽等:《东亚经济发展中政府作用的新诠释:市场增进论(上篇)》,《经济社会体制比较》1996 年第 5 期。

② 林毅夫:《新中国 70 年发展与现代经济学理论的自主创新》,《宏观质量研究》2019 年第 1 期。

的改革发展稳定任务,中国必须始终保持高度警惕,既要高度警惕"黑天鹅"事件,也要防范"灰犀牛"事件;既要有防范风险的先手,也要有应对和化解风险挑战的高招;既要打好防范和抵御风险的有准备之战,也要打好化险为夷、转危为机的战略主动战。① 因此,必须树立底线思维,增强忧患意识,下好先手棋、打好主动仗,充分做好前行道路上防范和化解各种重大风险的准备。

(三)以动态的国家能力孵化出更加成熟定型的市场经济

政府和市场的关系,是中国经济体制改革的核心问题,也是政治经济学研究的核心问题。长期以来,西方主流经济学认为,政府与市场在资源配置中是二元对立、此消彼长的零和博弈关系。改革开放以来,中国道路的成功经验以及发达国家的经济史都表明,市场孵化离不开国家能力的支撑。今后随着市场从前发育阶段向后发育阶段的演进,国家能力也需要不断地调适,以适应不同市场发育阶段的孵化需求。在这个意义上,国家能力是动态的,而且市场机制越发达,越需要更高级的国家能力,可以说,国家能力与市场发育有机统一、共生共进、相互赋权的。

过去40多年,学习能力、财政能力和法治能力在我国社会主义市场经济发展的不同阶段发挥着不同的作用,呈现出不同的形式,国家能力的内涵也随着市场发育阶段变化而日益丰富,成为中国道路的显著特征和逻辑起点。当前,中国特色社会主义进入了新时代,中国经济发展也进入了新时代,向后市场发育阶段迈进,面临各类风险挑战具有长期性和复杂性,这不仅贯穿社会主义市场经济发展的全过程,而且在不同市场发育阶段有着不同的表现形式,呈现出新的问题、新的风险和新的挑战。寻求有防范风险的先手、有效应对和化解风险挑战的高招,关键在于把握好国家能力内涵的动态性,不断丰富和完善国家能力,建设与社会主义市场经济发展阶段相匹配

---

① 习近平:《提高防控能力着力防范化解重大风险,保持经济持续健康发展社会大局稳定》,《人民日报》2019年1月22日。

的国家能力,以适应自身发展的阶段特征和应对世界不断涌现的挑战。

1.加快由模仿型学习转向创新型学习,用创新型的学习能力助推市场孵化迈向深入

强大的学习能力在过去40多年中对建设中国特色社会主义市场经济体系起到了重要作用。中国政府过去在合适的时点,通过"向外学"掌握了"对"的知识,做出正确的决策,加速了市场孵化,大大缩短了有效市场自我发育的历史进程,成功实现经济赶超。作为后发国家,在"跟跑"阶段,中国比较容易利用发达国家的历史经验作为应对经济领域挑战的"指南",但步入后市场发育期,成为"并跑者"或者"领跑者"的中国可能很难从发达国家身上觅到解救自身的"药方",前行中遇到的各种难题和未知风险发达国家很可能也未曾遇到,国外经验从某种程度上已不能满足新的需求,过去以"向外学"为特征的模仿型学习能力注定不能为下一阶段的市场经济发展提供有效保障,重新构建以"干中学"为特征的创新型学习能力将成为不二选择。党的十八届五中全会提出,必须把创新摆在国家发展全局的核心位置,不断推进理论创新、制度创新、科技创新、文化创新等各方面创新,让创新贯穿党和国家一切工作,让创新在全社会蔚然成风。

为此,要通过深化改革和持续创新来构建创新型学习能力。一方面,要持续推进经济体制改革,探索政府与市场新的边界。中国未来的经济改革必须准确定位和把握,使市场在资源配置中起决定性作用和更好发挥政府作用,不仅要让市场机制在资源配置中起到决定性作用,更要让科学管理在资源配置中起到决定性作用。① 中国是社会主义国家,共同富裕是中国特色社会主义的重要内容和根本目的,是社会主义最本质的规定,是建设富强民主文明和谐美丽社会主义现代化国家的条件和要求。因此,解决政府与市场的边界问题和构建政府与市场的功能机制,既要摒弃古典经济学注重"看不见的手"的片面思维,也要实现对新古典经济学的大胆扬弃,不仅要让市场供求关系决定价格,而且要用严格的法治、强大的社会舆论来规范市

---

① 文一:《伟大的中国工业革命》,清华大学出版社2016年版,第273页。

场行为、纠正市场失灵,要让国家、集体和他人的利益受到市场力量的尊重,要让公共监管凌驾于市场力量之上,要让所有的商业活动、市场交易和套利行为都在阳光下运行,这也是中国特色社会主义政治经济学的核心主张。具体来说,在政府层面,发挥政府作用,不是简单下达行政命令,要在尊重市场规律的基础上,用改革激发市场活力,用政策引导市场预期,用规划明确投资方向,用严格的法治、强大的社会舆论来规范市场行为。① 政府要更多地从管理者转向服务者,为企业服务,为推动经济社会发展服务。② 政府在直接提供的硬性有形公共产品和服务相对减少的同时,需要更多地提供制度、规则和政策等软性公共产品,以提高生产效率,促进竞争,便利专业化分工,改善资源配置,保护环境,降低风险与不确定性。在企业层面,应继续深化国有企业改革,加快构建包含所有权和经营权分离等在内的现代公司治理制度。实施所有制结构多元化,发展民营部门,减少进入和退出障碍,加强包括战略性和支柱性产业在内的所有部门的竞争。在金融领域需要进一步推进银行商业化和利率市场化,深化资本市场改革,健全法律和监管体制以确保金融稳定,为中国金融业国际化建立可信基础。未来的中国,廉价的劳动力红利将不复存在,应着力推进劳动力市场的改革,分阶段加快户籍制度改革,确保劳动者能在市场信号引导下自由流动。提高劳动力参与率,调整企业工资政策,形成可在全国范围内转移的养老、医疗和失业等社会保障体系。③

另一方面,要营造激发企业创新活力和动力的政策和体制环境。要充分发挥社会主义市场经济的独特作用,充分发挥我国社会主义制度优势,充分发挥科学家和企业家的创新主体作用,形成关键核心技术攻坚体制。聚焦国家需求,形成更有针对性科技创新的系统布局和科技创新平台的系统

---

① 习近平:《在十八届中央政治局第三十八次集体学习时的讲话》,《人民日报》2017 年 1 月 23 日。
② 习近平:《谋求持久发展,共筑亚太梦想》,《人民日报》2014 年 11 月 10 日。
③ 世界银行国务院发展研究中心联合课题组:《2030 年的中国:建设现代、和谐、有创造力的社会》,中国财政经济出版社 2013 年版,第 314 页。

安排;改革重大科技项目立项和组织实施方式,强化成果导向,精简科研项目管理流程,给予科研单位和科研人员更多自主权;改革科研绩效评价机制,建立科学分类、合理多元的评价体系;①加快建立一个开放的创新系统,激励中国企业通过自身研发和参与全球研发网络进行产品与工艺创新;培育一批尖端科学仪器制造企业,加强知识产权保护和产权激励;充分发挥人才创新创造活力,继续提高大学毕业生技能和素质,改革高校发展的评价导向机制,建设一批与全球前沿产业和未来产业紧密联系的世界一流研究型大学和研究机构。重点建设一批具有较大国际影响力的高端智库,重视专业化智库建设,积极探索中国特色新型智库的组织形式和管理方式,为公共决策提供思想和行动方案,为各级政府科学决策提供高质量智力支持。建立一整套激励措施,在全球范围内网络高素质创新型人才,大力发展知识网络、研发型企业和学习型组织,并促使这些机构自由流动与互动。

2. 加快由"非税收入"转向"税收收入",用可持续的财政能力化解市场孵化的公共风险

财政是国家治理的基础和重要支柱,防范和化解公共风险是财政改革的原动力。改革开放以来,我国财政改革遵循公共风险变化的逻辑不断推进,其变化的脉络是从"家贫国穷"的风险到"机会不均"的风险,再到全球公共风险,这也是我国主要公共风险的昨天、今天和明天。② 当前,中国经济总量已位居世界第二,财富的累积总量达到了前所未有的高度,但同时也应看到,中国人均收入仍比发达国家低得多,发展不平衡不充分的问题严重凸显,已经过了"让一部分地区一部分人先富起来"的阶段,到了"先富帮后富,最终实现共同富裕"的阶段。未来,必须把握好公平和效率之间的关系,采取有效政策措施避免收入分配失衡加剧,通过发展来解决发展的不平衡,在做大蛋糕的过程中寻找切分蛋糕的更好办法。这就要求国家财政能力应适时进行动态调整,以"财政公共化"匹配"经济市场化",以"公共财政

---

① 习近平:《提高关键核心技术创新能力,为我国发展提供有力科技保障》,《人民日报》2018 年 7 月 14 日。

② 刘尚希:《公共风险是财政改革的原动力》,《北京日报》2018 年 11 月 26 日。

体制"匹配"社会主义市场经济体制",最终实现以"财政现代化"匹配"国家治理能力和治理体系的现代化"①。具体来说:

一要确立财政收入的合理规模。财政收入规模是衡量一个国家财力和政府在社会经济生活中的职能范围的重要指标。保持财政收入持续稳定地增长,满足财政支出的需求是各国政府追求的主要财政目标。财政收入规模既不是越大越好,也不是越小越好,财政收入规模过大,会加重社会经济负担,拖累社会经济发展;财政收入规模过小,又会加剧财政收支矛盾,影响政府机构的正常运转和政府职能的实现,难以满足社会公共需要。未来随着市场孵化的深入,中国最优财政规模应该是既能满足政府公共投资需要,又不会压抑市场经济领域里的私人投资热情,能够使私人投资和公共投资处于投资总量上的最大化状态,最有利于社会投资最大化目标的实现;既能保证政府公共经济的运行效率,也有利于提高市场领域里的私人经济的运行效率,从而使整个社会的资源配置和资源利用处于效率最大化状态;既能够使政府发挥宏观经济调控功能,又能使市场机制发挥自动调节作用,从而使整个社会的福利分配处于效用最大化状态,最有利于保证社会成员的福利最大化目标的实现。把握好这一动态平衡,非常考验国家的财政能力,需要广泛听取社情民意,需要接受社会公众监督,需要提高财政收入的征管效率,特别是需要回应社会关切动态调整税负和财政汲取规模。如当前及今后一个时期,企业尤其是民营企业普遍反映负担过重,这就需要减税减负,以促进民营经济发展。

二要寻求财政收入的合理来源。要加快财政收入由"非税收入"为主转向"税收收入"为主,并合理平衡企业所得税与个人所得税的结构。当前,中国财政收入中非税收入占比过高,由于非税收入不需经由人大通盘考虑和规划,这不仅干扰了财政统筹安排,也会降低资金配置使用效率。应紧紧围绕十九大报告确定的"加快建立现代财政制度,加快建立权责清晰、财

---

① 高培勇:《中国财税改革 40 年:基本轨迹、基本经验和基本规律》,《经济研究》2018
年第 3 期。

力协调、区域均衡的中央和地方财政关系;建立全面规范透明、标准科学、约束有力的预算制度,全面实施绩效管理;深化税收制度改革,健全地方税体系等财税体制改革"①三大任务,在体系上建立全面规范、公开透明的预算管理制度,公平统一、调节有力的税收制度,中央和地方事权与支出责任相适应的制度;在功能上更好地发挥财政稳定经济、提供公共服务、调节分配、保护环境、维护国家安全等方面的职能;在机制上适应国家治理体系与治理能力现代化的新要求,包括权责对等、有效制衡、运行高效、可问责、可持续等一系列制度安排,让财政能力成为国家能力增强的重要基础和重要支柱。在建立以"税收收入"为主的基础上,加快通过税收改革来调节收入不平等。发达国家的历史经验表明,人口数量增长缓慢甚至停滞和负增长,会使过去累积的资产在税收结构中的占比有所上升。未来10年中国人的遗产继承会越来越多,特别是越来越多的独生子女会继承双方父母的财产,但农村打工者非常难以取得城市的资产,在这种条件下可以对巨额遗产进行征税,以减轻工薪阶层的纳税负担。出于同样考虑,也可以对房地产及金融地产征收年度税,增加资产的流动性。②

三要构建财政合理支出结构。要从分配端寻求切好"财政蛋糕"的实现方法,加速财政对民生服务和制度建设等软性基础设施的投资,建立公平分配财富的制度,缓解收入不平等的加剧。首先,在市场收入形成阶段,要靠更公平的机会均等政策和普及教育政策,发挥健康的市场功能来改进市场收入不平等状况。其次,要在财政支出制度上进行改革,让公共服务更具再分配性质,而不是身份本位或优先为高收入者提供公共服务,以基本公共服务均等化加速对人的投资,从而形成新的人口质量红利,也进一步缩小初次分配的差距,形成强大的国内市场。最后,应着力建立健全橄榄形的社会阶层结构。创造更多的"白领"职业和高技术"蓝领"职业,从而扩大中等收入群体规模,形成中等收入群体占多数的橄榄形阶层社会结构,从职业、收

---

① 习近平:《决胜全面建成小康社会,夺取新时代中国特色社会主义伟大胜利——在中国共产党第十九次全国代表大会上的报告》,人民出版社 2017 年版,第 34 页。
② 托马斯·皮凯蒂:《21 世纪资本论》,中信出版社 2014 年版,第 6—11 页。

入、财富三个方面推进社会阶层结构从金字塔形向橄榄形过渡。

3. 加快由"非正式制度"转向"正式制度",用现代化的法治能力保障市场良性运行

改革开放 40 多年来,中国特色社会主义法治建设取得了显著成就,中国特色社会主义法律体系已经形成,法治政府建设稳步推进,司法体制不断完善,全社会法治观念明显增强,有力地规范了市场经济孵化发展,有效防范了可能出现的各种风险。但必须清醒看到,同党和国家事业发展要求相比,同人民群众期待相比,同推进国家治理体系和治理能力现代化目标相比,法治建设还存在许多不适应、不符合的问题。在市场经济秩序演进中,尽管非正式制度具有内化地约束人们的行为、实施成本低、可充当正式制度的有益补充等积极意义,①但非正式制度存在对正式制度的消解,弱化了制度的权威性和人们对于制度应有的信念,特别是所谓"潜规则"的大行其道,使人们对正式制度缺乏必要的信心,影响着制度在安排和维护社会秩序上的作用,也影响着制度所应有的预期功能和激励功能的体现,②在一定程度上扰乱了市场经济秩序。例如,经济发展需要有效的产权保护,但过去很长一段时间,中国的产权保护主要是通过政治和行政手段来进行的,③一些企业通过戴"红帽子"的方式来寻求政治庇护甚至向官员行贿,导致渐进式双轨改革进程中存在的市场扭曲和不当干预,也导致了腐败滋生、收入差距拉大等问题。④ 这种以非正式制度为特征的法治能力既不能适应后市场发育期的要求,也不符合国家治理能力现代化的总体要求,应尽快转向以正式制度为主体的法治能力,并不断完善和增强国家法治能力,推进国家治理体系和治理能力现代化。正如《中共中央国务院关于支持深圳建设中国特色社会主义先行示范区的意见》提出的"用法治规范和市场边界",代表了未

---

① 张美云:《法治、非正式制度与市场经济秩序》,《改革与战略》2016 年第 11 期。
② 肖生禄:《解析当今中国社会正式制度与非正式制度关系问题》,《中共福建省委党校学报》2008 年第 8 期。
③ 郑永年:《国际发展格局中的中国模式》,《中国社会科学》2009 年第 5 期。
④ 林毅夫:《中国经济改革的成就、经验与挑战》,《人民日报》2018 年 7 月 19 日。

来的发展方向。

首先,应分门别类地有序推进非正式制度的正式化。对积极的非正式制度的正式化主要是"规范",一些有益的"土政策"对于完善正式制度体系有着较强的补充作用,对这些"土政策"进行"规范",主要是对其进行更加理性的思考和推广,使其成为可复制并经得起检验的模式和准则,进而纳入正式制度的体系和框架;对消极的非正式制度的正式化主要是"覆盖",如与外在的明文规定的法律法规等正式制度相悖的"潜规则",要通过建立健全正式制度系统及其实施机制,"覆盖"预留的缝隙;对于经济领域的非正式制度的正式化主要是"重塑"与"重构",要对传统非正式制度进行"重塑",逐渐转变"人情社会"和"圈子社会"的信用习惯,重塑市场竞争形态下的非人格化信用机制,完善个人信用体系和失信限制措施,要对植入非正式制度进行"重构",快速转变企业极度逐利和道德丧失的乱象,切实完善企业道德和责任体系。①

其次,建设以国家逻辑为主导的现代治理体系。在充分发掘、努力汲取现有国家制度资源的基础上,推动国家在结构与功能方面的现代性建设,亦即着力提升国家治理结构在规范度与治理能力方面的有效性。建设以国家逻辑为主导的现代化治理体系,要聚焦我国社会主要矛盾的转化,形成面向人民之治的国家善治,以系统性地回应信息化、全球化带来的国家治理变量的重大调整。强化、培育和规范国家在推进治理体系现代化进程中的主体地位、责任担当及其治理能力,其基本的方向是导向复杂现代性的国家治理,形成面向人民之治的国家善治,以系统性地回应因信息化和全球化所带来的国家治理变量重大调整的治理生态在权力运行、议题遴选、机制创设、资源整合乃至绩效评价等方面的深刻嬗变。② 同时,应推进政府职能定位及其权力配置的法定化,拓展行政主体类型并完善行政组织法,丰富法的渊源并以共识性规则改造支配性规则,以交互性为指针完善行政程序制度,规

---

① 耿伟:《非正式制度正式化途径研究》,《法制与社会》,2016 年第 4 期。

② 陈进华:《治理体系现代化的国家逻辑》,《中国社会科学》2019 年第 5 期。

范多样化的行政行为,建立多元纠纷解决机制与强化权利救济等,以彰显政府治理的法治之道。在政府治理与法治融合互动的进程中,需要协调政府治理陷阱、法治的限度等潜在风险。①

　　最后,加快建设法治中国。要在全社会弘扬社会主义法治精神,树立社会主义法治理念,维护宪法法律权威,让学法、遵法、用法、守法意识深入人心;把依法治国、依法行政、依法执政作为建设法治中国的三条重要路径共同推进,实现法治国家、法治政府、法治社会一体建设;把科学立法、严格执法、公正司法、全民守法作为法治中国建设的基本要求;提高立法质量,加强重点领域立法,坚持改革决策与立法决策协调推进;深化司法体制改革,加快建设公正高效权威的社会主义司法制度,维护人民权益,让人民群众在每一个司法案件中都感受到公平正义;提高各级领导干部运用法治思维和法治方式深化改革、推动发展、化解矛盾、维护稳定的能力,努力推动形成办事依法、遇事找法、解决问题用法、化解矛盾靠法的良好法治环境,在法治轨道上推动各项工作。②

---

① 石佑启、杨治坤:《中国政府治理的法治路径》,《中国社会科学》2018 年第 1 期。
② 杜飞进:《中国现代化的一个全新维度——论国家治理体系和治理能力现代化》,《社会科学研究》2014 年第 5 期。

后 记

道路决定命运。一个国家,一个民族,只有找到适合自己条件的道路,才能实现自己的发展目标。新中国成立 70 年特别是改革开放 41 年来,中国共产党坚持把马克思主义基本原理同我国具体实际和时代特征相结合,坚定不移推进改革开放,成功开辟了中国特色社会主义道路,取得了举世瞩目的伟大成就。事实雄辩地证明,改革开放是决定当代中国命运的关键抉择,是党和人民事业大踏步赶上时代的重要法宝,只有社会主义才能救中国,只有中国特色社会主义才能发展中国。

中国道路的成功实践已成为发展经济学研究的新经典案例。新时代的改革开放正在全面深入推进,为丰富、发展、完善中国特色社会主义政治经济学提供了强大动力和广阔空间。这是一个需要理论而且一定能够产生理论的时代,这是一个需要思想而且一定能够产生思想的时代。作为哲学社会科学研究工作者,我们不能辜负了这个时代。广东是中国改革开放的排头兵、先行地、实验区,在改革开放和现代化建设中一直走在全国前列,广东既是向世界展示我国改革开放成就的重要窗口,也是国际社会观察我国改革开放的重要窗口。作为广东的学者,有责任、有义务承担起立时代之潮头、发思想之先声的光荣使命。

为揭示中国道路背后的理论逻辑、阐释中国道路的实践逻辑,在中共广东省委宣传部的指导下,广东省社会科学院成立《中国道路与广东实践》课题组,广东省社会科学院党组书记郭跃文和原院长王珺担任课题组组长,副院长赵细康、改革开放与现代化研究所邓智平所长以及院内的一批青年科

410

研骨干为课题组成员。课题组从 2017 年 10 月开始,先以读书会的形式组织大家阅读了大量经济史、发展经济学、制度经济学、政治经济学等方面的书籍和文献资料,边阅读边讨论,在讨论中凝聚共识,逐步形成全书的逻辑思路和写作框架;再开始分工撰写,于 2018 年 6 月底形成初稿;此后,不断延伸阅读新的文献,不断推翻重来,直到 2019 年 7 月初才最终敲定书稿。其间大的修改 7 次,小的修改不计其数。中共广东省委常委、宣传部部长傅华多次关心过问书稿进展情况,党组书记郭跃文和原院长王珺多次参加书稿修改讨论会,副院长赵细康从组织读书会到拟定写作框架再到修改完善自始至终全程指导。可以说,本书是集体智慧的结晶。各章节的撰稿分工为:绪论:刘炜;第一章:万陆、赵细康;第二章:江伟涛、周鑫、邓智平;第三章:宋宗宏;第四章:钱金保、龙建辉;第五章:陈世栋;第六章:谷雨、陈志明;第七章:邓智平、吴大磊。全书由邓智平负责组织协调工作,由赵细康负责统稿,由郭跃文、王珺审稿、定稿。

中国道路是理论创新的"富矿",是一个宏大的理论命题。限于研究团队精力分配,本书仅从经济学尤其是发展经济学视角考察并尝试解释了中国道路成功的原因以及其中蕴含的理论逻辑,没有就包括政治、社会、文化等在内的更广泛意义上的中国道路或中国模式展开全面考察和系统研究,我们深表遗憾。

近年来,关于中国道路的文献资料浩如烟海,要提出有深度且能与国际学术界对话的理论解释实非易事。课题组以"明知山有虎、偏向虎山行"的勇气,立足政府与市场关系,从"有为政府"和"有效市场"如何有效结合的角度,对中国道路提出了"国家能力支撑下的市场孵化"这个新解释,试图为讲好中国改革开放故事、讲清中国道路故事,创新发展中国特色社会主义经济理论尽绵薄之力,发出广东理论界的声音,贡献广东社科智慧。当然,由于编撰人员的水平有限,书中难免存在这样那样的纰漏,恳请读者提出宝贵意见。

编 者

2019 年 9 月 5 日

责任编辑：王世勇

图书在版编目（CIP）数据

国家能力支撑下的市场孵化：中国道路与广东实践/郭跃文、王珺 主编. —
北京：人民出版社，2019.10
ISBN 978－7－01－021266－1

Ⅰ.①国…　Ⅱ.①郭…②王…　Ⅲ.①中国特色社会主义-社会主义建设
模式-研究-广东　Ⅳ.①D676.5

中国版本图书馆 CIP 数据核字（2019）第 204344 号

国家能力支撑下的市场孵化
GUOJIA NENGLI ZHICHENG XIA DE SHICHANG FUHUA
——中国道路与广东实践

郭跃文　王　珺　主编

人民出版社 出版发行
（100706　北京市东城区隆福寺街 99 号）

北京盛通印刷股份有限公司印刷　新华书店经销

2019 年 10 月第 1 版　2019 年 10 月北京第 1 次印刷
开本：710 毫米×1000 毫米 1/16　印张：26.75
字数：385 千字

ISBN 978－7－01－021266－1　定价：82.00 元

邮购地址 100706　北京市东城区隆福寺街 99 号
人民东方图书销售中心　电话（010）65250042　65289539